Mara Pfeiffer

Wolfgang Frank
Der Fußball-Revolutionär

Für Sebastian und Benjamin.
Für alle, deren Herzen ihre Väter vermissen.
Für Theresa: Sekt to my Korken, Ease to my Storm,
Tessy to my Bee. Love you lots.

Mara Pfeiffer

WOLFGANG FRANK

Der Fußball-Revolutionär

VERLAG DIE WERKSTATT

Bibliografische Information der Deutschen Nationalbibliothek:
Die Deutsche Nationalbibliothek verzeichnet diese Publikation in der Deutschen Nationalbibliografie; detaillierte bibliografische Daten sind im Internet über http://dnb.d-nb.de abrufbar.

Auch als E-Book erhältlich: ISBN 978-3-7307-0601-5

1. Auflage

Siekerwall 21, D-33602 Bielefeld
www.werkstatt-verlag.de

Coverabbildung: IMAGO/Baering
Satz und Gestaltung: Die Werkstatt Medien-Produktion GmbH, Göttingen
Druck und Bindung: CPI, Leck

ISBN 978-3-7307-0602-2

Inhalt

III. VORANGEGANGEN

IV. AUSPROBIERT

Vorwort

Was ich habe, will ich nicht verlieren, aber
wo ich bin, will ich nicht bleiben, aber
die ich liebe, will ich nicht verlassen, aber
die ich kenne, will ich nicht mehr sehen aber
wo ich lebe, da will ich nicht sterben, aber
wo ich sterbe, da will ich nicht hin:
Bleiben will ich, wo ich nie gewesen bin.

THOMAS BRASCH: KARGO

Als ich im Oktober 1998 zum Studium nach Mainz zog, war Wolfgang Frank gerade zum zweiten Mal Trainer beim FSV. Doch davon wusste ich natürlich nichts. Fußball hatte in meinem Leben bislang eine Nebenrolle gespielt. Ich verband den Sport vor allem mit meinem Paps und damit, bei Turnieren mit ihm gemeinsam Spiele zu schauen. Das sollte sich nun bald ändern: In Mainz wurde meine Liebe zum Fußball und zu 05 wachgeküsst.

Weil ich als Schreibende immer auch durch Worte fühle und verstehe, begann ich bald, über meine Faszination für den Verein zu schreiben. In meinem Blog. Im Fanzine *Die TORToUR*. Später im journalistischen Volontariat, wodurch der Blick auf Fußball und Klub neue, zusätzliche Winkel bekam.

Eine prägende Erinnerung ist diese: Nach dem ersten Stadionbesuch lernte ich die Namen der Spieler und Verantwortlichen. Bald las ich mich auch ein in die Vergangenheit des Vereins und erfuhr erstmals etwas über die Bedeutung von Wolfgang Frank. Als ich mich mit den Jahren immer intensiver journalistisch mit dem Verein beschäftigte, begegnete mir der Trainer ein ums andere Mal. Ihn zu treffen wäre mir damals nie in den Sinn gekommen, dafür war die Ehrfurcht vor dem Mainzer Übervater viel zu groß. Als Frank 2013 starb, stand ich mit vielen anderen Fans unter der Choreografie und spürte deutlich den Verlust.

Im Frühjahr 2019 fragte Nicole Selmer, stellvertretende Chefredakteurin des österreichischen Fußballmagazins *ballesterer*, mich für eine Geschichte über Frank an. Ich sagte zu und erinnere mich an mein Herzklopfen.

Damals kam der Kontakt zu Sebastian Frank, dem älteren der Frank-Söhne, zustande. Der zu Benjamin folgte später. Mit Sebastian ebenso wie mit Christian Heidel führte ich lange Gespräche für den Artikel und recherchierte intensiv. Als der Text erschien, war ich froh, mich an das Thema gewagt zu haben. Die Söhne fanden den Vater im Text wieder, mit einer Ausnahme: Was nach der Zeit in Mainz passiert ist, falle in der Betrachtung immer sehr ab, schrieb mir Basti später einmal. Die Bemerkung ließ mich nicht los, ebenso wenig wie der Mensch Wolfgang Frank, auf den ich noch neugieriger geworden war.

So reifte der Wunsch, mich mehr mit ihm zu beschäftigen, zeitgleich mit der Frage, wieso niemand seine Geschichte bislang erzählt hat – obwohl so viele sich einig sind, wie prägend er für die Karrieren Einzelner und den Fußball im Ganzen war. Irgendwann ließ ich den Wunsch, der in mir gewachsen war, als Gedanken zu: Ich wollte eine Biografie über Frank schreiben.

Im Pandemiejanuar 2021 traf ich mich mit Basti, um ihm mein Anliegen bei einem Spaziergang durchs verschneite Nerotal vorzutragen. Er stimmte zu, auch Benjamin war einverstanden. Es folgten lange Gespräche mit den Brüdern, erste Recherchen und eine Liste mit Weggefährt*innen Franks, deren Blick auf seine Geschichte ich mir gerne einholen wollte.

In den folgenden Monaten sprach ich mit rund achtzig Menschen über Wolfgang Frank. Ohne sie alle wäre die Biografie nicht möglich gewesen. Die meisten sind am Ende dieses Buches aufgeführt, nur wenige baten, sie nicht namentlich zu nennen oder ihre Erinnerungen nicht zu teilen, weil sie ihnen unwichtig vorkamen, weil sie zu lange her schienen oder sie schmerzten.

Mir ist bewusst, dass ein Mensch neben der Person, die er für sich selbst ist, immer auch all die Versionen seiner selbst ist, die andere in ihm sehen. Und ich weiß, für jedes Gespräch, das ich geführt habe, sind zehn andere nicht zustande gekommen. Das Leben eines Menschen ganz und gar zu erfassen, ist unmöglich. Zu viele Erinnerungen, Begegnungen und Ereignisse. Das Buch ist ein Puzzle, zusammengesetzt aus den Blicken der Menschen, die Wolfgang Frank berührt und begleitet hat, die mit ihm gelebt und gearbeitet haben, aus Artikeln, Interviews und Videos sowie aus seinen eigenen Arbeitsnotizen und begleitenden zu Papier gebrachten Gedanken. Immer wieder habe ich dafür abgewogen, was über einen Menschen öffentlich sein darf und was privat bleiben soll. Vor allem habe ich versucht, beim Puzzeln möglichst wenig zu spekulieren und nicht meine, sondern neben dem, was an Ereignissen und Daten gesichert ist, die Sicht der Gesprächspartner*innen darzulegen.

Wolfgang Frank hat für den Fußball gelebt. Er war aber auch ein Mensch der tiefen Empfindungen und ein ewiger Zweifler. Beides hat seine Arbeit geprägt und vielleicht verhindert, dass er länger bei einem Verein sesshaft wurde. Er war ein wissbegieriger, offener Lehrer und ewig Lernender, der den Fußball lange vor vielen anderen gesamtheitlich sah und versuchte, ihn entsprechend anzugehen und zu vermitteln. Wer ihn alles beeinflusst hat, ist fast unmöglich zu sagen, beschäftigt hat er sich mit unglaublich viel. Wenn man sich in die Geschichte von Taktik und Trainern einliest, gibt es Themen seines Lebens, die einem bei anderen großen Trainern immer wieder begegnen, gerade der Fleiß und die übergroße Akribie. Helenio Herrera, im Umgang mit Spielern sicherlich kein Vorbild für ihn, fertigte Dossiers über die gegnerischen Akteure an, hängte motivierende Nachrichten an seine Jungs in die Kabine und fokussierte sich früh auf Schlaf und Ernährung. Jimmy Hogans Überzeugung für die Bedeutung der Fitness der Spieler auch auf dem Amateurlevel erscheint als ein schlüssiges Vorbild. Gusztáv Sebes' Detailversessenheit, Walerij Lobanowskyjs frühe Ansätze der Raumdeckung, Wiktor Maslows Pressing, der eigene Trainer Branko Zebec und Arrigo Sacchis Mailänder Viererkette, von all dem steckt etwas in Franks Arbeit. Und vermutlich gehört es zum Ansatz jedes erfolgreichen Trainers, weit über den Tellerrand hinaus zu schauen. Frank hat das sein Leben lang getan, er war immer offen für neue Einflüsse – auch wenn er sich in seinem System früh treugeblieben ist. Dazu hat der Trainer im Juli 2008 einmal geäußert: „Es gibt Leute, die sagen, man müsse drei, vier Systeme spielen können. Ich denke, wenn man eines richtig beherrscht, dann reicht das. Aber man muss es wirklich können."

Dieses Buch wirft einen möglichen Blick auf Wolfgang Frank und erzählt Teile seiner Geschichte. Es ist ein Angebot, vielleicht auch ein Anfangspunkt dafür, sich wieder intensiver mit ihm zu beschäftigen. In vielen Gesprächen über ihn nutzen seine Wegbegleiter*innen das Präsens, häufig verbunden mit der sehr schönen Feststellung, er lebe ja in ihnen und durch sie weiter. Und das ist vielleicht das Größte, was ein Mensch erreichen kann: So viele andere berührt, geprägt und verändert zu haben, in so vielen Erinnerungen lebendig zu sein. Mich hat es in den virtuellen, persönlichen und telefonischen Begegnungen sehr bewegt, zu spüren, wie viel Wolfgang Frank all diesen Menschen bedeutet. Dieses Buch ist für alle, die ein Stück mit ihm gegangen sind, und für alle, die es leider verpasst haben und nun auf diesem Wege etwas über ihn erfahren möchten.

Ich bin in den letzten Monaten oft gefragt worden, ob ich Wolfgang Frank einmal persönlich getroffen habe. Das muss ich verneinen und es ist mir ein echtes Versäumnis. Doch nach dem letzten Jahr kann ich ergänzen: „Aber ich habe ihn kennengelernt." Und darüber bin ich sehr froh.

Mara Pfeiffer, Wiesbaden, März 2022

HOCHGESPRUNGEN

Die Karriere als Spieler

KAPITEL 1

Von Schlierbach ins Olympiastadion

„Er hatte eine super Sprungkraft und ein absolutes Timing beim Kopfball. Das war unglaublich. Er blieb sozusagen in der Luft stehen. Das war eine Waffe."

HELMUT LOWSKI, MITSPIELER BEIM VFL KIRCHHEIM/TECK

„Für den Wolfgang gab es nur eins: Fußball", sagt Helmut Lowski im tiefsten Schwäbisch und lacht bei der Erinnerung an seinen ehemaligen Mitspieler in der Jugend des VfL Kirchheim/Teck.

„Er war nur an Fußball interessiert", erinnert sich auch Ulrich Roth an den jungen Frank. „Er und sein Vater Gerhard waren Tag und Nacht auf dem Sportplatz in Schlierbach." Roth bleibt bis zu dessen Tod im Januar 2020 über 60 Jahre lang enger Freund des Vaters, mit dem er jede Woche joggen geht. „Fußball hat die beiden miteinander verbunden." Bei den Waldläufen aber habe der alte Herr seinen Sohn immer abgehängt, lacht Roth.

„Die Schule ist bei Wolfgang so nebenhergelaufen", erzählt Hans Henne, der mit Frank ab 1968 die Wirtschaftsoberschule in Göppingen besucht, wo beide 1970 das Abitur ablegen. „Für ihn war es wichtig, Fußball zu spielen und ins Training zu gehen." Mit seinen Mitschülern unternimmt der Teenager Wolfgang selten etwas. „Er hatte auch gar keine Zeit, um abends mal mit uns anderen wegzugehen. Das war alles nur Fußball."

Wolfgang Frank wird am 21. Februar 1951 in Reichenbach an der Fils, südöstlich von Stuttgart geboren. Seine Eltern, Vater Gerhard und Mutter Irma, sind da noch keine 20 Jahre alt. Er bleibt ihr einziges Kind. Weil beide voll arbeiten, verbringt der Junge viel Zeit bei den Großeltern mütterlicherseits, die auf der Straßenseite gegenüber wohnen. Dort beobachtet er in der Stube unterm Dach die Eisblumen an den kleinen Fenstern, während der Wind kalt durch die schlecht isolierten Ritzen zieht. Sebastian Frank, der ältere der beiden Söhne, vermutet heute: „Mein Daddy hat damals nicht viel gehabt. Fußball war vermutlich der einzige Sport, den die Familie sich leisten konnte." So wird der Fußball zum Thema seines Lebens.

Schon als Bub wird der kleine Wolfgang von Vater Gerhard, selbst Handballer, trainiert. „Er war schon sehr streng", erinnert sich dessen Freund Ulrich Roth, betont aber gleichzeitig: „Der Gerhard hat seinen Sohn immer zu 100 Prozent unterstützt." Diese Ambivalenz wird Frank ein Leben lang begleiten: Der Vater will ihm alles ermöglichen, hat zugleich aber sehr klare Vorstellungen davon, welchen Weg sein Sohn einschlagen soll. Und große Erwartungen, die für das einzige Kind nicht zu erfüllen sind.

„Er hat ihn nie gelobt", sagt Sebastian Frank über seinen Großvater. „Auch als Erwachsenen nicht." Als Irma Frank 2002 stirbt, ringt sie ihrem Sohn auf dem Sterbebett das Versprechen ab, seinen Frieden mit dem Vater zu machen, die Beziehung bleibt jedoch bis zu Wolfgang Franks frühem Tod im Jahr 2013 belastet – und belastend.

Zunächst spielt Frank, ein schmächtiger Junge, Fußball in seinem Heimatort beim TSV Schlierbach 1896. Klaus-Dieter Haller, der in jener Zeit zum Vorstand des Vereins gehört und später dessen Vorsitzender ist, erinnert sich ebenfalls an die enge Verbindung zwischen Vater und Sohn: „Der Vater Frank war sehr engagiert und hat ihn immer gefördert."

In dieser Zeit lernt auch Hans Kleitsch, wie Frank Jahrgang 1951, den Jungen kennen. Der spätere Jugendtrainer des VfB Stuttgart und Scout des FC Bayern München, der heute in selber Funktion bei der TSG Hoffenheim tätig ist, erinnert sich daran, wie er Wolfgang Frank auf einem Betonplatz an der Schule beobachtete. „Er war ein außerordentlich guter Stürmer. Kaum vom Ball zu trennen und damals schon extrem kopfballstark." Im Dorfverein, findet Kleitsch, sei das Talent des gleichaltrigen Frank verschenkt. „Da habe ich ihn überredet, von Schlierbach zu uns nach Kirchheim zu kommen."

Helmut Lowski, der das Kirchheimer Tor hütet, erinnert sich an die Begegnung. „Zum ersten Mal tauchte der Wolfgang auf, da war er 14 Jahre alt." Als „sehr klein, aber technisch sehr gut" sei er ihrer Gruppe angekündigt worden. Torwart Lowski und sein Zwillingsbruder Reinhold, der im Mittelfeld des VfL spielt, sind ebenfalls nicht besonders langgewachsen. „Aber der Wolfgang, der war tatsächlich noch kleiner." Der Rentner lacht amüsiert bei der Erinnerung. Von Franks Spiel sind auch die Brüder sofort angetan. „Er hatte eine super Sprungkraft und ein absolutes Timing beim Kopfball. Das war unglaublich. Er blieb sozusagen in der Luft stehen. Das war eine Waffe."

Den Vorbildern nachgeeifert

Frank, dessen Fan-Herz dem Hamburger SV gehört und der Uwe Seeler für seine Tore bewundert, schließt die Saison in der C-Jugend in Schlierbach ab und wechselt anschließend tatsächlich nach Kirchheim unter Teck. „Er hat unsere Mannschaft noch mal entscheidend besser gemacht", sagt Kleitsch. Die Jungen trainieren zweimal die Woche im Verein, treffen sich aber nebenher häufiger. „Wir haben die großen Spiele gesehen, und wenn uns etwas aufgefallen ist, haben wir versucht, es nachzuahmen." Als Deutschlands Linksaußen Lothar Emmerich bei der Weltmeisterschaft 1966 artistisch aus spitzem Winkel gegen Spanien trifft, prägt das ihren Sommer: „Wir haben stundenlang auf dem Sportplatz geübt, so zu schießen." Frank trainiert darüber hinaus weiter mit dem Vater. „Der war ziemlich dominant. Er hat mit ihm immer am Kopfballpendel geübt", erinnert sich Hans Kleitsch. „Wenn unser Daddy nicht gut gespielt hat, hat sein Vater tagelang nicht mit ihm gesprochen", sagt Sebastian Frank, dem Papa Wolfgang später viele dieser alten Geschichten erzählt.

Früh gelangt Wolfgang Frank zu der Überzeugung, wer erfolgreich sein will, muss bereit sein, alles dafür zu geben. „Wenn es in einem Spiel mal nicht gut lief, konnte er richtig grantig werden", erzählt Lowski. Immer habe Frank sich und die anderen zu Höchstleistung angetrieben. Besonders in Erinnerung geblieben ist dem Mitspieler, wie sie bei der Bezirksmeisterschaft Neckar-Fils als B-Jugendliche gegen den SV Göppingen antraten, dem damals der Ruf einer exzellenten Jugendabteilung vorauseilte. Nach wenigen Minuten liegen die Kirchheimer bereits 0:2 hinten.

In Wolfgang Frank brodelt es merklich und das Team spielt, angetrieben vom kleinen Stürmer, plötzlich furios auf. Am Ende gewinnt der VfL Kirchheim die Partie mit 6:2, Frank macht vier Tore. Im Finale gegen Nürtingen schießt er das entscheidende 2:1 – und sein Team zur Bezirksmeisterschaft.

„So war der Wolfgang. Sehr ehrgeizig", sagt Helmut Lowski. Während die anderen Jungen mit ihrer Zeit auch neben dem Fußball etwas anzufangen wissen und die Sommertage oft im Schwimmbad verbringen, trainiert Frank unermüdlich. Lowski erinnert sich nicht, ob sie in diesem Alter schon über eine Zukunft als Profi gesprochen haben: „Aber bei 30 Grad springst du ja nicht auf dem Sportplatz rum, wenn du nicht etwas vorhast. Ich habe ihn nie im Schwimmbad gesehen. Man geht doch in dem

Alter gern mit Freunden ins Freibad. Wir anderen waren bald jeden Tag dort." Sohn Benjamin kennt aus den Erzählungen seines Vaters noch einen anderen Grund, warum Wolfgang Frank dem Badespaß damals fernbleibt: „Er konnte sich den Eintritt nicht leisten." Doch das verrät der junge Frank niemandem.

Einmal trifft Lowski auf dem Weg zum Schwimmbad Mitschüler Günter Richter und fragt ihn, ob er nicht mitkommen wolle. Er erfährt, dass Richter mit dem Fahrrad auf dem Weg nach Schlierbach ist. „Er hat für Wolfgang immer die Flanken geschlagen." Dafür fährt der Freund zwei- bis dreimal in der Woche die knapp sieben Kilometer ins Nachbardorf. Lowski, neugierig geworden, begleitet ihn. Richter flankt, Frank verwandelt. So geht das über Stunden. Und anschließend drapiert Frank in Ermangelung ordentlicher Stangen Kleidungsstücke, Tasche, Handtuch und Trinkflasche auf dem Boden – und dreht Runde um Runde, bis es dunkel wird. Jahrzehnte später wird er das von seinen Spielern verlangen.

„Dahinter stand auch sein Vater", sagt Lowski. „Er war sehr auf den Wolfgang fokussiert." So kommt es, dass Gerhard Frank nach den Spielen auch mal in der Umkleidekabine auftaucht, um sich seinen Sohn vor allen anderen direkt zur Brust zu nehmen. „Uns war das nicht angenehm", bekennt Lowski rückblickend. Man habe dem Mitspieler gegenüber aber nie ein Wort darüber verloren. „Was kann er schon dafür, wenn sein Vater nebenher tickt. Der Wolfgang, das war ein Guter."

Bei den Teamkollegen ist Frank beliebt. „Er war ruhig und besonnen. Ein ganz angenehmer Mensch", sagt Lowski. Kleitsch findet, der Mitspieler sei ein wenig introvertiert gewesen. „Er hat nicht viel gesagt, sondern Leistung sprechen lassen." Auch in der Schule bleibt Frank unauffällig. „Er hat kein Aufheben um seine Leistung gemacht, nicht mal, als er in der Jugend des VfB Stuttgart angefangen hat", sagt Hans Henne. Die Älteren nominieren ihn folglich auch nicht in die Schülermannschaft. „Die wussten nicht, dass man da so einen Knaller hat."

Weil sie neben dem Unterricht selten Zeit miteinander verbringen, ist Henne vor allem die gemeinsame Abi-Abschlussfahrt nach Berlin in Erinnerung geblieben. Frank spielt damals schon für die Amateure des VfB und kann nicht mit den anderen im Bus in die geteilte Stadt reisen, weil er dann ein Spiel verpassen würde. „Der VfB hat ihn also hinterhergeflogen" erinnert sich Henne, und bei der Gelegenheit hätten die Klassenkameraden auch erfahren, dass Frank im Verein ein „ordentliches Taschengeld" verdient. „Da haben wir ganz schön runde Augen bekommen."

So gelöst wie in dieser Woche erleben die Mitschüler Wolfgang Frank sonst nie. Einmal zieht er sogar mit ihnen um die Häuser, die Jugendlichen trinken ein paar Bier und sind erst nach der Sperrstunde zurück an ihrer Unterkunft. Als sie gemeinsam flüsternd und kichernd über den Zaun klettern, setzt bei Frank bereits das schlechte Gewissen ein. „Das kostet mich wieder eine Woche Training", seufzt er wegen seines unüblichen Alkoholkonsums. Hans Henne lacht. „Fußball, Fußball, Fußball. Immer ging es nur um Fußball."

Die Schüler sind in dieser Woche im Olympiastadion untergebracht. Eines Nachts stehlen sich Henne und Frank gemeinsam aus dem Schlafsaal, um das Stadion näher zu inspizieren. Leise, um nur nicht auf sich aufmerksam zu machen, schleichen sie die Stufen hinauf, wuchten sich hoch zur berühmten Feuerschale und stellen sich daneben auf. Wolfgang Frank ist mit einem Mal ganz still. Henne betrachtet seinen Mitschüler, der ins Stadionrund blickt. „Und plötzlich sagt der Wolfgang: ‚Hier spiele ich später auch mal.' Er hat damals schon gewusst, dass er das packt."

KAPITEL 2

Zum Profi gereift

„Trotz seinem großen Talent - geschenkt hat Frank seine virtuose Balltechnik niemand. Seit seinem 14. Lebensjahr trainierte Frank fast täglich. Vor den Schulaufgaben rangierten die Ballaufgaben."

STUTTGARTER ZEITUNG

Rund 30 Kilometer liegen zwischen dem Schlatweg in Schlierbach, wo die Familie Frank lebt, und dem Trainingsgelände des VfB in Stuttgart. In der Saison 1969/70 stößt Wolfgang Frank zum Nachwuchs der Canstatter. Seine Kumpels kriegen davon zunächst nichts mit. „Er hat weiter mit uns gespielt. Als wir dann gehört haben, dass er längst beim VfB ist, hat uns das überrascht", berichtet Helmut Lowski.

Gerhard Frank fährt seinen Sohn zum Training, ob nach Kirchheim Teck oder Stuttgart. „Der Wolfgang ist nie mit dem Rad gekommen", bestätigt Lowski. „Da war er im Vorteil." Was mögen die vielen Fahrten zwischen seinem Zuhause und den Trainingsstätten für den Jungen bedeutet haben? Worüber haben Vater und Sohn miteinander im Auto gesprochen? War Wolfgang froh über die Unterstützung seines Vaters - oder hat er einen Antreiber in ihm gesehen? Über all das ließe sich nur spekulieren. Sicher ist, dass Frank weiter auf sich aufmerksam macht mit seinem Fleiß und seinem schon sehr reifen Spiel. Wer ihn am Ball sieht, spürt, das ist etwas Besonderes.

Für seine zweite Saison in der Jugend des VfB Stuttgart gibt Wolfgang Frank 1970 zunächst die sportliche Doppelbelastung auf und schließt das Kapitel beim VfL Kirchheim. Und auch das Wirtschaftsgymnasium ist für den jungen Mann mit der auffälligen dunklen Mähne und der selbsttönenden Brille nach der Hochschulreife beendet. „Die Schule, das war für ihn genauso wenig ein Problem wie für uns alle", sagt der alte Freund Hans Henne, der gut gutgelaunt vom „Schmalspurabi" spricht, das sie am Wirtschaftsgymnasium zu bewältigen hatten. An der Pädagogischen Hochschule in Esslingen beginnt der Abiturient im Herbst ein Pädagogikstudium, bricht es aber schon im zweiten Semester wieder ab: Wolfgang Franks ganze Konzentration gilt nun dem VfB und einem möglichen Aufstieg in den Bundesligakader des Vereins.

In der Saison 1970/71 wächst unter Trainer Karl Bögelein bei den VfB-Amateuren eine gute Truppe zusammen, zu der neben Frank auch Torhüter-Oldie Günter Sawitzki, Verteidiger Gerd Komorowski sowie in der Offensive Karl Berger, Werner Haaga und Dieter Schwemmle gehören. Mit 26 Saisontreffern wird Frank Torschützenkönig der Amateurliga Nordwürttemberg, seine Mannschaft gewinnt die Meisterschaft und schafft es im anschließenden Wettbewerb um die deutsche Amateurmeisterschaft torreich bis ins Finale.

„Es war ein echtes Erlebnis, das Endspiel zu bestreiten", erinnert sich Dieter Schwemmle. „Und es war ein Riesenteam, das da zusammengespielt hat." In diesem Finale aber unterliegen die Stuttgarter dem Titelverteidiger SC Jülich 1910 vor 5.600 Zuschauern in Würzburg durch einen Treffer von Lutz Ender mit 0:1. Im *kicker* schreibt Reporter Hildebrand Kelber: „Im VfB-Angriff war nur Schwemmle als Anspielstation zu gebrauchen, während sich der so hochgelobte Frank und der gefürchtete Haaga in meist erfolglosen Solodarbietungen ergingen. (…) Mehr als ein Tor waren die Stuttgarter wirklich nicht schlechter. Sie starben eben nur in Schönheit." Für Torjäger Frank endet damit die Zeit als Amateurspieler, zur kommenden Saison steigt er auf in den Profikader. Schwemmle wird ihm ein Jahr später folgen. Die *Stuttgarter Zeitung* schreibt mit Blick auf Franks Karriereschritt: „Er überwand auch die kleine Enttäuschung, als er nach seinem ersten Amateurjahr keinen Vertrag erhielt, sehr schnell. (…) Frank wußte auf seine Chance zu warten, auf dem Spielfeld und in bezug auf seine Karriere. Trotz seinem großen Talent – geschenkt hat Frank seine virtuose Balltechnik niemand. Seit seinem 14. Lebensjahr trainierte Frank fast täglich. Vor den Schulaufgaben rangierten die Ballaufgaben."

Der VfB Stuttgart befindet sich in dieser Phase Anfang der Siebzigerjahre in recht turbulentem Fahrwasser. Nach 25 Jahren steht Dr. Fritz Walter 1969 aus Altersgründen nicht mehr als Vereinspräsident zur Verfügung. Der Versuch seiner Unterstützer, Schatzmeister Eberhard „Waggele" Haaga zum Nachfolger wählen zu lassen, scheitert. Nachdem die erste Jahreshauptversammlung am 18. Juli 1969 aufgrund von Tumulten abgebrochen werden muss, setzt sich am 7. August Hans Weitpert mit 280:165 Stimmen überraschend deutlich durch. Der Verleger und Druckereibesitzer möchte einen „neuen VfB", doch in seiner Amtszeit gerät der Verein wirtschaftlich wie sportlich immer wieder unter Druck.

Während die Amateure sich also den Titel für Nordwürttemberg sichern, soll bei den Profis ein neuer Trainer den Weg zum Erfolg ebnen:

Branko Zebec. Für den ehemaligen Kapitän der jugoslawischen Nationalmannschaft ist Stuttgart die zweite Trainerstation in Deutschland. Den FC Bayern hat er 1969 zur ersten Meisterschaft seit 1932 und zum ersten Double der Vereinsgeschichte geführt. Trotz des Erfolges ist im März 1970 Schluss gewesen: Die Bayern-Spieler meutern gegen die harten Trainingsmethoden Zebecs, der stets Wert auf die körperliche Überlegenheit seiner Schützlinge legte. In seinem ersten Jahr als VfB-Trainer landet Zebec mit dem Verein nach einer katastrophalen Rückrunde auf Platz zwölf. Dabei hatte man in Stuttgart zu Saisonbeginn sogar davon geträumt, ins Meisterrennen eingreifen zu können. Weil aber die Kasse leer ist, wird bereits im Winter Publikumsliebling Gilbert Gress nach Marseille verkauft – und so der Einbruch in Kauf genommen. Kurz darauf erschüttert der Bundesligaskandal den deutschen Fußball, und mit den Spielern Hans Arnold, Hans Eisele und Hartmut Weiß ist der VfB mittendrin. Vor der Partie gegen Bielefeld am 29. Mai 1971 haben die drei jeweils 15.000 Mark angenommen, ihre Zeit in Stuttgart ist damit abgelaufen.

In der Saison 1971/72 will der VfB trotzdem wieder angreifen. Dafür holt man den „verlorenen Sohn" Horst Köppel aus Mönchengladbach zurück, verpflichtet den Österreicher Johann „Buffy" Ettmayer und befördert – auf ausdrücklichen Wunsch von Trainer Zebec – den jungen Wolfgang Frank aus dem Lager der Amateure zu den Profis. Von der so verstärkten Truppe erhofft sich der Verein genügend Schlagkraft, um in der Liga eine Rolle zu spielen.

Die Journalisten machen sich gleichwohl bereits im Vorfeld ausführlich ihre Gedanken, ob insbesondere der erfolgreiche Nachwuchsspieler Frank der Bundesliga gewachsen sei. Im Juni schreibt Reporter Wolf Schelling im *kicker*: „Tore ‚wie vom Fließband' schoß der 21-jährige Wolfgang Frank [*tatsächlich ist er da erst 20, Anm. d. A.*] als Schütze vom Dienst in den Punktspielen. 25 Einschläge waren es in der Endabrechnung. (…) Auch jetzt, da die deutsche Amateurmeisterschaft läuft, zeigt sich der zwar schmächtige, aber recht ballgewandte Frank als treffsicher. Am letzten Sonntag erst schoß er drei der sechs Tore gegen den 1. FC Pforzheim. Freilich, ob Frank auch in der Bundesliga, zwei Klassen höher, wo vor allem Torjägern ein merklich scharfer Wind entgegenschlägt, Furore machen wird, muß abgewartet werden. Ja, die Zweifler gibt es sogar im Amateurlager des VfB, ‚denn der Frank muss doch, trotz der vielen Tore, noch viel lernen und erhielt die Chance zumindest zu früh'."

Der scharfe Wind freilich, dem die Spieler in Stuttgart ausgesetzt sind, kommt nicht zuletzt von der Presse selbst – und er wird dem sensiblen Frank in den kommenden Jahren immer wieder zu schaffen machen.

Hoffnungsvolles Talent

Der Start in die Saison gelingt dem VfB Stuttgart mit einem 3:0-Heimsieg gegen Hertha BSC. In Verein und Umfeld keimt Hoffnung auf, die Saison könne im besten Sinne erfolgreich verlaufen. Doch Trainer Branko Zebec hat es mit einer auch durch den Bundesligaskandal verunsicherten Mannschaft zu tun – und das hohe Pensum, das der Coach einfordert, stößt wie zuvor schon beim FC Bayern nicht bei allen Spielern auf Gegenliebe. Zumal es nicht mit übermäßigem Erfolg auf dem Platz belohnt wird. Auf den Sieg am ersten Spieltag folgen drei Unentschieden: gegen Braunschweig, Oberhausen und Mönchengladbach.

Am 5. Spieltag debütiert Wolfgang Frank in der Bundesliga. Im Heimspiel gegen den 1. FC Kaiserslautern wird der Stürmer in der 57. Minute für Karl Berger eingewechselt. Wolf Schelling schreibt dazu im *kicker*: „Mit Frank kam Leben in die Bude, während der schlaksige Youngster Berger zuvor das Spiel noch zu ungelenk, schleppend, zaghaft angegangen hatte." In die Torjägerliste kann sich der Offensivmann allerdings nicht eintragen. Die Treffer zum 3:1 im Neckarstadion erzielen Manfred Weidmann, Karl-Heinz Handschuh und Horst Köppel, der vom *kicker* zudem als „Mann des Tages" ausgezeichnet und für seine aufsteigende Formkurve gelobt wird.

Über den jungen Frank sagt Köppel rückblickend: „Er war ein selbstbewusster Fußballer, der nicht viel Nervosität gezeigt hat vor wichtigen Spielen oder während der Partie." In der Mannschaft, so Köppel, sei Frank schnell integriert gewesen. „Ich kam mit ihm sowieso gut aus und beim VfB hat niemand Schwierigkeiten mit ihm gehabt. Für sein Alter war er schon sehr reif."

Diese Ruhe und Reife soll er für seine Mannschaft fortan auch auf dem Platz zeigen, doch bei Franks erstem Startelfeinsatz verlieren die Stuttgarter 0:1 gegen Bielefeld. Obwohl der Stürmer von seinem Trainer gelobt wird, mutmaßt Wolf Schelling im *kicker*, der Youngster werde im nächsten Spiel wohl „ins Gras beißen" müssen. Tatsächlich kommt Frank aber in der

Partie gegen Bochum in der 17. Minute für Manfred Weidmann aufs Feld und erzielt mit dem 3:1 in der 40. Minute sein erstes Bundesligator.

Das Hauptaugenmerk der Presse liegt in dieser Phase allerdings auf dem heimgekehrten „Horschtle" Köppel. Dieser profitiert durchaus vom Zusammenspiel mit Frank, von dem er sagt, ihn habe eine große Gelassenheit am Ball ausgezeichnet und er sei als Spieler nicht eigensinnig gewesen. „Natürlich wollte er seine Tore machen, aber wenn jemand anders besser postiert war, hat er auch abgespielt." Entscheidend ist in dieser Zeit der neue Trainer: „Wir hatten mit Zebec einen guten Mann, und es lief dann ja auch bei uns." Köppel glaubt, aus der damaligen VfB-Mannschaft hätte sich eine auf Jahre schlagkräftige Truppe entwickeln können, aber: „Die Unruhe im Verein war groß und das hat uns damals schon sehr geschadet." Und bei aller Einigkeit über Zebecs Genialität gibt es auch Diskussionen um dessen Methoden, die ihm früh den Ruf als „harter Hund" eingebracht haben.

Erst einmal aber spielt die Mannschaft groß auf. Nach einem 3:2 in Bremen am 8. Spieltag steht der VfB plötzlich auf Tabellenplatz vier. „Ich habe meinen Jungs gesagt, sie sollen nicht nur rennen, sondern auch denken", diktiert Coach Zebec im Anschluss an die Partie dem *kicker* in den Block. „Und das haben sie getan. Aber wir sind noch keine Mannschaft ohne Schwächen. Unsere Stärke ist das Teamwork, dem sich jeder unterordnet."

Frank mausert sich in dieser Zeit zum Startelfkandidaten. In Bremen gelingt ihm wenig, beim 2:2 gegen die Bayern am 9. Spieltag sein zweites Bundesligator. „Er war sehr sensibel", sagt Köppel über den jungen Mitspieler. „Wenn ihm etwas gelungen ist, wurde er immer frecher – positiv gemeint. Wenn er den einen oder anderen Fehler gemacht hat oder ausgepfiffen wurde, das hat ihm zugesetzt, dann ist er verunsichert gewesen."

Spiele wie das in München geben Wolfgang Frank Auftrieb. Im *kicker* jubiliert VfB-Reporter Schelling in der anschließenden Länderspielpause über die Luxusprobleme der Stuttgarter in der Offensive: „Weidmann, zuletzt pausierend, ist wieder fit. Auf der anderen Seite war der junge Wirbelwind Frank zuletzt weit mehr als eben nur ein Ersatzmann. Auch jetzt beim Freundschaftsspiel am Freitagabend in Schwenningen trumpfte der ehemalige Torschützenkönig der württembergischen Amateure groß auf, schoß gleich fünf der zusammen neun Tore. Was also tun? Auf wen wird Zebec schweren Herzens verzichten?"

Manchmal wirken in dieser Phase die Ergebnisse auch positiver als das Spiel, wie etwa beim hart erkämpften 3:2 gegen Hannover am 10. Spieltag: Frank köpft Stuttgart in Führung, ehe erst die 96er zweimal treffen und dann Karl-Heinz Handschuh Ausgleich und Siegtreffer schießt. Bis zum 26. Spieltag steht der zunächst 20-jährige, ab Februar 1972 dann 21-jährige Frank ununterbrochen in der Startelf, meist mit Köppel und Handschuh im Dreiersturm. Im Gastspiel beim 1. FC Köln stellt Zebec am 13. Spieltag das System um, zieht Köppel nach hinten und lässt Frank und Handschuh als Doppelspitze angreifen – der VfB geht mit 1:4 unter. Gehören hingegen Wolfgang Frank und Horst Köppel gemeinsam zum Angriffsdreier, trifft fast immer mindestens einer von den beiden.

Franks Disziplin, sein Fleiß und gutes Spiel sind die positive Seite, doch der junge Spieler kann auch sehr unzufrieden mit sich sein. „Dann war er ein bisschen bockig." Köppel lacht gutmütig. Zu Zebec habe Frank zwar aufgeblickt, aber vielleicht, sinniert der ehemalige Kapitän, hätte der Youngster manchmal etwas mehr Zuspruch gebraucht. Denn nicht immer habe Frank sein großes Potenzial voll ausschöpfen können. „Sonst wäre er A-Nationalspieler geworden. Das Zeug dazu hätte er durchaus gehabt."

Nach einer 0:4-Klatsche bei Fortuna Düsseldorf am 17. Spieltag, bei der Horst Köppel auch noch einen Elfmeter verschießt, beendet der VfB Stuttgart die Hinrunde auf dem siebten Tabellenplatz. Längst vergessen ist die Euphorie der ersten Saisonphase, in der man zu den Top 4 gehört hat. „Die Schwaben spielten ohne den verletzten österreichischen Nationalspieler ‚Bufi' Ettmayer ohne Pfeffer, Witz und Kampfgeist", urteilt der *kicker*. Der Trainer tobt: „Vom Torwart bis zum Linksaußen hat bei uns alles versagt."

Und vor der Weihnachtspause wird es noch einmal richtig ungemütlich bei den Schwaben. Nach einem klaren Erstrundensieg im DFB-Pokal über den VfR Heilbronn, den man nach einem 1:1 im damals noch üblichen Rückspiel mit 4:0 abfertigt, knallt es im Verein. Trainer Zebecs Angriff gilt Heinz Hübner, Präsidiumsmitglied und Mannschaftsbetreuer. Der Funktionär, echauffiert sich Zebec gegenüber dem *kicker*, erschwere ihm seine Aufgaben: „Wenn sich da nichts ändern sollte, schnell ändern sollte, dann bleibe ich nach Ablauf meines Vertrags keine Sekunde länger als unbedingt erforderlich."

Hübner wiederum ist sich keiner Schuld bewusst und bedauert – ebenfalls über die Medien –, dass der Trainer lieber mit der Presse rede als mit ihm. „Der Verein war einfach nicht gut geführt damals", blickt Köppel auf diese Monate zurück. „Da konnte man als Spieler nicht wirklich wachsen." Immerhin bringt der Klub die Streithähne im neuen Jahr an einen Tisch und gibt anschließend bekannt: „Nach einer ausführlichen Besprechung gaben sich Branko Zebec und Heinz Hübner die Hand." Dazu veröffentlicht der VfB ein Foto, auf dem sich Trainer Zebec und Präsident Weitpert zuprosten. Wie gesundheitsgefährdend Alkohol für den Diabetiker Zebec seit einer OP an der Bauchspeicheldrüse ist, wird in diesen Zeiten selbstredend nicht thematisiert – genauso wenig wie die schleichende Alkoholsucht des Trainers, die diesem bald immer häufiger Probleme verursacht.

„Frank und frei geht Frank seinen Weg"

Stuttgart startet mit einer Niederlage gegen Hertha BSC und einem Sieg gegen Braunschweig in die Rückrunde und das Jahr 1972. Gegen die Eintracht gelingt Frank Saisontor Nummer fünf. Anfang Februar platzt dann die Bombe: Zebec wird den Verein verlassen. Zum Saisonende, so heißt es zunächst. Für Frank, der den Trainer – trotz dessen harter Hand – enorm schätzt, ist das ebenso ein Schlag wie für jene seiner Mitspieler, die auf eine lange Zukunft mit Innovator Zebec gebaut haben, der seiner Zeit taktisch weit voraus ist.

Plötzlich stimmen beim VfB weder Spiele noch Ergebnisse. „Man hat gemerkt, das passt nicht mehr. Die Unruhe war einfach zu groß", resümiert Horst Köppel. Wolfgang Frank lässt sich in diesen Negativstrudel mit hineinziehen. „Er war zwar schon sehr weit, aber zu erwarten, dass er in seinem Alter in dieser Situation die anderen mitzieht, das wäre zu viel verlangt gewesen", sagt sein Kapitän.

Auswärts gegen den 1. FC Kaiserslautern, gegen den man just im DFB-Pokal ausgeschieden ist, kassiert der VfB am 22. Spieltag eine 1:3-Niederlage. Der Trainer wechselt für das Spiel, wie schon bei der Hinrunden-Klatsche gegen Köln, das System – und bleibt damit abermals erfolglos.

Die FCK-Abwehr habe das „Zwei-Mann-Sturmunternehmen Frank-Weidmann sicher in Schach gehalten", heißt es im *kicker*. Mit dieser Niederlage rutscht der ambitionierte VfB auf Tabellenrang zehn ab. Ergebnisse und Tabellenplatz schwanken in den folgenden Wochen rund um den nahenden Abschied des Trainers. Wolfgang Frank trifft in dieser Phase recht regelmäßig und oft spielentscheidend, wie beim 1:1 in Bochum. Das

Interesse der Medien an dem jungen Schwaben mit den wehenden Haaren ist ebenfalls ungebrochen. In einer Farbfoto-Serie mit Spielern aller Vereine im *kicker* vertritt der flinke kleine Stürmer im März 1972 den VfB. Stets posiert Frank mit einer scheinbar angeborenen Lässigkeit und seiner dunkel getönten Brille für solche Aufnahmen. „Der Wolfgang war schon als kleiner Junge sehr eitel", sagt der beste Freund seines Vaters, Ulrich Roth. „Wenn seine Haare nicht ordentlich lagen, ist er richtig böse geworden."

Ebenfalls sehr präsent in den Medien ist der künftige VfB-Trainer, Hermann Eppenhoff. Während der noch amtierende Stuttgarter Coach Branko Zebec im Krankenhaus liegt, wo ihm die Gallensteine entfernt worden sind, gibt Eppenhoff bereits Interviews zu seinen Erwartungen an den Kader und die kommende Saison. Nach einer 1:4-Pleite gegen Bayern München, bei der lediglich Frank für Stuttgart trifft, verwirrt der auf die Bank zurückgekehrte Zebec die Journalisten: Im Rückblick auf die Partie bezeichnet er seine Spieler wiederholt als „Birnen". Tatsächlich meint er „Bienen", die hilflos um die bayerischen Ballkünstler geschwirrt seien.

Anschließend wird Wolfgang Frank zum ersten Mal von seiner Leiste außer Gefecht gesetzt: Als ein mittelmäßiges Hannover 96 den VfB 3:0 überrollt, steht der Stürmer gar nicht mit auf dem Platz. In der Folgewoche kann Stuttgart zwar mit 1:0 gegen Duisburg gewinnen, im *kicker* entrüstet sich Reporter Schelling allerdings, es sei ein Duell „Einäugige gegen Blinde" gewesen, in dem der VfB „Schlafwagen-Fußball" geboten habe. „Beide Flügel waren Ausfälle. Frank allerdings kaum besser." Und Horschtle Köppel vergibt „die Chance aller Chancen". „Das war eine schlimme Phase", erinnert der sich heute.

Das Spiel bleibt nicht ohne Folgen: Per Brief bittet Trainer Zebec den Verein, ihn von seinen Aufgaben zu entbinden. Der VfB kommt dem Wunsch nach. „Zebec hatten in letzter Zeit einige Kleinkriege mit schweren Waffen ausgehöhlt, ihm viel von seinem Schwung genommen", konstatiert Wolf Schelling im *kicker*. Neben dem Streit mit Heinz Hübner und einigen Ungereimtheiten zwischen Zebec und Buffy Ettmayer ist in dem Artikel auch vom „Fall Frank" die Rede – der quirlige Stürmer gilt in der Öffentlichkeit inzwischen nicht mehr nur als genialer Spieler, sondern auch als schwieriger Charakter. Seine ehemaligen Teamkollegen verweisen diese Darstellung jedoch ins Reich der Märchen, für sie hat sich der sensible Frank einfach nicht abschirmen können vom ständigen Chaos im Verein.

Von seinen insgesamt zwölf Saisontoren erzielt Wolfgang Frank vier in den verbleibenden sechs Spielen, in denen sein ehemaliger Jugendtrainer Karl Bögelein den Platz des zurückgetretenen Zebec einnimmt. Nach einer 1:2-Niederlage gegen Schalke 04 steht der junge VfB-Stürmer sogar in der *kicker*-Elf des Tages. Nach dem letzten Saisonspiel, einem 3:1-Heimsieg gegen Düsseldorf, dem Frank seinen Stempel nicht aufdrücken kann, schreibt *kicker*-Redakteur Wolf Schelling nicht ohne Häme: „Treffend kommentierte ein gähnender Zuschauer: ‚Gott sei Dank, dass jetzt alles vorbei ist.'" Stuttgart beendet eine auf und neben dem Platz wechselvolle Saison auf Rang acht.

Dem aufstrebenden Stürmer widmet das Sportmagazin kurz vor Saisonende noch einen Artikel mit der kessen Überschrift: „Frank und frei geht Wolfgang Frank seinen Weg". Darin heißt es: „Was der Gerd Müller als ‚Bomber der Nation' für Bayern München, das ist Fußball-Beatle Wolfgang Frank für den VfB Stuttgart. Nicht nur der Mann, der die Tore schießt, das Angriffsspiel ‚würzt', sondern schlichtweg auch einfach unverkäuflich. Das zeigte sich erst neulich. Da reagierte der auch privat temperamentvolle, erst 21-jährige ‚Komet' nach seiner Nichtnominierung in Hannover im ersten Augenblick ‚zu schnell'. Er bat den VfB, den kurz zuvor erst verlängerten Vertrag bis Saisonende zu lösen."

Frank will im Moment des Ärgers eines der ihm vorliegenden Angebote annehmen, unter anderem sollen Borussia Mönchengladbach und der Hamburger SV um ihn buhlen. Heinz Hübner schiebt derlei Überlegungen einen Riegel vor und erklärt den Spieler kurzerhand für unverkäuflich. Frank kriegt sich wieder ein und beteuert, er werde für den VfB noch viele Treffer erzielen, wenn er sich erst eingeschossen habe.

„Für das Fußballschwabenland war die Welt plötzlich wieder in Ordnung", fasst Wolf Schelling erleichtert zusammen. Aus heutiger Sicht ist freilich der frühe Wechselwunsch des Spielers mehr als eine bloße Momentaufnahme. Denn die schnell aufsteigende Ungeduld und seine fluchtartigen Tendenzen werden Wolfgang Frank durch seine komplette Karriere begleiten, ob als Spieler oder später als Trainer. Beides steht in starkem Kontrast zu seinem Wunsch nach absoluter Loyalität seitens der Vereine und der Erwartung, die er in Sachen Zuverlässigkeit an sich selbst hat. Zwischen diesen Polen verliert Frank zeit seines Lebens viel Energie im Kampf darum, sich und den anderen gerecht zu werden.

Licht und Schatten im zweiten Jahr

Zur Saison 1972/73 übernimmt wie angekündigt Wunschtrainer Hermann Eppenhoff den VfB. Aus dem eigenen Nachwuchs stößt Dieter Schwemmle zum Team, mit dem Wolfgang Frank bereits in der Amateurmeisterschaft gemeinsam gestürmt hat. Über ihr Zusammenspiel sagt Schwemmle heute: „Da gab es ein blindes Verständnis zwischen uns. Der Wolfgang hat doch einige Tore gemacht auf Vorlage von mir."

Gleich zum Saisonauftakt der Bundesliga gegen den späteren Vizemeister 1. FC Köln trifft Frank doppelt und garantiert seiner Mannschaft den ersten Heimsieg gegen die Domstädter seit der Saison 1968/69. „Der junge Wolfgang Frank hat gleich die richtigen Schußstiefel angezogen", jubilieren die Reporter des *kicker* über den gelungenen Saisonstart des Stürmers, für den sie aber nur die Note 3 vergeben. Gleiches gilt für Franks Nebenmann Schwemmle, der sich mit dem Doppeltorschützen auch die Frisur teilt und über den es folgerichtig heißt: „Schließlich entpuppte sich 60-Kilo-Beatle Schwemmle, ein Debütant, als quirliger Flügelmann, dem nur noch ein Schuß Cleverneß fehlt. Zwei der drei Tore leitete Schwemmle immerhin geschickt ein."

Die gemeinsame Zeit bei den Amateuren habe ihnen in jener Saison vom Start weg geholfen, sagt Schwemmle. „Es gibt einfach Dinge, die, wenn man eine gewisse Zeit miteinander spielt, zu Automatismen werden." Darauf habe man direkt wieder zurückgreifen können, trotz der einjährigen Unterbrechung.

„Stuttgart ist schon voll da!", titelt der *kicker* nach dem zweiten Spieltag. Diesmal besorgt Schwemmle den Treffer zum 1:0-Sieg. Jubelstürme gelten allenthalben dem neuen Trainer, mit dem man – anders als zuvor mit Zebec – reden könne. Zudem betonen alle Beteiligten, wie eng man zusammengerückt sei. Daran erinnert sich auch Horst Köppel, der erzählt, es habe hin und wieder Treffen in einer Kneipe nahe des Stadions gegeben. „Da ging es dann ganz ordentlich zur Sache, das hätte der Trainer nicht wissen dürfen." Die Regel seien solche privaten Treffen aber trotz des funktionierenden Mannschaftsgefüges nicht gewesen. Und: „Ich kann nicht mit Sicherheit sagen, ob Wolfgang jemals dabei war, aber sollte ich es heute beschwören, würde ich sagen: eher nein." Frank sei niemand gewesen, der die Freundschaft in der Gruppe gesucht habe.

Ähnlich erinnert das auch Dieter Schwemmle. „Ich habe Wolfgang als eher introvertiert gesehen. Von der Persönlichkeit her ein ganz ruhiger und sehr nachdenklicher Typ.“ Ohnehin habe man in jener Zeit aus dem Privatleben der Mitspieler aber nur in Einzelfällen etwas mitbekommen, sagt Schwemmle, und Frank habe die Zeit vermutlich eher mit seiner Freundin verbracht. „Ich habe nie mitbekommen und kann mir auch nicht vorstellen, dass er sich mit anderen Spielern mal privat getroffen hat. Das war seine Sache nicht.“

Es läuft in jenem Herbst 1972 gut für Stuttgart und den Stürmer Wolfgang Frank. Mal gewinnt der VfB mit Dusel (2:1 gegen den HSV), mal sehr sicher (3:1 gegen den FCK). Nach dem 10. Spieltag steht der Klub trotz einer zwischenzeitlichen derben 1:6-Abreibung in Düsseldorf auf dem dritten Tabellenrang, Frank hat bisher jedes Spiel gemacht – und bereits fünf Tore erzielt. „Er war ein richtiger Strafraumspieler“, schwärmt Schwemmle. „Der Wolfgang, der hatte einen Riecher dafür, wo er stehen und wohin er laufen muss.“ Medien und Präsidium sind gleichermaßen begeistert vom ersten Saisondrittel, während der verletzte Libero Willi Entenmann mit trockenem Realismus bremst und via Presse daran erinnert, in der ersten, erfolgreichen Zeit unter Zebec habe man diesen auch in positiven Farben beschrieben. Der Eppenhoff'sche Angriffsfußball aber liegt dem Team, das ist deutlich zu sehen.

Zur Winterpause steht die Mannschaft auf dem vierten Platz. Frank hat in der Hinserie lediglich ein Spiel verpasst, auswärts gegen Braunschweig aufgrund einer Verletzung, die er sich in der Woche zuvor beim 2:1-Sieg gegen Bremen zugezogen hatte. Acht Treffer sind dem quirligen Stürmer in 16 Spielen bereits gelungen, damit steht er in der internen Torjägerliste vor den Teamkollegen Handschuh und Köppel (je sieben) sowie Ettmayer (sechs). Trainer Eppenhoff bringt seinen erfolgreichsten Stürmer schon einmal für das Nationalteam ins Gespräch.

Doch in der zweiten Saisonhälfte hat Wolfgang Frank plötzlich zu kämpfen. Mit Verletzungen, Formtiefs – und immer wieder auch mit sich selbst. „Ich kann mich an kein Spiel erinnern, in dem der Wolfgang nicht in der Startelf war“, wundert sich Dieter Schwemmle. Tatsächlich aber fehlt Frank vom 24. bis zum 29. Spieltag. Als der Stürmer am 30. Spieltag bei Hertha BSC ein 35-minütiges Comeback erlebt, hat er den Berlinern beim 1:5 ebenso wenig entgegenzusetzen wie der Rest der Mannschaft. Und in Stuttgart ist man abseits des Platzes auch weiterhin zu viel mit Vereinsstrukturen und amtierenden Personen beschäftigt.

Außerdem ist der Klub schlicht zu klamm, um sein erfolgreiches Personal zu binden: Horst Köppel, Dieter Schwemmle und Wolfgang Frank hören alle gut zu, wenn andere Klubs ihnen lukrative Angebote unterbreiten. Frank wird erst länger mit dem 1. FC Köln in Verbindung gebracht, dann mit dem FC Lüttich. Schwemmles Weg führt in die Niederlande zu Twente Enschede. „Natürlich war es eine finanzielle Geschichte, wegzugehen", sagt Schwemmle heute.

Frank hat derweil ein privates Intermezzo auszufechten, denn mittlerweile buhlt Alkmaar Zaanstreek um den hochveranlagten Stürmer. Damit ist sein Vater, der Förderer und Forderer, indes nicht einverstanden. „Unser Opa war total dagegen, dass Daddy zu Alkmaar geht", erzählt Sebastian Frank. Doch es gibt längst einen Menschen in Wolfgang Franks Leben, dessen Urteil ihm wichtiger ist als das seines Vaters: Freundin Brigitte, die später auch Franks Frau wird. „Ich glaube, die Eltern von meinem Vater hätten sich schon eher eine Schwäbin gewünscht, ein Hausmütterchen. Meine Mutter war eine, die ihre Meinung gesagt und den Konflikt gesucht hat. Die zwei hatten schon so eine ‚Wir beide gegen den Rest der Welt'-Einstellung, glaube ich", puzzelt sich Sebastian Frank zusammen, was er von seinen Eltern aus jener Zeit weiß. Sein dominanter Großvater habe mit Eifersucht auf die Frau im Leben des Sohnes reagiert. „Er hatte das Gefühl, er muss etwas von ihm abgeben. Das hat ihm nicht gepasst." Frank beendet seine Zeit in Stuttgart nach dieser zweiten Profisaison, in der sich der VfB am Ende noch für den UEFA-Cup qualifiziert, und geht nach Alkmaar. Dieser Schritt bedeutet für ihn auch erstmals Abstand vom Vater.

KAPITEL 3

Eine neue Spielkultur

„In Holland spricht zwar fast jeder deutsch, aber keiner kann schwäbischen Dialekt verstehen. Dort mußte ich mich umstellen und hochdeutsch reden."

WOLFGANG FRANK 1976 IM *KICKER*

Seinen Kopf benutzt Wolfgang Frank nicht nur, um tolle Tore zu erzielen. Von Anfang beschäftigt ihn, was auf dem Platz passiert. Dabei interessiert ihn nicht nur seine eigene Rolle, sondern er nimmt alle Spieler und deren Aufgaben in den Blick. In der ersten Profisaison beim VfB ist ihm Trainer Zebec dabei ein Vorbild: Auch der galt bereits zu seiner Spielerzeit als einer, der das Geschehen auf dem Platz sehr gut lesen konnte und extrem taktisch dachte. Beide verbindet ein Gefühl für das Spiel. Als der 22-jährige Stürmer im Juli 1973 mit Freundin Brigitte in die Niederlande zieht, um bei Alkmaar Zaanstreek (AZ) zu spielen, bekommt sein Interesse neues Futter. Der Verein zahlt 200.000 Gulden für Frank, der einen Zweijahresvertrag unterschreibt. Seinerzeit heißt der Verein AZ'67 und ist ein Zusammenschluss aus Alkmaar'54, dem ersten Proficlub der Niederlande, und dem FC Zaanstreek. In der Saison 1967/68 ist AZ'67 in die Eredivisie aufgestiegen und spielt dort seither mit einem Jahr Unterbrechung. Saisonziel der Spielzeit 1973/74 ist: Klassenerhalt plus X. Am Ende belegt der Klub in der 18er-Liga Platz sieben.

Neuer Trainer wird im Juli 1973 Joop Brand. Der aus Dubbeldam stammende Coach war Spieler beim XerxesDZB Rotterdam, hat bei den Go Ahead Eagels in Deventer seine Trainerkarriere begonnen und dort die Fußballschule geleitet. Außerdem ist er Dozent an der *CIOS*, einer Akademie für Sportlehrer. Brand ist ein wissbegieriger, offener Trainer, der in seinen Klubs viele Entwicklungen anstößt. Bei AZ'67 implementiert er gemeinsam mit Ted Troost die Methodik der Haptonomie (etwa: Lehre von der Berührung), die Verletzungen verhindern oder Beschwerden schneller kurieren soll. Das Thema inspiriert Frank.

Insgesamt tut sich der Stürmer aber zunächst schwer mit dem Wechsel in das fremde Land, obwohl er ihn selbst forciert hat. Sein Vater nimmt es ihm übel, dass er nicht beim VfB geblieben ist – und äußert das in heimischen Medien. Seine Freundin hat anfangs mit Heimweh zu kämpfen. In Alkmaar wird Frank „der kleine Deutsche“ genannt, was ihm nicht gefällt. Vermutlich stammt aus dieser Zeit auch sein immer wieder kolportierter Spitzname „der Floh“, den Mitspieler seiner deutschen Vereine nicht bestätigen: In einem Interview begründet Frank damals seine enorme Sprungkraft – nach Torerfolgen macht er einen mächtigen Satz in die Luft – einmal mit seiner geringen Größe von 1,72 Metern sowie seinen nur 66 Kilo und sagt: „So ein Fliegengewicht ist leicht zu stemmen.“ Der Satz wird in jener Saison vielfach zitiert – und in der Übersetzung ist offenbar aus der Fliege ein Floh geworden.

Frank steht in den ersten vier Ligaspielen auf dem Rasen, kommt aber nicht zum Torerfolg. AZ spielt dreimal unentschieden und kassiert eine Niederlage. Anschließend bleibt der Stürmer zweimal ohne Einsatz. Sein Verein holt den ersten Saisonsieg und verliert mit 1:5 gegen PSV Eindhoven. Am 7. Oktober 1973 schießt Frank gegen den MVV Maastricht sein erstes Tor in der Eredivisie. In der Tageszeitung *Alkmaarsche Courant* heißt es anschließend: „In der 21. Minute bekam AZ, was sie verdient hatten. Nygaard setzt Frank mit einem scharfen langen Ball in Szene. Der kleine Deutsche umspielte gekonnt Stammtorwart Herben und traf kontrolliert zum 1:1.“ Der Däne Kristen Nygaard ist seinerzeit neben Frank der zweite ausländische Spieler im Verein, er ist bereits im Jahr zuvor gekommen. „Es war keine einfache Zeit, weil Alkmaar nur semi-professionell war und wir alle noch Jobs hatten“, erinnert sich Cees de Vries, von 1972 bis 1976 Spieler bei AZ. „Wolfgang und Kristen waren die einzigen Vollprofis. Sie waren sehr unterschiedlich, Kristen offen und neugierig, Wolfgang eher zurückhaltend. Er hat auch gezögert, Niederländisch zu lernen.“ Aus Scham, Fehler zu machen, wie der Schwabe Frank Jahre später einmal im Interview eingesteht.

Sportlich läuft es nun zunächst positiv für Frank: Er trifft auch in den beiden folgenden Spielen. So lernen die AZ-Fans die Freudensprünge des deutschen Stürmers kennen. „So erinnere ich ihn am besten“, sagt Klubarchivar Jan Visser. „Er konnte sehr hoch springen.“ Ernst Slinger, der seit 1958 kaum ein Heimspiel des Vereins verpasst hat, erzählt: „Wolfgang war schnell und ein agiler Spieler. Er ging leicht am Gegner vorbei. Aber es fehlte ihm an körperlicher Stärke. Er fiel ganz einfach zu Boden, mindesten zehnmal pro Spiel. Ich gab ihm den Spitznamen ‚das Stehaufmännchen von AZ‘.“

Die Mannschaft trainiert am Nachmittag, nach den Arbeitstagen der Spieler. „Vielleicht hat Wolfgang einen professionelleren Klub erwartet, wie

Ajax, wo zweimal täglich Training war", mutmaßt de Vries. Immerhin trifft der Stürmer auf einen innovativen Coach: Joop Brand beschäftigt sich in den 1970er-Jahren bereits mit Themen wie Ernährung und Fitness. „Er war ein Trainer, der schönen, schnellen und taktisch starken Fußball mochte", erinnert sich der Journalist Sam de Jager. Frank ist gleichwohl nicht die erste Wahl des Trainers gewesen, Brand wollte eigentlich den Schotten Joe Jordan von Leeds United verpflichten. Doch der Transfer war für AZ finanziell nicht zu machen. So soll nun also der kleine Frank für Tore sorgen und jene Stärken einbringen, mit denen er seine geringe Körpergröße ausgleicht. „Er konnte extrem hart schießen", erinnert sich Torhüter Gerrit Vooys.

Nur 50 Kilometer südlich von Alkmaar, bei Ajax Amsterdam, hat unterdessen eine fußballerische Revolution stattgefunden. Zwei Namen stehen für die Basis dieser Entwicklung: Jack Reynolds, Engländer, Disziplinfanatiker und derjenige, der den Grundstein für die Ajax-Akademie legt. Ihm folgt 1959 und mit einer kurzen Unterbrechung bis 1964 sein Landsmann Vic Buckingham, der – für seine Zeit ungewöhnlich – stark auf Ballbesitz aus ist. In Buckinghams Amtsphase fällt auch das Debüt von Johan Cruyff. „Er war ein magerer Jugendfußballer, aber mit außergewöhnlichem Talent, blitzschnell und technisch perfekt", erzählt de Jager, der damals als Sportreporter auch über Ajax berichtet und für Cruyff mitunter als Dolmetscher fungiert, wenn der Ajax-Star von ausländischen Medien interviewt wird. „Er hatte ein atemberaubendes Spielverständnis und die Qualität, um es zu nutzen."

Plötzlich Einwechselspieler

Cruyff und de Jager spielen gelegentlich Billard zusammen und sprechen dabei viel über Fußball. „Seine Philosophie war klar. Technisch musste man alles mit dem Ball machen können. Aber im Spiel ging es hauptsächlich um Raum. Eine Mannschaft musste zunächst sicherstellen, dass sie den Ball erobert, Freiheit schuf, indem sie sich viel in Kombination bewegte und einen Mann freispielte, der die Angriffe weiter aufbauen konnte. Durch schnelle Positionswechsel war der Gegner gezwungen, die Raumdeckung aufzugeben. Wer beim Rotieren als Verteidiger auf die Stelle des Rechtsaußen gekommen war, musste auch diese Position beherrschen. Das war Cruyffs Vision." Den Journalisten erinnert das an eine Strömung im Theater: Schauspieler*innen wollen nicht mehr nur auf der Bühne agieren, sondern sich im Raum bewegen und ihr Publikum einbeziehen. Man spricht dabei vom „Theater Totaal". „Später war ich der Erste, der Ajax' Spielsystem ‚Voetbal Totaal' nannte. Der Begriff ist in den Niederlanden allmählich alltäglich geworden."

Die Entwicklung bei Ajax inspiriert viele niederländische Trainer sowohl in spieltaktischer Hinsicht als auch in der Herangehensweise an die Strukturen im Training. Aus Spielbeobachtungen jener Saison lässt sich ablesen, dass Joop Brand in der Regel ebenfalls auf das von Ajax perfektionierte 4-3-3-System setzt. Der Platz als Mittelstürmer gehört dabei zumeist Kees Kist. „Kist und Nygaard waren ein lebensbedrohliches Duo", erinnert sich Sportreporter de Jager. Nygaard liefert die Vorlagen, Kist verwandelt eiskalt. „So landete Wolfgang Frank auf der Ersatzbank." Es sind nicht einmal viele Spiele, die der Stürmer von außen begleiten muss, aber Frank kommt damit nicht zurecht. In einem Interview mit der Zeitung *De Telegraaf* erklärt er: „Ich habe genug von AZ!" Bei Brand, der zwar mit Franks Fleiß im Training einverstanden ist, ihn aber für die Torflaute im Spiel offen kritisiert, kommt das gar nicht gut an. Dann verpasst der Pechvogel auch noch einige Spiele aufgrund eines hartnäckigen grippalen Effekts. Seine Situation ist plötzlich richtig schlecht.

Im Gespräch für einen längeren Artikel im Magazin *Kick* versucht der Stürmer, die Wogen zu glätten. Er sei zuletzt falsch verstanden worden, betont Frank und ergänzt: „Vor allem bei den Unterstützern hier kann ich es mir nicht leisten, undankbar zu sein. Das Publikum bei AZ'67 ist fantastisch. Selbst, als sie gesehen haben, dass ich nicht gut spiele, haben sie mich nicht beschimpft." Frank räumt ein, wie schwierig die Anfangszeit in Alkmaar für ihn war, wie ihm die Wut des Vaters und das Heimweh seiner Brigitte zugesetzt haben. Und er offenbart die für ihn überraschenden Unterschiede zwischen den Ligen: „In der Bundesliga sind die Kraftunterschiede geringer. Duisburg kann die Bayern schlagen, aber Roda JC kann Ajax nicht schlagen." Von nun an will der Spieler sich mit neuem Elan seiner Aufgabe widmen, beteuert er: „Ich hoffe, dass die Öffentlichkeit mich versteht. Ich habe Fehler gemacht und bin bereit, hart zu arbeiten, sie zu korrigieren. Es wäre schade, wenn ich als Angeber oder bemitleidenswert rüberkäme. Das ist nämlich nicht der Fall. Ich werde versuchen, mich hier zu beweisen." Beim Redakteur des *Kick*-Artikels ist ihm das offenbar gelungen, der wählt als Überschrift: „Frank is geen Opschepper" – „Frank ist kein Angeber".

Doch die Rückrunde entwickelt sich für den Stürmer, der in der Hinserie bei 16 Spielen in Liga und Pokal viermal getroffen hat, nicht wie erhofft. Zwar steht Frank in den beiden Wettbewerben insgesamt noch zwölfmal auf dem Platz, davon aber viermal lediglich als Einwechselspieler. Schwerwiegender für den Angreifer ist, dass er nur noch in einem dieser Spiele als Torschütze in Erscheinung tritt: Beim 3:1-Sieg gegen den FC Groningen am 21. April 1974 trifft er doppelt. Im *Alkmaarsche Courant* heißt es im Frühjahr: „Die Erfolge [vom Beginn der Saison, Anm. d. A.] sind längst verblasst und Wolfgang Frank sieht sich mit kleinen und großen Misserfolgen konfrontiert. Verschiedene Faktoren machen ihn zu einem desillusionierten Spieler, der im Ausland nicht die Berühmtheit erlangte, die er sich erhoffte." Der Stürmer selbst kommt auch zu Wort: „Joop Brand hat mich gefragt, ob ich bereit bin, zu kämpfen. Natürlich will ich das, aber es ist ein Kampf, der mich so mutlos macht. Ich passe irgendwie nicht in den Spielstil von AZ'67." Co-Trainer Jan van Veen erinnert sich: „Er stand ein bisschen außerhalb der Gruppe, sehr schüchtern, und fühlte sich nicht wohl."

Nach seinen guten ersten Profijahren in Stuttgart wollte Frank in den Niederlanden eine Schippe drauflegen. Er ist das Projekt Alkmaar mit großer sportlicher Ernsthaftigkeit angegangen, hat sich aber fern vom Vater auch Extravaganzen gegönnt, die in der schwäbischen Heimat vielleicht nicht durchgegangen wären. „Wolfgang Frank war der erste Spieler in Alkmaar, der einen richtigen Sportwagen hatte", erinnert sich AZ-Fan Ernst Slinger. Doch zu der sportlichen Enttäuschung gesellt sich das Heimweh seiner Freundin, die in Stuttgart auch ihren Job aufgegeben hat. Ein Angebot von Bundesligaaufsteiger Eintracht Braunschweig stößt bei Wolfgang Frank deshalb auf offene Ohren.

Zunächst steht aber noch ein privater Höhepunkt an: Am 14. Mai 1974 heiraten Brigitte Kohl und Wolfgang Frank in Alkmaar. Und kurz darauf kehren die frisch vermählten Eheleute nach ihrem Jahr in den Niederlanden mit großen Hoffnungen nach Deutschland zurück. Sam de Jager hat den kleinen, dunkelhaarigen Stürmer von damals nicht vergessen, sagt aber rückblickend: „Dass Frank ein so guter Trainer werden würde, hat sich damals nicht abgezeichnet. Er muss gut aufgepasst haben, denn Joop Brand war ein Vorreiter in Sachen Training, Entwicklung und Psychologie." Und Wolfgang Frank hat seinen Kopf nicht nur benutzt, um schöne Tore zu erzielen …

KAPITEL 4

Der erste Mentor

„Ich habe eigentlich nur positive Sachen erlebt mit dem Wolfgang Frank. Zum einen im Training, zum anderen, wie er so als Mensch war. Und natürlich war er auch ein ganz herausragender Fußballer."

REINER HOLLMANN, MITSPIELER BEI EINTRACHT BRAUNSCHWEIG

Die Braunschweiger Aufstiegsmannschaft erwartet zum Trainingsauftakt in der niedersächsischen Sportschule Barsinghausen im Juli 1974 ihren neuen Trainer Rudi Faßnacht. Doch der kommt nicht. Denn ein paar Tage zuvor, am Vorabend des WM-Finals zwischen Deutschland und den Niederlanden in München, ist sich das Eintracht-Präsidium um Präsident Ernst Fricke mit Branko Zebec einig geworden, der anlässlich des Turniers in Deutschland weilt. Faßnacht wird noch vor Dienstantritt suspendiert – Alkoholprobleme. Noch können die Verantwortlichen die Ironie dieser Auswechslung nicht erahnen.

Nach seinem Aus in Stuttgart hatte Zebec sich dem Trainerteam um Tomislav Ivić bei Hajduk Split angeschlossen. Mit dem Verein gewann er 1973 den nationalen Pokal, im Europapokal der Pokalsieger ging es für Hajduk anschließend bis ins Halbfinale. Da Zebec zu seiner neuen Station in Braunschweig seine Familie mitbringt, kann er erst zur Mannschaft stoßen, wenn er eine neue Wohnung gefunden und den Umzug organisiert hat.

Mitspieler und Presse erkundigen sich deshalb an jenem Mittwoch im Juli bei Wolfgang Frank nach dem Trainer. Der Neuzugang aus Alkmaar ist der Einzige, der Zebec kennt. „Er fordert sehr viel von den Spielern", plaudert der Stürmer aus dem Nähkästchen. „Aber wer mitzieht, befindet sich in physisch allerbester Verfassung."

Tags darauf ist auch der Trainer da, und die Spieler bekommen einen Eindruck davon, wie dessen Einheiten aussehen: In langen Laufrunden sollen sie ihren Einsatz zeigen, auch Zirkeltraining und Medizinbälle gehören zum Programm. „Es war an der Grenze, aber er hat keinen kaputt trainiert", sagt Frank etliche Jahre später im Gespräch mit der *Leipziger Volkszeitung*. „Branko war taktisch schon sehr weit, anderen voraus. Ein Top-Mann."

Die Wertschätzung beruht auf Gegenseitigkeit – Zebec ist froh, den Stürmer wieder in seiner Mannschaft zu haben. Als er im Interview bei seiner Ankunft an der neuen Wirkungsstätte gefragt wird, ob Frank wohl das Braunschweiger Mittelstürmer-Problem würde lösen können, gibt er sich zuversichtlich und betont im *kicker* die gemeinsame Vergangenheit: „Ich kenne ihn sehr gut, weil ich ihn aus der Jugend des VfB Stuttgart holte. Er ist jung, begabt und kopfballstark." „Branko Zebec hielt sehr große Stücke auf Wolfgang ", erinnert sich Reiner Hollmann, der von 1973 bis 1984 für Eintracht Braunschweig die Schuhe schnürte. „Er war ein Spieler, der unsere Mannschaft sofort besser gemacht hat." Diesen Satz hat so fast wortgleich Hans Kleitsch, sein Mitspieler aus der Jugend des VfL Kirchheim/Teck, über Frank gesagt. „Mit der Verpflichtung von Wolfgang und auch Karl-Heinz Handschuh haben wir schon einen Sprung gemacht – natürlich auch dank des Trainers, der uns sehr gut geführt hat."

Ein Testspiel gegen den FC Motherwell aus Schottland verpasst Frank im Juli 1974, weil die Freigabe des niederländischen Verbandes noch nicht vorliegt. Für den Stürmer Frank hat Braunschweig 230.000 Mark an Alkmaar gezahlt. Handschuh soll die Eintracht deutlich mehr kosten, 400.000 DM will der VfB, um ihn ziehen zu lassen; am Ende einigt man sich auf 320.00 Mark. Im ersten Spiel der Saison, dem 5:0 gegen Mitaufsteiger Tennis Borussia Berlin, stehen die alten Stuttgarter Kameraden erstmals wieder gemeinsam auf dem Feld, Frank steuert in der 14. Minute mit dem 2:0 ein Tor zum sehr guten Ergebnis bei. „Aus den als Kraftfußballern und Tempobolzern verschrienen Braunschweigern ist ein spielendes Ensemble geworden", lobt Hans-Dieter Barthel im *kicker*, der titelt: „Man spürt Zebecs Hand". Auch die alte VfB-Verbindung und der Wert Franks und Handschuhs für diese Mannschaft werden positiv hervorgehoben.

Zwar verliert das Team am zweiten Spieltag auf dem Lauterer Betzenberg, doch insgesamt ist die Braunschweiger Eintracht unter Branko Zebec kaum zu stoppen. Der Trainer reißt seine Spieler mit, weil sie den Erfolg seiner Methoden erkennen. Die Reporter des *kicker* schwärmen gar von einer „entfesselten" Eintracht. Nach zehn Spieltagen steht Braunschweig auf Rang zwei, in die Winterpause geht der Wiederaufsteiger als beachtlicher Neunter. Für diesen Erfolg stehen die Spieler ohne Murren um sieben Uhr in der Früh auf dem Trainingsplatz und drehen bis zum Umfallen ihre Runden. Taktisch verordnet Zebec seinem Team eine für diese Zeit in der Liga innovative Veränderung: Statt der bisher gewohnten Manndeckung, in der jeder Spieler einem Gegenspieler zugeordnet ist und ihm übers ganze Feld folgen muss, setzt der Coach auch die in Deutschland noch kaum bekannte Raumdeckung ein. In Brasilien hatte Zezé Moreira, ab 1952 Trainer der Nationalmannschaft, bei seinem Heimatklub Fluminense FC bereits 1951 damit experimentiert. Wiktor Maslow führt die Raumdeckung ab Mitte der Sechzigerjahre als Trainer beim FK Dynamo Kiew ein, wo Walerij Lobanowskyj sie ab 1974 weiterentwickelt. Damit beeinflussen sie speziell Trainer in den Niederlanden und Italien, die deutsche Bundesliga ist bis zu Zebecs ersten Versuchen kaum davon berührt. „Die Umstellung war für die Siebzigerjahre schon herausragend, auch mit einer Art 4-4-2 zu spielen, sehr offensiv und zeitweise mit Pressing", sagt Hollmann, der Zebec taktisch als einen „Welttrainer" bezeichnet. Als Erfinder von 4-4-2 und Pressing gilt wie schon bei der Raumdeckung der Russe Maslow, wobei Fußballlehrer an verschiedenen Orten der Welt natürlich ähnliche Entwicklungen im Spiel anstoßen, die sich immer wieder berühren. Lobanowskyj führt Maslows Ideen in Kiew genau zu jener Zeit fort, als Frank und Hollmann in Braunschweig unter Zebec spielen. „Er hatte schon damals ganz ausgeprägte taktische Ideen im Kopf", sagt Hollmann. Damit habe der Coach jeden einzelnen Spieler besser gemacht. „Er hatte einen sehr großen Einfluss auf die Mannschaft." Zwar nennt Hollmann den Trainer einen „harten Hund", bestätigt also dessen Ruf. Zugleich betont er, das sei nur eine Seite gewesen. Zebec, damals 45 Jahre alt, habe eine Gabe gehabt, jeden im Team durch das in ihn gesetzte Vertrauen zu Höchstleistung anzuspornen – und Frank sieht der ehemalige Mitspieler da als bestes Beispiel. „Der Wolfgang war derjenige, der eigentlich nie auf der Bank saß. Wenn er nicht krank oder verletzt war, hat er immer gespielt. Der Trainer hat ihm immer den nötigen Rückhalt vermittelt, das hat ihm Selbstbewusstsein gegeben. Er hat dann auch seine Tore gemacht und eine ganz wichtige Rolle für unseren Erfolg gespielt." Die Methoden des Trainers merkt Frank sich gut: Jahrzehnte später werden seine Spieler an ihm jene Gabe loben, die Hollmann Branko Zebec attestiert.

Die Heimpartie gegen Kickers Offenbach am 25. Spieltag, als Nachholspiel am 12. April und somit zwischen dem 27. und 28. Spieltag angesetzt, ist die erste, die Frank in jener Saison verpasst. Zuvor hat Braunschweig mit einer 6:0-Gala-Vorstellung den völlig hilflosen VfB Stuttgart dominiert, nun muss der Stürmer mit einer Mandelentzündung das Bett hüten. „Franks Fehlen in der Angriffsleistung hat sich stark bemerkbar gemacht“, konstatiert sein Trainer nach dem mühsam erkämpften 1:0, für das sich die Braunschweiger bei ihrem herausragenden Torwart Bernd Franke bedanken können. Gegen den 1. FC Köln kehrt Frank im nächsten Spiel zurück. Braunschweig verliert 0:3, *kicker*-Reporter Willi Wolf lobt Franks in der zweiten Hälfte ansteigende Leistungskurve. Vielleicht hätte der ungeduldige Spieler länger pausieren müssen, doch von so etwas will Frank in der Regel nichts hören.

Fürs folgende von der gesamten Mannschaft uninspirierte 1:1 gegen den Wuppertaler SV attestiert die Presse dem Stürmer, er habe „kaum einmal in Braunschweig so arg enttäuscht“. Die Eintracht gewinnt in dieser Phase kein Spiel: Unentschieden auf Schalke und in Bremen, Niederlagen gegen den HSV und Mönchengladbach, das im Anschluss an die Partie gegen Braunschweig die Meisterschale entgegennimmt. Beim Heimspiel am 34. Spieltag gegen Frankfurt fehlt Frank zum zweiten Mal in der Saison: Die ewig muckenden Mandeln werden ihm nun herausgeholt. Seine Mannschaft, die im Schnitt knapp 19.000 Fans anlockt, gewinnt mit 2:0 und beendet die erste Saison unter Branko Zebec auf einem respektablen neunten Platz. Sehenlassen kann sich auch Franks persönliche Bilanz: In 32 Ligaspielen schießt er zehn Tore.

Heimweh und Wanderlust

„Wir hatten zu dieser Zeit kaum Stars“, sagt Reiner Hollmann über die ersten Jahre unter Branko Zebec. Zwar ist Jägermeister-Besitzer Günter Mast bereits als Sponsor an Bord und der Hubertus-Hirsch ziert die Brust der Spieler, doch die ganz großen Transfers sind bislang ausgeblieben. Im Sommer 1975 locken Mast und Eintracht-Präsident Fricke mit dem jugoslawischen Nationalspieler Danilo Popivoda dann eine durchaus schillernde Spielerpersönlichkeit nach Niedersachsen – mehrere andere Klubs aus der Bundesliga waren ebenfalls an dem Außenstürmer interessiert. Da Popivoda sich aber in der Vorbereitung verletzt, fällt er zunächst aus.

Spielerisch läuft es bis auf wenige Ausnahmen sehr gut für die Eintracht. Nach der Hinrunde steht sie auf Platz zwei und wirkt insgesamt stabiler als in der Vorsaison. „Unser Erfolgsrezept war Kameradschaft und Zusammenhalt“, sagt Hollmann. Frank habe sich von Anfang an sehr gut im Verein eingefügt, in der zweiten Saison wird er auf dem Platz noch wichtiger: „Er hatte einfach einen Torriecher. Und er stand immer da, wo es gefährlich wurde. Außerdem hatte er ein ausgezeichnetes Kopfballspiel, das war seine herausragende Eigenschaft. Er hat jede Saison mehr Tore geschossen."

In seiner zweiten Saison in Braunschweig werden es 16 Treffer, erzielt in 34 Spielen, von denen der Stürmer 33-mal durchspielt. Damit ist Frank bester Torschütze des Vereins, was Begehrlichkeiten weckt. Im Februar 1976 klopft der Hamburger SV bei dem Schwaben an und lockt mit sehr viel Geld. „Das Angebot des HSV liegt beträchtlich über dem, was mir die Eintracht offeriert hat. Und es muss sich wohl um ein ernsthaftes Angebot handeln, denn sonst hätte Dr. Krohn unser Gespräch sicher nicht an die Presse weitergegeben", zitiert der *kicker* Frank nach seinem Termin in Hamburg. Der Spieler scheint wechselwillig, zumal sich das hartnäckige Gerücht hält, seine Frau wolle weg. „Von dem, was ich mitbekommen habe, hat Brigitte sich nicht wohlgefühlt in Braunschweig", erinnert sich Hollmann. „Es war nicht der Lebensmittelpunkt, den sie sich vorgestellt hat." Das sei anderen Spielern samt Familien ebenso gegangen. „Es war einfach absolute Provinz, Zonenrandgebiet, das darf man nicht vergessen." Eintracht-Präsident Fricke allerdings schiebt den Wechselabsichten seines Stürmers mit einer Ablöseforderung von 600.000 Mark schnell einen deutlichen Riegel vor. Letztlich verlängert Frank in Braunschweig, doch im Interview mit dem *kicker* klingt er im März 1976 reichlich verschnupft. Fast 40 Prozent hätte er mehr verdienen können beim HSV, erzählt er Reporter Walter Setzepfandt. „HSV-Manager Krohn fing erst mit einem Angebot von 170.000 DM an und ging erst zum Schluß auf 500.000 DM. Aber Herr Fricke verlangte immer 670.000 DM. Krohn ist sehr clever, macht dem Spieler zuerst ein gutes Angebot und läßt alles dann mit der Ablöse platzen. So ist Herr Krohn mit dem HSV immer im Gespräch." Auch den Fans in Braunschweig gibt Frank in dem *kicker*-Artikel einen mit, er spricht von einem „schwierigen Publikum".

Versöhnlicher klingt das Bild, das er skizziert, als Setzepfandt fragt, ob die Erzählung vom familiären Braunschweiger Umfeld mit einem väterlichen Präsidenten Fricke zutreffend sei. „Ich glaube doch. Das ist ein großes Plus. Hier herrscht keine Hektik. Die finanzielle Seite ist gesichert, was man nicht von allen Vereinen behaupten kann. Man trifft sich manchmal beim ‚Conny', eine Art Vereinslokal." Dennoch bedauert er, dass in Braunschweig „nichts Spektakuläres" passiere. Verspürt er damals, nach nicht einmal zwei Jahren, schon Wanderlust? Oder ist es schlicht Heimweh? Angesprochen auf sein Haus in Schlierbach, in dem die Eltern leben, klingt Frank fast sehnsüchtig. Letztlich konstatiert er nüchtern: „Braunschweig hat für mich 230.000 vor zwei Jahren bezahlt und verlangt jetzt 600.000 DM. Man ist ja praktisch gezwungen, zu bleiben. Die freie Berufswahl ist nicht mehr möglich." Auf einer kleinen positiven Note endet das Gespräch dann doch: Frank erzählt, inzwischen gehe es auch seiner Frau in Braunschweig gut, nachdem sie anfangs wenig Anschluss gefunden habe.

Hollmann erzählt, der Kontakt in der Mannschaft sei herzlich gewesen und habe durchaus auch mal ins Private ausgestrahlt. „Wenn Treffen im Team anstanden, waren die beiden immer dabei. Ich hatte ein gutes Verhältnis, auch mit seiner Frau. Mit Wolfgang war das von Anfang an harmonisch." Seine Tore schießt Frank nach der Vertragsverlängerung ebenso zuverlässig wie zuvor, und die beiden hohen Niederlagen, die sich die Mannschaft bis Saisonende gegen den HSV (0:4) und Eintracht Frankfurt (1:6) noch einfängt, gehen kaum auf sein Konto. Eine Spielzeit mit reichlich Aufs und Abs beendet Braunschweig letztlich auf Rang fünf – das reicht, um sich fürs internationale Geschäft zu qualifizieren.

Der größte Erfolg

In seiner dritten Saison bei der Eintracht legt Wolfgang Frank in Sachen Treffer noch eine Schippe drauf: Mit 24 Toren in 32 Einsätzen der Spielzeit 1976/77 ist er erneut erfolgreichster Schütze seines Klubs. Und das, obwohl er im Herbst zeitweilig als Libero aushelfen muss, weil in der Abwehr so viele Spieler ausfallen, woraufhin er in der Presse als „Vielzweckwaffe" bezeichnet wird. Nach dem ersten Einsatz auf ungewohnter Position erklärt Frank dem *kicker*-Reporter munter: „Es hat Spaß gemacht."

Es ist für den Schwaben die Saison seines Lebens. Als Spieler wird er diesen Erfolg so nie wiederholen. Quält ihn im Vorfeld noch die Frage, ob der von Tennis Borussia gekommene Norbert Stolzenburg ihm den Stammplatz im Zentrum kosten wird, zeichnet sich schon im Frühherbst ab, der Neue kann sich zunächst nicht durchsetzen. Dabei hatte Frank seinem Präsidenten im ersten Moment der Erregung über diese Verpflichtung sogar mitgeteilt, er wolle den Vertrag in Braunschweig kündigen. Nun schreibt Oskar Beck in der *Stuttgarter Zeitung*, die ihren „Frankie-Boy" stets im Blick behält, über das Duell Stolzenburg vs. Wolfgang Frank: „Der Funkturm von der Spree, an der Meßlatte einen Kopf größer, muß sich in diesen Wochen ducken: Frank ist der Größere. Die Wochenend-Statistik verleitet zum Irrtum. Zwar hat der Berliner in Karlsruhe Braunschweigs einziges Tor geschossen – König jedoch war der Schwabe."

Mit dem direkten Konkurrenten im Nacken und aller Wechselgedanken für den Moment entledigt, scheint der zuvor immer wieder gehemmt wirkende Frank aufzublühen. Nach einer herausragenden Sommervorbereitung trifft er in den ersten vier Ligaspielen sechsmal. Auch die Presse entdeckt ihre Liebe zum 1,72 Meter kleinen Stürmerstar. Im *kicker* lobt Hans-Dieter Barthel ihn im Spätsommer 1976 als „Goldköpfchen"– und stellt einen großen Vergleich an: „Genau wie Gerd Müller ist er ein Mann der leisen Tore, einer, der zustößt, wenn es am wenigsten erwartet wird. Genau wie bei Gerd Müller basiert sein Torinstinkt auf einer verblüffend schnellen Reaktionsfähigkeit und einer Wendigkeit, die noch auf engstem Raum zum Erfolg führt."

Frank gibt sich selbstkritisch: „Nur, der Gerd steckt auch nach der sechsten vergebenen Chance nicht auf und erzielt dann mit der siebten sein Tor. Aber bei mir ist es meist schon nach dem dritten Fehlschuss aus und vorbei." Die Vertragsverlängerung, die in der Vorsaison so wenig von Herzen zu kommen schien, setzen die Franks nach einer komplizierten privaten Phase nun auch als Paar konsequent durch – und machen sich auf die Suche nach einem Haus. Häufig finden sich die Eheleute in den zu jener Zeit üblichen „Homestorys" in den Medien wieder. In der Serie „Die neuen Stars der Bundesliga" des *Hamburger Abendblatt* geht Sportreporter Burkhard Lüpke den Unterschieden zwischen „Kobold" Frank auf dem Platz und dem privaten „Träumer", der sich zu einem gewissen Phlegma bekennt, auf den Grund. Nach der Karriere wolle er am liebsten nicht mehr arbeiten, bekennt der Spieler, der sich am Spülbecken ablichten lässt, wo er laut des Berichts an freien Tagen für die nötige Ordnung sorgt, während seine Gattin die Kosmetikschule besucht. Immer an seiner Seite: Cockerspaniel Jimmy, der willig für die Pressefotografen Modell steht. Im *WOCHENEND-Magazin* verrät Frank über seine Frau: „Ohne ihre Liebe könnte ich keine Tore schießen!" Das schlagfertige Paar verzaubert die Presse, der torgefährliche Frank die Fans.

Im DFB-Pokal besiegt Eintracht Braunschweig Meister Gladbach mit 2:0, Torschütze zum 1:0 ist Wolfgang Frank. In dieser Verfassung scheinen weder Team noch Spieler aufzuhalten zu sein. Nach einem 7:0-Sieg gegen den dänischen Klub Holbæk B&I im UEFA-Pokal, dem ersten Europapokalspiel der Eintracht nach fünfjähriger Abwesenheit, ziert der Stürmer mal wieder das Cover des *kicker*, der Titel über dem Spielbericht: „Frank riß alle mit". Zebec experimentiert in der Partie mit drei echten Spitzen, wobei erstmals Frank und Stolzenburg gemeinsam aufdrehen, nachdem Letzterer in der 22. Minute für Popivoda eingewechselt worden ist. Frank schießt drei Tore, Stolzenburg zwei und auch Hollmann trägt sich in die Torschützenliste ein.

„Er war in seiner Art und Weise sehr selbstsicher, vom Auftreten und der Spielweise", erinnert sich Letzterer. „Das hatte viel mit dem Trainer zu tun – und gerade in Zeiten, in denen wir erfolgreich waren, hat er alles getroffen." Außerdem entpuppt sich Frank plötzlich als Zuschauermagnet. „Die Fans haben den Wolfgang geliebt. Wie der die Tore geschossen hat, das war einfach schön anzusehen. Wir sind bedingungslos angefeuert worden." Im November dann jene Phase, in der Frank als Libero aufs Feld muss, weil die Abwehr dermaßen dezimiert ist. „Er bewies, was ein technisch und konditionell perfekter Fußballer, mit der notwendigen Spielintelligenz gesegnet, auf allen Posten leisten kann", ist anschließend im *kicker* zu lesen. „Er wurde, nach der ersten halben Stunde der Anpassung an die neue Aufgabe, geradezu der Kristallisationspunkt in der Braunschweiger Abwehr." Hollmann findet es nicht verwunderlich, dass Frank die Idee seines Trainers so problemlos umsetzen konnte: „Diese Spielintelligenz von Zebec, das Verständnis für die Abläufe, hatte der Wolfgang auch. Das war damals schon offensichtlich. Später in der Arbeit als Trainer sowieso, da hat er ja vieles von Zebec übernommen."

Neben der Liga, dem DFB-Pokal und dem UEFA-Cup ist Frank in der Spielzeit außerdem für die deutsche B-Nationalelf im Einsatz. In der *kicker*-Rangliste wird er im Winter mit dem Kölner Dieter Müller und HSV-Spieler Willi Reimann zum „erweiterten Kreis" der besten Innenstürmer gezählt, hinter Gerd Müller (Weltklasse) und Klaus Fischer (Internationale Klasse). Sein Klub steht abermals auf dem zweiten Tabellenplatz. Im Februar gibt Braunschweig eine neuerliche Vertragsverlängerung mit dem Stürmer bekannt, der sich bis 1982 an den Verein bindet und immer unentbehrlicher wird. In den Medien wird spekuliert, Helmut Schön könne den Stürmer für das Länderspiel gegen Frankreich einladen. „Eine Berufung in die A-Nationalmannschaft wäre das Größte für mich", freut sich Frank und Vereinstrainer Zebec erklärt gegenüber der *Stuttgarter Zeitung*: „In Jugoslawien wäre dieser Mann schon seit Jahren Nationalspieler."

Am Ende macht eine Leistenverletzung Franks Chance in jenem Herbst zunichte. Die angespannte Personaldecke in Braunschweig sorgt aber auch dafür, dass die Belastung der Spieler enorm hoch ist. Seine Leiste macht Frank nicht zum ersten Mal zu schaffen. „Die Spritze, die ich gegen meine Zerrung bekomme, macht mich zwar schmerzfrei, nimmt mir aber auch jegliches Ballgefühl", moniert er im März 1977 im *kicker*. Aber nicht zu spielen, scheint keine Option zu sein – immerhin hat die Mannschaft Chancen im Meisterschaftskampf und steht am 27. Spieltag nach einem Unentschieden gegen Titelverteidiger Mönchengladbach weiter auf Rang zwei.

Doch als Braunschweig am 32. Spieltag in Abwesenheit des für die jugoslawische Nationalmannschaft im Einsatz befindlichen Popivoda gegen Bremen verliert, ist die Chance auf den Meistertitel so gut wie futsch. Branko Zebec zürnt, Torwart Franke und Stürmer Frank hätten mit den Nachwirkungen einer bei ihren Länderspielabstellungen vom DFB erhaltenen Pockenimpfung zu kämpfen. Die Stimmung scheint plötzlich dahin. Ausgerechnet Musterschüler Frank kritisiert medial zum wiederholten Male die Taktik des Trainers, Franke wiederum schimpft über die Kritik des Stürmers. Das nächste Spiel verpasst Frank mit einer Prellung, es ist das zweite der Saison, bei dem er zum Zuschauen verdammt ist. Die Siege gegen den 1. FC Kaiserslautern (3:1) und Rot-Weiss Essen (6:0) reichen Braunschweig nicht mehr, um noch an den Gladbachern vorbeizuziehen, die ihren Meistertitel verteidigen.

Aus dem Gleichgewicht

„Es ist kein Geheimnis, dass es gewisse Unstimmigkeiten gab, als Paul Breitner zu uns gekommen ist." Mit diesem Satz fasst Reiner Hollmann die Problematik bei Eintracht Braunschweig in der Saison 1977/78 treffend zusammen. Für 1,5 Millionen Mark aus der Geldschatulle von Mäzen Mast hat der Verein den Weltmeister von Real Madrid nach Niedersachsen geholt. Während die Medien Breitners Verpflichtung als Coup bejubeln, ist in der Mannschaft von Begeisterung keine Spur. „Spielerisch war es natürlich eine absolute Bereicherung", erinnert sich Hollmann. „Es ist ja eigentlich für alle Beteiligten gut, wenn ein Weltklasse-Spieler kommt. Man musste daran wachsen." Aber das Gegenteil ist der Fall.

„Breitner kam aus Madrid, das darf man nicht vergessen", gibt Hollman zu bedenken. „Der war eine schillernde Figur. Es war schon zu verstehen, dass sich alles nur noch um ihn drehte. Dem Wolfgang hat das gestunken, aber nicht bloß ihm, auch anderen Spielern." Im August 1977 titelt der *kicker*: „Frank will fort!" Im Innenteil des Blattes heißt es: „Konnte seine Frau den Braunschweiger Torjäger beeinflußen?" In den folgenden Medienberichten offenbart sich immer wieder die Misogynie des Fußballgeschäfts: Plötzlich geraten die Frauen der Spieler in den Fokus der Presse und in den des wütenden Vereinspräsidenten Fricke. Als es bei einem Auswärtsspiel in Madrid mit anschließendem Bankett zu Unstimmigkeiten kommt, tobt Fricke, die Eintracht werde zu keinem Auswärtsspiel mehr Spielerfrauen mitnehmen.

Wolfgang Frank, immer schon einer, der Ruhe braucht, um seine Leistung zu bringen, wird in den nächsten Wochen erkennbar zerrieben. Mitten in diese Unruhe hinein macht auch sein Vater von sich reden, der immer schon mal gut war für einen Anruf in den Redaktionsstuben. Dem Reporter des *kicker* erklärt er: „Ich habe meinem Sohn empfohlen, Braunschweig zu verlassen, weil er dort seinen guten Namen verliert. Ich habe auch schon fünf Vereine an der Hand, die ihn mit Kußhand nehmen würden."

Sportlich läuft es derweil durchwachsen für die Eintracht. Immer wieder wird die Frage aufgeworfen, welche Rolle Neuzugang Breitner dabei spielt. Libero Hollman sagt rückblickend: „Die Mannschaft ist damals regelrecht aus dem Gleichgewicht geraten. Es führte dazu, dass wir nicht mehr diese absolute Einheit waren, jeder für jeden." Statt den Extrameter für die Mitspieler zu laufen, schaut im Team plötzlich jeder nur noch auf sich. „Man hat Breitner teilweise sogar geschnitten, das ist heute ja alles kein Geheimnis mehr, wie vermieden wurde, ihn anzuspielen", sagt Hollmann bedauernd. „Es kamen viele Unstimmigkeiten zusammen, letztlich war die Harmonie weg, die uns immer so stark gemacht hat." Dieses Pfundes beraubt, schafft es das Team nicht, sich dauerhaft zu stabilisieren. In Köln kommt man am fünften Spieltag gar 0:6 unter die Räder – ohne Wolfgang Frank, den die Ferse plagt.

In den Medien wird derweil das Thema Spielerfrauen richtig aufgerollt. Im *kicker* kommen dazu Spieler, Vereinsverantwortliche und Frauen zu

Wort, bebildert wird das Thema mit einem Foto der Eheleute Frank. Dazu heißt es: „Heiraten – ja! Aber welche Rolle die Frau an der Seite ihres fußballspielenden Mannes einnehmen soll, darüber hat sich bislang noch niemand so recht ausgelassen." Die Betonung liegt auf bislang, denn nun wird aus allen Rohren gefeuert, nicht ganz zufällig auch aus Braunschweig. Präsident Ernst Fricke spricht sich für die „Rolle der Nur-Hausfrau" aus und erklärt: „Ich habe Verträge mit den Spielern geschlossen. Nicht mit ihren Ehefrauen. Sie haben dafür zu sorgen, daß ihre Männer in bester Verfassung ihren Beruf ausüben können. Damit haben sie ihre Pflicht erfüllt." Das Magazin bezeichnet diese Auffassung als verständlich, immerhin hätten Brigitte Frank und Hilde Breitner – einander offenbar ähnlich abgeneigt wie ihre Ehemänner – den jeweiligen „Führungsanspruch" in der so bezeichneten „Braunschweiger Damenriege" lautstark ausgefochten. Der Autor endet den Artikel deutlich: „Von den Spielern verlangen die Vereine profihafte Einstellungen zu ihrem Beruf. Nur vergessen sie allzu oft, daß die Frauen an ihrer Seite entweder viel helfen oder alles verderben können. Vielleicht sollte man der holden Weiblichkeit mal erklären, was das eigentlich ist – profihaft. Man muss es ja nicht gleich à la Nietzsche mit der Peitsche versuchen." Das sollte in diesen Zeiten wohl schon als Zugeständnis an die Frauen gelten: Es fordert immerhin niemand, sie mit körperlicher Gewalt zu züchtigen.

Wolfgang Frank ist keiner, der mit Druck von allen Seiten gut umgehen kann, im Herbst 1977 hat der einstige Leistungsträger zudem erneut mit Leistenproblemen zu kämpfen. Weil die mit seinen Wechselabsichten korrelieren, macht im Vereinsumfeld bereits das Wort vom eingebildeten Kranken die Runde. Ein weiterer Schlag. Im neuerlichen Interview mit *kicker*-Reporter Walter Setzepfandt sagt Frank, er sei derzeit nicht glücklich im Verein. Vom Publikum fühlt er sich im Stich gelassen. Und eine weitere Unsicherheit bahnt sich an: Zebec, der in dieser Zeit selbst mit seiner Gesundheit zu kämpfen hat und dem ganz offensichtlich völlig das Händchen fehlt, um das Klima im Team zu verbessern, deutet aus dem Krankenhaus heraus an, er wolle seinen auslaufenden Vertrag nicht verlängern. Braunschweig kommt in dieser Phase nicht zur Ruhe – und ohne die notwendige Stabilität im Klub sowie den Rückhalt seines Trainers gilt das auch für Wolfgang Frank.

Plötzlich geht alles ganz schnell: Im Oktober 1977 ist das Kapitel Braunschweig für den Stürmerstar beendet. Zwar erteilt ihm der VfB Stuttgart, zu dem es den heimatverbundenen Frank immer wieder zu ziehen scheint, eine Absage. Einig wird er sich dagegen mit Borussia Mönchengladbach – zunächst. Auch die Freigabe der Braunschweiger Verantwortlichen erhält er. Sie haben die Hoffnung aufgegeben, den Wechselwilligen umzustimmen, der sich nun nicht nur an Breitner reibt, sondern auch am drohenden Weggang seines Mentors Zebec. Das Spiel der Braunschweiger beim BVB erlebt Wolfgang Frank von der Tribüne aus, wo Dortmunds Liga-Obmann Reinhold Wosab die Summe überbietet, von der man in Gladbach glaubt, man habe den Stürmer damit bereits sicher. Braunschweig und Dortmund einigen sich auf 800.000 Mark Ablöse, und Frank unterschreibt beim BVB. Die Fotos der Vertragsunterzeichnung zeigen neben den Präsidenten beider Vereine und dem Spieler auch Franks lachende Ehefrau, der Begleitartikel im *kicker* spart nicht mit Häme – und zitiert einige Braunschweiger Mitspieler, die sich sehr frustriert zeigen über den Abgang des Stürmers.

„Ich habe das damals absolut verstanden", sagt hingegen Reiner Hollmann aufrichtig versöhnlich. „Ein Angebot von Dortmund war schon etwas Besonderes und natürlich auch ein finanzieller Anreiz. Außerdem hat es für ihn einfach eine große Rolle gespielt, dass Branko Zebec geht. Und da war er auch nicht der Einzige." Zebecs Ende wird nur wenige Tage später offiziell verkündet, auch am Trainer arbeiten sich die Medien zum Abschied noch mal ab. „Ich habe dem Wolfgang nie gegrollt", sagt Hollmann im Rückblick. „Wir sind immer in herzlichem Kontakt geblieben, auch später, als wir beide Trainer waren."

KAPITEL 5

Die Last der Erwartung

„Ich hatte zu kämpfen, mit vielen Problemen. Ich mußte immer wieder Anschluß finden, immer wieder einen Start versuchen. Ich mußte es alleine packen. Geholfen hat mir keiner."

WOLFGANG FRANK ÜBER SEINE VERLETZUNGSPHASEN BEIM BVB

Nach dem 2:0-Sieg über Braunschweig am 12. Spieltag, den Wolfgang Frank auf der Tribüne des Westfalenstadions miterlebt hat, steht Borussia Dortmund auf Rang zwölf der Tabelle. Der Verein liegt damit im zweiten Jahr nach dem Wiederaufstieg in die Bundesliga hinter den eigenen Erwartungen und jenen des Umfelds zurück. Zwischen der Mannschaft und Trainer Otto Rehhagel, im Juni von Werder Bremen gekommen, hat sich noch keine absolute Harmonie eingestellt. Vor allem fehlen dem BVB trotz Erwin Kostedde und Rückkehrer Sigfried „Siggi" Held im Angriff sowie Manfred „Manni" Burgsmüller im Mittelfeld oftmals die entscheidenden Tore. Ein Dilemma, das man mit der als Kunstgriff gefeierten Verpflichtung Franks zu lösen gedenkt. Als Frage steht lediglich im Raum, wie der Neuzugang sich im Rehhagel'schen System zurechtfinden wird, das sich deutlich von der ihm vertrauten Braunschweiger Spielanlage unter Zebec unterscheidet.

„Er war der Spieler, den ich zur Verstärkung erhofft hatte. Aus Braunschweig war er als gefährlicher Strafraumstürmer bekannt", sagt Otto Rehhagel über Frank. Den hat er bereits im Juni 1977 bei einem Sieg der deutschen B-Nationalelf gegen Jamaika unter die Lupe genommen, als aber nicht Frank, sondern BVB-Spieler Burgsmüller das 1:0-Siegtor gelang. „Zu der Zeit war ich sowieso in Amerika und bin extra von New York dahingeflogen, um mir ein Bild zu machen", erzählt Rehhagel. Was er sieht, gefällt dem Trainer, der damals noch ganz am Anfang seiner Karriere steht. Die Verpflichtung Franks im Oktober stimmt ihn entsprechend zuversichtlich. „Er war einer, der sich im Strafraum behaupten konnte und auch in der Lage war, das Spiel zu lesen. Außerdem war er technisch gut."

Franks zweite Partie und das erste Heimspiel für den neuen Arbeitgeber ist das Derby gegen Schalke 04. Der BVB gewinnt das Prestigeduell 2:1 durch Tore von Burgsmüller und Huber. Rehhagel ist nach dem Spiel, das durch einen umstrittenen Elfmeter entschieden wird, voll des Lobes für sein Team und betont in Richtung Wolfgang Frank, dieser brauche natürlich noch etwas Zeit, um sich in Dortmund vollständig zu akklimatisieren – und die werde er auch bekommen. Rückblickend sagt Rehhagel: „Er hat sich nahtlos eingefügt." Sigfried Held erinnert sich, dass beim BVB für den Strafraumstürmer aber von Anfang an auch ein Dilemma bestanden habe: „Wolfgang Frank hätte schon Stürmer gebraucht, die ihm mehr zuarbeiten vom Flügel. Und das hat bei uns gefehlt, weil eher Spieler da waren, die selbst das Tor gesucht haben. Er hätte eine Mannschaft gebraucht, die ein bisschen auf ihn zugeschnitten ist, das war in Dortmund nicht der Fall."

Rehhagel, um den es im Sommer Gerüchte über einen möglichen Abgang zum HSV gegeben hat, verlängert seinen Vertrag in Dortmund vorzeitig. Er ist mit dem Team in diesen Tagen durchaus zum Erfolg verdammt, denn der Verein hat einerseits investiert und andererseits wird nur attraktiver Fußball das 54.000 Zuschauer fassende Stadion füllen. Der noch junge Trainer versucht gemeinsam mit dem Verein, die Saison positiv zu gestalten – und dabei bereits die nahe Zukunft zu planen. Für die sollen Verpflichtungen wie Wolfgang Frank oder Werner Schneider ebenso Bausteine sein wie Spieler, die sich bereits als Stützen des Teams andeuten, darunter Burgsmüller oder Miroslav „Mirko" Votava.

Über Frank sagt Votava: „Als Stürmer musst du im Spiel schon ein bisschen eigenwillig sein, und das war Wolfgang. Und er war ein Spielentscheider." Im Borussenduell gegen Mönchengladbach stellt Frank das im Dezember 1977 eindrucksvoll unter Beweis, indem er zunächst den 1:1-Ausgleich (29.) und dann das zwischenzeitliche 2:1 (42.) erzielt. Für Frank, den die Gladbacher Verantwortlichen nach seiner Unterschrift in Dortmund als „linke Bazille" beschimpft hatten, ist das Spiel eine besondere Genugtuung. In der 80. und 84. Minute allerdings wechselt Trainer Rehhagel die Stürmer Frank und Lippens aus – und bringt damit Unruhe in sein Team. Mönchengladbach gelingt eine Minute vor Abpfiff noch der 3:3-Ausgleich, den die Presse als „unnötig wie ein Kropf" bezeichnet. Trotz des Punktverlusts: Frank scheint mit diesem Spiel an seiner neuen Wirkungsstätte angekommen.

In den folgenden beiden Partien bis zur Winterpause trifft der Schwabe zwar nicht mehr, macht aber in der Vorbereitung auf die Rückrunde durchgängig eine gute Figur. Doch am 20. Spieltag, es ist gegen 1860 München Anfang Januar 1978 der erste nach der Winterpause, muss Frank unerwartet wegen einer Achillessehnenentzündung passen. Niemand ahnt, dass dies der Auftakt einer langen Leidenszeit ist. Erst zwei Spieltage vor Saisonende, im Heimspiel gegen Bochum, wird Frank in der Liga wieder auf dem Feld stehen. In seiner Abwesenheit sammelt der BVB, abgesehen von einem Heimsieg gegen Kaiserslautern, bis Ende Februar zunächst nur Niederlagen und ein Unentschieden zuhause gegen St. Pauli. In Verein und Umfeld schrillen beim Blick auf die Tabelle die Alarmglocken. Der BVB ist auf Rang 13 abgesackt, nur drei Zähler trennen ihn noch von einem Abstiegsplatz. Auswärts beim Tabellensechzehnten in Bremen sollen am 27. Spieltag unbedingt Punkte her. Mut macht den Verantwortlichen, dass Frank unter der Woche im Freundschaftsspiel gegen Dynamo Moskau erstmals seit seiner Verletzung wieder hat spielen können. „Ich glaube zwar nie und nimmer, dass wir im Endeffekt etwas mit dem Abstieg zu tun haben werden. Aber wir müssen doch alle Kräfte zusammenreißen und bis zum Umfallen kämpfen", sagt der bislang glücklose Hoffnungsträger im *kicker*.

„Es war schon ein enormer Druck, der über die Ablöse entstanden ist", sagt Votava mit Blick auf Franks Situation in diesem Winter. „Man weiß natürlich vorher nicht, dass man eine Verletzung haben wird. Im Endeffekt muss man dann versuchen, es auszuklammern, dass man die Erwartungen nicht wie geplant erfüllen kann." Wie gut Frank das gelang, vermag der Mitspieler nicht zu sagen. Votava ebenso wie Trainer Rehhagel und Sturmpartner Siggi Held beschreiben Frank als extrem ruhig, „beinahe schon introvertiert", erinnert sich Held. Bei Aktivitäten im Mannschaftskreis sei der Stürmer jedoch dabei gewesen, habe sich auch in der Verletzungszeit nicht vom Team distanziert. „Wir Spieler sind immer mal zusammen essen gegangen, oft auch mit unseren Frauen, oder haben sonst etwas gemeinsam unternommen", sagt Votava.

Frank hat er von solchen Aktivitäten sehr angenehm in Erinnerung behalten. „Er war schon zurückhaltend, aber was er gesagt hat, hatte Sinn und Verstand. Man konnte sich wirklich gut mit ihm unterhalten." Und lachend erinnert er sich: „Wolfgang war auf dem Platz abgebrüht und als Mensch abgeklärt. Das war stimmig. Er war keiner, der mal durchdreht, sondern hat immer die Ruhe behalten. Da war er genau das Gegenteil von mir, ich hatte auf dem Platz und privat zwei Gesichter." Die Verletzung, sagt Held, habe aber „schon genagt am Wolfgang". Und der ungeduldige Stürmer ist in dieser Hinsicht richtiggehend vom Pech verfolgt. Statt das erhoffte Comeback zu feiern, muss Frank im März ins Krankenhaus. Zwar ist die Achillessehnenverletzung ausgestanden, doch nun macht die in Braunschweig immer wieder fitgespritzte Ferse Ärger: Aus einer dauerhaften Rötung ist durch die permanente Belastung eine offene Wunde geworden. Die Klinik darf Frank schnell verlassen, allerdings muss er den Fuß schonen – und kann seinem Team also weiterhin nicht helfen.

„Die Saison wäre natürlich anders verlaufen, wenn Wolfgang Frank dauerhaft auf dem Platz gestanden hätte", ist Otto Rehhagel heute überzeugt. „Tore haben wir damals schon vermisst." Votava, der 1982 für eine stolze Ablöse von Atlético Madrid verpflichtet wird, kann sich rückblickend gut in seinen Teamkollegen hineinversetzen. „Wenn man so viel gekostet hat, dann will man das ja zurückzahlen. Und Wolfgang war sehr ehrgeizig. Er wollte noch mehr erreichen, es sollte ja noch längst nicht Schluss sein."

Derweil spekulieren Journalisten, der Stürmer sei im Herbst bereits krank zum BVB gekommen. Gegen das Gerücht des „Kranken-Kaufs" wehrt sich der Spieler im *kicker* ebenso wie Dortmunds Mannschaftsarzt Dr. Helmut Melliwa: „Seit 27 Jahren bin ich im Sportgeschäft tätig, und bin wohl erfahren genug, um mir ein fundiertes Urteil bilden zu können. Dennoch habe ich bei der Einstellungs-Untersuchung von Frank den Chef der hiesigen Unfallklinik, Dr. Kramer, zu Rate gezogen. Und wir haben trotz gründlicher Diagnosen nichts Negatives feststellen können. Frank ist als völlig gesunder Mann zu uns gestoßen."

Frank selbst äußert im Artikel von *kicker*-Redakteur Rainer Holzschuh die Vermutung, die alte Leistenzerrung habe ihn wohl seine Karriere als Nationalspieler gekostet. Anschließend sei er gerade für die internationalen Spiele der Eintracht immer wieder mit Spritzen behandelt worden. „Das mag zwar im Nachhinein falsch gewesen sein, aber die Schmerzen ließen nach, und ich wurde postwendend gesund." Die neue Verletzung an der Achillessehne aber habe damit nichts zu tun – sie quält ihn seit dem Tritt eines Hertha-Spielers in der Hinrunde. Die Situation in Dortmund seitdem beschreibt Frank als unbefriedigend, beteuert aber, dass ihn die Ablösesumme nicht belaste. „Denn ich habe sie nicht ausgehandelt. Aber ich möchte beweisen, dass ich mein Geld wert bin."

Der Spieler wirkt in dem Gespräch zugleich kämpferisch, als auch ein wenig angefasst. „Unser Daddy konnte schon richtig beleidigt sein, wenn es nicht nach seinem Kopf lief", sagt Sohn Sebastian. Doch wohin mit der Wut und den negativen Gefühlen, wenn es der eigene Körper ist, der einem wieder und wieder im Weg steht? Hinzu kommt die Häme, mit der seine Situation zeitweise auch aus Braunschweig und Gladbach über die Medien kommentiert wird. „Das ist das Problem, wenn man in der Öffentlichkeit steht", sagt Votava. „Dann muss man so was alles aushalten."

Bei seiner Rückkehr auf den Platz schießt Frank am 33. Spieltag beim wilden 5:3-Sieg gegen Bochum nach nur sechs Minuten das erste Tor des Spiels. Es bleibt ein singulärer Höhepunkt, auf den ein enormer Tiefschlag folgt: In der Woche darauf wird Dortmund von Gladbach, die am letzten Spieltag noch Chancen auf die Meisterschaft haben, mit 12:0 vernichtet. Für den Trainer, der vor dem Spiel Sympathien für die andere Borussia geäußert haben soll, hat das Spiel nicht nur den wenig schmeichelhaften Spitznamen „Otto Torhagel" zur Folge, es bedeutet zugleich das Ende seiner Zeit in Dortmund: Nur einen Tag später wird er beurlaubt, kurzzeitig übernimmt Siggi Held die Leitung des Borussen-Trainings.

Von den Schlagzeilen zerrieben

Im Sommer 1978 wird der Fußball für Wolfgang Frank kurzzeitig zur absoluten Nebensache: Am 3. Juli kommt Sohn Sebastian zur Welt. Doch der Moment des privaten Glücks währt nur kurz, denn das Trainingslager des BVB in der niederländischen Sportschule Zeist steht an und Frank verabschiedet sich schon frühzeitig das erste Mal von Frau und Kind. Diese Saison 1978/79 wird für Wolfgang Frank, inzwischen 27 Jahre alt, die schlimmste seiner bisherigen Karriere – doch das ahnt er nicht, als er hoffnungsvoll in die Vorbereitung startet.

Die Borussia hat als Nachfolger für Rehhagel Trainer Carl-Heinz Rühl vom MSV Duisburg verpflichtet. Nach nur neun Monaten ist für Rühl aber schon wieder Schluss, mit Uli Maslo übernimmt ein Ex-Schalker bis zum Ende der Saison. Wolfgang Frank steht in der kompletten Serie überhaupt nur ein einziges Mal auf dem Platz, beim 1:0-Heimsieg der Dortmunder am ersten Spieltag gegen Bayern München wechselt Rühl ihn zur Halbzeit aus. „Wenn ihn die Ärzte nach seiner Achillessehnenverletzung für spielfähig halten, dann erwarte ich wenigstens mehr Einsatz", schimpft der Trainer nach dem Spiel im *kicker*. „Deshalb nahm ich ihn zur Pause aus der Mannschaft." Siggi Held, gegen die Bayern damals nicht auf dem Feld, nimmt seinen Mitspieler Jahrzehnte später in Schutz: „Jeder Spieler strengt sich an. Ob das immer so rüberkommt, ist eine andere Frage. Aber Wolfgang Frank wollte ja schon aus Eigennutz endlich mal gut aussehen. Da kann man ihm wirklich keinen Vorwurf machen."

Doch Verletzungen bleiben fortan das einzige Thema, mit dem Frank in dieser Saison Schlagzeilen macht – davon allerdings jede Menge. Im Oktober 1978 titelt der *kicker*: „Flasche, Feigling, Fehleinkauf: Vorurteile, mit denen Wolfgang Frank in Dortmund leben muss. Jetzt bittet er die Fans: Gebt mir noch eine Chance!" Der Spieler ist da gerade am Meniskus operiert worden. Im Artikel heißt es: „Verstanden hat er diejenigen, die ihn einen Duckmäuser und einen Angsthasen, eine Memme und einen Schlappschwanz schimpften eigentlich nie", es wirkt geradezu lustvoll, wie jede Beschimpfung des Dauerverletzten hier noch mal reproduziert wird. „Statt auf Torejagd zu gehen, hetzte Frank von Tür zu Tür bei Deutschlands profiliertesten Sportmedizinern. Ergebnis der Konsultationen bei Vereinsarzt Dr. Melliwa, beim Mönchengladbacher ‚Wunderdoktor' Dr. Seelmann und beim Freiburger Spezialisten Dr. Klümper, die allesamt medikamentöse Behandlung der in Mitleidenschaft gezogenen Sehne verordneten: lediglich leichte Verbesserung für kurze Zeit, doch bei verstärkter Belastung eine Verschlechterung des Patienten, der zu verzweifeln begann."

Ziemlich genau ein Jahr ist Frank inzwischen in Dortmund. In der Liga hat er in dieser Zeit ganze zehn Spiele für den Klub gemacht, der ihn als großen Hoffnungsträger geholt hat. Der spätere Trainer Wolfgang Frank hätte den Spieler vielleicht danach gefragt, was sich in seinem Leben gut anfühlt und womit er hadert. Möglicherweise hätte er ihm gesagt, er könne nur dann gesund werden, wenn er sich innerlich den Weg dafür freiräumt und ergründet, was es ist, das ihn belastet. Diese Themen werden in der Zukunft wichtig für Frank, aber in den späten Siebzigerjahren betrachten Ärzte und Vereinsverantwortliche nicht den Menschen, sondern schauen lediglich auf dessen malträtierten Fuß – und der wird einfach nicht besser.

„Da versucht man alles, trainiert unter unerträglichen Schmerzen. Doch die Hoffnung, irgendeinmal müßten die qualvollen Schmerzen doch ein Ende haben, erfüllt sich nicht", schaut Frank in jenem Oktober 1978 auf seine Leidenszeit. Mit einer Operation, so seine Hoffnung, solle diese ein Ende finden: Eine kurze Zeit Gehgips und sechs Wochen Aufbautraining, um den Dauerkranken wieder auf den Platz zu bringen, so lautet der von Nationalmannschaftsarzt Professor Heinrich Heß skizzierte Zeitplan, der Frank wieder neue Hoffnung gibt. Die notwendige Beweglichkeit soll er im Rehabilitationszentrum in Bochum erlangen, bevor den Spieler beim BVB dann „Der Fitmacher von Dortmund" (*kicker*) übernimmt, Trainerassistent Rolf Bock. Unter dessen Anleitung soll auch das Ballgefühl zurückkehren in den operierten Fuß, damit Wolfgang Frank für die Borussia endlich einmal dauerhaft auf Torejagd gehen kann.

Doch zwei Versuche des Stürmers, nach erfolgter Operation wieder auf den Platz zurückzukehren, scheitern im Winter. Die Tore, wie beim 4:1 gegen Duisburg oder dem 6:1 in der dritten DFB-Pokalrunde gegen die Offenbacher Kickers, schießen andere: Votava, Burgsmüller, Schneider. Erwin Kostedde hat den Verein zwischenzeitlich verlassen. Frank wird wieder und wieder zurückgeworfen. Auch in der Winterpause zwischen Ende Dezember 1978 und Anfang Februar 1979 kämpft er um sein Comeback, doch erst möchte Trainer Rühl seinen Langzeitverletzten in einer Trainingsbegegnung unter Spielbedingungen sehen, bevor er grünes Licht für die Rückkehr gibt. „Ich werde Frank den Fans nicht zum Fraß vorwerfen", sagt Rühl im *kicker* über seinen Stürmer, der wiederum fest entschlossen ist, seinen Dreijahresvertrag zu erfüllen und endlich allen in Dortmund zu zeigen, wozu er fähig ist. Angeleitet von Rolf Bock hat er dafür ein strammes Programm durchgezogen: vormittags täglich Bewegungstherapie im Schwimmbad, Krafttraining sowie Gymnastik am Nachmittag, später leichtes Lauftraining. Doch im Dezember kehren die Schmerzen plötzlich zurück. Durchaus normal, beruhigt der Operateur Heß den glücklosen Frank – aber Grund für eine erneute Schonung.

Ab Januar darf der Spieler sich an leichtem Lauftraining versuchen, im Februar endlich wieder am regulären Trainingsbetrieb seiner Mannschaft teilnehmen. Nun drängt es Wolfgang Frank mit aller Macht zurück auf den Platz, wo er mit Manni Burgsmüller stürmen und Tore schießen möchte. Doch weder unter Trainer Carl-Heinz Rühl, dessen kurze Ära nach einer Niederlage gegen den HSV unter Branko Zebec am 29. Spieltag endet, noch unter Kurzzeitnachfolger Uli Maslo kommt Frank in jener Saison noch einmal zum Einsatz. Und aus der Sommervorbereitung für die nächste Spielzeit meldet sich der Schwabe im Juli 1979 mit Hiobsbotschaften zurück aus seiner alten Heimat, wo er sich mit Einzeltraining auf die neue Saison vorbereiten will: Die Schmerzen an der Ferse sind bei den täglichen leichten Waldläufen abermals aufgebrochen. Weil der Fuß daraufhin geschont werden muss, verpasst Frank den Trainingsauftakt seiner Dortmunder unter dem neuen Coach Udo Lattek.

Es ist wohl kaum anzunehmen, dass Frank dafür im heimischen Schlierbach Trost von seinem Vater erfahren hat. „Jedes Mal gab es Ärger zwischen den beiden", erinnert sich Wolfgang Franks Sohn Sebastian an das komplizierte Verhältnis. Auch als seine eigenen Söhne erwachsen sind, hält Wolfgang Frank stets den Kontakt zu seinem Vater und kämpft um dessen Anerkennung. „Ich habe immer gesagt, wie kannst du denn da hinfahren, er macht dich nur zur Schnecke?" In jenem Sommer 1979 haben die Eltern mit ihrem Sohn gerade dessen ersten Geburtstag gefeiert. Vater Wolfgang ist da 28 – und kämpft seit über einem Jahr darum, der Arbeit, die er so liebt, wieder dauerhaft nachgehen zu können. Am dritten Bundeligaspieltag wird es so weit sein.

Eine neue Chance

Als Spieler, Verein und Umfeld die Hoffnung schon fast aufgegeben haben, steigt Wolfgang Frank Ende Juli mit einigen guten Auftritten in Testspielen in die Saisonvorbereitung ein. Und sein Fuß hält der Belastung nun stand. Am 3. Spieltag der Saison 1979/80 feiert Frank unter Trainer Lattek nach fast einem Jahr Leidenszeit seit dem letzten Kurzcomeback seine langersehnte Rückkehr. Immerhin eine gute halbe Stunde steht er bei der 1:2-Niederlage in Bremen auf dem Feld, beim 3:1-Sieg gegen Bayer 05 Uerdingen nur vier Tage später vor heimischem Publikum reicht es für eine Halbzeit.

Das Gesicht der Mannschaft, in die Wolfgang Frank einst verpflichtet wurde, hat sich seither verändert. Spieler wie Held und Kostedde haben den Verein verlassen, im Mittelfeld macht Paul Holz auf sich aufmerksam, das Tor hütet der junge Eike Immel. Natürlich ist Frank nach der langen Ausfalls- und Leidenszeit nicht sofort wieder der alte. Doch endlich kann der Schwabe wieder sportlich Schlagzeilen machen statt mit seiner Krankenakte. So ist am 24. September 1979 im *kicker* zu lesen: „Erfreulich aus Dortmunder Sicht, daß Wolfgang Frank leistungsmäßig einen weiteren Schritt nach vorne getan hat. Ihm fehlte bei drei torreifen Chancen ein wenig Glück."

Dortmund hat gegen Düsseldorf in einem wilden Spiel mit Gala-Elementen 5:3 gewonnen, wobei Mirko Votava aus einem guten Team noch herausragte. Beim BVB ist man voll des Lobes für den neuen Trainer Udo Lattek, dem es gelungen ist, aus der Mannschaft eine verschworene

Truppe zu machen, in der einer für den anderen einsteht. Endlich gehört zu diesem Verbund auch wieder Wolfgang Frank, der bis zum Derbysieg gegen Schalke 04 am 11. Spieltag in jeder Partie auf dem Platz steht. Ein Tor allerdings, das will dem einstigen Knipser einfach nicht gelingen. Zudem attestiert man ihm immer wieder ein gewisses Phlegma und unterstellt, er würde sich nicht mehr bewegen als notwendig. Lattek bestätigt das augenzwinkernd: Für intensive Läufe müsse man andere aufstellen.

Am 12. Spieltag geht eine völlig überforderte Dortmunder Mannschaft 0:4 beim Hamburger SV baden. In der Folge versetzt Trainer Lattek seinen Libero Hans-Joachim Wagner sowie Wolfgang Frank, die in einem schlechten Spiel noch besonders negativ aufgefallen sind, vorübergehend in den Nachwuchs, wo sie sich neu bewähren sollen. Franks Antwort fällt deutlich aus, er gibt sie jedoch nicht auf dem Feld: Der Stürmer bittet BVB-Präsident Reinhard Rauball um Freigabe. Der Verein ist sogar gewillt, ihn ziehen zu lassen, allerdings nicht bereit, ihn zu verschenken. Doch für den Stürmer nach den zurückliegenden Verletzungsmonaten eine hohe Ablöse zu zahlen, wäre schon ein außerordentlicher Vertrauensbeweis eines möglichen neuen Vereins. Entsprechend zäh gestaltet sich die Angelegenheit.

Auf dem Platz mitwirken darf Frank in dieser Phase nicht. „Ich setze doch keinen Spieler ein oder auf die Bank, der mit seinem Gedanken bei einem anderen Klub ist", stellt Trainer Lattek im *kicker* klar. Und deutlich wird Ende November 1979 auch Reinhard Rauball: Sollte Frank nicht zeitnah einen Verein präsentieren, der sich auf die geforderten Ablösemodalitäten einlässt, so der BVB-Präsident, müsse man sich arrangieren, so dass Frank wieder zur Mannschaft stoßen und seinen Teil zum Dortmunder Erfolg beitragen könne. So kommt es im Dezember schließlich auch: Frank kehrt in den Dortmunder Kader zurück. „Unser Verhältnis ist wieder intakt", betont ein versöhnlicher Lattek im *kicker*. „Allerdings habe ich Frank klargemacht, daß er wieder beim Punkt null beginnt und auf keine Privilegien hoffen kann." Alles auf Anfang also – eine Situation, die Frank bereits bestens kennt. Mit dem Unterschied, dass er sich diesmal durch seine Impulsivität selbst hineinmanövriert hat.

Womöglich ist ihm das mittlerweile klargeworden, denn er haut sich in dieser Wintervorbereitung richtig rein und erntet von seinem Trainer dafür Sonderlob. Bei seinem Pflichtspielcomeback in der dritten Runde des DFB-Pokals gegen Arminia Bielefeld schießt Frank in der 39. Minute das 1:0, der BVB zieht mit einem 3:1 in die nächste Runde ein. Ab dem

21. Spieltag Mitte Februar steht der Stürmer auch in der Liga wieder auf dem Rasen. Gegen Bochum am 1. März bringt er sein Team in einem umkämpften Spiel mit 1:0 in Führung, Endstand 2:2. Am 26. Spieltag führt ihn sein Weg zurück nach Braunschweig, wo die Borussia mit 0:1 unterliegt. Interessanter als die Wiederbegegnung mit dem alten Verein ist aber ein Interview mit Frank im Stadionmagazin *Eintracht aktuell*. Darin spricht er sehr offen über seine Verletzung und die für ihn schlimmen Zeiten, von denen er hofft, sie nunmehr hinter sich zu haben. Besonders spannend an dem Gespräch sind aber zwei andere Themen.

Zunächst erzählt der Stürmer von seinem Besuch bei einem indischen Wahrsager. Dort habe er seine Hand auf ein Stück Papier gelegt, welches der Inder um die Hand herum abgerissen und dann eine Zahl darauf geschrieben habe. Nach der Betrachtung von Franks Lebenslinien habe der Mann ihm gesagt, er habe zwei schwierige Jahre hinter sich, und Frank gebeten, eine Zahl zu nennen. Dessen Antwort „drei" stimmte mit jener Zahl überein, die der Wahrsager auf dem Zettel notiert hatte – und somit sollten Frank nun drei erfolgreiche Jahre bevorstehen. Zwar scherzt Frank im Gespräch mit den Machern des Stadionmagazins auch ein wenig über die Situation, aber immerhin hat er 300 Mark für den Blick in die Zukunft bezahlt. Und im Wissen darum, wie intensiv er sich im Laufe seiner weiteren Karriere mit Themen auseinandersetzen wird, über die der eine oder andere Kollege vielleicht schmunzelt, ist die Wahrsager-Episode eindrücklich.

Außerdem erzählt der Stürmer schon in jenem März, er wolle als Spieler noch einmal Zeit in der Schweiz verbringen, da es dort, wie er gehört habe, „nicht so hektisch und nicht so ernst" zugehe wie in Deutschland. Tatsächlich wird die Schweiz Franks letzte Station als Spieler und seine Trainerkarriere nimmt dort in den 1980ern ihren Anfang.

In Dortmund absolviert Frank ab dem Comeback im Februar alle Spiele bis zum Ende der Saison. Fünf weitere Tore gelingen ihm dabei, darunter jeweils ein Doppelpack gegen den Hamburger SV sowie Hertha BSC am 29. und 32. Spieltag. Ein weiterer wichtiger Treffer ist das 1:0 nach neun Minuten im Derby gegen Schalke, das 2:2 endet. Nach dem Spiel widmet der *kicker* Frank zwei Seiten, Schlagzeile: „Wer sich hochjubeln läßt, fällt umso tiefer. Das Auf und Ab in der Karriere des Torjägers Wolfgang Frank". In den Unterlagen von Gerhard Frank ist dieser Artikel über seinen Sohn fein säuberlich abgelegt. „Er kennt die Höhen und Tiefen im harten Profigeschäft wie kaum ein Zweiter. In Braunschweig stand er vor dem Sprung in die Nationalelf. Da warf eine Verletzung ihn zurück. Für teures Geld nach Dortmund geholt, verhinderte auch hier die lädierte Achillesferse den Durchbruch. Das böse Wort vom Fehleinkauf war schnell geprägt. Jetzt aber jubeln ihm die Fans wieder zu! Verdrehte Fußballwelt …" Dass die Medien zu dieser „verdrehten Welt" mit ihren Schlagzeilen einen guten Teil beigetragen haben, wird freilich nicht thematisiert.

Zum Schmunzeln sind allerdings die Wortspiele des Reporters Hans-Günter Klemm mit dem Begriff „Wiedergeburt" – die Ausgabe erscheint just in den Tagen nach dem Osterwochenende. Allerdings klingt im Artikel trotz des Zwischenhochs ein Abgang Franks bereits an. Angesprochen auf eine mögliche Verpflichtung neuer Angreifer seitens des BVB entgegnet der Schwabe: „Wenn der Klub neue Stürmer will, dann muß man eben nach anderen Lösungen suchen." Diese hat er auch direkt parat: „Ich wäre bereit, den Verein zu wechseln." Was freilich sofort wieder die Frage nach der Ablösesumme aufwirft. „Wolfgang Frank und ich würden heute vermutlich 30 bis 50 Millionen kosten", sagt Mirko Votava und lacht. „Der Wolfgang als echter Torjäger wäre wahrscheinlich sogar noch teurer."

Am Samstag darauf sichern zwei Frank-Tore dem BVB nach 0:2-Rückstand gegen den HSV noch ein 2:2 und damit einen ganz wichtigen Punkt. Zwei weitere Treffer des Stürmers werden wegen jeweils knapper Abseitsstellung nicht gegeben. In diesem Spiel ragt Frank aus einem engagierten Auftritt der Mannschaft noch positiv heraus. Die Presse sieht ihn anschließend schon zu alter Form auflaufen. In die Geschichtsbücher aber geht die Partie aus einem anderen, tragischen Grund ein: HSV-Trainer Branko Zebec, zu dieser Zeit schon schwer von seiner Alkoholkrankheit gezeichnet, schläft während des Spiels im Westfalenstadion auf der Bank sitzend ein. Er hatte in Hamburg die Abfahrt des Mannschaftsbusses verpasst und war seinem Team schwer alkoholisiert mit dem Auto hinterhergefahren. In der zweiten Halbzeit wird Zebec von seinem Co-Trainer Aleksandar Ristić vertreten, einem früheren Mitspieler Franks aus Braunschweiger Zeiten.

Zum 2:2 gegen den 1. FC Kaiserslautern steuert Frank am letzten Spieltag ebenfalls einen Treffer bei und Dortmund schließt eine wechselhafte Saison schließlich auf einem achtbaren sechsten Rang ab. Für einen kurzen Moment scheint auch die Welt zwischen dem Klub und seinem Stürmer nach wechselvollen Zeiten wieder in Ordnung zu sein.

KAPITEL 6

Eine unglückliche Beziehung

„Der Wolfgang war immer ein ziemlich offener Typ. Es ist nun mal so im Profigeschäft, dass immer das ganze Gefüge passen muss. Das hat einfach nicht gepasst. Er ist aber immer positiv geblieben, wenn es nicht lief."

HERBERT HEIDENREICH, MITSPIELER BEIM 1. FC NÜRNBERG

Von den erneuten Wechselabsichten ihres wiedererstarkten Stürmers werden die Bosse in Dortmund nach eigenen Angaben völlig überrascht. Frank äußert sie unmittelbar nach Saisonende, weil der Verein nicht gewillt ist, den Vertrag mit ihm vorzeitig um zwei Jahre zu verlängern. Eigentlich läuft sein Kontrakt beim BVB noch bis 1981, nun aber zieht es ihn enttäuscht nach Nürnberg, was Udo Lattek im *kicker* lakonisch kommentiert: „Reisende soll man nicht aufhalten." Frank legt derweil in den Medien noch mal nach, dass sich in Dortmund während der langen Verletzungsphasen niemand wirklich um ihn gekümmert habe. Dieses Band scheint nicht mehr zu kitten. Auf privater Seite dürfte der Umstand eine Rolle gespielt haben, dass Ehefrau Brigitte aus Franken kommt. Nürnberg als neuer Lebensmittelpunkt erscheint der Familie attraktiv.

Der Club war nach langen Jahren der Zweitklassigkeit 1978 endlich wieder in die 1. Bundesliga aufgestiegen, allerdings nur für eine Saison. Auf den Abstieg folgt der direkte Wiederaufstieg. Präsident wird 1979 erstmals Michael A. Roth, Unternehmer, ehemaliger Amateurboxer, bis dato als Sponsor im Motorsport aktiv. Zu Roths Zielen gehört es, den Club finanziell zu sanieren. In seiner ersten Amtszeit bis 1983 entlässt er acht Trainer. Die Saison 1980/81 beginnt der 1. FC Nürnberg mit Horst Heese, nachdem Aufstiegstrainer Robert Gebhardt und die Vereinsführung sich kurz vor Beginn der Saison überwerfen.

Für Frank legt man etwa 800.000 Mark Ablöse und ein ordentliches Gehalt auf den Tisch – undenkbar ohne die finanzielle Unterstützung des Unternehmers an der Vereinsspitze. Im Herbst verpflichtet der Club außerdem Torwart Rudolf „Rudi" Kargus, der nach seiner erfolgreichen Ära in Hamburg seit Mai auf Vereinssuche gewesen ist. Kargus hat Frank aus der Vorsaison noch lebhaft in Erinnerung, als er gegen den Torjäger in der legendären Partie unter dem wegnickenden Zebec viermal hinter sich greifen musste – wobei eben nur zwei der Treffer zählten. „Ich wusste also um seine Torgefahr", lacht der ehemalige Keeper, der heute im Kreis Pinneberg in Schleswig-Holstein als Künstler lebt und sich aus dem Fußball komplett zurückgezogen hat. Frank habe zu den Spielern gehört, „die sich ein bisschen mehr Gedanken über die Dinge gemacht haben, auch neben dem Fußball. Ich habe viele Gespräche mit ihm geführt." Die sind es auch, warum Frank ihm unter den „wirklich vielen Spielern, mit denen ich zu tun hatte" noch in Erinnerung geblieben ist.

Neben Frank kommt damals Georg „Schorsch" Volkert für den Angriff und die Presse jubiliert über einen echten Franken als Neuzugang für den Club. Herbert Heidenreich, ehemaliger Juniorenspieler, von 1978 bis 1984 Profi im Verein und selbst Oberfranke, erinnert sich: „Damals war das schon mehr Thema, ob du jetzt ‚Einheimischer' bist oder nicht. Für den Wolfgang war das nicht einfach, es war dann eine andere Beziehung oder wurde so wahrgenommen." Im Mannschaftskreis aber sei man sehr positiv gestimmt gewesen, als die Nachricht von der Verpflichtung Franks die Runde machte. „Der Wolfgang hatte schon einen Ruf als Torjäger, egal, ob es gerade besser gelaufen ist oder nicht so gut. Auf einen Spieler von der Güte haben wir uns gefreut."

Nach dem erfolgreichen letzten Saisondrittel in Dortmund scheinen Franks Aktien endlich wieder gestiegen zu sein. Der *kicker* sieht den 29-Jährigen im Sommer 1980 sogar wieder im „weiteren Kreis" der besten Stürmer, rechnet aber zugleich in einem bitterbösen Artikel mit ihm ab, Überschrift: „Der Torjäger jagt sich selbst! Ein Mann auf der Flucht!" Darin unkt Reporter Hans-Dieter Barthel, man könne den Stürmer statt bei seinem Namen auch einfach Richard Kimble nennen, nach der Hauptfigur der TV-Serie „Auf der Flucht" aus den 1960ern. „Vor Jahren, als er gerade als junger Dachs dabei war, sich beim Stolz des heimischen Schwabenlandes, dem VfB Stuttgart, einen Namen zu machen, übermannte ihn erstmals die Wanderlust. War's das Gefühl, verkannt zu werden?" Eingedenk der Schilderungen von Franks Mitspielern aus jener Zeit möchte man entgegnen: Nein, ein damals chaotisch geführter Klub und der Abgang des von ihm geschätzten Trainers.

Lustig macht sich der *kicker*-Autor auch über die Station in Alkmaar, wo „zwei Brüder, die ihre Millionen in der Elektrobranche gemacht haben, im Fußball Selbstbestätigung suchten" – gemeint sind Cees and Klaas

Molenaar, in der Jugend selbst Spieler beim Kooger Football Club (KFC), in den Siebzigerjahren als erfolgreiche Unternehmer Geldgeber „ihres" Vereins AZ. In Braunschweig sei Frank auf „gewisse Skepsis" gestoßen, schreibt Barthel weiter, während sich bei seiner Frau das „Vorurteil eingebrannt" habe, ihr Mann werde von der Presse ungerecht behandelt. Über die Folgen der Verpflichtung Breitners urteilt der Reporter: „Ein Schatten fiel über Wolfgang Frank, aus dem er nie wieder heraustreten konnte. Es sei denn durch erneute Flucht." Damals habe sich Wolfgang Frank als „Umfaller" erwiesen, weil er zum BVB und nicht nach Gladbach ging.

Die überraschende Wende liest sich so: Frank sei gar nicht so unstet, wie der Artikel das vermuten lässt, vielmehr werde er durch Frau und Vater schlecht beraten. „Ich kenne Wolfgang Frank seit vielen Jahren. Er ist ein überaus intelligenter, aber sehr sensibler Bursche. Wäre er in einem Umfeld zu Hause, das ihm zum Durchhalten statt zum Flüchten geraten hätte, wäre dieser Mittelstürmer heute bei der EM in Italien dabei!" Die böse Ehefrau also, da waren sich die Verantwortlichen ja ehedem schon in Braunschweig einig.

„Unser Vater hat schon manchmal Pech gehabt mit seinen Entscheidungen", sagt Sebastian Frank. „Klar kannst du sagen: Gladbach wäre besser gewesen. Aber wer sollte das damals wissen? Und dazu kamen eben immer wieder die Verletzungen. Man hätte ihm da manches anders gewünscht, aber er hatte auch seinen eigenen Kopf." Das wird sich später in Franks Arbeit als Trainer fortsetzen. Die attestierte Unruhe, der wiederkehrende Impuls, seine Zelte abzubrechen, begleiten ihn. Woher das kommt, kann er nur selbst gewusst haben; von Fall zu Fall mag Frank für sich gute Gründe dafür gesehen haben, einen Ort zu verlassen. Ihm das so um die Ohren zu hauen, wie Barthel es im *kicker* tut, ist aber schäbig.

Erfahrenes Duo im Sturm

Franks Start in Nürnberg bleibt von solchen Störgeräuschen indes ungetrübt. Der neue Trainer Horst Heese lässt seine Mannschaft Raumdeckung spielen. „Das war im Anspruch schon fast revolutionär in einer Zeit, in der sich viele einfach nur die Rückennummer ihres direkten Gegners merken wollten", erinnert sich Rudi Kargus. In der Saisonvorbereitung erkämpft sich der Club ein Unentschieden gegen Manchester United, das Tor zum

1:1-Endstand erzielt Wolfgang Frank mit dem Kopf. Nach drei Spieltagen reibt man sich erstaunt die Augen in der Bundesliga: Die FCN-Neuzugänge Frank und Volkert haben alle bis dahin erzielten Tore für den Verein geschossen, sieben an der Zahl. Der junge Trainer und seine erfahrenen Stürmer, das scheint zu passen. Doch die Ergebnisse des Aufsteigers sind wechselhaft, ebenso wie die Stimmung im Umfeld, das auf jedes Ergebnis mit großer Intensität reagiert.

Der Anspruch an die Rolle Franks sei in Verein und Umfeld enorm gewesen, erinnert sich Herbert Heidenreich. „Wenn da einer kam mit einem relativ großen Namen, hatte man vielleicht zu große Erwartungen." Der Stürmer habe versucht, dem gerecht zu werden. „Leider hat es ja dann auf die Dauer nicht so geklappt, wie sich alle Beteiligten das vorgestellt haben. Aber der Wolfgang hat immer alles versucht." Die Kraft habe dieser sich über seine Familie geholt. An die erinnert sich auch Thomas Brunner, für den es damals die erste Saison im Profikader der Franken ist. „Wolfgang war ein Kollege, von dem man etwas abschauen konnte: Torriecher ohne Ende, sei es mit dem Fuß oder dem Kopf. Er hat gewusst, wo der Ball hinkommt, und hatte ein gutes Timing." Brunner, der im Laufe seiner Karriere fast auf allen Positionen spielt, gehört zur jungen Garde des Clubs, auf die Trainer Heese bald immer häufiger setzt. „Er hat mich als Mittelstürmer gesehen. Das war dann oft ein Entweder-oder, Wolfgang oder ich." Ihr Verhältnis habe das nicht belastet. „Wir haben damals im Team ein gutes Miteinander gehabt, auch außerhalb des Platzes haben wir uns gut verstanden und mit der Familie. Sein Sohn war ja noch ein ganz kleiner Pimpf, der war immer dabei im Vereinsheim. Er hat bei uns den Spitznamen ‚Pommes' gehabt, weil, sobald er im Lokal war, wollte er einen Teller Pommes", erzählt Brunner lachend.

Nach elf Spielen steht Nürnberg auf Rang 14, der Abstand zur Abstiegszone schmilzt. Frank hat eine Partie verpasst und in zehn Spielen immerhin vier Tore erzielt. Ende Oktober 1980 aber ist vorerst Schluss für den Stürmer, er fällt mit Jochbeinbruch aus. So gut sein Timing auf dem Platz ist, so schlecht erwischt er es mit dieser Verletzung: Im November formt Heese ein Team aus einem „harten Kern", macht ein Kurztrainingslager mit genau elf Spielern, die so dann auch gegen Dortmund antreten – und gewinnen. Es sind die Jungen, auf die der Coach vertraut: der 23-jährige Bertram Beierlorzer, der bald 19-jährige Alois Reinhard und der 18-jährige Brunner. „Man nutzt jede Chance", sagt Brunner rückblickend. „Im

Profigeschäft gibt es sozusagen kein Mitleid. Das sagt aber nichts aus über das Verhältnis zueinander. Und der Wolfgang war immer ein Teamplayer. Kein Egoist. Er hat sich dem Wohl der Mannschaft untergeordnet und war so engagiert, wie es in seiner damaligen körperlichen und vielleicht auch mentalen Verfassung noch möglich war." Auch Herbert Heidenreich erinnert einen Spieler, der nicht aufsteckt. „Der Wolfgang war immer ein positiver Typ und hat sich reingehauen, Woche für Woche. Er hat sich nichts zuschulden kommen lassen – und wenn er am Samstag nicht im Kader war, hat er sich in der nächsten Woche noch mehr angestrengt."

Liegt es an Franks Vorgeschichte, dass in den Medien rasch wieder Spott an seiner Situation aufkommt? „Ich glaube, das war mehr eine Wirkungssache", meint Rudi Kargus. „Aus heutiger Sicht würde ich sagen, es gab die Erwartung, die Spieler sollten die Ärmel hochkrempeln. Wolfgang ist das Thema Fußball damals schon total intellektuell angegangen. Dass ihm von manchen Seiten vorgeworfen wurde, er würde sich nicht ordentlich reinhängen, hatte etwas mit seinem Auftreten zu tun. Fußball ist manchmal auch ungerecht."

Anfang Dezember liebäugelt der abstiegsgefährdete FC Schalke 04 zunächst, sich mit einer Leihe von Wolfgang Frank zu verstärken. Stattdessen wechselt Detlev Szymanek auf Leihbasis aus Nürnberg zum Ligakonkurrenten. Frank steht im Winter nicht auf der Transferliste. Die Mannschaft bricht zu einem Trainingslager in Frankreich auf, verlässt das dortige Hotel aber wieder und reist dann nach Spanien weiter. Die Presse spottet ob der Ausgaben des abstiegsgefährdeten Clubs, doch Coach Heese schwärmt von den idealen Bedingungen in Spanien. Unter dem Druck der Öffentlichkeit war der Trainer zwischendurch zurückgekehrt zur Manndeckung, in Spanien lässt er seine Schützlinge nun erneut zur Freiheit der Raumdeckung zurückkehren.

Nach einer 1:2-Pleite im ersten Spiel nach der Winterpause zuhause gegen den VfB Stuttgart – es ist bereits die fünfte Heimniederlage, weshalb dem Verein die Zuschauer weglaufen – muss Nürnberg am 19. Spieltag auswärts beim Hamburger SV antreten. Es ist die erste Partie des bisherigen Co-Trainers Aleksandar Ristić als Nachfolger von Zebec – und für den langjährigen HSVer Kargus die emotionale erste Rückkehr an die Elbe. Auch für Frank wird der Auftritt im Volkspark bedeutsam: Auf den Tag genau drei Monate nach seinem letzten Einsatz im Club-Trikot kommt er in der 78. Minute ins Spiel. Nürnberg verliert 0:1, doch Frank schöpft neue Hoffnung.

Für die folgende Schlüsselpartie gegen 1860 München fällt Thomas Brunner aus, und Wolfgang Frank hofft auf seine Chance. Aber Trainer Heese winkt ab: „Ich kann keinen Mann bringen, der nicht mal im Training richtig trifft." Doch das Spiel kann witterungsbedingt nicht stattfinden. Stattdessen macht sich der Club-Tross auf nach Eupen in Belgien, wo die Nürnberger – ebenfalls im Schnee – ein Freundschaftsspiel absolvieren: Just bei dem Verein, der gut 30 Jahre später Wolfgang Franks letzte Station sein wird. Der Torjäger erzielt beim 3:1 zwei Treffer, sehr zur Freude seines Trainers. Horst Heese belohnt Franks Auftritt in Belgien am folgenden Wochenende mit 90 Minuten Einsatzzeit auswärts in Bochum. Gegen den VfL geht der Club mit 0:4 unter und gerät so immer weiter in Abstiegsgefahr.

Am 21. Februar 1981, Wolfgang Franks 30. Geburtstag, erringt sein Team im Heimspiel gegen Duisburg ein wichtiges 1:0. Frank ist nicht im Kader, und ob der glücklose Stürmer bei dieser Partie auf der Tribüne gesessen hat, daran erinnern sich die einstigen Mitspieler nicht mehr. Für Frank kommt es nun knüppelhart: Vor der darauffolgenden Nachholpartie gegen 1860 München verkündet Trainer Heese, der Stürmer sei gar kein Thema mehr für ihn: „Was will ich denn mit einem, der alles nur von der negativen Seite sieht? Ich habe viel Geduld mit ihm gehabt. Aber jetzt besteht zwischen uns kein Vertrauensverhältnis mehr." Dazu titelt der *kicker*: „Der Club will sich von Frank trennen!" Herbert Heidenreich erinnert sich: „Es ist nun mal so im Profigeschäft, dass immer das ganze Gefüge passen muss – da meine ich explizit auch den Trainer." Das sei für Frank in Nürnberg nie auf Dauer der Fall gewesen. „Daran muss niemand die Schuld tragen, es kann an allem möglichen liegen", beteuert Heidenreich, der sich allerdings an keinen negativen Frank erinnern mag: „Der Wolfgang war doch ein ziemlich offener Typ. Er ist immer positiv geblieben, wenn es nicht lief für ihn." Auch habe der von Heese präferierte Spielstil nicht zu Frank gepasst, der habe aber im Team immer Fürsprecher gehabt. Nicht zuletzt gehört dazu Schorsch Volkert, mit dem Frank zu Saisonbeginn im Sturm so erfolgreich war.

Abgang des Intimfeindes

Nürnberg verliert das Nachholspiel daheim gegen die Sechziger – und Trainer Horst Heese seinen Job. Interimsmäßig rückt Fritz Popp, 1967/68 Meister mit dem Club und seit einigen Jahren Nachwuchstrainer im Verein, zum Chefcoach auf. Über Frank schreibt *kicker*-Reporter Helmut Dirschner hinsichtlich des Wechsels in der Verantwortung: „Man darf gespannt sein, ob er nach dem Abschuß seines ‚Intimfeindes' endlich zeigt, was in ihm steckt." Jener Intimfeind wittert derweil ein mächtiges Komplott. Heese glaubt, hinter seiner Entlassung stünden Spieler wie Frank, der Präsident Roth sowie sein Vorgänger auf dem Trainerstuhl Gebhardt. Und auch Heese-Nachfolger Popp ist vor dem Verdacht des Geschassten nicht gefeit. In dessen erstem Spiel als Cheftrainer verliert die Mannschaft mit einem völlig indisponierten Rudi Kargus 1:4 in Karlsruhe und verharrt auf Rang 14. Vor dem Auswärtsspiel auf dem Betzenberg versucht Interimscoach Popp, Ruhe ins Team zu bringen, und schraubt am Trainingseinsatz seiner Spieler. Die sind in Kaiserslautern chancenlos und verlieren 1:3.

Doch bei den bislang so heimschwachen Nürnbergern drehen sich plötzlich die Vorzeichen. Liegt es am Publikum, das mit Trainer Heese zuletzt über Kreuz lag, weil der gegen Ende der Hinrunde in einem Radiointerview in Richtung Club-Fans geschimpft hatte? Die Mannschaft jedenfalls gewinnt 2:1 gegen Köln, verliert danach zwar in Frankfurt 0:3, holt aber zuhause gegen Mönchengladbach erneut zwei Punkte. Doch in der Tabelle will Nürnberg einfach nicht von Rang 14 wegkommen, wenngleich sich der Abstand zur Abstiegszone inzwischen leicht vergrößert hat. Wolfang Frank steht nun in allen Partien auf dem Platz, bleibt aber torlos. Nach dem 2:0-Heimsieg gegen Gladbach platzt die Nachricht in den Abstiegskampf, dass Talent Beierlorzer ausgerechnet zu den in Nürnberg ungeliebten Bayern aus München wechseln wird. Damit bricht zur absoluten Unzeit eine Debatte über Präsident Roth und dessen Rolle bei Transfers los. Unter anderem hatte er bei den Verhandlungen zur Vertragsverlängerung Beierlorzers sein Veto eingelegt, als der Spieler und Manager Frank Fleschenberg sich eigentlich schon einig waren.

Beim Tabellenvorletzten Bayer 05 Uerdingen verlieren überforderte Nürnberger im Abstiegsduell mit 2:3. Für den glücklosen Frank kommt nach 53 Minuten Werner Heck. Die 0:1-Heimniederlage gegen die Bayern an Gründonnerstag erlebt der Stürmer nur als Zuschauer. Die Abstiegsnöte in Nürnberg vergrößern sich weiter: Fünf Spieltage vor dem Saisonende ist der Club auf Rang 15 nun punktgleich mit dem Tabellensechzehnten Schalke 04, steht aber nur zwei Zähler besser da als Schlusslicht Arminia Bielefeld. Die drei letztplatzierten Klubs in der Tabelle steigen direkt in die 2. Liga ab.

Obwohl Frank in der Länderspielpause im April in einem Testspiel aufläuft, wird er auch am 30. Spieltag gegen Dortmund nicht eingesetzt. Das Team unterliegt 0:1. Und auch abseits des Platzes läuft es nicht rund: Der DFB beharrt darauf, dass in Nürnberg ein Trainer mit der erforderlichen Bundesligalizenz auf der Bank sitzen muss. Interimscoach Popp kann diese nicht vorweisen. Die Beschwerde der Nürnberger dagegen wird vom Verband abgewiesen. Angeblich hat der FCN längst einen „Strohmann" in der Hinterhand, dessen Name bleibt aber zunächst geheim. Unbeeindruckt von derlei Störgeräuschen gewinnt die Mannschaft das wichtige Spiel gegen Düsseldorf drei Spieltage vor Saisonende durch einen Doppelpack von Werner Heck mit 2:1. Frank ist in der 59. Minute beim Stand von 0:0 ausgewechselt worden.

In der erneuten Länderspielpause im Mai verlieren indisponierte Nürnberger ein als Freundschaftsspiel angesetztes Derby gegen Zweitligist Fürth. Frank steht über die volle Spielzeit auf dem Platz. Die Stimmung in der Stadt ist im Keller, und der DFB macht zusätzlichen Druck: Der Club, so ergeht aus Frankfurt, muss für die letzten drei Spiele einen Trainer mit Lizenz an Popps Seite stellen. Im 62-jährigen Fred Hoffmann finden die Verantwortlichen eine Lösung. Frank kommt unter dem Duo nicht mehr zum Einsatz: Die knappe Stunde am 31. Spieltag gegen Düsseldorf bleiben die letzten Minuten einer Saison, die für ihn und seinen Verein gleichermaßen durchwachsen lief. Am Ende hält der 1. FC Nürnberg auf Rang 14 die Liga – und die Franks werden just am 34. Spieltag zum zweiten Mal Eltern: Sohn Benjamin kommt am 13. Juni 1981 in Nürnberg zur Welt.

Auf dem Abstellgleis

Der Club, der Heinz Elzner als neuen Cheftrainer für die kommende Saison verpflichtet hat – Popp soll ihn als Co unterstützen –, macht keinen Hehl daraus, dass man für ein Angebot in Sachen Wolfgang Frank offen ist. Die Finanzlage am Valznerweiher ist düster, Transfererlöse werden dringend benötigt. Der einstige Torjäger hat sich seinerseits bereits im Laufe der Saison offen für einen Wechsel gezeigt, er forciert das Thema im Sommer aber nicht. Womöglich genießt die Familie Priorität, die ja gerade Zuwachs erhalten hat. Frank, den das schwierige Verhältnis zu seinem Vater Gerhard zeitlebens belastet, geht selbst voll in dieser Rolle auf. „Ich glaube, mein Opa war ein Riesenfan von unserem Daddy, aber er konnte es ihm eigentlich nie rechtmachen", erinnert sich Sebastian Frank. Der eigene Vater sei völlig anders gewesen, habe seine Söhne gelobt, sie auch in den Arm genommen. „Er hat schon auch viel gefordert. Aber für mich ist mein Vater absolut positiv besetzt." Benjamin ergänzt: „Wir haben als Kinder sehr viel mitgenommen aus seinem Kosmos."

Im Sommer steigt Frank in die Vorbereitung beim Club mit ein, die für ihn unter nur allzu bekannten Vorzeichen steht: Er kämpft um sein Comeback im Team. Zunächst bremst ihn dabei auch seine Knöchelverletzung aus, in den ersten Testspielen kann er nicht überzeugen. Der neue Trainer Heinz Elzner macht dem Spieler aber Hoffnung, bei entsprechender Leistung wieder Einsatzzeiten zu erhalten. Nürnbergs Angriff ist, das zeigt die Vorbereitung deutlich, die Schwachstelle des Teams. Zwar liegen einige Hoffnungen auf Dieter Trunk aus dem Lager der Amateure, aber die Abgänge von Franz Oberacher und Schorsch Volkert wiegen schwer. Steigt damit die Chance für Wolfgang Frank, sich zurückzukämpfen?

In den letzten zwei Vorbereitungsspielen tritt der Club im August 1981 gegen den ESV Nürnberg-West-Fürth und in Mainz-Kastel an. Frank schießt vier Tore gegen den B-Klasse-Verein (10:0) und zwei weitere gegen Kastel (3:1), worauf der *kicker* ihn zum „Mann des Tages" kürt und fragt: „Ist das Eis gebrochen?" Am ersten Spieltag in Bochum steht der Stürmer in der Startelf, Nürnberg unterliegt 0:2. Auch im zweiten Saisonspiel zuhause gegen Köln (1:3) gelingt dem Team von Coach Elzner wenig bis gar nichts. In der Woche darauf verkündet Nürnberg die Leihe des Flügelflitzers Werner Dreßel vom Hamburger SV. Der Neue ist siebeneinhalb Jahre jünger als Frank. Er wird in dieser Saison 31-mal in der Liga für Nürnberg auf dem Platz stehen und dabei neun Tore schießen.

In den Medien bleibt die Suche nach weiterer Verstärkung für den Club-Sturm Dauerthema. Dabei geht es vor allem um die Finanzlage. Und auch sonst bleibt dem Verein die ihm oftmals nachgesagte Unruhe erhalten. Nach nur fünf Ligaspielen, die der FCN allesamt verliert, muss Trainer Elzner seinen Hut nehmen. Auch Manager Frank Fleschenberg wird entlassen. In Personalunion für beide Aufgaben kommt Udo Klug, zuletzt Manager und Interimstrainer bei Eintracht Frankfurt.

„Udo Klug war ein unheimlich menschlicher Typ", erinnert sich Herbert Heidenreich. Der Coach habe intensiv mit seinen verunsicherten Spielern kommuniziert. „Aber das eine ist das Menschliche, das andere ist das Sportliche." Und für Wolfgang Frank ändert sich sportlich erst mal nichts: Trotz des Mangels im Angriff kommt er auf nur wenige Spielminuten. Nach den Einsätzen in den ersten beiden Saisonspielen war er unter Elzner außen vor geblieben. Unter dem neuen Trainer versucht er nun, sich abermals anzubieten. „Ich sehe ihn immer auf dem Trainingsplatz vor mir", sagt Rudi Kargus. „In Trainingsjacke *und* Regenjacke." Er lacht. „Es gab keine Woche, in der sich der Wolfgang nicht reingehauen hat", sagt Heidenreich. Doch die vielen Rückschläge zehren am verhinderten Torjäger. „Er hat immer häufiger erzählt, dass er überlegt, ob er einfach mit allem hier aufhören und mit seiner Familie in die Toskana gehen soll", verrät Kargus. Doch Frank bleibt – und kämpft. Im zweiten Spiel unter Klug gegen Mönchengladbach wird er in der 81. Minute eingewechselt. Die Partie ist da längst gelaufen, am Stande von 4:2 für die Borussia kann auch er nichts mehr ändern. Es sind, ohne dass Frank das an diesem Tag wissen kann, seine letzten Pflichtspielminuten für den Club.

In der Woche darauf schreibt Reporter Werner Schilling im *kicker*: „Ferner legt Klug Wert darauf, dass in den eigenen Reihen Talente schlummern. Auf Frank baut er nicht mehr. Das Kapitel ist für ihn abgeschlossen." Wie umgehen mit dieser Situation? „Das Profigeschäft war pickelhart, sagt man in Nürnberg, und ist es auch heute noch", sinniert Heidenreich. „Wenn du mit Angriffen und Rückschlägen nicht umgehen kannst, wird es schwierig. Das klingt hart, aber dann bist du da vielleicht auch falsch aufgehoben. Da muss man viel wegstecken, aber natürlich steht auch immer ein Mensch dahinter." Im Falle Franks ein Mann mit Familie, zwei kleinen Kindern – und einem unerbittlichen Vater, dessen Ansprüchen er weniger denn je genügen kann. „So wie ich den Wolfgang gekannt habe, kann ich mir vorstellen, dass er da schon mehr in sich reingehört hat als andere", sagt Heidenreich mit Bedauern. „Aber als Profi gilt ‚Friss oder stirb'. Und Nürnberg ist sowieso immer ein schwieriges Pflaster."

Unter Klug stabilisiert sich die Mannschaft derweil und kann auch im DFB-Pokal Erfolge feiern. Gegen Bielefeld gelingt der Einzug in die dritte Runde und die „Rote Laterne" hat der FCN ebenfalls abgegeben.

Präsident Roth wird bei der Hauptversammlung am 16. Oktober 1981 für zwei weitere Jahre im Amt bestätigt, obwohl es durchaus Kritik an seinem Geschäftsgebaren gibt. Diskutiert wird auch sein finanzielles Engagement: Neben Wolfgang Frank „gehören" ihm auch die Spieler Werner Heck und Reinhard Brendel, was im Klartext bedeutet: Bei etwaigen Verkäufen gehen die Ablösen an Roth.

Im November beschäftigt sich der VfL Bochum, der auf Rang sieben und damit sechs Plätze vor dem Club steht, mit einer Verpflichtung Franks, nimmt aber letztlich wieder Abstand von der Idee. In Nürnberg wäre man froh über einen Abgang des teuren Stürmers, dessen Grundgehalt von 16.000 Mark im Monat man nur zu gerne einsparen würde. „Ich kann wirklich nicht sagen, dass er der Typ war, der einfach das Geld eingesteckt hat", entsinnt sich Heidenreich. „Der Wolfgang wollte spielen. Das hat sich in all der Zeit nicht geändert." Sein Coach aber setzt nicht mehr auf ihn: „Im Training rennt er, dreht alle Runden unentwegt mit; aber im Spiel bewegt er sich nicht mehr", sagt Klug im *kicker* über den stets bemühten Frank. Der Trainer arbeitet menschlich und taktisch mit seinem Team, versucht Spieler auf für sie völlig neuen Positionen und hat bei all dem ein sichtbar glückliches Händchen. Nur für Frank findet sich keine Lücke in seinem System – gleichzeitig findet dieser keinen neuen Verein. Erst Ende Februar dreht sich das Blatt noch mal: Im Auswärtsspiel gegen Stuttgart sitzt Frank immerhin wieder auf der Bank. „Frank ist der einzige Stürmer, den wir neben Heck und Dreßel haben", begründet Klug die für viele vollkommen überraschende Maßnahme anschließend im *kicker*. „Er absolviert zusätzliche Trainingseinheiten und zeigt guten Willen." Auch beim folgenden Sieg gegen Gladbach (3:2) gehört Frank zum Club-Kader, bleibt aber ohne Minuten.

Wenn überhaupt, kommt der Stürmer nur noch in Freundschaftsspielen zum Einsatz – und kann da, wie beim 1:1 gegen Kickers Offenbach im März 1982, nicht überzeugen. Derweil rückt das Ende seines bis zum Sommer laufenden Vertrags immer näher und Nürnberg rechnet sich weiterhin eine Ablöse aus. Auch der Klassenerhalt ist noch nicht sicher, dafür sorgt das Klug-Team aber im DFB-Pokal für Furore: Gegen den Hamburger SV setzt sich der Verein im Halbfinale durch und steht im bayerischen Endspiel gegen München. Zwar verliert der amtierende deutsche Rekordmeister aus Nürnberg das Finale nach 2:0-Führung noch mit 2:4, doch zuvor ist bereits der Klassenerhalt gelungen und mit Rang 13 hat man sich im Vergleich zur Vorsaison sogar verbessert.

Das Kapitel zwischen Wolfgang Frank und dem Verein aber endet mit einem mächtigen Misston: Der zwei Jahre zuvor für viel Geld verpflichtete Spieler lässt sich zum Ende der Saison reamateurisieren und kann so ablösefrei zum FSV Bad Windsheim in die damalige Bezirksliga-Süd, Mittelfranken, wechseln. Es ist das Ende eines quälenden Missverständnisses für beide Seiten – aber wahrlich kein glückliches.

II LOSGELASSEN

Der Trainer im Werden

KAPITEL 7

Der Ruf des Geldes

„So ein ganz lustiger Typ war er nicht."

HEINRICH BEIGEL, MÄZEN, ÜBER WOLFGANG FRANK

Der FSV Bad Windsheim spielte nach dem Aufstieg 1973/74 in der Bezirksliga. Ende der Siebzigerjahre steigt Bauunternehmer Heinrich Beigel als Sponsor beim FSV mit dem Ziel ein, den Klub über die Landesliga in die dritthöchste deutsche Spielklasse zu bringen, die Bayernliga. Um das zu realisieren, holt Beigel auch ehemalige Profispieler in den Kurort westlich von Nürnberg. Der erste ist im Sommer 1978 Heinz Popp von den Würzburger Kickers, die da gerade wieder den Weg aus der 2. Bundesliga Süd zurück in die Bayernliga antreten müssen. Zwei Jahre später folgt mit Rudolf „Rudi" Sturz ein ehemaliger Erstligaspieler. Beide, Popp und Sturz, haben eine Vergangenheit beim Club und bringen Kontakte zu anderen Spielern in Nürnberg mit.

Nachdem der angestrebte Aufstieg in die Landesliga 1981/82 knapp verpasst worden ist, rüstet der FSV Bad Windsheim mit finanzieller Unterstützung nochmals kräftig nach. Das bringt dem Verein den Beinamen „Cosmos" ein, angelehnt an „New York Cosmos", ein Franchise in der North American Soccer League, das unter anderem für den alternden Franz Beckenbauer eine Rekordablöse gezahlt hat. Beigel verpflichtet für den FSV mit Fred Hoffmann einen alten Bekannten als Trainer – nach der Entlassung von Horst Heese war dieser an der Seite des lizenzlosen Fritz Popp einst in Nürnberg für drei Spiele eingesprungen. Zur Verstärkung des Teams holt Beigel Ulrich „Uli" Pechtold, davor Spielertrainer bei der SpVgg Ansbach und ebenfalls mit Club-Historie, den Ex-FCN-Spieler Michael Eggert sowie Wolfgang Frank. Pechtold ist schon reamateurisiert, Frank und Eggert schlagen diesen Weg nun ebenfalls ein. Andernfalls hätten ihre abgebenden Klubs eine Ablöseforderung stellen können, wie in Zeiten vor dem Bosman-Urteil durchaus üblich.

„Ja freilich, getroffen hat er noch gut, der Wolfgang Frank", sagt Ex-Mäzen Heinrich Beigel im Gespräch über seinen ehemaligen Stürmer. „Deswegen habe ich ihn ja geholt, als er in Nürnberg keinen Vertrag mehr gekriegt hat." Entscheidend für sein Modell in Bad Windsheim sei damals die Möglichkeit der Reamateurisierung gewesen, sagt Beigel. „Sonst hätte dem Herrn Roth eine beträchtliche Ablöse zugestanden." Bei der Erinnerung an seinen Coup lacht er fröhlich. Roth selbst dürfte seinerzeit weniger zum Lachen zumute gewesen sein, als plötzlich zahlreiche ehemalige Club-Akteure ausgerechnet in Bad Windsheim – wo Roth aufgewachsen ist – anheuerten. Doch dem Nürnberger Präsidenten sind aufgrund der DFB-Statuten die Hände gebunden.

„Ich wusste damals schon, dass Bad Windsheim so eine Ablegestelle für alte Club-Spieler war", erzählt Uli Pechtold, der heute eine Sporthalle mit Indoor Soccer und Space Bowling in Forchheim betreibt. „Rudi Sturz war ja auch schon drüben. Heinrich Beigel hat das alles in Sponsorentum gemacht. Wir haben damals Erfolg gehabt und hatten eine klasse Stimmung." Pechtold macht keinen Hehl daraus, wie Beigel die Spieler für den kleinen Verein begeistern konnte. „Es ging eigentlich ums Geld. Bad Windsheim ist ein abgelegenes Dorf in Mittelfranken, oder war es damals, inzwischen ist es durch die ‚Frankentherme' etwas anders geworden. Ich glaube, da wäre freiwillig niemand hingegangen ohne den finanziellen Aspekt – um es mal vorsichtig zu sagen." Pechtold wirkt amüsiert, ergänzt aber: „Wir hatten wirklich eine gute Zeit, vor allem, weil die Zuschauer immer massenhaft kamen. Das war schon irre. Es gab vereinzelt sogar Spiele, da waren an die 5.000 Leute im Stadion."

Für Wolfgang Frank ist die Möglichkeit, überhaupt weiter Fußball spielen zu können, eine Erleichterung, denn die Nürnberger Ablöseforderung hätte durchaus das Ende seiner Karriere bedeuten können. „Der Wolfgang hätte sonst wahrscheinlich locker noch irgendwo mindestens 2. Liga machen können, für drei, vier Jahre", glaubt Pechtold. „Ich meine, er war damals ja gerade 31, das ist nun wirklich kein Alter." Aus dem persönlichen Umgang hat er Frank sehr positiv in Erinnerung. „Er war ein wirklich netter Kerl. Ruhig, nie aufbrausend. Er hat nicht raushängen lassen, was er schon alles erreicht hatte als Spieler." Mit dem Publikum aber habe es der Stürmer in Bad Windsheim nicht leicht gehabt, sagt Pechtold, der diesbezüglich ähnliche Beobachtungen gemacht hat wie Rudi Kargus in Nürnberg. „Es war ein bisschen so seine Art auf dem Platz. Er wirkte manchmal recht phlegmatisch. Es ist aber auch nicht einfach, wenn man aus einer höheren Liga kommt und dann so unterklassig spielt." Gerade die Spieler aus der Region, die nie über das Amateurniveau hinausgekommen sind, hätten sich auf dem Platz erkennbar zerrissen. „Der Wolfgang war jetzt nicht dieser lauffreudige Spieler, der sich mit unbändigem Einsatz reingeschmissen hat in die ganze Sache. Der Rudi Sturz hat viele Tore geschossen. Ich war einer, der viel gerannt ist im Mittelfeld. Das wollten die Leute halt sehen, auf dem Dorf." Frank sei hingegen auch zu jener Zeit noch der Typ Mittelstürmer gewesen, der vorne auf seine Bälle wartet. „Dann hat er auch seine Tore geschossen, aber damit hat er das Publikum einfach nicht so gekriegt. Ich glaube, so richtig glücklich war er in Bad Windsheim nicht", bedauert der ehemalige Mitspieler rückblickend.

Auch auf Amateurniveau arbeitet Frank im Training jedoch so ernsthaft und hart wie an all seinen bisherigen Stationen. „Als Spieler, da kann man wirklich gar nichts sagen", betont Beigel. „Er war sehr, sehr ehrgeizig." Kein Wunder also, dass die lediglich zwei Trainingseinheiten pro Woche Frank kaum genügen. Mäzen Beigel, der einige Spieler damals auch in seiner Firma anstellt oder sie dabei unterstützt, ebenfalls im Bereich Bau und Immobilien tätig zu werden, sagt: „Ich habe ihm damals auch unter die Arme gegriffen, aber das war alles nicht so wirklich seine Sache." Stattdessen beginnt Frank, der Fußball schon immer nicht nur gespielt, sondern auch analysiert und gelesen hat, im Herbst 1982 parallel zu seiner Amateurkarriere die Ausbildung zum Fußballlehrer. Dafür pendelt er zwischen Franken und der Deutschen Sporthochschule Köln.

Fußballlehrer aus Leidenschaft

„Der Wolfgang war natürlich privilegiert", sagt Ramon Berndroth lachend. Der gebürtige Mainzer, ein Jahr jünger als Frank, spielt Ende der Siebziger für die Amateure der Frankfurter Eintracht. „So Leute wie ich, wir haben den Fußballlehrer ganz klassisch erworben, also vorher erst die B- und die A-Lizenz gemacht und nach jedem Schein als Trainer gearbeitet. Als Ex-Profi, da konnte man in die Lehrgänge in den Achtzigerjahren noch so reinrutschen, auch ohne schon seine Zeit als Trainer geleistet zu haben." Frank fügt sich unauffällig in die Gruppe ein. „Er hat die Karriere, die er hatte, nie raushängen lassen, ganz im Gegensatz zu einigen anderen Ex-Profis", erzählt Hubert Neu, der ab 1999 Co-Trainer unter Otto Rehhagel in Kaiserslautern ist und in der Zeit danach das Nachwuchsleistungszentrum des FCK leitet. Heute arbeitet er im Scouting von Holstein Kiel mit

Frank-Schüler Sven Demandt. „Der Wolfgang war sehr fokussiert und zielorientiert in allem, was er gemacht hat." Vom Fußball sei er regelrecht besessen gewesen, sagt Neu. „Und menschlich top."

„Wir haben uns im Hockeyzentrum dort an der Sporthochschule ein Zimmer geteilt, wenn wir mal länger in Köln geblieben sind. Da haben wir oft bis tief in die Nacht über Taktik und Systeme geredet." Der Austausch mit dem Kollegen beeindruckt Neu tief, nur habe Frank sich schon damals hin und wieder ein paar Gedanken zu viel gemacht, erzählt der Zimmerkollege. Besonders eine Episode ist ihm da in Erinnerung geblieben: Frank und Neu trinken mit den anderen abends noch ein Glas Bier, bevor sie sich verabschieden und auf ihre Stube gehen. Schon auf dem Weg dorthin grübelt der Schwabe, ob ihr früher Abgang vielleicht als unhöflich empfunden werden könnte. „Bis wir oben waren, stand fest, wir gehen zurück und setzen uns wieder dazu. Wir sind dann bis ganz zum Schluss geblieben. Das war ihm wichtig."

Berndroth erinnert sich vor allem an die gemeinsamen Waldläufe mit Frank in dieser Zeit. „Ich war schon noch Fan von ihm, muss ich sagen. Für mich war mit Fußball ja recht früh Schluss und was mir verschlossen geblieben ist, hat er gehabt: eine große Karriere als Spieler." Sein heimlicher Traum sei gewesen, Frank über die eigenen alten Kontakte zur Frankfurter Eintracht zu vermitteln. „Da hat er zu mir gesagt: ‚Ne, Ramon, lass mal, ich habe einen ganz schlechten Ruf in der Bundesliga.' Das ist so ein Satz, den ich nie vergessen habe." Bei der Eintracht ist damals gerade Branko Zebec als Trainer unter Vertrag genommen worden, doch sein letztes Bundesliga-Engagement endet nicht glücklich. Wie hätte ein Wiedersehen zwischen Zebec und Frank wohl ausgesehen?

„Wenn wir manchmal gespielt haben mit unserer Studentengruppe, da hast du immer noch gesehen, was er für Fähigkeiten hatte", gerät Berndroth noch 40 Jahre später ins Schwärmen. „Der Kopfball, den er hatte, die Technik, sein Timing, so was gab es einfach selten. Ich habe da schon mit Traineraugen draufgeschaut damals, und es war einfach sehr beeindruckend." Auch in Bad Windsheim stellt Frank unter Beweis, dass sein Torhunger noch lange nicht nachgelassen hat. In einem Zeitungsfitzel von damals, den sein Vater aufbewahrt hat, ist zu lesen: „Nun trifft er wieder! Wolfgang Frank (31), bekam vom Club keinen neuen Vertrag. Der Architekt Beigel, Mäzen von ‚Cosmos' Bad Windsheim, holte ihn in die Bezirksliga. Mit Erfolg: Frank schoß beim 6:2 gegen Grundig Fürth drei Tore." Der

Mix aus Ex-Profis und begabten Amateurspielern aus der Region scheint in Bad Windsheim in jener Saison aufzugehen.

Anfang 1983 erlebt der kleine Club ein unerwartetes Highlight, als tatsächlich der große 1. FC Nürnberg mit Kapitän Rudi Kargus zu einem Freundschaftsspiel in die Provinz kommt. „Da waren 5.000 Menschen in dem kleinen Stadion", erzählt Uli Pechtold. „Die sind damals über die Zäune geklettert, weil der Verein gar nicht darauf vorbereitet war, dass so viele kommen." Pechtold lacht: „Es gab nur zwei Kassenhäuschen." Nürnberg gewinnt die Partie mit 5:1, den Ehrentreffer für Bad Windsheim erzielt Rudi Sturz. Der *kicker* titelt im Nachgang des Spiels am 17. Januar: „Kasse ‚niedergewalzt'" und schreibt weiter: „Ein Zuschauerchaos bildete die Randerscheinung beim 5:1-Sieg des 1. FC Nürnberg beim mittelfränkischen Bezirksligisten FSV Bad Windsheim. Da kurz vor Spielbeginn noch rund 2.000 Zuschauer an den Kassen standen, entwickelte sich ein Gedränge, bei dem eine Kasse ‚niedergewalzt' wurde, so daß rund 500 Zuschauer ohne zu bezahlen Einlass fanden."

Am 23. März 1983 legt Wolfgang Frank an der Deutschen Sporthochschule Köln unter Ausbildungsleiter Gero Bisanz seine Prüfung zum Fußballehrer mit der Gesamtnote 1,8 ab. Die schwächste Theorie-Teilnote erhält er in der mündlichen Prüfung zum Thema Sportmedizin, die beste in der schriftlichen Prüfung zu Pädagogik und Methodik. Mit dem Wissen von heute über seine besonderen Trainingsmethoden wirkt das schon fast prophetisch. Am besten schneidet Frank jedoch im Praxisteil ab, was belegt, dass er mit dem Fußball als Spieler eigentlich noch längst nicht fertig ist. Kurz darauf gelingt ihm mit Bad Windsheim über die Relegation der ersehnte Aufstieg in die Landesliga. Dort kämpft der FSV in der folgenden Serie ausgerechnet mit den enorm starken Amateuren des 1. FC Nürnberg sowie dem im Vorjahr knapp am Aufstieg in die Bayernliga gescheiterten FC Amberg nach einem guten Saisonstart um die Tabellenspitze.

Frank kommt in dieser zweiten Saison in Mittelfranken nur noch selten zum Einsatz. „Vielleicht war er als Typ einfach zu ruhig für so eine unterklassige Mannschaft", sagt Pechtold heute. „Ihm hat da das Mitreißende gefehlt. In der Truppe mochten ihn alle gut leiden. Aber Fanliebling war er nicht." Der geistige Ausgleich in Köln, die Gespräche mit anderen angehenden Trainern, all das mag Wolfgang Frank in seiner zweiten Saison auf dem Dorf gefehlt haben; schließlich bringt er sie nicht zu Ende. Bei den

Aufstiegsspielen des FSV Bad Windsheim in die Bayernliga ist Frank längst nicht mehr da. Während „Cosmos" der ersehnte Sprung in die nächsthöhere Liga am Ende nicht gelingt, sucht die Familie Frank ihr Glück schon in der Schweiz.

KAPITEL 8

Eine Art Homecoming

„Die Mannschaft hat immer von seiner Kraft gelebt."

KONI GABRIEL, MITSPIELER FC GLARUS

Es gibt viele Menschen an unterschiedlichen Orten, die sehr positiv über Wolfgang Frank reden. Aber nirgendwo tun sie es so zärtlich wie in Glarus im Osten der Schweiz. „Für uns alle war ‚Wolfi' Trainer, Vorbild, Ratgeber und teilweise Vaterfigur", sagt Konrad „Koni" Gabriel, seit 2014 Präsident des FC Glarus im gleichnamigen Kanton. Frank kommt im Winter 1983/84 zum Verein. „Er war als Goalgetter bekannt und das war er dann natürlich bei uns auch", erinnert sich Gabriel, ab der Jugend 1972 und bis 1991 Spieler im Verein. „Mit der Zeit hat er sich aber eher ins Mittelfeld zurückgezogen und wurde zum Kämpfer. Auch in diesem Bereich hat er sich voll in den Dienst der Mannschaft gestellt."

Zu Beginn der 1980er-Jahre hatte die Glarener Vereinsführung nach etlichen glücklosen Versuchen erneut den Aufstieg aus der unterklassigen 3. Liga in die damalige 2. Liga, die zweithöchste Amateurklasse, zum Ziel ausgerufen. Mit Spielertrainer Helmut Huttary, einst beim MSV Duisburg und VfB Stuttgart unter Vertrag, erreicht der FC das ersehnte Ziel in der Saison 1981/82.

Im Aufstiegsjahr wird Huttary nach neun Spieltagen wegen Erfolglosigkeit entlassen, unter seinem Nachfolger Flastimir Milosaylieyic gelingt der Klassenerhalt. Zur neuen Saison übernimmt Thomas Leemann, heute Präsident des Schaffhauser Kantonaler Fussballverbandes SKFV, als Trainer und etabliert den FC Glarus in der 2. Liga. Nach der Saison 1983/84 wechselt Leemann zum FC Bremergarten 1920, der damals in der höchsten Amateurklasse, der 1. Liga, antritt. Einer, der die Entwicklung jener Zeit in Glarus maßgeblich mitgeprägt hat, ist Pierre Grossrieder, über den es in der Vereinschronik heißt: „Er wollte die Glarener aus dem Schlaf rütteln." Das tut Grossrieder in den 1970ern zunächst als Trainer und ab der Verpflichtung Huttarys als Technischer Leiter. Auf der Suche nach einem Nachfolger für Leemann stößt er 1983 auf eine Chiffreanzeige in der Schweizer Zeitschrift *Sport* und beantwortet diese. Ein paar Tage später meldet sich Wolfgang Frank, Urheber der Anzeige, beim Technischen Leiter des FC Glarus.

„Es war mir viel am Herzen, dass es mit dem Club weiter aufwärts geht", sagt Grossrieder. Er weiß, der Trainer spielt dafür eine sehr zentrale Rolle. Nach einem Treffen mit Frank ist beiden klar, sie ähneln einander im Ansatz, sich auf eine Aufgabe voll und ganz einzulassen. Frank beschreibt das Jahre später in einem Brief an den alten Freund so: „Ich von meiner Seite denke stets mit viel Freude an die tolle Zeit in den 80er-Jahren. Diese war geprägt von der beidseitigen Besessenheit, den Glarener Fußball zu revolutionieren." Der junge Frank fliegt mit der Mannschaft ins Wintertrainingslager nach Malta und verstärkt sie in der Rückrunde als Spieler – zur Saison 1984/85 wird er Spielertrainer. Das Ziel des Clubs ist der Aufstieg.

„Schon als wir noch unten waren in der 2. Liga, hat Wolfi viel probiert", sagt FC-Präsident Konrad Gabriel. „Das war für uns alles völliges Neuland. Im Verein waren nur wenige Spieler, die schon mal im bezahlten Fußball gespielt hatten." In dem kleinen Dorf in der Schweiz lebt Wolfgang Frank seinem Team genau das vor, was ihm zuletzt selbst so häufig gefehlt hat: Spaß am Fußball. „Er hat eine unglaubliche Motivation vermittelt", erinnert sich Gabriel. „Mit ihm zu arbeiten war pure Freude." Frank und Grossrieder sind sich einig darin, auf junge Spieler setzen zu wollen. Talenten aus Klubs in der Umgebung macht der FC Glarus Angebote, so kommt auch der 15-jährige Urs Oswald zum Verein. „Ich hatte noch zwei Angebote, aber nach dem Gespräch mit Wolfgang war für mich klar, wo ich hinwill. Er hat mir eine völlig andere Welt eröffnet." Zudem kennt Oswald aus gemeinsamen Einsätzen in der Auswahlmannschaft den Glarener B-Jugendspieler Peter Lötscher. Neben der Arbeit mit der ersten Mannschaft trainiert Frank anfangs eine Talentgruppe, bald übernimmt er die Jungen komplett in sein Team.

Bereits an dieser ersten Station seiner Karriere als Trainer lässt Wolfgang Frank all das erkennen, wofür er später so bekannt wird. Akribisch bereitet sich der Fußballlehrer auf seine Einheiten vor. „Er war unermüdlich", sagt Gabriel. „Er hat 24 Stunden am Tag an Fußball gedacht, und das hat er natürlich so rübergebracht. Die Gruppe hat mitgezogen." Und das, obwohl sie für einen Amateurverein spielen. „Wir alle hatten unsere normale Arbeit. Training war immer erst um 19 Uhr." Frank selbst macht zunächst eine kaufmännische Ausbildung bei der National Suisse in Bern und arbeitet dann in einer lokalen Versicherungsgesellschaft. Links oben auf seinen Aufzeichnungen aus jener Zeit prangt stets das Logo seines Arbeitgebers. Nach der Tätigkeit im Brotjob bereitet Wolfgang Frank das

Training für sein Team vor. Im Winter ist es bereits stockdunkel, wenn sie sich um sieben Uhr treffen. Trainiert wird an diesen Abenden in der Halle. „Und wir sind viel gelaufen", erzählt Gabriel mit einem Lächeln. „Manchmal ist er stundenlang mit uns durch die Dunkelheit. Dazu jede Menge Basistraining. Wir waren physisch wirklich topfit damals." Die Erkenntnis, wie wichtig körperliche Fitness im Fußball ist, teilt Frank mit anderen großen Trainern. Einen besonderen Stellenwert erhält die Physis, wie auch gutes Teamwork, für eigentlich unterlegene Mannschaften. „Er hatte eine gute Nase dafür, wie man eine Gruppe zusammenstellt", erinnert sich Peter Lötscher. „Und er war völlig fußballverrückt." Er hält inne. „Für mich war er sehr wichtig. Mein Mentor."

Glarus liegt zwischen hohen Bergen sanft ins Tal gebettet. Die Bedingungen für sportliches Training sind hier nicht ideal. „Wenn andere schon auf dem Rasen waren, lag bei uns noch Schnee", sagt Gabriel. Auch der Tau bleibt hier lange auf dem Feld. „Man muss da erfinderisch sein." In Fahrgemeinschaften machen die Spieler sich mit ihrem Trainer in Autos auf in die Nachbarorte mit Kunstrasen- und ebeneren Plätzen ohne störenden Schnee. „Der Wolfi hat sich immer was überlegt und wir haben alles mitgemacht. Das Vertrauen war immens." Frank macht Gabriel früh zum Kapitän der Mannschaft. „Ich war noch relativ jung, aber wir haben uns von Beginn an gut verstanden und viel ausgetauscht, anfangs vor allem über Fußball, später auch privat." Auch zur Familie Grossrieder pflegt der Trainer eine enge Verbindung, deren Kinder passen auf die kleinen Frank-Söhne auf, die Ehepaare treffen sich hin und wieder zum Essen. „Er hat das Zusammensein sehr geschätzt", sagt Grossrieder. „Wolfgang suchte immer diese Wärme. Er war dann sehr gelöst, wenn er sich wohlfühlte, und konnte unheimlich witzig sein." Als es zwischen den Eheleuten Frank kriselt, ist Grossrieder Zuhörer und Ratgeber.

Mit innovativen Methoden formt der Trainer aus Deutschland den zuvor meist abstiegsgefährdeten kleinen Verein zu einem Spitzenteam der 2. Liga. In Franks ersten beiden Spielzeiten erreicht der FC Glarus jeweils den zweiten Tabellenplatz. Daran hat Frank nicht nur als Coach großen Anteil, sondern auch als Spieler mit seinen Toren und der Präsenz auf dem Feld. „Eigentlich haben wir dazumal gar nicht realisiert, dass er so eine große Vergangenheit hatte", sagt Gabriel. „Wir haben uns einfach auf uns konzentriert, vor allem: auf ihn konzentriert. Und darauf, uns mit ihm weiterzuentwickeln." Die vielleicht wichtigste Rolle für den frühen Erfolg in der Schweiz aber hat die mannschaftliche Geschlossenheit des FC Glarus. „Er hat immer eine Einheit geformt und es geschafft, zu jedem Spieler einen guten Draht zu finden. Jeder fühlte sich zugehörig, ob Stammspieler oder nicht. Das war eine sehr große Stärke von Wolfgang, diese menschliche Seite. Neben seinem enormen Fußballsachverstand natürlich."

Nicht alle Trainer, mit deren Schaffen Wolfgang Frank sich für seine eigene Arbeit beschäftigt, sind in seinen Unterlagen belegt, wohl aber, dass sein Interesse daran, wie andere diesen Beruf ausüben, stets groß ist. Sehr gut möglich also, dass auch die Pionierarbeit des Briten James „Jimmy" Hogan, der in der Schweiz zu Beginn der 1920er-Jahre unter anderem die BSC Young Boys trainierte, für Frank eine Rolle gespielt hat. Neben Fleiß und großer Akribie zeichnete Hogan auch aus, Amateurteams ganz genauso trainieren zu lassen wie Profis. Wenn es darum ging, dazuzulernen, war Frank offen und wissbegierig.

Die Liga hat für Wolfgang Frank keine Bedeutung, wenn es um die Frage geht, wie ernst er sein Team und seine Aufgaben nimmt. „Ich mag mich für mich persönlich erinnern, ich hatte oft Leistenprobleme", erzählt Gabriel. Frank fliegt mit seinem Kapitän nach Frankfurt zu den Ärzten, die ihn selbst in der Zeit als Profi häufiger behandelt haben. „Und wir waren in der 2. Liga", staunt Gabriel. „Völlige Amateure!" Der Trip ist dem heutigen Präsidenten des FC Glarus noch aus einem anderen Grund in Erinnerung geblieben, denn abends treffen er und Frank sich mit Torwart Ulrich „Uli" Stein. „Der Wolfgang war relaxt wie immer, aber ich brachte kaum mal einen Satz über die Lippen", erzählt er lachend. „Uli Stein und Hochdeutsch – das war eine Kombination, die für mich zu diesem Zeitpunkt etwas viel des Guten war."

Persönlich kommt Frank in diesen Jahren im Glarener Land, das lange über seine Tätigkeit dort hinaus Lebensmittelpunkt der Familie bleibt, endlich ein wenig zur Ruhe. Seine Söhne Sebastian und Benjamin sind im Winter des Umzugs in die Schweiz fünf und zwei Jahre alt. Beide werden hier in den nächsten Jahren eingeschult und beginnen auch mit dem Fußball. „Wir waren viel mit ihm auf dem Trainingsplatz als Kinder", erinnert sich Benjamin. „Als Jugendliche waren wir schon ambitioniert und hatten auch ein gewisses Talent, aber wir waren beide oft verletzt und für den ganz großen Schritt hat es dann nicht gereicht", erzählt Sebastian. „Seine Familie war ihm immer extrem wichtig", sagt Gabriel. „Und die Franks haben sich hier in Glarus schnell sehr wohlgefühlt, sehr aufgehoben." Aus dieser Ruhe schöpft Wolfgang Frank Kraft, während er sich damals bereits immer intensiver Gedanken darum macht, welche Rolle ein gutes Gleichgewicht der Lebensbereiche für Zufriedenheit im Leben spielt. „Wir waren im Ort total vernetzt", sagt Sebastian Frank. „Jeder kannte da jeden, und wir haben uns einfach wohlgefühlt."

Ein neues Trainervorbild

Im Jahr seines 75-jährigen Bestehens liefert sich der FC Glarus Anfang 1987 mit dem FC Balzers 1932 einen intensiven Zweikampf um den Gruppensieg in der 2. Liga, der zur Teilnahme an der Aufstiegsrunde berechtigt. Die Entscheidung fällt schließlich am ersten Mai-Sonntag im direkten Duell beider Teams, parallel zur sogenannten Landsgemeinde, bei der im Kanton bis heute bei einer Versammlung unter freiem Himmel Wahlen abgehalten werden. Das Wetter spielt an jenem Tag weder für diese Versammlung mit noch für den Fußball. Schneeregen und Wind erschweren das Spiel. Am Ende gewinnen die Frank-Schützlinge mit 1:0 und dürfen weiter auf den Aufstieg hoffen.

Zur gleichen Zeit macht im Nachbarland Italien erstmals ein Trainer von sich reden, dessen Karriere als Spieler auf Amateurniveau geblieben war: Arrigo Sacchi. Der 40-Jährige hat mit dem Zweitligisten AC Parma im Achtelfinale der Coppa Italia Silvio Berlusconis AC Milan mit 1:0 besiegt. Sacchis offensiver Spielstil, gepaart mit Pressing und Raumdeckung, fasziniert das italienische Publikum. Zur folgenden Saison 1987/88 wird der vom niederländischen Totaalvoetbal begeisterte Trainer die AC Milan übernehmen. Frank, der Entwicklungen im Fußball mit großer Wissbegierde auch für seine eigene Arbeit im Blick hat und der den Totaalvoetbal als Spieler in der Eredivisie aus nächster Nähe erlebt hat, verfolgt Sacchis Arbeit schon früh interessiert. Das Thema Raumdeckung hat Frank bereits als Spieler durch innovative Trainer kennengelernt. In Deutschland versucht in dieser Zeit Hannes Bongartz, seinen Schützlingen beim 1. FC Kaiserslautern das Einmaleins dieses Systems zu vermitteln. Und nun steht der Fußball im westlichen Europa durch die Arbeit Sacchis vor einem der vielleicht größten Paradigmenwechsel – aber nicht etwa, weil der Italiener das von ihm erfolgreich gespielte System erfunden hat, sondern weil es unter ihm Beachtung findet. In späteren Jahren wird Frank sich von Sacchis Herangehensweise nicht nur an das Spiel, sondern auch ans Training sehr viel abschauen, unter anderem die berüchtigten „Trockenübungen" des Italieners: das Training ohne Ball. Auch in dieser Hinsicht hatte Sacchi freilich Vorreiter, wie den erfolgreichen Trainer-Wandervogel Béla Guttmann Mitte der 1950er-Jahre bei São Paulo.

„Wir haben eigentlich immer im 4-4-2 gespielt, mit einer eher defensiven Ausrichtung", sagt Gabriel über Franks taktischen Ansatz in den Zeiten beim FC Glarus. „Wir sind immer gut gestanden, hatten super Stürmer und haben nicht viele Tore kassiert." In Franks bevorzugter, kompakter Ausrichtung müssen die Räume stets besetzt sein, zentral für das Spiel unter Frank sind eine gute Organisation sowie die hohe Flexibilität jedes einzelnen Spielers. „Dafür hat er uns wirklich mit allen Informationen versorgt", sagt Gabriel, noch heute sehr angetan von der Akribie seines langjährigen Trainers. Die Spieler erhalten vor jeder Partie ausführliche schriftliche Briefings ausgehändigt, für die Wolfgang Frank zuvor unzählige Spiele angesehen hat. Er notiert darin unter anderem den bisherigen Saisonverlauf des jeweiligen Gegners, die Ergebnisse sowie die aktuelle Tabellenplatzierung. Für das anstehende Spiel klärt Frank seine Schützlinge über das Spielsystem der gegnerischen Mannschaft auf und gibt ihnen deren zu erwartende Aufstellung mit. Auch Details notiert er ausführlich: Wer dominiert im Mittelfeld? Welcher Spieler ist besonders schnell? Welche Stürmertypen sind zu erwarten? Über welche Seite fallen die meisten Tore? Wo sieht er die Schwächen des anderen Teams?

Darüber hinaus analysiert Frank jeden Spieler des Gegners schriftlich: Welche Stärken hat er im bisherigen Saisonverlauf gezeigt? Wo ist er anfällig? Wie soll sein Team ihn bearbeiten? Am Ende fasst er die wichtigsten Punkte für die Begegnung zusammen und notiert eine Art Leitsatz dazu, mit welchen Mitteln er sich die besten Chancen auf einen Erfolg für den FC Glarus verspricht. Das Briefing endet mit einem detaillierten Zeitplan für den Spieltag. „Es war eine Art und Weise der Vorbereitung, die wir so natürlich nicht gekannt haben", sagt Gabriel. „Aber Wolfi hatte dafür ein gutes Maß, es war uns nie zu viel." Besonders ist ihm die Klarheit in der Arbeit mit Frank in Erinnerung geblieben. „Er war kein lauter Trainer. Ich habe ihn nie schreien gehört. Er war immer sehr akribisch, hat sehr inhaltlich gearbeitet. Was er hier ausgelöst hat, ist unbeschreiblich."

Die Spieler sind in dieser Zeit echte Stars im Kanton, in dem die Begeisterung für den Fußball mit jedem Erfolg wächst. Gerade die Talente erleben das sehr intensiv. „Man musste schon aufpassen, nicht abzuheben", erinnert sich Urs Oswald. Frank versucht, seine junge Truppe von nächtlichen Streifzügen im Ort abzuhalten, und legt beispielsweise im Fasching die Trainings in den frühen Morgen, damit die Spieler zuvor nicht über die Stränge schlagen. „Ich mag mich erinnern, wie Koni und ich trotzdem einmal ein Feierabendbier trinken waren", erzählt Oswald. Ein Getränk führt zum nächsten und so geht die Nacht vorbei. Die Burschen beschließen, direkt ins Training zu gehen. „Wir haben uns das Konfetti abgeklopft und Wasser ins Gesicht geworfen", sagt Oswald. In der Kabine schlüpfen beide aus ihren Klamotten. „Plötzlich war überall Konfetti, weil es uns inwendig noch in den Kleidern hing. Und das vor dem Coach!" Oswald lacht schallend bei der Erinnerung, damals allerdings war ihnen nicht zum Lachen. „Wir hatten schon noch Flausen im Kopf."

In den Aufstiegsspielen in jenem Frühsommer ist der FC Seefeld Zürich einer der Gegner des FC Glarus. Am 24. Mai 1987 fährt Wolfgang Frank in den Züricher Stadtkreis Schwamendingen, um in Vorbereitung auf die Partie das Spiel der Seefelder gegen Polizei Zürich zu schauen. In seinen Notizen hält er zu Spielern und Spielweise unter anderem fest:

Die körperlich sehr starken Seefelder waren während der ganzen Spieldauer in der Lage, den physischen Vorteil auszunutzen. In der ersten Halbzeit hatte die Nr. 8 eine Art Spielmacherrolle. Er verstand es sehr geschickt, die Sturmspitzen einzusetzen, die immer besetzt waren. Die Stürmer sind generell sehr beweglich und laufen sich gut frei. Ich könnte mir vorstellen, dass der FC Seefeld auch im Konterspiel sehr geschickt spielt. Gegen Polizei eigentlich weniger der Fall, da meist feldüberlegen.

Es folgen detaillierte Aufzeichnungen zur Form der einzelnen Spieler sowie daraus folgernd der verschiedenen Mannschaftsteile. Daraus leitet Frank Aufgaben für sein Team ab. Für die Verteidiger lauten die beispielsweise:

In den jeweiligen Zonen den Gegenspieler im Zweikampf total bekämpfen. Möglichst bei Ballannahme sofort stören, sollte das nicht möglich sein, keine dummen Fouls, warten, bis der Gegenspieler sich umdreht und dann zuschlagen. Konzentration <u>auf den Ball</u> nicht auf die Körpertäuschung des Gegenspielers. Vorsicht bei langen Bällen in die Tiefe.

Außerdem legt er sich mögliche Gegenstöße für unterschiedliche Aktionen des Gegners zurecht und resümiert:

Die Abwehraufgaben sind in letzter Konsequenz zu erfüllen. In Zusammenarbeit mit dem Mittelfeld die Räume eng machen.

Im Falle von Ballbesitz, schreibt Frank, müsse die gesamte Mannschaft sich am Spielaufbau beteiligen. Er notiert auch hierzu verschiedene Vorgehensweisen und kommt darüber zu einer ausführlichen Schlussbemerkung:

Wir müssen konzentriert ins Spiel gehen und doch locker aufspielen. Die Zweikämpfe müssen mit totalem Einsatz geführt werden. Jeder muss bereit sein, auch für den anderen zu laufen. Wir gehen selbstbewusst ins Spiel, denn wir brauchen vor keinem Gegner Angst haben. Wir geben niemals auf, auch bei Fehlern oder Rückschlägen werden wir den Sieg anstreben.

Das Spiel gegen den FC Seefeld gewinnt der FC Glarus mit 2:0 und in der Aufstiegsrunde gelingt dem Klub mit Wolfgang Frank 1987 der Sprung in die 1. Liga. Noch nie zuvor hat ein Verein aus dem Glarener Land in dieser höchsten Amateurklasse gespielt. Die Begeisterung in der Region kennt keine Grenzen. „Leistung wird hier ehrlich wertgeschätzt", sagt Gabriel. „Die Menschen sind eher hemdsärmelig. Sie nehmen einen schnell auf, wenn man offen ist, und das war der Wolfgang. Er konnte seine Wertschätzung rüberbringen – und selbst wurde er natürlich unglaublich wertgeschätzt. Das hat er gespürt." Es ist genau jenes Gefühl, das Frank in seiner Spielerkarriere so oft gefehlt hat. Nun, in der Schweizer Gemeinschaft, mit den Erfolgen im Klub, blüht er auf.

Die Saison 1987/88 lässt sich für den FC Glarus in der 1. Liga sehr positiv an. Frank legt mit seinem Team noch einmal eine Schippe drauf. „Wir haben sehr viel trainiert", erzählt Koni Gabriel. Der Verein hält sogar ein Trainingslager auf den Malediven ab. An einem Abend feiern die Spieler auf einer Nachbarinsel und gönnen sich ein paar alkoholische Getränke. Frank bleibt auf dem Boot zurück und arbeitet an Trainingsplänen. „Wolfgang war richtig angefressen", erinnert sich Gabriel. Der Trainer kann nicht verstehen, dass die Spieler sich nicht voll und ganz auf Fußball konzentrieren. Urs Oswald erzählt: „So was ist zuvor schon mal passiert, im Trainingslager in Tel Aviv. Da ist unser Masseur, das war ein richtiger Frauenschwarm, mit einigen Spielern nachts durch die Bars gezogen." Am nächsten Morgen sind nicht alle pünktlich beim Training und Frank sagt es erzürnt ab. „Wir haben dann ein bisschen allein trainiert", erzählt Kapitän Gabriel. „Um ihm zu zeigen, wir haben verstanden." Misstöne aber sind die absolute Ausnahme zwischen Wolfgang Frank und seinen Spielern in Glarus. „Die Mannschaft hat immer von seiner Kraft gelebt, immer. Er hat uns alles gegeben", sagt Gabriel bewegt. Obwohl spezielle Mentalarbeit, wie sie später zu Franks Markenzeichen gehört, in Glarus noch keine Rolle spielt, nimmt Gabriel ein Interesse für derartige Themen in Gesprächen mit dem Coach bereits wahr. „Die Überzeugung, dass jeder mit jedem verbunden ist auf eine Art, dass es Sachen gibt, die man erst auf der emotionalen Seite anschauen kann, soll – und die dann Lösungen bringen im Körperlichen, im Berufsleben, im Privaten, dass man den Weg über sich selbst suchen muss. Diese Themen hat man bei Wolfi schon gespürt."

Wolfgang Frank ist für viele seiner Spieler nicht nur Trainer, sondern auch der erste Ansprechpartner bei Themen abseits des Fußballs. „Jeder konnte Wolfi anrufen, wenn es irgendetwas gab. Er hatte immer ein offenes Ohr, für jeden von uns", sagt Gabriel. Er arbeitet damals in der Bäckerei seiner Eltern, die er später mit seiner Schwester übernehmen wird. Diese Aufgabe mit dem Fußball unter einen Hut zu bringen, stellt den Kapitän vor große Herausforderungen. „Er hat da immer zu mir gehalten. Das hat mir geholfen." Peter Lötscher erinnert sich: „Für mich war er wie ein zweiter Vater." Frank seinerseits macht Themen, die ihn beschäftigen, meist eher mit sich aus. „Nachher hat sich das geändert und wir sind wirklich Freunde geworden, Wolfi und ich. Nicht mehr Spieler und Trainer", schildert Gabriel. „Ich glaube, ich war ein guter Freund von ihm."

Sensationelle Erfolge

Bald zeichnet sich ab, Glarus wird im Aufstiegsrennen in die zweithöchste Spielklasse der Schweiz, die Nationalliga B (NLB), ein Wörtchen mitzusprechen haben. Mit 13 Siegen, 11 Unentschieden und 2 Niederlagen qualifiziert sich der FC bei einem Torverhältnis von 32:12 für die Aufstiegsrunde. „Wolfgang konnte eine Vision entwickeln und die dann auch verfolgen. Das hat ihn ausgemacht“, sagt Gabriel. Franks Glaube versetzt Berge auch im Team, das sich im Jahr nach dem Aufstieg in die 1. Liga nun auch den in die NLB (heute: Challenge League) zutraut. „Wir waren eine geschlossene Einheit. Die Charaktere in der Mannschaft, das war ihm sehr, sehr wichtig, dass es ehrliche Leute sind, die ihr Herz auf dem Platz lassen. Er konnte keine Stinkstiefel ertragen.“ Gewohnt akribisch bereitet der Spielertrainer sich und seine Mannschaft auf die Aufstiegsrunde vor.

Als Erstplatzierter der Gruppe 4 tritt Glarus in Hin- und Rückspiel zunächst gegen den FC Châtel-St-Denis an (3:0-Sieg, 1:1). In der zweiten Runde wartet der Urania Genève Sport aus Genf, der nach einem torlosen Unentschieden und einem 2:1-Sieg gegen den FC Glarus als erster Aufsteiger feststeht. Mit einem 3:1- und einem 5:1-Sieg in der dritten Aufstiegsrunde gegen den FC Rorschach 1907 sichert sich Franks Team schließlich den dritten Aufstiegsplatz in die NLB, in die neben der Urania Genève Sport auch der FC Emmenbrücke 1921 mit aufrückt. „Die Euphorie war riesig in unserem kleinen Kanton, das muss man schon sagen“, blickt Koni Gabriel zurück. „Quer durchs Glarener Land hat man die Begeisterung gespürt“, ergänzt Oswald. „Die Leute sind in der Saison überall hingefahren zu den Spielen, auch unter der Woche. Das war teilweise ein regelrechter Autokorso“, sagt Gabriel mit Begeisterung in der Stimme. „Es gab überhaupt keine Diskussion, was man an den Wochenenden macht: Man ging natürlich zum Spiel.“ Auch Franks Familie ist überall dabei: „Wir sind zu jedem Auswärtsspiel gefahren“, erinnert sich Sebastian Frank. „Immer mit Fahne und Wimpel – und für uns Kinder eine zweite Hose, wenn wir die erste matschig gespielt hatten.“

Die Konstellation ist in dieser Serie für die Vereine in der NLB auch deshalb besonders, weil in der Vorsaison mit dem großen FC Basel, zehn Jahre zuvor noch Serienmeister, und dem FC Zürich zwei echte Schwergewichte aus der Nationalliga A abgestiegen sind. „Es war unvorstellbar für uns, die wir vielleicht vorher mal ein Freundschaftsspiel machen durften gegen die zweite Garde des FC Basel, dass wir plötzlich in einer Liga gegeneinander antreten“, erzählt Gabriel. „Das hat eine Begeisterung ausgelöst, die hier teilweise noch heute zu spüren ist.“ Wolfgang Frank hat keine Angst vor den großen Namen dieser Gegner. Mit der gewohnten Seriosität stellt er seine Mannschaft auf jede Begegnung ein.

Am 4. Spieltag der Saison 1988/89 macht sich der FC Glarus auf in den Kanton Luzern zum Spiel gegen Mitaufsteiger FC Emmenbrücke. Die Partie bedeutet völlig aus dem Nichts das Ende für Wolfgang Franks Spielerkarriere. Bei einem groben Foul, für das der gegnerische Spieler die Rote Karte sieht, verletzt er sich schwer, dass er anschließend nie wieder selbst auf dem Platz stehen kann. „Wir waren bei dem Spiel dabei", erzählt Sebastian, der die bangen Momente nicht vergessen hat, als sein Vater mit gebrochenen Knöcheln auf dem Platz liegt. In der Abwesenheit ihres Anführers und durch das Ereignis unter Schock verliert das Team die unwichtig gewordene Auswärtspartie mit 0:1. Brigitte Frank bringt die Söhne erst einmal bei Freunden unter und eilt ins Krankenhaus. Frank selbst ist sehr bald fest entschlossen, sich von der Verletzung nicht unterkriegen zu lassen. „Er hat dann zuhause in Eigenregie seine Übungen in einem Eimer mit warmem Wasser gemacht. Ich weiß noch, wie es immer geknirscht hat im Fuß", erzählt Sebastian.

„Ich mag mich sehr gut erinnern, als er nur wenige Tage nach der schweren Verletzung schon wieder in Krücken am Platz gestanden ist und das Training geleitet hat. Es war wirklich unglaublich, was er da geleistet hat." Für einen Moment schweigt Koni Gabriel da, seine Gedanken wandern. Dann sagt er: „Für ihn war es schwierig, nicht mehr selbst spielen zu können, als Fußballer. Und natürlich hat er uns spielerisch gefehlt." Oswald erzählt: „Das Schlimme war, die wollten ihn wirklich aus der Partie nehmen. Und dann konnte er nie wieder spielen." Doch inhaltlich verläuft die Umstellung vom Spielertrainer zum Trainer für alle ohne Schwierigkeiten. „Das war überhaupt kein Problem, er hatte uns ja vorher auch trainiert", sagt Gabriel. Für die Partie gegen den FC Baden nur vier Tage nach dem Unfall verfasst Frank dem Team wie gewohnt Notizen zur Vorbereitung. Darin heißt es in einem emotionalen Schlussappell:

„Die sehr unglückliche Niederlage in Emmenbrücke darf unter keinen Umständen zur Resignation oder weniger Engagement führen. Es gibt keine Veranlassung, niedergeschlagen zu sein. Wir werden weiter unseren Weg gehen und in jedem Spiel unsere Chance suchen. Zur Zeit haben wir in verschiedenen Situationen auch Pech mit Verletzungen bzw. schlechter Chancenauswertung oder schwachen Schiedsrichtern.

Wer aber über längere Zeit seriös arbeitet, zwingt das Glück auf seine Seite. Deshalb werden wir am Mittwoch gegen Baden wieder voll zur Sache gehen und uns gegenseitig unterstützen.

Natürlich muss noch vieles verbessert werden. Wir stehen aber erst am Beginn einer langen Saison und ich bin überzeugt, dass wir am

Schluss mehr Punkte haben werden, als uns im Augenblick zugetraut werden. Wir müssen uns unter allen Umständen gegenseitig helfen und zeigen, dass wir auch dann eine Mannschaft sind, wenn es einmal nicht so optimal läuft. Nur wer dabei mithilft, wird in näherer Zukunft höhere Ziele anpacken können. In diesem Sinne wünsche ich Euch ein erfolgreiches Spiel am Mittwoch. Ich hoffe, dass ich dabei sein kann. Die Einzelheiten werden wir in der Mannschaftssitzung besprechen. Treffpunkt: 17.00 Uhr, Kaffee/Kuchen/Sandwich, Besprechung. Gruss, Wolfgang."

Eine Woche nach Franks schwerer Verletzung steht am 13. August 1988 ein Spiel an, dem alle Fußballfans im Glarener Land entgegenfiebern: das Auswärtsspiel in Basel. Im größten Fußballstadion der Schweiz, dem St. Jakob-Park, lokal liebevoll „Joggeli" genannt, geht der Tabellenführer Basel zunächst in der 37. Minute durch Ralph Thoma 1:0 in Führung. In der 82. Minute gelingt Peter Lötscher, den Frank in der 63. Minute eingewechselt hat, der Ausgleich. Nur sechs Minuten später sieht Kapitän Koni Gabriel für sein hartes Einsteigen Rot von Referee François-Xavier Amherdt, einem studierten Theologen, und ist für die verbleibende Zeit zum Zuschauen verdammt. In der 88. Minute schießt Georg Zug, einst Ersatzspieler beim MSV Duisburg, das 2:1 für den FC Glarus. Es ist der erste Sieg des Vereins überhaupt in der NLB. Trainer Frank sagt anschließend in den *Glarener Nachrichten*: „Gegen den FC Basel zu gewinnen, war wohl für die meisten unvorstellbar. Nun ist uns diese Sensation gelungen. Dieser Sieg wird mit Sicherheit in die Geschichte des FC Glarus eingehen." Seine Mannschaft weiß genau, wem sie diese Überraschung zu verdanken hat. „Wolfgang hat immer gesagt, und das ist nicht nur eine Floskel, wenn man etwas für sein Glück tut, bekommt man auch etwas", erzählt Gabriel. „Das hat er immer gelebt. Und vielleicht kann man es nicht immer messen: Wenn ich dies tue, bekomme ich jenes. Aber aufs Leben gesehen ist das so. Daran hat er immer geglaubt, und ich habe es von ihm übernommen." Für Gabriel bleibt die Zeit mit Frank unvergessen.

Erklärtes Ziel des FC Glarus ist in jener Saison, die Klasse zu halten. Das Team erlebt von Sensationsspielen wie dem in Basel bis zu herben Niederlagen in den folgenden Monaten alles, was im Fußball möglich ist. Und mit der Zeit weckt die Arbeit von Wolfgang Frank Begehrlichkeiten. Im Ligensystem der Schweiz folgt auf eine Qualifikationsrunde, in der jede

Mannschaft ein Hin- und ein Rückspiel gegen alle anderen Vereine hat, eine längere Winterpause. Im neuen Jahr schließen sich die Auf- beziehungsweise Abstiegsrunden an. In der ersten NLB-Saison muss Glarus nach der Qualifikationsrunde ab März in die Abstiegsrunde, um den Klassenerhalt zu sichern. Das letzte Spiel im Jahr 1988 endet mit einer krachenden Niederlage: Gegen den FC Locarno verliert Franks Mannschaft mit 0:8. Damals hat der Trainer bereits eine Anfrage des FC Aarau aus der Nationalliga A (NLA) vorliegen. Er entscheidet sich in diesem Winter, das Angebot zum Vereinswechsel anzunehmen – und den FC Glarus zu verlassen.

„Als er zum FC Aarau ging, war bei uns für ihn das Maximum erreicht", glaubt Koni Gabriel rückblickend. Das miese Gefühl nach der derben Heimniederlage gegen den FC Locarno, die, ohne dass Mannschaft und Trainer es da wissen, ihr letztes gemeinsames Spiel ist, hat er nicht vergessen: „Mit diesem Eindruck noch war es für Wolfi, glaube ich, ein guter Zeitpunkt, als die Anfrage kam." In Aarau hat Frank die Möglichkeit, in der NLA zu arbeiten, wenn er mit dem Team in der ausstehenden Relegation den Platz in der Liga verteidigt. „Für mich war es schon ein Schock, als er gegangen ist", erinnert sich Gabriel. „Ich weiß noch genau, als er mich deshalb angerufen hat. Ich habe es erst gar nicht so recht realisiert, was passiert." Pierre Grossrieder hat diesen Moment ohnehin kommen sehen: „Er war dafür geboren, alles zu erreichen." Und so lässt der Verein seinen Trainer, dessen Vertrag noch bis Ende der Saison 1991/92 läuft und der für alle so viel mehr ist als das, ohne einen Kampf ziehen. „Den Abschied hat ihm hier niemand krummgenommen", beteuert Koni Gabriel. Man habe gespürt, dass für den ambitionierten Frank die Zeit beim FC Glarus unwiederbringlich zu Ende sei. Lötscher und Oswald holt er kurze Zeit später zu sich in den neuen Verein. „Wolfgang ist und bleibt für uns ein fantastischer Spieler, ein fantastischer Mensch", sagt Gabriel. „Das ändert sich nie."

Der Klub gerät dennoch bald nach Franks Abschied ins Taumeln. „Von uns hat niemand etwas vom bezahlten Fußball verstanden. Als Wolfi weg war, ging es den Bach runter." Im Jahr 2014 wird Gabriel Präsident seines Vereins. „Es war nichts mehr da von dem, was uns einmal ausgemacht hat. Aber wir haben den Turnaround geschafft. Ohne Wolfi wäre das nicht möglich gewesen, denn ich habe sehr viel von ihm mitgenommen und das bringe ich jetzt wieder ein."

KAPITEL 9

Die perfekte Verbindung

„Ich habe Wolfgang so in Erinnerung, dass er sich wirklich um alle gekümmert hat und immer präsent war. Als Erster da, als Letzter gegangen. Jeder, der etwas von ihm wollte, hat das auch bekommen. Er war unglaublich engagiert."

ADRIAN KNUP, SPIELER BEIM FC AARAU

Ottmar Hitzfeld ist Ende der Achtzigerjahre in Deutschland vor allem als Teil jener Mannschaft des VfB Stuttgart bekannt, die den Verein 1977 zurück in die 1. Liga führte. In der Schweiz kratzt Hitzfeld indes am Legendenstatus. Vor seinen Jahren in Deutschland war er als Spieler des FC Basel in der Saison 1972/73 bereits Meister und Torschützenkönig. Bei seiner ersten Trainerstation steigt er mit dem SC Zug (heute: Zug 94) aus der NLB in die NLA auf und heuert anschließend beim FC Aarau an. Mit dem familiären, kleinen Verein wird er 1985 Vizemeister und holt den Schweizer Cup. Man kürt ihn zum Schweizer „Trainer des Jahres". Im Kanton Aargau ist Hitzfeld damit zum Trainerhelden geworden. Er verlässt den Verein im Sommer 1988 und wechselt zum Grasshopper Club Zürich – und damit ausgerechnet zu jenem Klub, der Aarau am letzten Spieltag besiegt und der Hitzfeld-Truppe damit die Meisterschaft verhagelt hat.

„Ottmar Hitzfeld hat den Klub sehr geprägt", sagt Adrian Knup, heute sportlicher Leiter der Schweizer U21-Nationalmannschaft. Im Jahr 1988 ist Knup ein begehrter, junger Spieler, dessen Dienste sich der FC Aarau mit seinem Präsidenten Peter Treyer und dem neuen Sportchef Walter Seiler für zwei Jahre sichert. „Sein Nachfolger Hubert Kostka war auch ein guter Trainer, aber eben ein ganz anderer Typ. Für die Spieler, die unter Hitzfeld schon gespielt hatten, war das schon ein echter Kulturschock." Für den 20-jährigen Knup, der die Zeit unter Hitzfeld nicht erlebt hat, stellt sich der Wechsel nach Aarau als gute Entscheidung heraus. „Es war ein kleiner, gut geführter Klub, total familiär, in der Region verwurzelt und sehr beliebt. Ich habe mich da wohlgefühlt. Natürlich auch, weil ich unter Kostka direkt gespielt habe." Andere im Team kommen nicht zurecht mit dessen Idee vom Spiel. „Hitzfeld hat dort zuvor schon mit der Viererkette und Zonendeckung gearbeitet", sagt Knup. „Für viele Mitspieler war Kostkas Idee vom Fußball ein Rückschritt. Sie haben sehr gelitten."

Nach der NLA-Qualifikationsrunde steht Aarau Mitte Dezember auf Rang neun der Tabelle. Während die ersten acht Teams die NLA-Finalrunde bestreiten, müssen die Vereine auf den Plätzen neun bis zwölf sich mit den ersten sechs Vereinen aus der NLB um den Verbleib in dieser Liga (beziehungsweise für die NLB-Teams den Aufstieg dorthin) duellieren. „Wir kamen selten wirklich in die Gefahr abzusteigen, aber natürlich hängt das schon wie ein Damoklesschwert über dir", erinnert sich Knup. Und zweifellos entsprechen die Ergebnisse nicht den Erwartungen, mit denen der Verein nach dem erfolgreichen Vorjahr in die neue Saison gegangen ist. Im November muss deshalb Kostka gehen, bei den verbleibenden Partien bis zum Winter betreut Interimstrainer Werner Mogg das Team. Auch von Sportchef Seiler trennt sich der Klub und Präsident Treyer tritt zurück, allerdings nicht, ohne zuvor einen Trainer verpflichtet zu haben: Wolfgang Frank. Neuer Präsident des FC Aarau wird 1989 Ernst Lämmli, der später Anfang der 2000er-Jahre Delegierter für die Schweizer „Nati" ist.

„Die Spieler waren sehr froh, dass mit Wolfgang ein Trainer kam, der wieder neuartig und modern spielen lassen wollte", sagt Adrian Knup. „Er hat uns gut abgeholt und so wusste er die Mannschaft sehr schnell hinter sich." Auch für ihn persönlich verbessert sich die Situation durch Frank noch einmal. „Ich habe sehr schnell gemerkt, dass er ein besonderes Interesse daran hatte, mich zu entwickeln und zu fördern." Nach dem offiziellen Training bleibt Frank häufig mit dem jungen Stürmer auf dem Platz, spielt Knup die Bälle zu und lässt ihn Abschlüsse üben. Dieser erinnert sich, dass dabei oftmals Franks eigene Zeit als Spieler ein Thema gewesen sei, aber auch die Gemeinsamkeiten zwischen Lehrer und Schüler: Wie einst Frank ist Knup ein starker Kopfballspieler. „Er hat mich ermuntert, mir das zu erhalten und mutig in Zweikämpfe zu gehen." Für ihn als „Jungspund", wie Knup sich selbst im Rückblick bezeichnet, sei diese spezielle Zuwendung etwas ganz Besonderes gewesen. „Es hat mich unglaublich inspiriert und mir Selbstvertrauen gegeben."

Knup ist überzeugt, der Trainer hätte so eine zusätzliche Aufmerksamkeit und Zeit jedem Spieler gewidmet, der Interesse daran hatte, die meisten arbeiten aber neben dem Fußball. Auch Adrian Knup selbst ist mit einer 40%-Stelle bei der örtlichen Sparkasse angestellt, weil er sich noch nicht vollständig auf den Fußball verlassen möchte. Frank ist im

Klub unermüdlich im Einsatz, stets für alle ansprechbar, als Erster da, als Letzter nach Hause. Knup: „Ich habe Wolfgang so in Erinnerung, dass er sich wirklich um alle gekümmert hat und immer präsent war. Jeder, der etwas von ihm wollte, hat das auch bekommen. Er war schon unglaublich engagiert." Wie zuvor in Glarus bereitet Frank seine Spieler sehr intensiv auf jede Partie vor. Dabei interessiert ihn nicht nur das Geschehen auf dem Platz. „Er hat all die Dinge drum herum angesprochen, die wichtig sind, um Leistung zu bringen", erzählt Knup. Der Trainer redet mit seinen Spielern über ihre Ernährung, erkundigt sich nach ihren Schlafgewohnheiten und führt Aufzeichnungen über ihren Biorhythmus. Für die Mannschaft sind all das völlig neue Themen, aber sie lässt sich darauf ein, denn das Vertrauen in Frank ist groß. Knup erinnert sich, wie Frank ihn vor einem Spiel anspricht und dem Spieler sagt, er solle sich an diesem Tag nicht zu viel aufladen, er sei körperlich nicht ausgeglichen. „Und er hatte recht."

Die gute Zusammenarbeit zwischen Trainer und Team trägt schon bald erste Früchte. Der FC Aarau schlägt sich positiv in der Abstiegsrunde und auch im Schweizer Cup. Die sogenannten 1/32-Finals des Wettbewerbs ebenso wie die 1/16-Finals hat der FCA noch unter Kostka überstanden, ab dem Achtelfinale im März steht Wolfgang Frank in diesem Wettbewerb ebenfalls an der Seitenlinie und führt sein Team zum Erfolg.

Zunächst schlägt Aarau den FC Grenchen mit 4:3 nach Elfmeterschießen und kommt anschließend im Viertelfinale gegen den FC Basel weiter. Unvergessen bleibt Adrian Knup das Halbfinal-Heimspiel gegen den FC Lugano am 18. April 1989. Ciriaco Sforza bringt Aarau in Führung, Knup kann mit einem wuchtigen Kopfball aus 13 Metern sogar auf 2:0 erhöhen. Da sind im Stadion Brügglifeld 63 Minuten gespielt. Doch die Luganesi kommen mit einem Anschlusstreffer zurück und in der 81. Minute gelingt ihnen sogar der 2:2-Ausgleich. Für einen kurzen Moment senkt sich eine Art Schockstarre über die Aarau-Spieler, dann kratzen sie ihre letzten Reserven zusammen, um nicht in die Verlängerung zu müssen. In der 86. Minute trifft Knup nach einem verlängerten Abschlag seines Torhüters zum 3:2-Endstand. „Ich habe sehr viele positive und tolle Erinnerungen an diese Spiele, natürlich besonders wegen meiner Tore, und speziell diesem", sagt Knup über 30 Jahre später mit einem Lächeln. „Die Erfolge im Cup haben uns extrem viel Energie gegeben. Ich denke, auch für Wolfgang war es wichtig, diese Erfolgsgeschichte zu schreiben. Er war schon sehr ehrgeizig. Er hat das nicht so rausgelassen, er war ein Mensch, der schon viel mit sich ausgemacht hat. Aber diesen Ehrgeiz, den hat man gespürt bei ihm, in jedem Training."

Fast eine heile Welt

Zum Pokalfinale am 15. Mai gegen die Grasshoppers unter Ottmar Hitzfeld im Stadion Wankdorf in Bern lädt Frank auch seinen Vater Gerhard ein. „Obwohl er wusste, dass der ihm am nächsten Tag erzählt, was er alles falsch gemacht hat", kommentiert Sebastian Frank. Doch Wolfgang Frank kann sich nicht lösen aus diesem Verhalten. Es ist sein Wunsch nach Anerkennung, der ihn dazu treibt, die Hoffnung, den Ansprüchen seines Vater Gerhard endlich einmal zu genügen. An diesem Tag in Bern gelingt ihm das vor 27.000 Zuschauer*innen aber nicht, der FC Aarau unterliegt dem Hitzfeld-Team mit 1:2. Die Enttäuschung über die Finalniederlage ist groß. Im Nachhinein aber sei das Erreichen des Cup-Finals schon ein Erfolg gewesen, findet Knup und ergänzt: „Ich hoffe, Wolfgang hat das auch so gesehen."

Obschon sein Vertrag noch ein Jahr läuft, verlässt Adrian Knup den FC Aarau nach dieser ersten Saison. Von Frank fühlt er sich in seinem Wunsch, bereits den nächsten Schritt machen zu wollen, verstanden. „Ich war damals bei ihm Stammspieler und habe die meisten Tore geschossen. Natürlich verliert man so jemanden nicht gern, vor allem, wenn man ihn besonders gefördert hat. Aber ich hatte nie das Gefühl, dass er mir meinen Wechsel übelgenommen hat. Dass es ihn getroffen hat, glaube ich aber wohl." Mit einer Empfehlung von 18 Toren wechselt Knup zum FC Luzern. „Die Zeit war kurz, aber Wolfgang hat schon Spuren bei mir hinterlassen. Deshalb bin ich wirklich sehr froh, dass ich mit ihm arbeiten konnte." Seine Stationen in der beschaulichen Schweiz, vermutet Knup, hätten Frank etwas gegeben, das er so womöglich später in seinem Job nicht mehr gefunden hat. „Er war nie ein Mensch, der für sich das Scheinwerferlicht gesucht hat. Ihm ging es immer um die Arbeit, um die Spieler, die er entwickeln wollte. Das war in der Schweiz vielleicht leichter umzusetzen als in der Bundesliga. Und deswegen hat es auch eine gewisse Logik, dass Wolfgang so oft bei kleinen Klubs mit Schwierigkeiten war."

Die neue Saison beginnt für Frank und seinen FC Aarau am 22. Juli 1989 mit einer Niederlage beim FC Wettingen. Es folgt ein 2:0-Sieg gegen

Lausanne-Sports sowie ein Unentschieden gegen den FC St. Gallen 1879. Auch in der Heimat wird man nun auf seine Leistung in der Schweiz aufmerksam, im August berichtet der *kicker* vom Sieg der Frank-Elf gegen die Grasshoppers. Für den FC Aarau geht die Qualifikationsrunde indes im Rhythmus der ersten Wochen weiter, nach 22 Spieltagen steht der Klub auf Rang elf und muss erneut in die Relegation zwischen NLA und NLB.

Das Team hat sich in dieser zweiten Serie unter Frank verändert, zu den Neuzugängen gehört der Luxemburger Jeff Saibene, in Deutschland unter anderem bekannt durch seine Trainerzeit bei Arminia Bielefeld und dem 1. FC Kaiserslautern. „Wolfgang hat mich mit 20 Jahren in die Schweiz geholt", erinnert der sich an seine zweite Station im Ausland. Im Kanton Aargau ist Saibene bis heute zuhause, er ist mit einer Schweizerin verheiratet, eingebürgert, seine Kinder sind hier geboren. „Das ist alles auf seinem Mist gewachsen", lacht er gut gelaunt. Saibene ist seinerzeit beim belgischen Erstligisten Standard Lüttich unter Vertrag, kommt dort aber nur sehr selten zum Einsatz. Nach einem mehrtägigen Probetraining unterschreibt er in Aarau.

„Ich hatte immer eine Schwäche für die Schweiz", gesteht er lächelnd. „Die Lebensqualität, die Berge, die Menschen. Ich glaube, dass wir uns da schon sehr ähnlich sind, wenn ich das so sagen darf. Wolfgang hat das auch sehr geschätzt alles." Frank spielt für Saibene eine entscheidende Rolle bei der Entscheidung, zum FC Aarau zu wechseln. „Es war vor allem seine offene, menschliche und empathische Art. Er war immer so gut gelaunt und kam jeden Morgen fröhlich zum Trainingsplatz. Das ist mir gleich sehr positiv aufgefallen." Der Trainer Frank in diesen Jahren hat wenig zu tun mit dem Spieler Frank, der in seiner Karriere immer wieder vor Hindernissen stand – oftmals ohne eine Lösung zur deren Überwindung. Im Umgang mit den Spielern kann er der Mensch sein, den er sich früher gewünscht hätte. Die Nähe zwischen dem Coach und seiner Mannschaft ist geprägt von seinem menschlichen Führungsstil, der Art, mit den Spielern umzugehen.

Eine Anekdote abseits des Platzes ist Jeff Saibene besonders in Erinnerung geblieben, er erzählt sie spürbar zugetan mit verteilten Rollen. Frank, dessen Familie in Glarus geblieben ist, hat in Aarau eine kleine Wohnung, Saibene ist sein Nachbar. „Nach fünf, sechs Monaten hat er gesagt: ‚Jeff, komm mal vorbei, wir müssen uns unterhalten.'" Ein wenig nervös steht der Spieler abends vor der Tür seines Trainers, die beiden setzen sich zu einem Gespräch zusammen. Frank mustert Saibene ernst. „Und dann hat er gesagt: ‚Jeff, du bist abends nie zuhause.‘ ‚Wolfgang, ich bin jeden Abend zuhause.‘ Da sagt er: ‚Nein, Jeff.‘ Ich frage: ‚Aber wieso?‘ ‚Dein Auto ist nie da!‘ ‚Wolfgang, ich habe einen Parkplatz unten in der Tiefgarage.‘“ Frank stutzt, aus dem Konzept gebracht. „Dann sagt er: ‚Das kann nicht sein, ich habe keinen Parkplatz, mein Auto steht immer draußen!‘ Und ich antworte: ‚Wolfgang, ich schwöre, ich habe einen Parkplatz unten in der Tiefgarage. Ich bin immer zuhause.‘“ Während er das erzählt, faltet Saibene die Hände, wie damals vor dem Trainer, und wippt glucksend mit dem Oberkörper auf und ab. „Da mussten wir beide lachen. Das ist mir so in Erinnerung geblieben.“

Sebastian Frank erinnert sich, wie ungewohnt die Abwesenheit des Vaters für die Familie während seiner ersten Station nach Glarus ist. „Er hat uns schon sehr gefehlt. Das ist etwas, das ich selbst heute anders machen möchte.“ Doch der feste Lebensmittelpunkt in Glarus steht nie zur Diskussion. „Gerade für unsere Mutter war es wichtig, dass wir nicht immer aus der Schule müssen und neu anfangen“, sagt Benjamin Frank. An den Wochenenden sind die Söhne und ihre Mutter aber oft zu Besuch in Aarau, erzählt er. „Wenn dann Training war, haben wir auf dem Platz nebendran gespielt. Falls wir müde wurden, haben wir einfach in der Kabine geschlafen.“ Er lacht. „Es war schon eine coole Zeit, immer war etwas los – und wir mittendrin.“

Auch in seiner zweiten Saison beim FCA beschäftigt Frank sich intensiv mit den Themen auf und neben dem Platz. Neben dem Sportlichen interessiert ihn die Struktur des Vereins, was den Ball am Laufen hält. „Ich habe ihn als ruhigen Menschen erlebt, der zur Mannschaft sehr loyal war und so auch Erfolg hatte“, sagt Präsident Ernst Lämmli im Rückblick. Der ganzheitliche Ansatz seines Trainers bleibt ungewöhnlich für diese Zeit, Frank verfolgt ihn jedoch fokussiert, möchte wissen, wie Dinge zusammenhängen. „Er war überzeugt, dass es in allen Lebensbereichen passen muss, wenn du deine Leistung bringen willst“, erinnert sich Sohn Sebastian. Vater Wolfgang reflektiert in dieser Zeit auch die eigene Karriere als Spieler. Was hätte ihm geholfen, um Krisen zu überwinden? Zugleich wächst in ihm die Gewissheit, nichts passiert ohne Grund, weder Erfolge noch Misserfolge. Seinen Spielern gibt er mit, diese Jahre intensiv zu leben. „Er hat immer gesagt, Jeff, die Zeit als Spieler geht so schnell vorbei, nutze sie. Das ist mir intensiv geblieben und das gebe ich heute auch meinen Spielern weiter.“

Gemeinsam mit Wettingen sichert sich der FC Aarau in der Abstiegsrunde ein weiteres Jahr in der NLA. In der gesamten Halbserie lässt die Mannschaft im heimischen Brügglifeld-Stadion nur einen einzigen Gegentreffer zu. Auswärts gelingen zwei besonders torreiche Siege, auch zuhause trifft die Frank-Elf im Frühjahr 1990 regelmäßig und erhält sich dazu die bekannte Kompaktheit. In den entscheidenden Momenten ist es stets die mannschaftliche Geschlossenheit, mit der sein Team einen Unterschied macht. „Mir ist vor allem der Mensch geblieben und seine wunderbare Art, mit anderen umzugehen", sagt Saibene. „Wenn ich an Wolfgang denke, dann macht es ‚klick' und ich sehe ihn vor mir, wie er auf dem Platz steht und mit uns Übungen macht. Das habe ich so bei keinem anderen Trainer." Im Sommer zieht Frank jedoch einen Schlussstrich unter seine Trainertätigkeit, zumindest vorerst. Zur neuen Saison wird er der Sportchef des FC Aarau. In dieser Funktion entwickelt er den Verein vor allem strukturell weiter: Er führt den Profistatus ein und – vielleicht seine wichtigste Neuerung – baut eine professionelle Jugendarbeit auf. Das Training der neuen „Talentgruppe" aus 15- bis 19-Jährigen leitet er selbst. Die Entwicklung junger Spieler hat ihn von Anfang an begeistert. Sein ehemaliger Schützling Adrian Knup spielt da seit kurzem in der Nationalmannschaft der Schweiz, Ciriaco Sforza, ebenfalls unter Frank gereift, wird ihm im August 1991 nachfolgen. Bei den Aarau-Profis steht nach Franks Jobwechsel in der Saison 1990/91 Roger „Jimbo" Wehrli, zuvor Meister mit dem FC Luzern, als Spielertrainer an der Linie.

Die Mannschaft empfindet den Wechsel, ähnlich wie seinerzeit nach der Ära Hitzfeld, mehrheitlich als Bruch. Wehrlis harte Methoden und die wortkarge Art kommen bei den wenigsten im Team an. Auch Frank und Wehrli finden keine rechte Wellenlänge. Zur folgenden Saison 1991/92 verlässt Wolfgang Frank den FC Aarau und wechselt zum FC Wettingen – und zurück in den Trainerjob. Präsident Lämmli bedauert den Abgang noch kurz vor seinem Tod im Februar 2022. „Wir hatten nie Probleme miteinander." In Wettingen erwartet Frank die Aufgabe, einen Klub, der in den Jahren zuvor erst einen Abstieg verkraften musste, dann direkt wieder aufgestiegen ist, seine beste Saison erlebte und im UEFA-Cup zuletzt gegen den SSC Neapel europäischen Glamour erfahren durfte, wieder dauerhaft in ruhige Gewässer zu führen. Es ist genau diese Art von Herausforderung, die Frank zeitlebens reizt – und er beginnt sie hochmotiviert.

„Ich denke, Wolfgang hat in Aarau sehr viele Spuren hinterlassen, sportlich und menschlich“, sagt Saibene. „Er hat für den Fußball gelebt, da war er schon besessen: Weil er es einfach geliebt hat. Seine Art, Spieler zu leiten und mit Menschen umzugehen, hat mich sehr geprägt, da habe ich mir viel abgeguckt für meine eigene Arbeit als Trainer.“ Und als solcher kehrt Jeff Saibene im Jahr 2008 selbst nach Aarau zurück.

KAPITEL 10

An den Strukturen gescheitert

„Er hat hinter allem den Menschen gesehen, und das ist es, was mich immer begleitet hat."
MARTIN ANDERMATT, SPIELER BEIM FC WETTINGEN

Der von Ralf Rangnick trainierte Zweitligaaufsteiger SSV Ulm 1846 hat im Frühjahr 1999 völlig überraschend gute Chancen, sogar in die 1. Fußball-Bundesliga vorzudringen. Nachdem aber Rangnicks Wechsel zum VfB Stuttgart zur Folgesaison bekannt wird, verliert das Team in der Tabelle an Boden und Rangnick tritt zurück. Rolf Baumann betreut die Mannschaft interimsweise für ein Spiel, dann kommt im März 1999 der Schweizer Martin Andermatt. Der hat bis dahin ausschließlich bei Klubs in seiner Heimat als Trainer gewirkt. Mit Ulm, bei seiner Übernahme am 24. Spieltag auf Rang fünf der Tabelle, gelingt ihm der Aufstieg in die höchste deutsche Spielklasse.

Mit dem System, das sein Vorgänger die Mannschaft spielen lässt, hat Martin Andermatt keine Anpassungsschwierigkeiten, es eignet sich perfekt, um die anderen Teams in der Liga zu überrumpeln. „Als man in Deutschland zu dieser Zeit noch über die Viererkette gestaunt hat, kannten wir das in der Schweiz schon länger", lacht Andermatt gutmütig. In dem kleinen Land ist die Anzahl der Spieler nun mal begrenzt, was von den Eidgenossen ein besonderes Maß an Kreativität erfordert. Die Offenheit für Einflüsse von außen und die Lust, sich inspirieren zu lassen, sind im Schweizer Fußball groß. In den frühen Neunzigerjahren arbeiten Trainer wie Rolf Fringer, Roy Hodgson oder Urs Siegenthaler bereits deutlich moderner als viele Kollegen in Deutschland zur selben Zeit.

„Ich bin hundertprozentig überzeugt, wenn diese Art zu spielen in einer der großen Fußballnationen passiert wäre, hätte es mehr Aufsehen erregt", sagt der ehemalige Grundschullehrer Andermatt. In seinem zweiten Spiel in Ulm tritt er am 11. April 1999 gegen den 1. FSV Mainz 05 an. Für Andermatt ist es das Wiedersehen mit seinem ehemaligen Lehrmeister Wolfgang

Frank, der in jener Zeit zum zweiten Mal bei den Rheinhessen unter Vertrag steht. Unter ihm hat der Abwehrspieler in der Saison 1991/92 in Wettingen gespielt. „Es war eine Phase, in der der Verein nicht so gut aufgestellt war", erinnert sich Andermatt. Ursprünglich ist Frank mit großen Versprechungen nach Wettingen gelockt worden. Nach einem sensationellen vierten Platz in der NLA-Saison 1988/89 spielte der Verein in der Folgesaison im UEFA-Pokal. An diese erfolgreichen zwei Jahre möchten Vereinsführung und Trainer nun anknüpfen. Wie zuvor auch in Glarus und Aarau hat Frank große Ideen zur Weiterentwicklung des Klubs. Doch die Aufgabe gestaltet sich von Anfang an schwierig.

Vor der Saison haben die Verantwortlichen fünf Leistungsträger verkauft und sie mit Spielern aus dem eigenen Nachwuchs ersetzt. Die Unruhe im Verein ist auf allen Ebenen groß, was sich auch auf das Team auswirkt. Zudem plagen den FC Wettingen finanzielle Schwierigkeiten, zu den Spielen kommen nur wenige Zuschauer, die Mannschaft ist vom Verletzungspech verfolgt. „Aber Wolfgang hat immer sehr akribisch und intensiv mit uns Spielern gearbeitet und nie gejammert", sagt Andermatt. Er beschreibt den Trainer als einen, der hart ist in der Sache, aber einfühlsam im Umgang. In Franks Gesicht lassen sich die Anspannung und Konzentration im Training und vor Matches ablesen, wenn er aber mit seinen Spielern spricht, gehört ihnen seine ganze Aufmerksamkeit. „Er hat hinter allem den Menschen gesehen, und das ist es, was mich immer begleitet hat." Besonders in seiner eigenen Trainerausbildung denkt Andermatt später oft an die Arbeit mit Wolfgang Frank zurück. Denn ehemalige Profis mit Handwerkszeug auszustatten, ihre Idee vom Spiel weiterzuvermitteln, sei das eine, sinniert er. Noch wichtiger als das Sportliche findet der Trainer aber eine Menschenführung wie jene, die er selbst bei Frank in Wettingen erlebt hat. „Auf solche Themen sollten wir viel mehr schauen."

Nach einem Unentschieden von Franks Mannschaft gegen den FC Zürich am 27. Juli zum Auftakt der Qualifikationsrunde und einem Heimsieg gegen den FC Lugano lobt aus der Heimat der *kicker*: „Gut hält sich das vom deutschen Trainer betreute Wettingen" und klärt seine Leser*innen über den drastischen Sparkurs des Vereins auf. Doch Frank gerät anschließend mit seinem Team sportlich rasch in eine missliche Lage. Bis Ende September folgen jeweils fünf Unentschieden und fünf Niederlagen. Hinzu kommen die wirtschaftlichen Schwierigkeiten. „Die

Finanzen stockten schon im Herbst", sagt der Trainer in der Rückschau am Ende der komplizierten Saison in der *Aargauer Zeitung*. Verknüpft ist Wettingens Niedergang auch mit dem Namen Hubert Stöckli, im Klub für einige Jahre Macher und Geldgeber, dem nun aber selbst die Geschäfte mit seinen Glücksspielautomaten stottern. Erst kann der Präsident immer weniger in den Verein investieren, dann verzögern sich die Zahlungen der Gehälter und der Klub muss sogar Spieler verkaufen, um weitermachen zu können. Schließlich tritt Stöckli sogar ganz zurück und überrumpelt damit auch seinen Trainer. Der Spielbetrieb ist in dieser Zeit quasi ständig in Gefahr.

Die inhaltliche Arbeit mit der Mannschaft bleibt von alledem über weite Teile der Saison nahezu unberührt. Natürlich wissen auch die Spieler längst um die Schwierigkeiten im Verein, fokussieren sich aber gemeinsam mit dem Trainer komplett auf die sportliche Aufgabe. „Er war immer interessiert daran, jeden einzelnen Spieler besser zu machen", sagt Andermatt. Frank ist kein Mann der lauten Worte, sondern setzt darauf, Dinge zu erklären. Nach den intensiven Trainings führt er Einzelgespräche mit den Spielern und bespricht mit ihnen, woran sie arbeiten, was sie verbessern können. „Ich sehe ihn noch vor mir in seinem Kabäuschen, zwischen all den Notizen", sagt Andermatt und lächelt. Frank will, das intensiviert sich von Station zu Station, alles genau wissen: Welche Schlafgewohnheiten haben seine Spieler, wie ernähren sie sich, was bewegt sie persönlich? Jedes Detail spielt für ihn eine Rolle.

Trennung im Guten

Außerdem ist es dem Trainer wichtig zu wissen, was die Mannschaft denkt: Er holt regelmäßig den Spielerrat zusammen und bespricht wichtige Themen. „Er hat nicht nur Entscheidungen von außen getroffen, es war ihm wichtig, unsere Meinung zu hören", sagt Andermatt. Mal finden Spieler und Trainer einen Konsens, mal kann der sein Team überzeugen, mal bleibt es bei unterschiedlichen Ansichten und die Mannschaft folgt der Entscheidung ihres Trainers. „Aber wir wussten, wir können ihm unsere Sichtweise vortragen, ohne Angst zu haben vor negativen Konsequenzen." Und stets wissen sie, ihr Trainer übernimmt Verantwortung: „Er war ein Macher. Das hat mich geprägt. Man lernt sehr viel von Machern."

In der Liga bleibt der FC Wettingen bis zur Winterpause weiter sieglos und muss ab März 1992 in der Relegation um einen Platz in der NLA kämpfen. Im Schweizer Cup gelingt der Mannschaft Ende März der Einzug ins Achtelfinale, dort setzt sich der Verein im April mit 3:0 gegen den SC Kriens durch. „Gerade die Ergebnisse im Pokal zeigen, dass er den Draht zur Mannschaft schon gehabt hat", sagt Andermatt. Franks Arbeit mit den Spielern bleibt von Ergebnissen ohnehin unbetroffen. „Wenn wir gewonnen haben, waren die Sitzungen mit ihm genauso akribisch wie nach Niederlagen." Dann lenkt Frank den Blick weniger auf die Fehler der Vergangenheit, sondern eher darauf, was sein Team in der Zukunft verbessern kann. „Das hat einen Unterschied gemacht", sagt Andermatt über diesen Perspektivwechsel: „Es geht ja auch um die Sichtweise." In die Relegation kann Franks Team den Rückenwind der positiven Ergebnisse im Pokal nicht mitnehmen: Wettingen kassiert gleich vier Niederlagen am Stück, bevor durch eine Serie von zwei Siegen, einem Unentschieden und vier weiteren Siegen bis in den Mai hinein noch einmal Hoffnung auf einen Ligaerhalt aufkeimt.

Im Cup steht man nach dem Sieg über die Grasshoppers im Elfmeterschießen gar im Halbfinale. Doch das Happy End bleibt in dieser Saison aus, trotz aller Bemühungen von Trainer und Mannschaft, der in dieser so entscheidenden Phase wieder wichtige Spieler verletzungsbedingt fehlen – zusätzlich zu jenen, die der Klub ohnehin bereits abgegeben hat. Das Team verpasst den Ligaerhalt am Ende deutlich und scheitert im Pokalhalbfinale am FC Luzern. Und so macht Wolfgang Frank, der auch mit dem Fernbleiben der Zuschauer hadert, sich Gedanken um ein Jahr Auszeit vom Fußball. Seine Mannschaft, das steht bereits fest, wird sich nach der Saison in alle Winde zerstreuen und die Idee, in Wettingen längerfristig etwas aufzubauen, erscheint unter diesen Vorzeichen unmöglich. „Ich glaube, er war sich nicht mehr sicher mit seinem Umfeld, ob alle es gut mit ihm meinen", sagt Andermatt. „Er hat eigentlich extrem viel gegeben und wenig bekommen." Frank zieht sich zurück, grübelt.

Schließlich verkündet der Trainer den Vereinsverantwortlichen am 20. Mai 1992, er werde ab dem Sommer eine Pause einlegen. „Der Akku, von dem einmal geschrieben wurde, ist nun wirklich leer, die Grenze der Belastbarkeit für mich erreicht", begründet er seinen Schritt gegenüber der lokalen Presse, die über Frank schreibt: „Er war wohl die treuste Seele des Vereins – nun geht auch er." Das Kapitel Wettingen hat ihn viel

Kraft gekostet: „Ich habe immer gesagt, dass ich bleibe, wenn der Verein neue Perspektiven ausarbeitet. Ich glaube zwar immer noch daran, dass dies dem Klub gelingen wird, aber es dauert wohl länger. Für mich hat das alles keinen Sinn mehr, ich gehe kaputt daran." Joseph Meier, in jenen tumultartigen Tagen der Finanzbeauftragte des Klubs, erklärt: „Zwar ist das Gehen von Wolfgang Frank nicht nur bedauerlich, weil er sich dem Verein gegenüber gerade auch in Geldfragen immer wieder entgegenkommend gezeigt hat, aber im Hinblick auf das unumgängliche Engerschnallen unseres Gürtels muss sowieso jeder Ausgabenposten neu überdacht werden." Alles Schnallen wird am Ende jedoch nichts helfen, im Folgejahr muss der Verein Konkurs anmelden. Er wird aufgelöst, als FC Wettingen 93 neu gegründet und nimmt einen neuen Anlauf in der 5. Liga.

Für Frank selbst wendet sich das Blatt noch in derselben Woche: Weil dem FC Winterthur für die folgende NLB-Saison Wunschtrainer Rolf Fringer eine überraschende Absage erteilt hat, klopft der Verein bei Frank an – und dieser sagt kurzentschlossen zu: „Weil ich im tiefsten Inneren doch von Fußball besessen bin. Infrastruktur, Umfeld und die Grösse der Stadt haben mich überzeugt, dass hier etwas in Bewegung gebracht werden kann." Andermatt verlässt Wettingen ebenfalls zum Ende der Saison und wird Spielertrainer beim FC Emmenbrücke. Seine Entscheidung für diesen Karriereweg fällt nicht zuletzt bei langen Gesprächen mit Frank über ihre gemeinsame Leidenschaft, den Fußball. „Wir waren uns ähnlich in dem, dass wir uns viele Gedanken machen darüber: Wie kann ich mich verbessern, wie kann ich mich weiterentwickeln, als Mensch, als Trainer. Da war er jemand, der einem Wege aufgezeigt hat." Und viele von Wolfgang Franks Schützlingen haben diese Wege eingeschlagen.

KAPITEL 11

Die erste Entlassung

„Was ein Trainer will, was er denn eigentlich mit der Mannschaft erreichen will, wie er es umsetzen will, das habe ich eigentlich auch später erst besser verstanden. Der Wolfgang, den habe ich erst später besser verstehen können, als ich selbst Trainer war."

JOACHIM LÖW, SPIELER BEIM FC WINTERTHUR

Das Interesse an Wolfgang Frank ist in Winterthur auch deshalb sehr groß, weil er sich bereits einen Namen gemacht hat als Trainer, der Talente entwickeln kann. „Er hat eine super Arbeit gemacht mit vielen jungen Spielern da in Wettingen", sagt Roland Klein, im Mai 1992 seit einem guten halben Jahr Sportchef in Winterthur. Eigentlich ist Klein sich im Frühsommer mit Rolf Fringer einig, der nach fünf Jahren beim FC Schaffhausen eine neue Aufgabe sucht. „Dann ist er mir kurzfristig abgesprungen, weil er die Chance hatte, in Aarau Trainer in der Nationalliga A zu werden. Er hat mich gefragt, ob er aus unserem Handshake rauskann." Klein gesteht Fringer den Wechsel in die höhere Liga zu und sichert sich Franks Dienste. „Ich kannte ihn schon aus der Zeit in Glarus und Aarau. Er war sehr glücklich, dass er den Vertrag mit uns machen konnte, und ich auch. Das hat alles gepasst zu der Zeit."

Die in Winterthur erscheinende Tageszeitung *Der Landbote* zieht den Hut vor der Verpflichtung: „In einer Blitzaktion hat die Vereinsführung überraschend den allseits anerkannten Fußball-Fachmann Wolfgang Frank verpflichtet (…) [Damit] hat der FC Winterthur die Weichen für die nächste Zukunft in Richtung Erfolg mit eigenen jungen Spielern gestellt." Außerdem sichert sich der Klub die Dienste dreier Spieler, mit denen Frank bereits in Wettingen gearbeitet hat: Ivan Dal Santo, Christof Oldani und Daniel Ackermann. „Das Maß aller Dinge ist der Erfolg", erklärt Frank bei seinem Dienstantritt. Er weiß, in Winterthur ist die Sehnsucht nach dem Aufstieg in die NLA groß – und natürlich möchte auch er als Trainer am liebsten in der höchsten Schweizer Liga arbeiten. „Selbstverständlich strebe ich mit meiner Mannschaft einen möglichst schnellen sportlichen Erfolg an. Doch dazu braucht es auch Geduld, Verständnis. Ein Aufstieg im nächsten Jahr wäre Utopie", bremst er die Erwartungen.

Dass es in Wettingen nicht gelungen ist, die Fans für das Spiel ihrer Mannschaft zu begeistern, beschäftigt den Fußballlehrer noch. Gerade in Glarus, aber auch in Aarau, hat er das anders erlebt und möchte deswegen auch an der neuen Station Winterthur die Menschen mitnehmen: „In erster Linie geht es darum, die Mannschaft möglichst nahe an das Volk zu bringen. Wenn die Zuschauer spüren, dass wir harte, ehrlich Arbeit leisten, so werden sie wieder Feuer fangen. Freude und Begeisterung gehören zu unserem Sport wie der Ball. Der Zuschauer muss merken, dass ein frischer Wind weht, die Spieler sich in jedem Zweikampf nicht nur neunundneunzigprozentig einsetzen, sondern total." Frank startet das Unternehmen Winterthur optimistisch.

„Wolfgang war als Typ sehr sympathisch", sagt Roland Klein, heute Präsident des FC Schaffhausen und im Fußball viel gereist. „Er hat immer sehr akribisch gearbeitet und alles dem gemeinsamen Ziel untergeordnet." Der damalige Winterthurer Sportchef tätigt bei seinem Trainer eine Beobachtung, die Verantwortliche und Spieler der bisherigen Klubs ebenfalls gemacht haben und die sich durch Franks gesamte Karriere ziehen wird: „Er war immer der Erste im Stadion – und der Letzte, der ging." Klein hängt einen Moment seinen Gedanken nach. „Ein Riesenvorbild. In der ganzen Art und Weise, wie er die Aufgabe angeht." Auch die Verbindung zu den Menschen im Umfeld des Vereins, die Frank nach der Erfahrung in Wettingen so wichtig ist, kann er aufbauen. „Wolfgang war hier sehr geschätzt mit seiner ganzen Art. Er war sehr zugänglich, hat sich immer Zeit genommen, nicht nur für seine Spieler, auch für die Fans. Er war von seiner ganzen Persönlichkeit her sehr offen und sympathisch."

Sportlich geht Frank in Winterthur den Weg weiter, den er seit seiner ersten Trainerstation für sich festgelegt hat: Viererkette, Raumdeckung. „Er hat das bei uns auch probiert, aber es hat nicht immer geklappt, auch weil die Spieler nicht das Niveau hatten, nicht spielintelligent genug waren, das umzusetzen", sagt Klein. Doch Frank weicht nicht ab von seiner Vorstellung, überzeugt davon, Spieler müssen auf jedem Niveau gleich trainieren und angepackt werden. Klein zollt ihm dafür heute noch Respekt und glaubt, dass genau diese Entschlossenheit große Trainer ausmacht: „Wolfgang hat, denke ich, viele Klubs geprägt, weil er eben seinen Weg konstant durchgezogen hat und sich nicht an jede Situation neu angepasst. Er hat einen Glauben gehabt an einen gewissen Stil und wollte das einbringen. Das war seine große Qualität, seine Stärke, aber es ist ihm bei uns auch zum Verhängnis geworden." Franks feste Überzeugung, die durchaus auch als Sturheit rüberkommen kann, ist mal Waffe und mal Stolperstein.

Die Mannschaft, mit der Wolfgang Frank in Winterthur arbeitet, setzt sich aus jungen Spielern, solchen, die lange im Verein sind, und neuen Führungsfiguren zusammen. Zur dritten Gruppe gehören Joachim Löw und Axel Thoma, die aus Schaffhausen nach Winterthur wechseln und beide stark geprägt sind von der Arbeit mit Trainer Rolf Fringer. „Er war ein Offensivfanatiker, er wollte seine Mannschaft nach vorne spielen sehen und war risikobereit. Das hat uns sehr viel Spaß gemacht." Löw erzählt, er habe eine Weile gebraucht, um sich in Winterthur zurechtzufinden, auch weil der Abschied aus Schaffhausen kein selbstgewählter war – der Verein stellte sich damals neu auf, dafür trennte man sich auch von einigen verdienten Spielern. „Ich war wahrscheinlich auch über den Zenit meiner Leistungskraft hinweg, das kann natürlich sein", sinniert er.

Als Profi spielt Löw elf Jahre lang in Deutschland, bevor er 1989 in die Schweiz wechselt. Dort eröffnet sich dem Stürmer eine völlig neue Welt. „Es war wirklich das erste Mal, dass ich als Spieler mit taktischen Überlegungen konfrontiert worden bin: Viererkette! Nicht immer Manndeckung, nicht immer nur Gras fressen. Das waren ja die Parolen." Auch die Trainingsinhalte sind Neuland für ihn. „In Deutschland ist man damals in den Wald, zum Laufen – oder um den Platz gerannt. Und die Medizinbälle … Verliert man, heißt es, wir müssen mehr rennen, mehr kämpfen. All die Dinge habe ich mitgemacht, ja." Schon als Spieler genügt ihm das nicht. „Ich habe mir natürlich auch überlegt: Es muss doch mehr geben, als einfach nur zu rennen. Es gibt doch einen Platz, eine Raumaufteilung, es gibt Organisation, Laufwege und so weiter. In der Schweiz habe ich Antworten bekommen auf meine Fragen als Spieler, dass es natürlich nicht nur darum geht zu rennen, sondern: wie? Wohin laufe ich denn? Wie mache ich das? Was mache ich mit meinem fußballerischen Intellekt? Was gibt es für Möglichkeiten? Die Schweiz war in der Zeit eindeutig weiter als Deutschland – in der Struktur, in der taktischen Ausbildung und auch in der Trainingslehre. Das war eine extrem wichtige Erfahrung für mich."

Was ihr großes Interesse daran betrifft, Fußball nicht nur zu spielen, sondern auch zu denken, weiterzudenken und sich im Spiel weiterzuentwickeln, sind Löw und sein neuer Trainer also eigentlich auf einer Wellenlänge. Dennoch bleibt die Beziehung zwischen Frank und seinem Kapitän von beiden Seiten kompliziert. „Ich muss ehrlicherweise sagen, wir hatten ein sehr angespanntes Verhältnis, was ich später natürlich auch bereut habe." Die Gründe dafür sind vielfältig und mit dem Abstand der Jahre nachvollziehbar, losgelassen hat Löw der Konflikt, der medial immer mal wieder aufgegriffen wird, lange nicht.

Die Nachwuchsspieler im Verein saugen Franks Ideen vom Fußball gierig auf. Selbst eingedenk der Tatsache, dass die Schweiz in diesen Jahren fußballerisch sehr weit ist, verfolgt Frank mit der Art seines Trainings einen revolutionären Ansatz. Themen wie Schlaf, Ernährung und Biorhythmus, die ihn bereits an den bisherigen Stationen beschäftigt haben, gehören auch in Winterthur zu seiner Arbeit ganz selbstverständlich dazu. „Wenn es Erfolg gibt, sind solche Themen das große Ding, wenn es nicht zum Erfolg führt, gibt es Widerstand und sie sind Ansatzpunkt für Kritik", sagt Roland Klein.

Mit allen Konsequenzen

In der ersten Saison führt Franks Arbeit durchaus zum erhofften Erfolg, die Mannschaft qualifiziert sich für die Aufstiegsrunde in die Nationalliga A. Und dennoch folgen ihm die älteren Spieler nur grummelnd, sowohl die Gruppe derer, die schon länger im Verein ist, als auch die neu verpflichteten Führungsspieler. Ein Grund dafür ist, dass viele der Männer einen normalen Job haben. „Die sind sechs, acht Stunden einer Arbeit nachgegangen und dann eben zum Training gekommen", erinnert sich Löw. „Die Trainingseinheiten, die waren sehr lang, geprägt von seinen Ideen und den taktischen Inhalten." Am Wochenende gibt es in der unmittelbaren Spielvorbereitung teilweise gleich drei Trainings, morgens um acht, um elf und um 16 Uhr. Dazwischen schlafen die Spieler in einer kleinen Halle am Trainingsgelände, da die nötige Infrastruktur für Franks Ansätze nicht vorhanden ist. „Es hat uns schon ein bisschen gelähmt", sagt Löw, der sich daran erinnert, wie oft er als Kapitän beim Trainer im Sinne der Mannschaft vorgesprochen hat. „Warum trainieren wir zwei, drei Stunden? Wir sollten eigentlich eher die Intensität erhöhen." Doch davon will Frank, dessen Mantra „Viel bringt viel" lautet, nichts hören. „Der Wolfgang war natürlich, auch im positiven Sinne, schon sehr stur und das hat dann zu

Problemen zwischen ihm und mir geführt. Da habe ich ihn zu wenig verstanden als Spieler. Man muss einem Trainer schon seine Ideen lassen. Da bin ich vielleicht auch in unseren Gesprächen ein Stück zu weit gegangen, das war nicht respektvoll."

Ein weiterer Streitpunkt zwischen Trainer und Kapitän betrifft die Ausrichtung des Spiels: „Ich habe mich manchmal gefragt, Mensch, der Wolfgang war Stürmer, er war froh, wenn vorn im 16er Präsenz war und seine Mannschaft in der gegnerischen Hälfte. Warum lässt er uns immer so weit zurück? Da war ja kein Angriffspressing. Wir stehen tief, wir sind organisiert und lassen nichts zu. Aber warum so weit hinten? Er war selbst Stürmer, ich auch, er war doch glücklich, wenn er Tore gemacht hat." Dem Coach aber geht seine defensive Ordnung über alles, da können die Spieler lamentieren und fordern, wie sie wollen, er rückt davon nicht ab.

Franks Tür ist also immer offen, wenn Team oder Vereinsverantwortliche mit ihm sprechen wollen, doch in gewisse Dinge lässt er sich nicht reinreden. Und dazu gehören definitiv die Anforderungen, die er an ein Training mit seiner Mannschaft hat. „Er hat hier inhaltlich Pionierarbeit geleistet und ist konsequent diesen Weg gegangen", schaut Klein zurück. „Er ist auch nicht irgendwo eingebrochen, sondern hat gesagt: ‚Das ist es, was ich durchziehen will.' Das spricht total für ihn, aber im Klub wurde es zu dieser Zeit nicht ausreichend gewürdigt." Löw erinnert sich: „Wolfgang war sehr akribisch, sehr seriös. Extrem professionell. Er hat versucht, die Mannschaft in diese Richtung weiterzuentwickeln: Strategie, eine straffe Organisation. So ein bisschen war er aber auch, ich sage das jetzt mal aus meiner Sicht damals, verhaftet in der Disziplin." Für Spieler, die aus ihrer Sicht auf dem Feld eher einem zeitaufwändigen Hobby nachgehen als einem Job, will Frank: zu viel. „Er hat sehr lang trainiert mit uns, teilweise auch sehr statisch. Es war schon teilweise extrem, und er hat viel eingefordert von der Mannschaft."

Mehr, als die bereit ist, ihrem Trainer zu geben. „Es ist ein bisschen der Spaß dabei verlorengegangen." Löw erzählt sehr schnell sehr viel, die Erinnerungen an diese Zeit sind sehr präsent. Plötzlich schweigt er für einen Moment, bevor er sagt: „Der Wolfgang, den habe ich dann erst später besser verstehen können, als ich selbst Trainer war."

Sportlich steht im Frühjahr 1993 die Aufstiegsrelegation an – und damit sogar mehr, als ein durchaus vorsichtiger Trainer beim Amtsantritt im Jahr zuvor angekündigt hatte. „In Winterthur war der Aufstieg aber letztlich jedes Jahr das Ziel. Man hatte eine gute Vergangenheit und man wollte aufsteigen. Es war aber nicht immer gerechtfertigt, weil die finanziellen Mittel nicht da waren", sagt Klein. Doch in der Relegation kann sich der FC Winterthur nicht durchsetzen, am Ende reicht es nur für Platz sechs bei acht Teams, lediglich die ersten beiden steigen auf in die NLA. „Die Spieler verstecken sich gerne hinter dem Trainer. Es ist immer der Trainer, der dann büßen muss für das Nichterfüllen der Spieler, die nicht liefern", bedauert Klein. Frank arbeitet mit der gewohnten Seriosität weiter. Er bleibt seinem Credo treu: Viel bringt viel, und wenn die Ziele mit dem geübten Pensum nicht erreicht werden können, müssen alle eben mehr tun, in sämtlichen Bereichen. „Er hatte klare Vorstellungen, was er erwartet", sagt Klein. „Und wenn es nicht so gelaufen ist, wie es sollte, hat er die Spieler in die Verantwortung genommen. Auch den ‚Jogi', das war einer der wichtigsten, wenn nicht der wichtigste."

Löw, der Kapitän, erinnert sich weniger an spezielle Spiele, Erfolge oder auch Misserfolge. Ihm ist eher die konkrete tägliche Arbeit mit Frank im Gedächtnis geblieben. „Auch wenn ich mit dem Wolfgang wie gesagt ein sehr schwieriges Verhältnis hatte, hat er für die damalige Zeit eine sehr fortschrittliche Arbeit gemacht und eine sehr professionelle Einstellung gehabt. Damals kam mir das teilweise schon verbissen vor. Aber als Trainer heißt es, rund um die Uhr da zu sein, zu arbeiten, sich zu kümmern und seine Philosophie auf die Mannschaft zu übertragen. Das habe ich später verstanden. Sobald ich Trainer war, habe ich gespürt, was da manches Mal für Schwierigkeiten entstehen, wenn die Spieler so in ihrer naiven Weise Sachen von sich geben, weil sie unzufrieden sind. Dieser Egoismus, der ist mir auch begegnet, und da habe ich gemerkt: Ich habe mich manchmal auch so verhalten in Winterthur."

Franks zweite Saison im Verein steht unter keinem guten Stern. Zwar versucht er, sich und seiner Mannschaft die Enttäuschung über den verpassten Aufstieg aus dem System zu schütteln, doch die Ergebnisse in der Qualifikation sind zunehmend unbefriedigend. Bald stellen sich die Verantwortlichen die Frage, ob der einstige Erfolgstrainer seine Mannschaft vielleicht bereits verloren hat.

Abschied, Reue und Entschuldigung

„Ich habe Wolfgang nicht nur als innovativen Trainer in Erinnerung, sondern auch sehr, sehr gut als Mensch“, sagt Roland Klein über seinen ehemaligen Vereinskollegen. „Wir hatten eine sehr gute, enge Beziehung.“ Er stockt. „Bis zu dem Punkt natürlich, wo die Trennung kam.“ Klein spürt in jenem Herbst deutlich, wie die Vereinsverantwortlichen die Geduld mit Frank verlieren. „Ich habe ihn lange gestützt. Leider war es im Umfeld dann extrem schwierig. Die Resultate waren nicht mehr da.“ Und ohne Resultate wird es im Fußball nun mal schwierig, das ist eine Binsenweisheit. „Später hat ihm die Entwicklung ja recht gegeben, denn das, was er dazumal bei uns schon versucht hat, ist Jahre darauf erfolgreich geworden. Aber irgendwann ging es nicht mehr.“

Dabei spielt auch ein Konflikt des Trainers mit seinem Kapitän eine Rolle. Nach einem verlorenen Spiel hält Frank eine Ansprache in der Kabine, von der sich die Mannschaft angegriffen fühlt. Löw stellt sich vor seine Mitspieler und es folgen heftige, von der Emotionalität getriebene Wortgefechte zwischen Spielführer und Trainer. „Das war von meiner Seite aus im Nachhinein nicht richtig“, bedauert Löw aufrichtig. „Der Trainer ist immer noch die höchste Autorität im Verein und gegenüber der Mannschaft und ich bin da sicher in meiner Wortwahl und der Lautstärke übers Ziel hinausgeschossen.“ Frank erklärt dem Vorstand anschließend, er wolle mit dem Spieler nicht mehr arbeiten, daraufhin wird Löw für ein Spiel verbannt. Letztlich kürzt dieser Vorfall aber eine Entwicklung ab, die längst ins Rollen geraten ist, und der Trainer muss im Winter 1993 kurz vor dem Ende der Qualifikationsrunde gehen. „Er war sehr, sehr enttäuscht“, sagt Roland Klein, den die Trennung von seinem Wunschtrainer ebenfalls schmerzt.

„Ich weiß, dass er Mühen hatte, das zu akzeptieren. Er war immer überzeugt von unserer gemeinsamen Arbeit, nie resigniert. Er hatte gehofft, dass er die schlechte Phase durchleben und das auffangen kann.“ Zunächst leidet auch die persönliche Beziehung zwischen Klein und Frank unter dem Ende ihrer Zusammenarbeit. Als sie sich einige Monate später bei einem Spiel erstmals wiedersehen, kommen sie ins Gespräch, telefonieren bald darauf und sind fortan wieder in Verbindung. „Wenn man so Herzblut reingibt wie Wolfgang, dann ist es nie einfach, wenn man das Ende nicht selbst bestimmen kann“, sagt Klein, der bis zu Franks Tod engen Kontakt zu ihm pflegt. „Es hat mir wehgetan, dass unser Verhältnis dabei gelitten hat für eine Weile. Das ist für mich verlorene Zeit. Das spüre ich auch jetzt, wo er nicht mehr da ist.“

Löw erinnert sich an den Trainer zum einen im Gesamtbild seiner Erfahrungen jener Stationen, dann aber hat ihn auch die persönliche Geschichte mit Frank lange nicht losgelassen. „Es war in der Schweiz so, dass ich viel gelernt habe, beim Wolfgang Frank und beim Rolf Fringer. Das waren schon meine beiden Trainer, die sehr viel im taktischen Bereich gearbeitet haben, der eine in der Defensive und der andere in der Offensive. Ich habe dann später versucht, als Trainer die richtige Mischung zu finden.“ Und auch in anderer Hinsicht ist die Station in Winterthur für Joachim Löw prägend. „Ich habe mir später gedacht: Menschenskinder, da habe ich doch eine Menge falsch gemacht. Auch wenn ich nicht mit allem einverstanden war, muss man doch einen anderen Weg wählen, der respektvoller ist. Aus der Sache habe ich schon ein bisschen was mitgenommen und ehrlich gesagt auch längere Zeit ein schlechtes Gewissen gehabt.“ In Mainz begegnen sich Frank und sein ehemaliger Kapitän Jahre später als Trainer wieder. „Ich habe ihm gesagt: ‚Wolfgang, es tut mir total leid. Ich habe mich damals falsch verhalten dir gegenüber … Mittlerweile bin ich selbst Trainer und habe eine andere Sicht der Dinge.‘ Und er hat in seiner typischen Art gesagt, ‚Ja, ja, schon gut, so ist das manchmal im Fußball, und es ist ja jetzt vorbei.‘ Und damit war es auch wirklich vorbei und es war gut.“

KAPITEL 12

Lizenzentzug und Pokalfinale

„Die Professionalität, die er an den Tag gelegt hat, hat uns veranlasst, noch eine halbwegs annehmbare Saison zu spielen. Er hat geprägt durch seine Art, eine Mannschaft zu führen."

FRANK KURTH, TORWART ROT-WEISS ESSEN

Wie kann es gelingen, einen Trainer zum Engagement bei einem Klub zu bewegen, dem womöglich bereits die Lizenz fehlt? Noch dazu einen Übungsleiter mit dem Ehrgeiz eines Wolfgang Frank? Dieter Bast, zum Jahreswechsel 1993/94 Verwaltungsratsmitglied bei Rot-Weiss Essen, lässt ein leises Lachen hören. „Schmackhaft kann man das nur machen, indem man sagt, wir wollen direkt wieder aufsteigen. Außerdem war die Situation mit unseren Fans schon was Besonderes, zu Spielen kamen so um die 8.000 und wir hatten die Hoffnung, dass es so bleibt." Frank, für den ein zugewandtes Umfeld hohen Stellenwert hat, hört sich an, was die Essener Verantwortlichen ihm zu sagen haben.

Der Verein ist zu jener Zeit in einer maximal undankbaren Situation. Bereits zum Ende der Saison 1990/91 muss Essen nach einem Lizenzentzug – der DFB zweifelt aufgrund vorhandener Verbindlichkeiten an der wirtschaftlichen Leistungsfähigkeit des Klubs – den Zwangsabstieg aus der 2. Bundesliga hinnehmen. Unter dem Essener „Jahrhunderttrainer" Jürgen Röber gewinnt RWE 1992 die deutsche Amateurmeisterschaft und kehrt 1993 in die 2. Liga zurück. Röber wird als Held gefeiert, bei Fans und Team ist der Coach extrem beliebt.

Sportlich läuft es sehr gut für den Verein von der Hafenstraße, doch in der Führungsriege knirscht es, nicht zuletzt wegen der Animositäten zwischen Manfred Himmelreich, seit März RWE-Präsident, und Vize Wolfgang Arnold. Eine Selbstanzeige führt schließlich zu Untersuchungen des DFB-Ligaausschusses, der Vorwurf lautet auf Täuschung beim Lizenzantrag. Hintergrund sind dabei Verträge mit dem ehemaligen Präsidenten Anton Döbbe, der den Klub nach dem ersten Zwangsabstieg wirtschaftlich saniert hat. Döbbe hat in zwei Verträgen auf eine Rückzahlung von Teilbeträgen jener 1,6 Millionen Mark verzichtet, die der Verein ihm schuldet. Der DFB urteilt, Essen habe einen dieser Verträge zurückgehalten und mithin durch falsche Angaben die Lizenz für die laufende Saison erschlichen. Im November 1993 wird diese darob entzogen, im Januar 1994 bestätigt der Ligaausschuss die Entscheidung in zweiter Instanz. Das letzte Wort in dieser Angelegenheit ist damit jedoch noch nicht gesprochen, als Nächstes befasst sich der DFB-Vorstand mit dem Fall.

Derweil steht der RWE ohne Vorstand da, der hat im Dezember 1993 hingeschmissen, die Amtsgeschäfte übernimmt bis zur Neuwahl im März der Verwaltungsrat unter Führung des Essener Urgesteins Wolfgang Bast. Als am 14. Dezember auch noch Trainer Jürgen Röber zurücktritt, haben die Verantwortlichen um Bast noch mehr zu tun als ohnehin schon. Röber unterschreibt tags darauf beim VfB Stuttgart und bis heute hält sich das romantische Gerücht, er habe mit dem Abgang eine Ablöse generieren und so die Chance des Ligaerhalts für seinen Verein verbessern wollen. Bast jedenfalls bekommt von seinem sportlichen Leiter Dirk Karkuth den Tipp, Wolfgang Frank als Cheftrainer zu verpflichten. „Er war zu diesem Zeitpunkt genau der richtige Mann für uns", sagt Bast rückblickend. „Die Zusammenarbeit war immer wirklich gut mit Wolfgang."

Erst mal fühlt sich allerdings die gebeutelte Mannschaft bei der Trainerwahl übergangen, Kapitän Ingo Pickenäcker und Vize Frank Kurth verkünden ihre Rücktritte, bleiben aber nach intensiven Bemühungen von Bast & Co. doch in der Mannschaft. Ziemlich optimistisch klingt indessen Franks Wortmeldung mitten aus dem Chaos heraus: „Mich reizen schwierige Aufgaben. Außerdem habe ich mich erkundigt und bin zuversichtlich, dass RWE die Lizenz durch den DFB-Vorstand noch erhält. Wichtig ist, daß im Verein Ruhe einkehrt, damit wir die sportlichen Ziele wie Einzug ins Pokalfinale und Klassenerhalt anpeilen können", erklärt der Coach im *kicker*. Er hoffe zudem, dass Pickenäcker sein spielender Stellvertreter werde, was schließlich auch so kommt.

Es ist eine absurde Situation zwischen Hoffen und Bangen: Im DFB-Pokal steht Rot-Weiss Essen im Halbfinale und kann mit einem Heimsieg gegen Tennis Borussia Berlin den Einzug ins Finale feiern. In der Liga hat der Aufsteiger in der Hinrunde beachtliche 19 Punkte geholt. Sollte der Lizenzentzug bestätigt werden, würden diese annulliert, die kommenden

Partien von RWE würden allesamt für die Gegner gewertet und der Verein müsste am Saisonende mit null Punkten aus der 2. Liga absteigen. Frank tut indes das, was bislang immer und überall sein Markenzeichen war: Er macht sich mit Seriosität an die Arbeit.

„Diese Professionalität, die er an den Tag gelegt hat, hat uns veranlasst, noch eine halbwegs hinnehmbare Saison zu spielen", sagt Essens Torhüterlegende Frank Kurth, an der Hafenstraße als der „Zaunkönig" bekannt. „Es waren jetzt nicht immer die mega Ergebnisse, aber wir sind auch nie so richtig abgeschlachtet worden oder haben uns unprofessionell verhalten. Das hat er durch seine Art hinbekommen." Zunächst fliegt das Team tatsächlich ins Trainingslager nach Spanien, um sich auf die Rückrunde vorzubereiten. Dort trifft Wolfgang Frank einen alten Bekannten wieder: Ramon Berndroth, mit dem er die Trainerlizenz gemacht hat. „Die Situation war für ihn natürlich schwierig, aber er war positiv und seine Vorfreude war riesig", erinnert sich der damalige Co-Trainer von Eintracht Frankfurt, der ebenfalls für ein Trainingslager in Spanien ist. Erst mal liegt ein Fokus des neuen Coaches darauf, sein Team möglichst zusammenzuhalten. Kurth, der ein Angebot von Bayer Leverkusen hat, erinnert sich an die Bestürzung Franks. „Der Wechsel war wohl mit ihm nicht abgesprochen und er wollte unbedingt, dass ich bleibe." Bayer-Manager Reiner Calmund ist schon im Flugzeug auf dem Weg nach Spanien, um Kurth persönlich abzuholen, aber Frank kann seinen Keeper vom Bleiben überzeugen.

„Wir wollten natürlich beweisen, wie gut diese Mannschaft ist und wo wir eigentlich stehen können", erinnert sich Dieter Bast. Nach wie vor hoffen die Verantwortlichen im Klub, den Lizenzentzug noch abwenden zu können. Frank bereitet sein Team mit großer Akribie auf die Rückrunde vor. „Ich kannte ihn ja noch aus unseren Zeiten als Spieler", erzählt Bast, der dem Braunschweiger Frank 1976 im Dress von Rot-Weiss Essen gegenüberstand. In der Partie, die 2:2 endete, schoss Bast das 1:0 und Frank den 1:1-Ausgleich – es war nur eine von etlichen Gelegenheiten, in denen beide sich im Dienste jeweils verschiedener Vereine begegneten. „Er hatte schon einen Namen, obwohl er zwischendurch einige Jahre in der Schweiz war und man davon hier nicht viel mitbekommen hat."

Pokalfinale als Trost und Ziel

Noch vor Beginn der Rückrunde setzt es für Essen einen Schlag ins Kontor: Der DFB-Vorstand bestätigt den Lizenzentzug. Die letzte Chance des Vereins liegt nun darin, das Ständige Neutrale Schiedsgericht anzurufen. „Wolfgang Frank ist trotz der schwierigen Situation, die wir hatten, megaprofessionell mit uns umgegangen", sagt Kurth. „Er hat uns nie auch nur ansatzweise das Gefühl gegeben: ‚Ihr seid jetzt eine Truppe, die noch maximal zwei Pflichtspiele hat – und das war's.' Er hat sich auf jeden Gegner akribisch vorbereitet und er hat sich mit jedem von uns Spielern akribisch befasst." Adrian Spyrka, seinerzeit auf Leihbasis in Essen, sagt: „Für ihn war die Situation schon eine besondere Herausforderung." Letztlich habe die Mannschaft sich schon seit längerem mit dem möglichen Lizenzentzug befasst. „An dem Tag, als wir im November zum Viertelfinalspiel im DFB-Pokal nach Jena gefahren sind, stand morgens in der Zeitung: Essen bekommt die Lizenz nicht. Der Präsident kam dann in den Bus und hat behauptet, es würde nicht stimmen. Aber natürlich war alles wahr." Franks Umgang mit der Situation hilft dem Team, nicht zu resignieren.

„Natürlich ist es schwierig, wenn du vor jeder Partie weißt, das ist im Prinzip ein Freundschaftsspiel. Und gleichzeitig musst du für den Pokal die Spannung hochhalten", sagt Spyrka, der ab 1996 auch in Mainz unter Frank spielt. „Er hat das wirklich gut gemacht, auch wenn ich sagen würde, er war als Trainer noch nicht so weit wie in unserer späteren gemeinsamen Zeit." Während also Kapitän Ingo Pickenäcker in der Presse darüber spekuliert, ob es unter diesen Vorzeichen nicht genüge, 15 Minuten vor jeder Partie im Stadion aufzutauchen, um die Punkte abzuliefern, fährt Frank am Wochenende vor dem Rückrundenstart nach Dillingen, um den ersten Gegner Saarbrücken bei einem Testspiel zu beobachten. Zurück in Essen erstellt er wie gewohnt seine Dossiers für die Spieler. Etwas aber ist anders an dieser Trainerstation: Frank verzichtet auf Raumdeckung und Viererkette, seine bisherigen taktischen Grundwerkzeuge. Insofern stellt die Zeit in Essen einen Bruch dar. Vielleicht war er unsicher, ob die Spieler in Deutschland ihm dabei folgen würden. Es wird aber nur bis zu seiner zweiten Station in Mainz dauern, bis er den Versuch doch wagt, ein moderneres System spielen zu lassen.

In der Liga tun sich Franks Essener zunächst schwer und verlieren sowohl ihr Auswärtsspiel in Saarbrücken (1:3) als auch die Heimpremiere des Trainers an der Hafenstraße gegen Bochum (0:2). Am 8. März steht das Halbfinale im DFB-Pokal an: Heimspiel gegen Tennis Borussia Berlin. Frank Kurth erzählt, die Aussicht aufs Finale in Berlin sei ein enormer Ansporn gewesen. „Da wollte jeder hin, jeder wollte daran teilhaben." Die Spieler merken in den Tagen vor dem Spiel erste Fortschritte in der Arbeit mit dem neuen Trainer. „Er hatte ein gutes Gefühl dafür, was die Mannschaft in dem Moment braucht. Das ist ihm schon hoch anzurechnen." Vor der Partie fertigt Frank zwei Plakate an, auf denen er mit Filzstift das Verhalten der Spieler bei Standards aufzeichnet. Darunter schreibt er in knalligem Rot: „Wenn heute jeder bereit ist, wirklich zu leiden, für die Mannschaft ‚zu sterben', werden wir erfolgreich sein."

Essen gewinnt das Spiel 2:0 durch Tore von Daouda Bangoura und Jürgen Margref. Die Reporter des *kicker* schreiben später: „Der Essener Sieg roch nach Arbeit und Schweiß. Rot-Weiß riskierte viel, attackierte früh." Bei den Spielern herrscht riesige Euphorie und erneut keimt die Hoffnung auf, im Verband möge man ein Einsehen mit dieser Mannschaft haben, die mit den falschen Lizenzunterlagen schließlich nichts zu tun hat. Diese Hoffnung hat auch der Trainer noch nicht aufgegeben. „Ich hoffe, daß nicht Unschuldige an dieser Situation, Spieler, Trainer und Publikum, gnadenlos bestraft werden", erklärt er gegenüber dem *kicker*. Mit dem Rückenwind aus dem Pokalfight holt die Mannschaft beim 0:0 gegen den Wuppertaler SV auch in der Liga den ersten Punkt – in Unterzahl, Kapitän Pickenäcker ist wegen Schiedsrichterbeleidigung in der 68. Minute vom Platz geflogen.

Am 14. März 1994 muss der Klub jedoch alle Hoffnungen in Sachen Lizenz aufgeben. Das Ständige Neutrale Schiedsgericht beim DFB bestätigt in letzter Instanz den Entzug. „Ich hatte nicht nur ein nacktes Urteil, sondern auch Gerechtigkeit erwartet", äußert sich RWE-Anwalt Reinhard Rauball fassungslos. Es zeigt sich deutlich, dass die Vereinsverantwortlichen aufgrund der Selbstanzeige auf Milde gesetzt hatten, doch die wird ihnen nicht gewährt. Werner Schilling kommentiert im *kicker*: „Rot-Weiß Essen hat vergebens bis zur letzten Instanz gekämpft. Das Neutrale Schiedsgericht bestätigte dem DFB, daß er gemäß seiner Ordnung entschieden hat. Der Pokalfinalist wird gut beraten sein, nun keine Dolchstoßlegende zu verbreiten und sich mit dem Spruch abzufinden. Denn: Die Rot-Weißen hätten ohne ihre falsche Angabe die Lizenz gar nicht erst erhalten, die dann wohl Preußen Münster zugekommen wäre."

Für Mannschaft und Trainer bedeutet das finale Urteil, alle Ligabegegnungen ab dem kommenden 24. Spieltag bis Anfang Juni sind ohne Wert. Dazwischen klemmt am 18. Mai das Pokalfinale gegen Werder Bremen als einziges sportliches Ziel. „Wie es das Schicksal so will, sind wir damals im Pokalfinale auf meinen Heimatverein getroffen", sagt Franks ehemaliger Trainer Otto Rehhagel, damals Übungsleiter in Bremen, amüsiert. Auf diese Partie fokussiert sich nun alles. „Nur allein die Spannung zu halten wegen dieses Spiels, hätte nicht geklappt", ist sich Torwart Kurth sicher. Frank muss einen Weg finden, um sein Team bei der Stange zu halten. „Er hat sehr viel im mentalen Bereich gearbeitet." Dazu gehören persönliche Gespräche, aber auch Motivationskassetten, die Frank an seine Spieler verteilt. Für die ist all das völliges Neuland, Mentaltraining spielt im Fußball seinerzeit noch keine Rolle. Einige RWE-Profis lassen sich auf die ungewohnten Methoden ein, andere reagieren unschlüssig oder ablehnend.

„Es war schon für manche Spieler, die das nicht richtig einordnen konnten, eine Belustigung. Aber das war nicht die Masse", sagt Kurth. Ihn fasziniert es, wie Frank mit der Mannschaft arbeitet, sie führt. „Ich habe Jahre später mal in einem Gespräch zu ihm gesagt: ‚Trainer, wissen Sie, eigentlich waren Sie Ihrer Zeit voraus.' Er war vielleicht zehn Jahre zu früh unterwegs, weil er ganz stark die Menschenführung, die Mannschaftsführung und damit die Psychologie in den Fokus gerückt hat. Und der Fußball war einfach noch nicht so weit, schon gar nicht Rot-Weiss Essen. Ich glaube, für den Verein war er damals eine Nummer zu groß." Bast erinnert sich: „Er hat den Leuten gesagt: ‚Ihr müsst im Kopf frei werden.' Das war nicht für jeden Spieler etwas." Und Spyrka ist ein weiteres Zitat in Erinnerung geblieben: „Er hat immer gesagt: ‚Ihr müsst über die Bücher gehen.' Das bedeutet, wir sollen reflektieren. Haben wir genug getan? Haben wir es verdient? Er ist da richtig in die Tiefe gegangen." Insgesamt ist der Draht zwischen Frank und der Mannschaft ein guter. „Es war schnell Vertrauen da und auch ein Verständnis füreinander", sagt Spyrka.

Keine Krönung in Berlin

Die erste Partie nach dem finalen Lizenzentzug verliert Essen am Millerntor (0:1), das kommende Heimspiel gegen Bayer Uerdingen gerät zum absoluten Desaster. Nicht nur weil Spyrka einen Elfmeter verschießt und RWE erneut verliert, sondern weil sich der stets engagierte Coach an der Seitenlinie die Achillessehne reißt und deswegen operiert werden muss. Co-Trainer Pickenäcker und der sportliche Leiter Dirk Karkuth übernehmen vorerst das Training der Mannschaft. Die gewinnt am Karsamstag ausgerechnet in Abwesenheit Franks ihr erstes Ligaspiel seit dessen Dienstantritt mit 1:0 bei Fortuna Köln. Tags darauf humpelt Frank, keine Woche nach seiner OP, an Krücken zur Mannschaftsbesprechung und beim 2:0 gegen Hertha BSC unter der Woche steht der Trainer, dem eine Ausfallzeit von mehreren Wochen prophezeit worden ist, wieder am Spielfeldrand. Frank fordert nicht nur vollen Einsatz von seinen Spielern und Vereinen, er lebt ihn auch vor. Sogar wenn das bedeutet, gegen den eigenen Körper zu gehen.

Ergebnistechnisch sind die nächsten Spiele zum Vergessen. Lediglich gegen Waldhof Mannheim und den FC 08 Homburg holt RWE je ein Unentschieden, alle anderen Partien verliert der feststehende Absteiger. Die Stimmung vor dem Pokalfinale ist durchwachsen, dazu tragen mediale Äußerungen ehemaliger Vorstandsmitglieder gegen Wolfgang Frank bei. „Das hat ihn, glaube ich, wahnsinnig mitgenommen. Gar nicht mal persönlich, sondern weil es so störend war für die Mannschaft, dabei wollte er uns optimal vorbereiten“, erzählt Torhüter Kurth. Drei Tage vor dem Spiel reist der Essener Tross für die letzten Vorbereitungen nach Berlin. Dort trifft tags darauf auch Franks alter Freund Koni Gabriel ein, den er zum Finale eingeladen hat. Bis zum Anpfiff muss der Trainer noch eine bedeutsame Entscheidung in Sachen Kader treffen: Ingo Pickenäcker, zuvor für längere Zeit mit einer Verletzung außer Gefecht, ist mit an die Spree gekommen. Aber ist der Innenverteidiger fit genug, um auch zu spielen? Das soll sich im Training zeigen.

„Wir haben uns das alle zwei Tage lang angeguckt und uns gesagt: ‚Der ist nicht einmal gesprintet. Also, eigentlich geht das nicht‘“, erzählt Spyrka. Der Spieler selbst meldet sich nach dem Abschlusstraining fit. Frank fragt seinen Kapitän Kurth nach dessen Meinung. „Da gebe ich mir auch ein Stück weit selbst die Schuld, dass ich mich frage: Wieso hast du dem Trainer nichts gesagt? Weil mir eigentlich klar war, der Ingo kann nicht spielen“, gesteht Kurth. „Aber das sind so Situationen, da triffst du manchmal in einem Moment die falsche Entscheidung. Das ist einfach so.“ Wolfgang Frank stellt Pickenäcker auf. „Klar, hinterher ist man immer schlauer“, sagt Spyrka. „Aber er war da auch einfach ein guter Mensch, und wenn ein Spieler das so klar gesagt hat, dann hat er es geglaubt.“ Für Spyrka ist die

Episode ein typischer Frank-Moment. „Manchmal entscheiden Kleinigkeiten über sehr viel. Und vielleicht war er da nicht immer zur richtigen Zeit am richtigen Ort, oder andere wären konsequenter gewesen. Deshalb hat er offiziell vielleicht weniger erreicht als andere, obwohl die ihren Spielern und Vereinen viel weniger gegeben haben als er. Das ist ein bisschen die Tragik bei ihm."

Im Berliner Olympiastadion liegt Rot-Weiss Essen am 14. Mai 1994 vor mehreren Zehntausend mitgereisten Fans nach 38 Minuten durch Tore von Dietmar Beiersdorfer und Andreas Herzog 0:2 hinten. Erst da nimmt Frank den völlig indisponiert wirkenden Pickenäcker vom Feld. Das Spiel scheint entschieden zu sein. Doch in der zweiten Hälfte bäumt Essen sich auf – und schafft durch Bangoura den Anschlusstreffer. „Da sind wir schon in beeindruckender Weise noch mal zurückgekommen. Das hat später sogar Otto Rehhagel zugegeben", erinnert sich Kurth. Aber die Mannschaft kann sich für ihre Aufholjagd nicht belohnen, in der 88. Minute schraubt Werder Bremen das Ergebnis mit einem von Wynton Rufer verwandelten Handelfmeter auf 3:1, das ist auch das Endergebnis. RWE hat an der Sensation geschnuppert, sie aber letztlich verpasst.

„Die Szenen nach dem Spiel, das war es eigentlich, was Wolfgang Frank am meisten dargestellt hat. Davor ziehe ich meinen Hut", sagt Kurth. Das Team geht nach seinem Kampf mit erhobenem Haupt vom Platz, doch in der Kabine herrscht erst mal eine bedrückte Stimmung. Dazu kommt die Wut derjenigen, die nicht berücksichtigt worden sind, besonders Frank Kontny, der zugunsten von Pickenäcker aus dem Kader gestrichen worden ist, grollt. „Aber irgendwann hat sich das alles gelöst", erzählt Kurth. Die Anspannung fällt vom Team ab. „Uns war klar, wir haben als namenlose Zweitligatruppe hier einen tollen Job gemacht, den Leuten ein echtes Fußballfest geboten. Lass uns das feiern!" Die Mannschaft zieht erst in die Stadt und später an die Hotelbar. Frank ist dabei – und ist es doch nicht. „Er konnte da nicht umschalten, sondern war den ganzen Abend in sich gekehrt und hat damit gehadert, das Spiel eben nicht gewonnen zu haben. Man konnte ja nicht erwarten, dass wir Bremen einfach besiegen. Aber er konnte es in seiner Professionalität nicht akzeptieren, das Spiel verloren zu haben. Das ist mir sehr in Erinnerung geblieben", sagt Kurth. So gefrustet ist der Trainer, dass er sogar einen Rücktritt in Erwägung zieht.

Von den sechs Spielen bis zum Ende der Saison verliert Essen vier, lediglich gegen Rostock kann die Mannschaft gewinnen, gegen Mainz 05 reicht es zu einem 1:1-Unentschieden. Es scheint, als wäre mit dem verlorenen Finale die Spannung vom Team abgefallen. „Obwohl wir es nicht so empfunden haben", überlegt Spyrka. „Die Stimmung in Essen, auch nach der Niederlage, was da von den Fans kam, das war schon etwas ganz Besonderes." So besonders, dass Spyrka sich entscheidet, in der Regionalliga an der Hafenstraße zu bleiben. Für Kurth hingegen endet die Zeit in Essen vorerst, er hat bei der SG Wattenscheid 09 unterschrieben. „Ich hätte gerne mit ihm weitergearbeitet. Es war aber nach mehreren Lizenzentzügen, die ich mitgemacht habe, wirtschaftlich für mich eine notwendige Entscheidung zu gehen." Zum Abschied verfasst Wolfgang Frank einen handschriftlichen Brief an seinen nun ehemaligen Kapitän. „Das fand ich wirklich sehr bewegend. Ich habe letztlich nur dieses halbe Jahr mit ihm gearbeitet, aber das war schon eine sehr intensive Zeit."

Neustart in der Regionalliga

Rund fünf Millionen Mark hätte ein Pokalsieg für RWE bedeutet, so hat es Frank vor dem Finale vorgerechnet. Damit hätte der Klub nicht nur seine Verbindlichkeiten tilgen, sondern sich auch einen starken Kader für die Mission Wiederaufstieg zusammenstellen können. Nun müssen in Essen erst mal kleinere Brötchen gebacken werden, ohne freilich das Saisonziel deshalb zu verändern. Auf Frank wartet die nächste schwierige Mission als Trainer. Mit drei Unentschieden startet Essen in der Saison 1994/95 in die neue Regionalliga West/Südwest, zu dieser Zeit die dritthöchste Spielklasse im deutschen Fußball. Im DFB-Pokal unterliegt Franks Truppe dem VfL Bochum zuhause in der ersten Runde mit 0:2. „Uns fehlt einfach nur ein Erfolgserlebnis", äußert Frank, mit dem Auftritt seiner Truppe gegen den Erstligisten gar nicht mal unzufrieden, im *kicker* betrübt. Er arbeitet weiter akribisch mit dem Team.

Dem Fußball ordnet er alles unter, lebt sozusagen an der Hafenstraße. Zwischen zwei Trainingseinheiten nimmt er mittags gerne die Einladung von Teambetreuer Günter Barchfeld an, bei dem er einen Teller dampfende Linsensuppe bekommt. „Gerade so die Leute um die Mannschaft herum, für die hatte Wolfgang Frank eigentlich immer ein offenes Ohr. Er war da sehr bodenständig und alle mochten ihn", erzählt Kurth. „Er hat auch seine Prämien teilweise an andere im Verein gegeben, weil er fand, alle sind am

Erfolg beteiligt", erinnert sich Benjamin Frank. „Deshalb wollte er nicht, dass irgendjemand leer ausgeht." Wenn Frank mit den Söhnen etwa zu Spielen bei seinen früheren Spielervereinen ins Stadion geht, kennt er noch Jahre nach seiner Zeit im Klub von der Ticketverkäuferin bis zum Parkplatzwächter viele der Mitarbeiter*innen beim Namen.

In Essen wird schließlich das Heimspiel gegen Bielefeld am vierten Spieltag zum ersehnten Erfolgserlebnis, das Team gewinnt 1:0. Im *kicker* steht anschließend: „Wieder festen Boden unter den Füßen hat RWE-Trainer Wolfgang Frank. Der Schwabe, der mit dem langen Schatten seines erfolgreichen Vorgängers Jürgen Röber leben muss, konnte am Samstag den ersten Sieg feiern, und das ausgerechnet im Schlager gegen Arminia Bielefeld. Da verstummten an der Hafenstraße auch die Röber-Sprechchöre." Für den auf menschliche Harmonie bedachten Frank ist es keine einfache Situation, immer wieder Röbers Schatten zu spüren, es liegt ihm aber fern, sein Verhalten deshalb zu ändern, sich Fans und Spielern anzubiedern. Spyrka ist in Erinnerung geblieben, wie undramatisch Franks Auftreten war und wie inhaltlich stark er gearbeitet hat. „Ich hatte ganz viele Trainer, die waren Schauspieler. Sie haben sich nach außen gut verkauft, aber wenn sie vor dir standen, um dir taktisch was zu erklären, haben sich die Spieler angeschaut und gesagt: ‚Okay, wir regeln das alleine auf dem Platz.' Weil da überhaupt nichts kam. Bei ihm war das völlig anders."

Mit dem Sieg gegen Bielefeld ist der Knoten geplatzt. Plötzlich gewinnt Franks Team einfach alles, ob auswärts oder zuhause. Die Fans danken es mit einer neuen Euphorie: Bis zu 10.000 sehen die Spiele an der Hafenstraße, auswärts ist der Essener Anhang oft zahlreicher als jener der Heimmannschaft, wie beim 1:0 gegen den Bonner SC. Bis Mitte Oktober gewinnt RWE alle Partien und ist ab dem neunten Spieltag erstmals Tabellenführer. Daran ändern auch die Niederlage gegen den TuS Paderborn-Neuhaus sowie zwei Unentschieden gegen Preußen Münster und den 1. FC Bocholt Ende Oktober, Anfang November nichts. Der Trainer und sein Team scheinen auf dem richtigen Weg, Frank, so wirkt es, ist endlich angekommen.

Am 16. Spieltag verliert Essen die Tabellenführung nach einem 2:2 beim Wuppertaler SV an den SC Verl – zu viele Unentschieden gegenüber den Siegen des Konkurrenten. „Das war naiv, dämlich und amateurhaft", schimpft der Trainer nach der Partie, in der RWE vor 4.000 mitgereisten Fans einen 2:0-Vorsprung vergeben hat. Nur einen Spieltag später jedoch erobert Essen den Platz an der Sonne im direkten Duell gegen Verl zurück. Eine hitzige Partie mit vier Platzverweisen (drei für Essen, einer für Verl, zudem wird Frank auf die Tribüne verbannt) gewinnt RWE mit 2:0 und bleibt bis zum 20. Spieltag Spitzenreiter. Doch in der häufig verletzungsgeplagten Mannschaft fehlt schon länger ein zuverlässiger Stürmer, und immer noch enden vergleichsweise viele Spiele unentschieden. Am 21. Spieltag gelingt Arminia Bielefeld im März 1995 eine ersehnte Revanche für das Hinspiel. Die 0:4-Niederlage auf der Alm ist zugleich die bis dahin höchste Saisonpleite für Essen. Weil parallel der SC Verl 4:1 gewinnt, muss man die Tabellenführung nicht nur abgeben, sondern rutscht hinter Verl und Bielefeld auf Rang drei ab. „Ich habe nach unserem 0:4-Ausrutscher auf der Bielefelder Alm eine Trotzreaktion der Mannschaft gespürt", sagt Frank im *kicker* – tatsächlich gewinnt Essen das nächste Spiel gegen Borussia Neunkirchen mit 2:0, und an der Hafenstraße beginnt die Planung für die folgende Saison mit dem Trainer Wolfgang Frank. Doch zu der wird es nicht kommen.

In der entscheidenden Saisonphase verliert Essen seine Stabilität. Die Mannschaft, die bis Anfang März überhaupt nur ein Spiel verloren hat, unterliegt nach der Schlappe gegen Bielefeld im selben Monat noch in einer weiteren Partie. „Die Spieler haben die Köpfe nicht frei", konstatiert ihr Trainer, dessen mentale Arbeit zu dieser Zeit scheinbar keine Früchte trägt, im *kicker*. Ende April setzt es mit dem 0:5 beim Tabellenschlusslicht SCB Preußen Köln die höchste Niederlage überhaupt, dennoch hält Essen den Anschluss. Im Mai kann Franks Truppe zunächst nach einem 2:0-Sieg gegen den TuS Paderborn-Neuhaus ein letztes Mal an die Tabellenspitze springen. Weil Verl zuvor nur einen Punkt gegen Bielefeld holt, sieht es für einen Moment so aus, als sei der Kampf um die Spitze auf das Duell zwischen Bielefeld und Essen verdichtet. Doch dann verliert RWE trotz Überlegenheit unglücklich bei Preußen Münster – und verliert auch die verbleibenden vier Partien. Libero Spyrka, der vor dem Einbruch noch angekündigt hat, man würde die letzten fünf Spiele sämtlich gewinnen, kann sich den Einbruch im letzten Saisonviertel bis heute nicht schlüssig erklären. Nach dem 1:3 zuhause gegen Wuppertal im vorletzten Spiel der Saison ist das Kapitel Wolfgang Frank an der Hafenstraße beendet: Die Verantwortlichen beurlauben den Trainer.

Seine Mannschaft rutscht im letzten Spiel mit der Niederlage gegen Verl auf den vierten Tabellenplatz ab, Platz eins sichert sich am Ende Bielefeld.

„Mit den Bielefelder Möglichkeiten konnten wir letztendlich nicht mithalten", sagt ein desillusionierter Wolfgang Frank im *kicker*. Sechs Punkte zum Zeitpunkt seiner Entlassung sind nicht mehr aufzuholen. Arminias millionenschwere Verpflichtungen von ehemaligen Bundesligastars wie Thomas von Heesen haben sich bezahlt gemacht. Über die im Verhältnis klammen Bedingungen in Essen redet niemand mehr, stattdessen wird die Schuld bei Frank gesucht. Der gilt an der Hafenstraße plötzlich als gescheitert.

„Ich glaube, dass andere Trainer, die wesentlich weniger zu bieten hatten, vielleicht einfach durch großes Glück erfolgreicher sind und im Gedächtnis bleiben", sagt Torwartlegende Kurth über Franks kompliziertes Vermächtnis. „Aber er hat in Essen eine deutliche Duftmarke hinterlassen und viele, viele Menschen, bei denen er sehr im Gedächtnis geblieben ist. Nachhaltig ist er schon gewesen. Vielleicht nicht für die Masse, aber das zeigt für mich auch nicht die Qualität eines Menschen. Es geht ja darum, *wie* die Menschen über einen reden, nicht wie viele. Mir fällt kaum jemand ein, der nicht absolut positiv über Wolfgang Frank spricht. Und das ist es doch, was letztlich zählt."

III VORANGEGANGEN

Der Visionär macht Schule

KAPITEL 13

Ungeduldiger Revolutionär

„Hätten Sie mich zwei Jahre zuvor gefragt: ‚Möchtest du den guten Stürmer holen, der dir Tore garantiert, oder den guten Trainer?' – ich hätte den Stürmer genommen. Seit Wolfgang Frank würde ich immer den Trainer wählen."

CHRISTIAN HEIDEL, MANAGER MAINZ 05

Die Stimmung beim 1. FSV Mainz 05 ist im September 1995 nicht schlechter als zu dieser Jahreszeit üblich. „Trainerwechsel im Akkord war man in dieser Phase ja gewöhnt", sagt Sportjournalist Reinhard Rehberg. In der Vorsaison standen beim Zweitligisten gleich vier an der Seitenlinie. Nachdem Josip Kuže, seit 1992 im Amt, im Oktober 1994 freigestellt worden ist, hat zunächst Hermann Hummels übernommen. Der hat jedoch nach einem 2:5 in Chemnitz im April 1995 hingeschmissen. Daraufhin ist der bei Mainz 05 übliche Mechanismus in Kraft getreten: Manfred „Manni" Lorenz, Trainer der Amateure, hat interimsmäßig übernommen. Und auf ihn ist zum 27. Spieltag Horst Franz gefolgt, mit dem die Mannschaft die Klasse gehalten hat. Nach dem ersten Saisonspiel 1995/96 gegen Hannover 96 ist die Stimmung sehr gut, der *kicker* feiert Torwart Stephan „Kuhni" Kuhnert sogar als den „Mann des Tages". Grund ist der 2:2 Ausgleich, den der bei einem Eckball aufgerückte Schlussmann in der 90. Minute per Kopf für die 05er erzielt hat. Doch die Freude ist von kurzer Dauer. Weil Mittelfeldspieler Thomas Ziemer, der zum 1:0 getroffen hat, noch nicht auf der Spielberechtigungsliste für die Saison steht, legt Hannover Einspruch gegen die Wertung des Spiels ein.

Mainz verliert unterdessen die folgenden Partien und kann erst am 5. Spieltag mit dem 0:0 im Heimspiel gegen den SV Meppen einen Punkt holen, auf den zwei weitere Niederlagen folgen. Und der vermeintliche Punkt aus der ersten Partie ist auch endgültig weg. Zwei Tage zuvor hat 05-Präsident Harald Strutz erklärt, Trainer Franz sei mit seiner Erfahrung in dieser Situation der Richtige für dieses Team. Doch nach einer Niederlage beim 1. FC Nürnberg ist für den Mann von der Spree die Zeit am Rhein vorbei, Manfred Lorenz übernimmt erneut. „Es war sonnenklar, dass es mit Franz nicht auf Dauer weitergeht", gibt Journalist Rehberg die

Stimmung zu jener Zeit wieder. „Franz konnte Abstiegskampf, aber nichts aufbauen." Jürgen Klopp muss lachen bei der Erinnerung an den Abschied des Trainers. „Wir wussten, der Vorstand hat mit ihm geredet. Er kam runter auf den Platz und hat gesagt: ‚Die Amateure haben mich entlassen.'" Klopp ahmt nach, wie Franz sich anschließend einen Finger in den Mund steckt, ihn in den Wind hält und dem verdutzten Team eröffnet: „Dann gehe ich jetzt mal surfen."

Lorenz verbreitet unterdessen Optimismus: „Ich habe bisher dreimal mit der Mannschaft trainiert und mir ein Bild machen können, das sieht so schlecht nicht aus. Spielerische Substanz ist vorhanden", erläutert er in der *Allgemeinen Zeitung (AZ)*. Sein Verein begibt sich auf Trainersuche, Wunschkandidat: Eckhard Krautzun. „Es wollte ja keiner mehr Trainer werden in Mainz", sagt Christian Heidel, damals seit drei Jahren Manager, heute Sportvorstand des Vereins. Auch Krautzun nicht, der den Verantwortlichen absagt und über die Medien begründet, er habe andere, attraktive Angebote vorliegen. Da bekommt Vizepräsident Peter Arens einen Tipp von Hubert Neu, der mit Wolfgang Frank den Trainerschein gemacht hat und aus seiner Zeit als Co-Trainer von Robert Jung noch guten Kontakt nach Mainz hat. Mittlerweile arbeitet Neu als Assistent von Jörg Berger bei Schalke 04, hat Franks Wirken in Essen verfolgt und glaubt, dieser könne nach Mainz passen. Am Rande des Auswärtsspiels bei Fortuna Köln sprechen die 05-Verantwortlichen und Frank erstmals kurz miteinander.

Die Partie endet mit einer 0:1-Niederlage, bietet laut *kicker* aber Anlass zur Hoffnung: „Der ‚Notlibero' Lieberknecht wirkte so souverän, als hätte er noch nie etwas anderes als Libero gespielt, und auch Kapitän Jürgen Klopp lieferte eine astreine Manndeckerleistung gegen Mikkel Beck ab. Beinahe sensationell jedoch der Auftritt des reaktivierten Mike Janz. Obwohl dreieinhalb Jahre ohne Bundesliga-Match-Praxis, gewann er nahezu jeden Zweikampf, übernahm als Libero Verantwortung, wenn Lieberknecht mit nach vorne stürmte, und tat darüber hinaus noch viel Konstruktives für die Offensive." Interimstrainer Lorenz hat Janz, seit Kreuzbandriss mit Meniskusschaden im August 1992 ohne Einsatz, aus der zweiten Mannschaft hochgezogen, wo er seit kurzem ein leichtes Training mitmacht. Die Idee geht auf. Doch mit Michael „Schorsch" Müller, der sich in der Wintervorbereitung das hintere Kreuzband gerissen hat, und dem aus Bochum gekommenen Uwe Stöver, der sich die Schulter ausgekugelt hat, fehlen wichtige Spieler. Dennoch macht das Team auch beim Pokalaus gegen Bremen eine recht gute Figur. „Insgesamt bot der Tabellenletzte der Zweiten Bundesliga eine bravouröse Vorstellung und deutete damit mehr als an, daß der Zug im Unterhaus noch längst nicht abgefahren ist", schreibt Volker Schütz in der *AZ*. Das kommende Heimspiel gegen Wattenscheid 09 gewinnt Mainz mit 2:0, die Erleichterung im Verein ist groß.

Am 25. September stellt der Klub Frank als neuen Trainer vor. Ebenfalls neu in Mainz: Lars Schmidt, der zunächst auf Leihbasis vom Karlsruher SC kommt und den Frank später zum Kapitän macht. Heidel bekennt, die Entscheidung für Frank sei keine Liebesheirat gewesen. „Er hat geredet wie ein Lehrer. Ich bin nicht so lehreraffin bei Trainern, muss ich zugeben. Wir haben uns im Novotel getroffen. Danach sind wir zum Stadion gefahren, er in seinem Volvo. Ich musste dauernd bremsen, so langsam war er. Da muss ich ehrlich sagen, dass ich nicht hellauf begeistert war, dass Wolfgang Frank jetzt unser Trainer ist." Bei seiner Vorstellung sagt Frank nicht viel, außer dass man den Klassenerhalt natürlich schaffen wolle. „Aber man hat die Energie gemerkt von dem Kerl", sagt Rehberg. Franks Erklärung, er werde keine Endspiele ausrufen und keine Zwischenstände verkünden, sondern sich von der Tabelle lösen und ganz auf Inhalte konzentrieren, beeindruckt den Sportjournalisten.

„In den Vordergrund stellt Frank offenkundig das Teamwork. Entsprechend taucht in seinen Ausführungen mehrfach die Vokabel ‚Kollektiv' auf. Es müsse ‚hart' gearbeitet werden, ein harter Hund sei er indes nicht. Die Offensive wird der neue Mann auf der Trainer-Kommandobrücke gleichfalls etwas forcieren", schreibt Schütz in der *AZ*. Der *kicker* titelt: „Franks Zweckehe" und fragt den Trainer, warum er sich den bis zum 30. Juni 1996 datierten Kontrakt in Mainz überhaupt antue. Der antwortet äußerst pragmatisch: „Viele Trainer warten auf ein Angebot von Bayern und bekommen es nie. Ich habe vier Monate nichts gemacht. Einige Kollegen wären froh, wenn sie hier Trainer geworden wären. Man muss einfach arbeiten, um zu zeigen, was man kann – dann bekommt man irgendwann auch andere Clubs."

„Ich meine mich zu erinnern, dass er damals gesagt hat, körperlicher Zustand ist ganz okay, aber er wollte relativ schnell mit uns am Kopf arbeiten", erzählt Jürgen Klopp. „Damit meinte er nicht den Kopfball, sondern dass wir wieder mehr an uns glauben müssen, positiver denken und so weiter." Vor seinem ersten Spiel sagt der neue Mainz-Coach: „Es ist wichtig, dass die Jungs Selbstvertrauen haben." Zudem müsse einiges passieren, um einen Teamgeist aufleben zu lassen. „Schließlich kann eine Mannschaft nur funktionieren, wenn man sich gegenseitig hilft." Psychologie werde eine große Rolle spielen. „Das war ja komplettes Neuland für eine Mannschaft in den Neunzigern", sagt Klopp. „Aber er war da mutig. Und das Gute ist natürlich, wenn du zu einer Mannschaft kommst, die im Abstiegskampf steckt, folgt sie dir natürlich überall hin." Frank vermittelt das Gefühl zu wissen, was er will, das kommt bei Spielern und im Umfeld an.

Dennoch deutet zunächst wenig auf jene Revolution hin, die in Mainz schon bald stattfinden soll. Im ersten Spiel unter Wolfgang Frank holen die 05er mit einem 2:2 nach Rückstand einen Punkt in Wolfsburg. Der Vorstand attestiert dem Team Charakter, Klopp sagt damals: „In der Halbzeit hat uns der Trainer noch einmal richtig heiß gemacht. Überhaupt hat der Trainer uns überragend eingestimmt. Er hat eine sehr gute Art, mit uns zu reden." Wolfgang Frank spricht nach seinem Debüt vor allem von den verlorenen Punkten – und zieht eine erste sichtbare Konsequenz: Vor der anschließenden Heimpartie gegen die Spielvereinigung Unterhaching geht es für sein Team zur besseren Vorbereitung ins Hotel. Mit dem 3:1-Sieg gegen den Münchener Vorortverein ist der Trainer zwar zufrieden, nicht aber mit dem Spiel. „Ich habe ganz selten eine Mannschaft so schlecht Fußball spielen sehen", schimpft er in der *AZ*. Frank will verhindern, dass die Spieler aus dem Sieg die falschen Schlüsse ziehen. „Ich glaube, dass er sich auch extrem hinterfragt hat", sagt Sandro Schwarz, damals Spieler, heute ebenfalls Trainer. Frank setzt seine Arbeit immer in einen engen Zusammenhang mit dem Geschehen auf dem Platz. „Wenn es da nicht gelaufen ist, hat er sich extrem in die Verantwortung genommen. Daraus ist auch eine Energie entstanden: Jetzt gehen wir wieder raus. Das nächste Spiel ist die nächste Aufgabe." Stürmer Sven Demandt erinnert sich: „Er hatte die Maxime: Wenn wir verlieren, müssen wir noch mehr trainieren. Und wenn wir gewinnen? Oh, ganz gefährlich, bloß nicht nachlassen." Tatsächlich setzt es anschließend eine krachende 1:6-Niederlage in Jena. Für den jungen Keeper Dimo Wache, den Interimstrainer Lorenz am 8. Spieltag ins Tor geholt hat, was Frank bis dahin beibehält, ist es das vorerst letzte Spiel. „Wolfgang war ein absolut akribischer Arbeiter. Er war sehr, sehr kommunikativ, hat viele Einzelgespräche geführt, auch mit mir. Ich war nicht so der Vorzeigeprofi und Wolfgang hat mir da zusammen mit Kuhni sicher den Weg geebnet." Zunächst kehrt aber Stephan Kuhnert zurück ins Tor.

Frank kündigt nach der deutlichen Schlappe gegen Jena in der *AZ* Konsequenzen an und fordert von den Spielern: „Jeder hat sein Leben so einzurichten, dass er auf dem Platz die beste Leistung zeigen kann."

Mut gibt dem Team ein hart erkämpfter 4:2-Heimsieg gegen den Chemnitzer FC am Wochenende darauf, bei dem Mainz zweimal einen Rückstand dreht und nach Gelb-Rot wegen übertriebenem Torjubel für Abderrahim Ouakili ab der 73. Minute nur noch zu zehnt ist. „Ich muss meiner Mannschaft ein Kompliment machen, sie hat den Fight gesucht und Charakter gezeigt", lobt Frank. Doch der Sieg bleibt vorerst ein positiver Ausreißer. Mainz kann in den folgenden Partien gegen Arminia Bielefeld (0:2), Waldhof Mannheim (0:0), den MSV Duisburg (0:1) und den VfL Bochum (0:3) nicht gewinnen und beendet die Hinrunde Ende November als Tabellenletzter. Der Trainer wirkt in der Phase extrem selbstkritisch und ist erkennbar mit Systemfragen beschäftigt. Nach dem 0:1 gegen Duisburg erklärt Frank zerknirscht, er habe sich im entscheidenden Moment für das Risiko und gegen eine Absicherung des 0:0 entschieden. In der *AZ* gibt er zu Protokoll: „Ich bin wieder als Ober-Psychologe gefordert."

Viele der Niederlagen bewerten Spieler, Verantwortliche und Medien als unglücklich, was unterm Strich aber auch keine Punkte bringt. Trotz einer erkennbar verbesserten Geschlossenheit des Teams und vereinzelt guter Ansätze im Spiel: Zu Beginn der längsten Winterpause, die es im bezahlten Fußball in Deutschland je gegeben hat, scheint Mainz 05 Anfang Dezember 1995 für viele bereits als sicherer Absteiger festzustehen. Frank reagiert mit großer Entschlossenheit auf die Entwicklung: „Ich werde noch profihafteres Verhalten fordern und eine härtere Gangart einschlagen. Wir hatten die einmalige Chance, von unten wegzukommen. Jetzt müssen wir einen neuen Anlauf nehmen." Dabei sei es wichtig, sich nicht gegenseitig zu zerfleischen. Das darf durchaus als Hinweis an die Grüppchenbilder im Team verstanden werden. „Wir waren eine Katastrophentruppe", gesteht der damalige Libero Schorsch Müller ein. „Nicht fußballerisch, sondern untereinander." Für ihn ist die 0:3-Niederlage in Bochum das erste Spiel nach langer Verletzungsphase. Tags darauf gibt es vor dem Training in der Kabine Diskussionen zwischen einer Gruppe von älteren und einigen jüngeren Spielern. Die Jungen werfen den Altgedienten vor, nachts gefeiert zu haben und nicht alles zu geben. Müller und Torsten Lieberknecht liefern sich ein Wortgefecht. Frank steht auf und verlässt wortlos die Kabine.

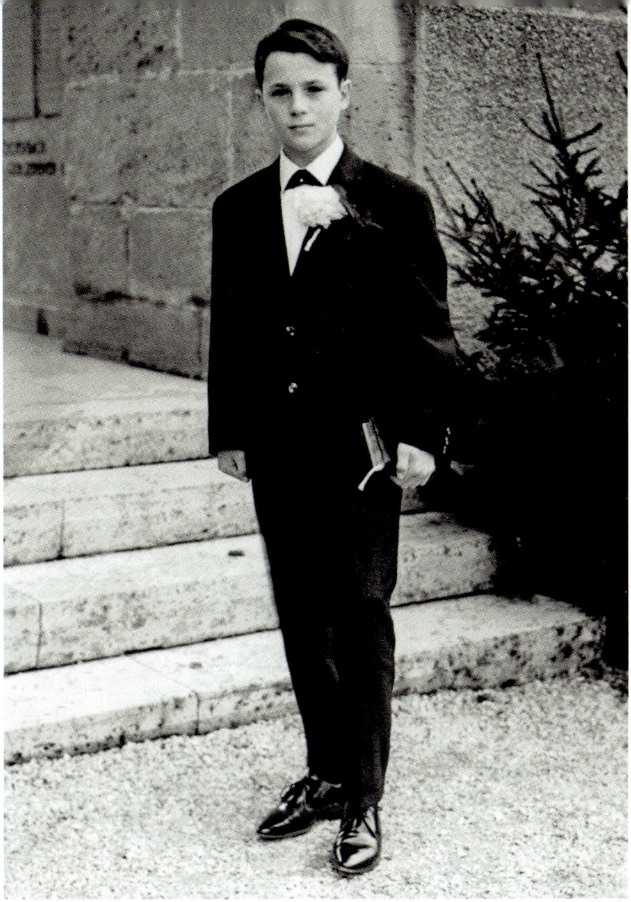

Wolfgang Frank am Tag seiner Konfirmation. Das Foto ist nicht datiert, doch in der Regel ist das Alter bei der Feier 14 Jahre, es dürfte also um 1965 entstanden sein.

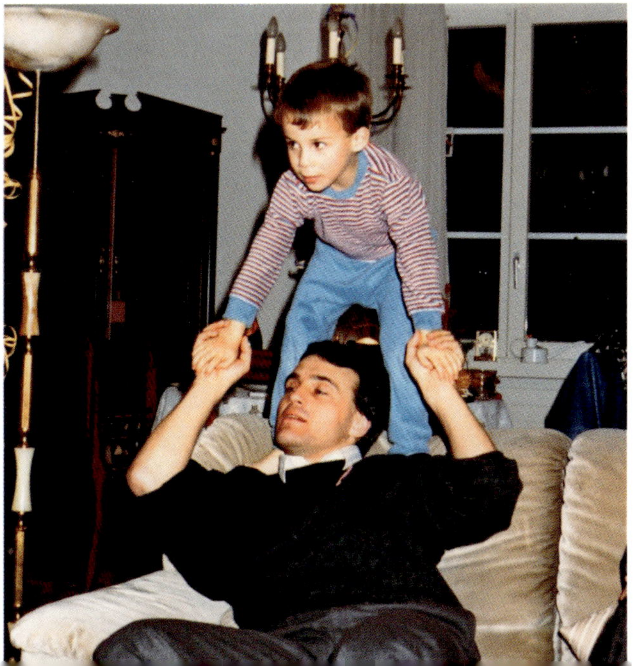

Franks jüngerer Sohn Benjamin beim Toben mit seinem Vater. Als Kinder waren die Brüder bei vielen Spielen dabei – und sie freuten sich, wenn der Papa mal Zeit daheim verbrachte.

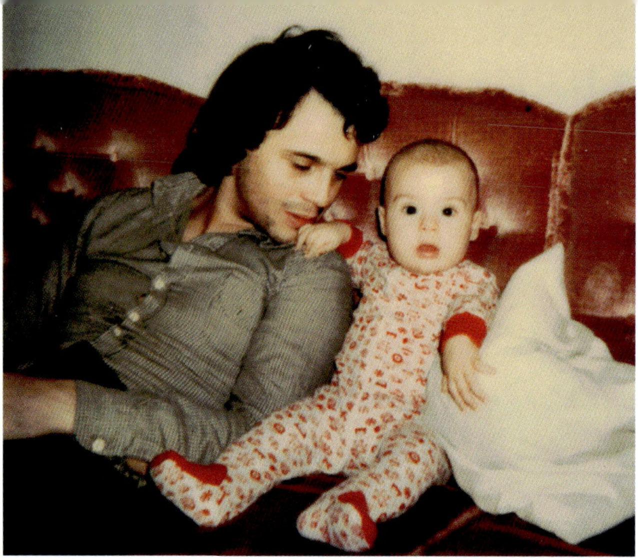

Der ältere Sohn Sebastian kommt 1978 zur Welt. Wolfgang Frank geht ganz in der Rolle als Vater auf. Er bleibt ein Leben lang ein wichtiger Ansprechpartner für seine Kinder.

© privat

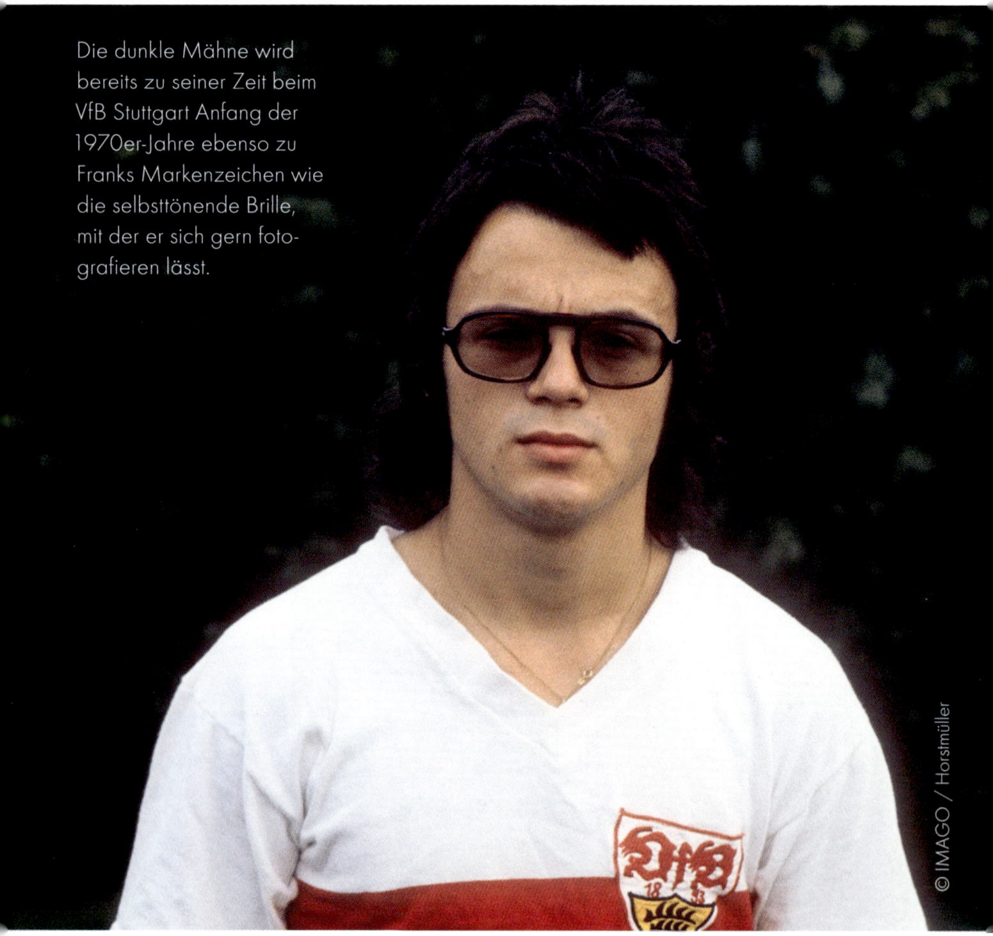

Die dunkle Mähne wird bereits zu seiner Zeit beim VfB Stuttgart Anfang der 1970er-Jahre ebenso zu Franks Markenzeichen wie die selbsttönende Brille, mit der er sich gern fotografieren lässt.

© IMAGO / Horstmüller

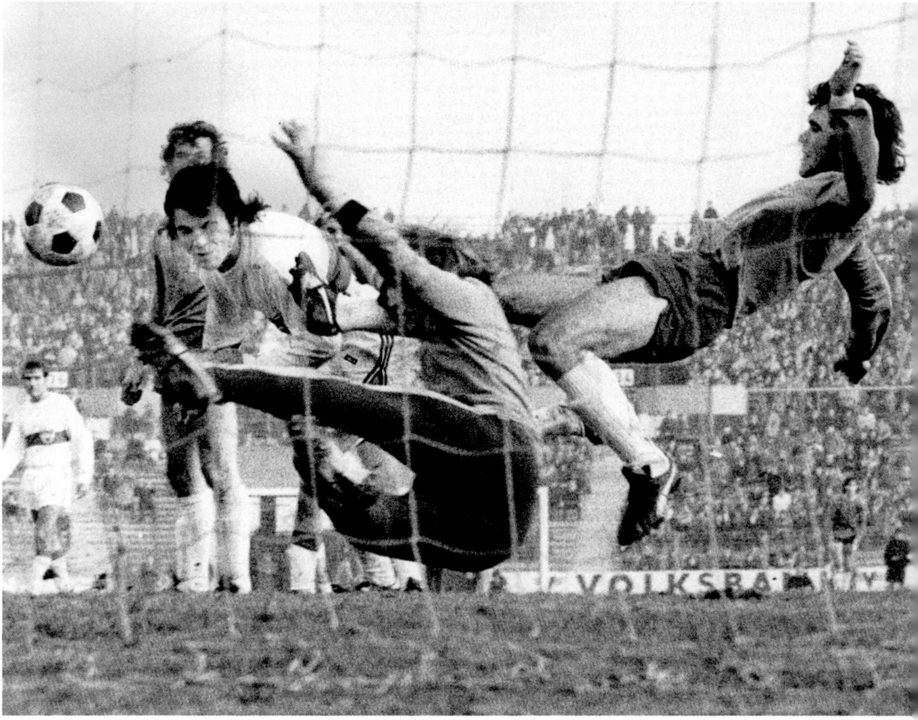

Die Kopfballstärke Wolfgang Franks ist legendär. Obwohl der Stürmer nicht besonders groß ist, schießt er viele Tore auf diese Art – wie hier im Dress des VfB.

Torschussversuch beim Heimspiel gegen NAC Breda im Dress von AZ Alkmaar im Januar 1974. Im Hintergrund ist die neue Tribüne noch in der Entstehung.

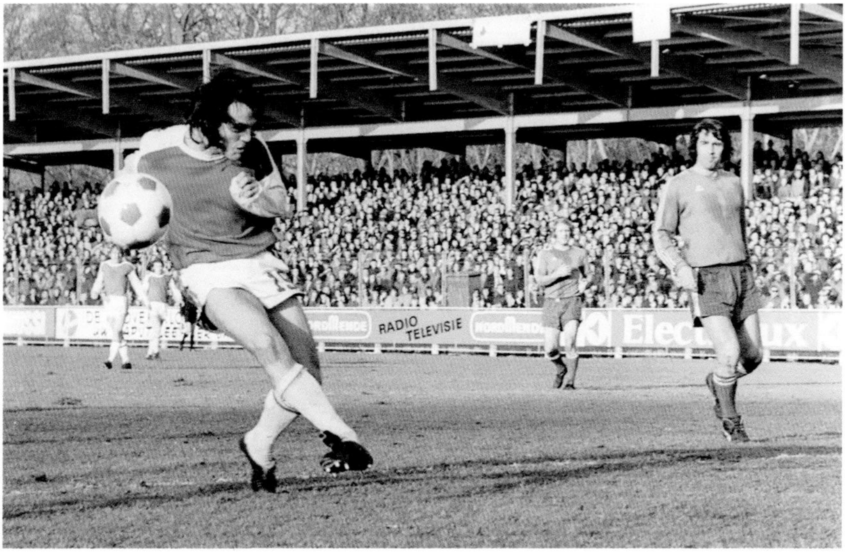

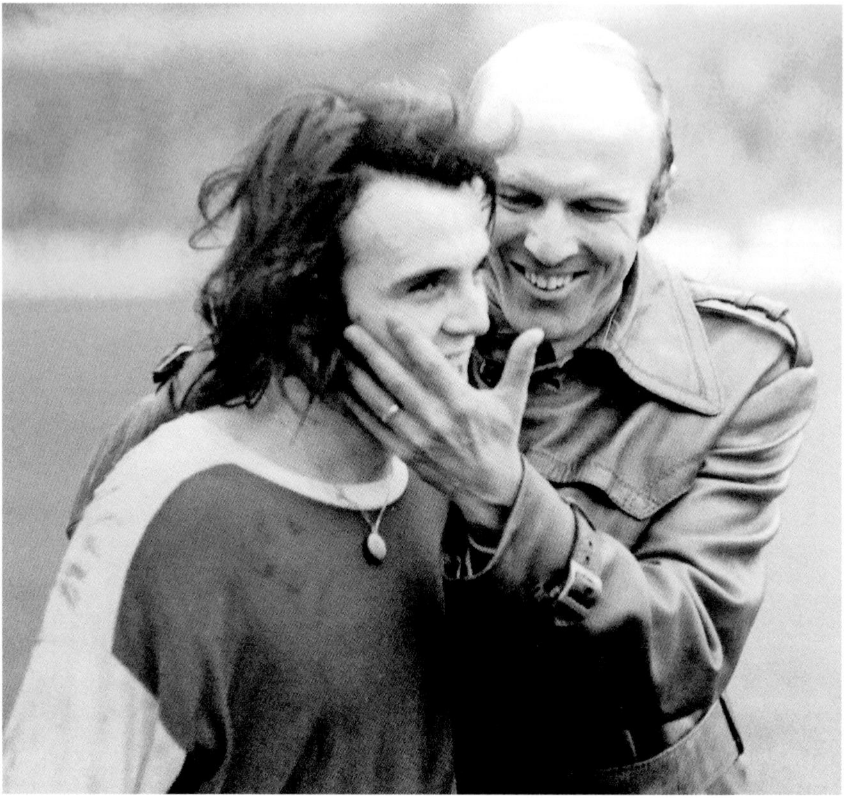

© George Stoekenbroek

Joop Brand war Forderer und Förderer des jungen Frank in seiner Saison in Alkmaar. Hier freuen sie sich im November 1973 gemeinsam über den Sieg gegen FC Den Haag.

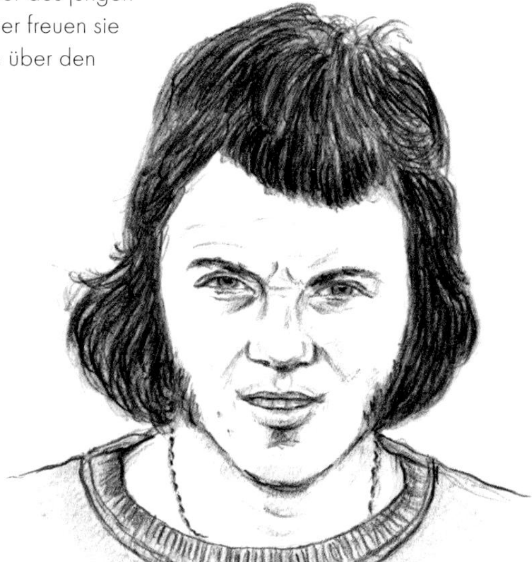

Über die Jahre hat der Archivar des AZ Alkmaar, Jan Visser, alle Spieler seines Vereins gezeichnet – natürlich auch Wolfgang Frank. Die Originale hängen im Museum des Klubs.

© Jan Visser

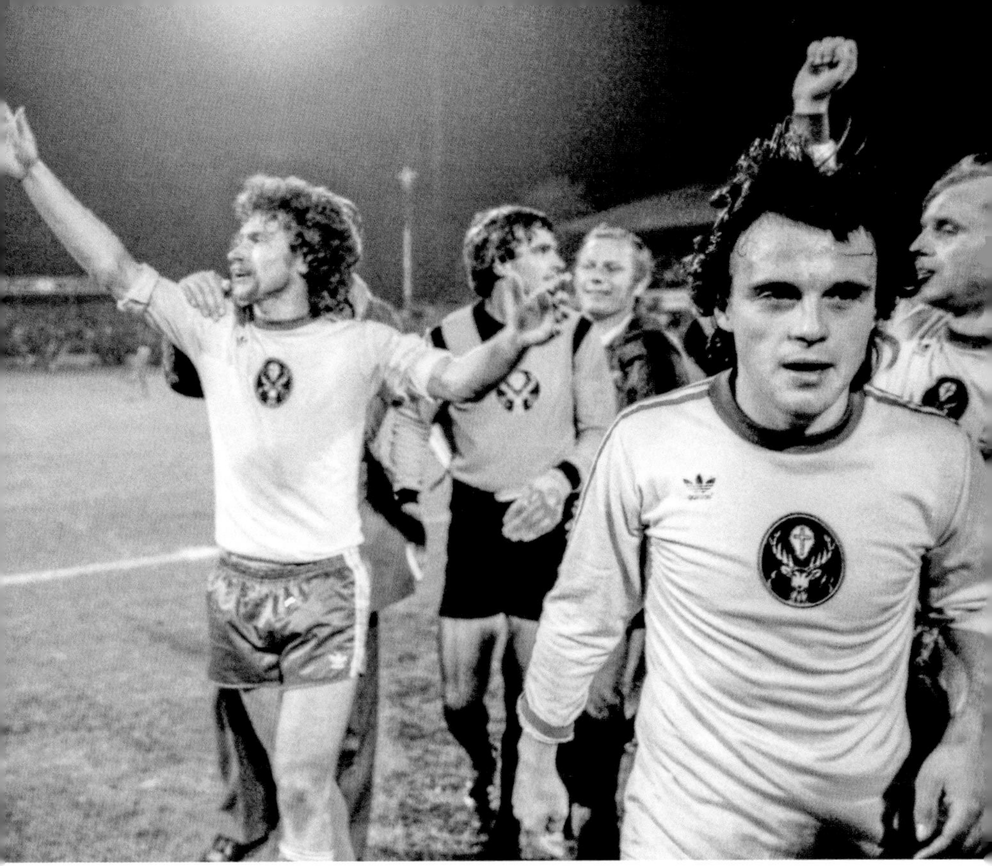

Die Braunschweiger Welt war zu klein für Wolfgang Frank und Paul Breitner. Nach der Verpflichtung des Stars aus Madrid fühlt Toptorjäger Frank sich zurückgesetzt. Hier sind die Alphatiere nach dem UEFA-Cup-Spiel gegen Dynamo Kiew im September 1977 zu sehen.

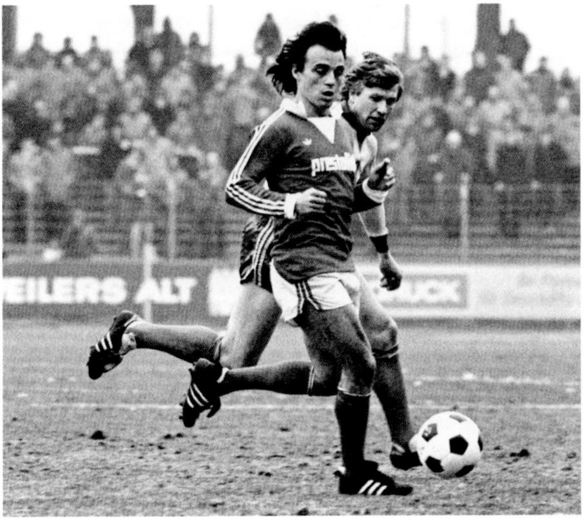

Der Wechsel Franks von Eintracht Braunschweig zu Borussia Dortmund geht alles andere als geräuscharm über die Bühne. In diesem Spiel im Frühjahr 1980 unterliegt er mit dem BVB bei seinem alten Arbeitgeber.

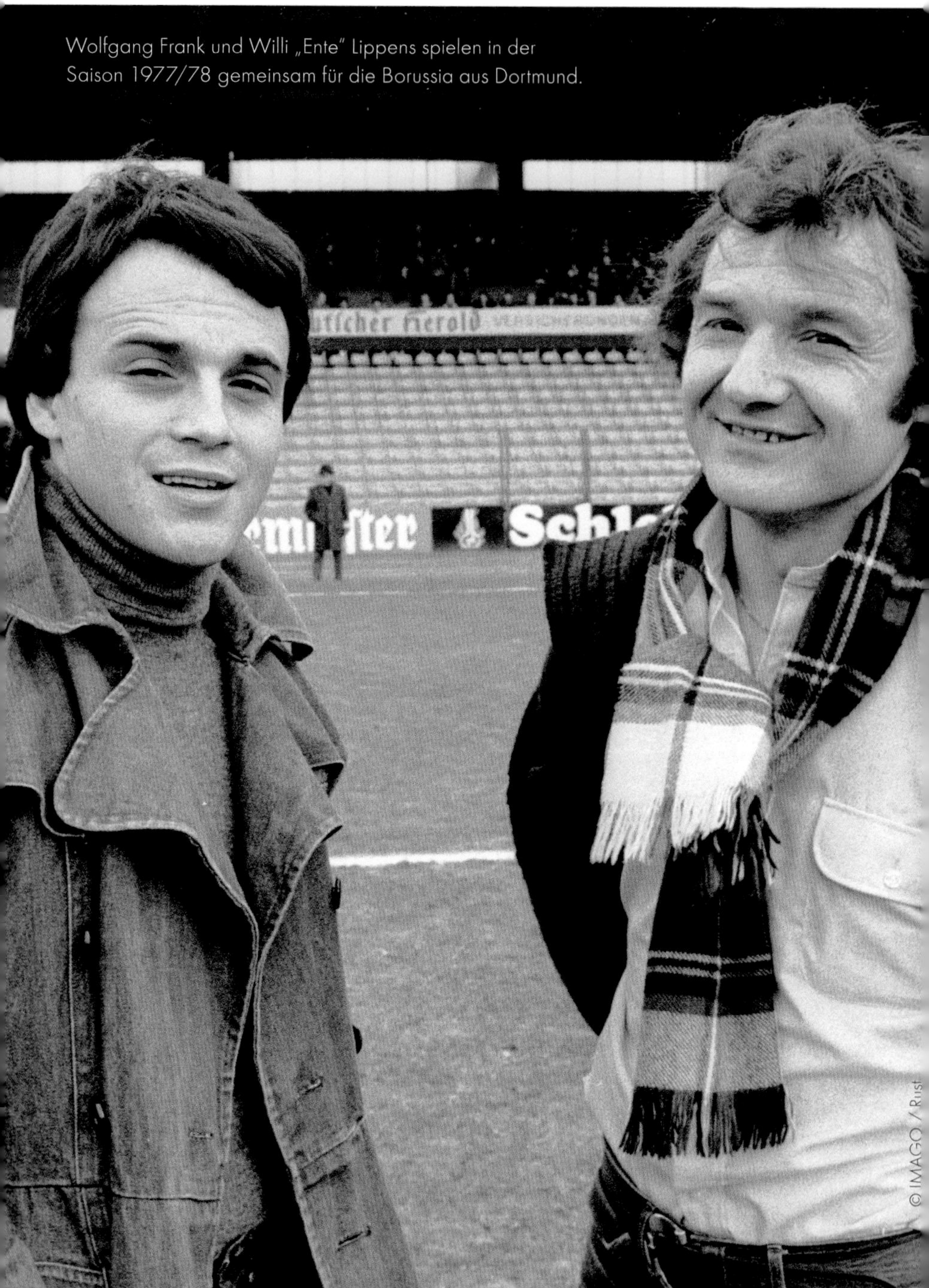

Wolfgang Frank und Willi „Ente" Lippens spielen in der Saison 1977/78 gemeinsam für die Borussia aus Dortmund.

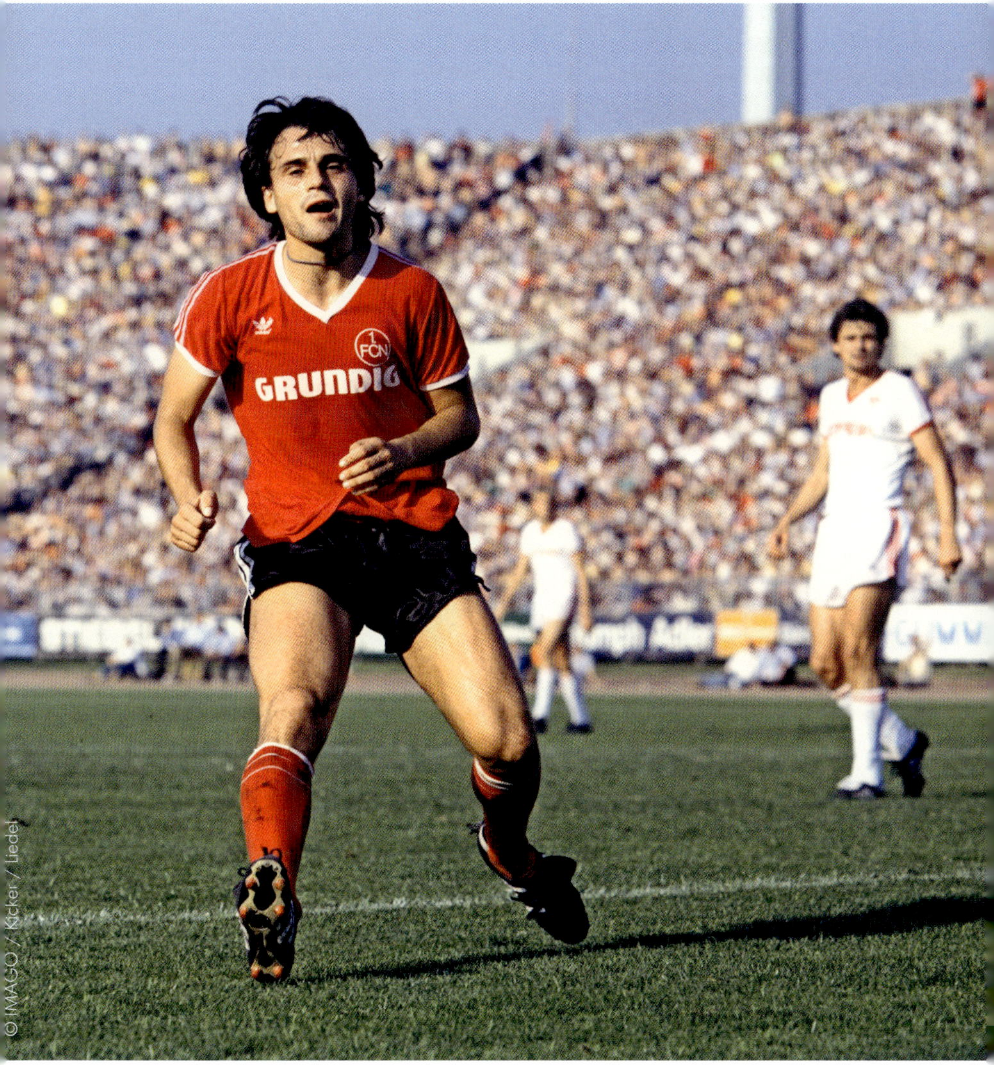

Obwohl die Familie Frank mit großen Hoffnungen nach Nürnberg geht, ist der Wechsel sportlich weder für den Stürmer noch den „Club" ein Erfolg. Nach zwei Jahren ist 1982 Schluss.

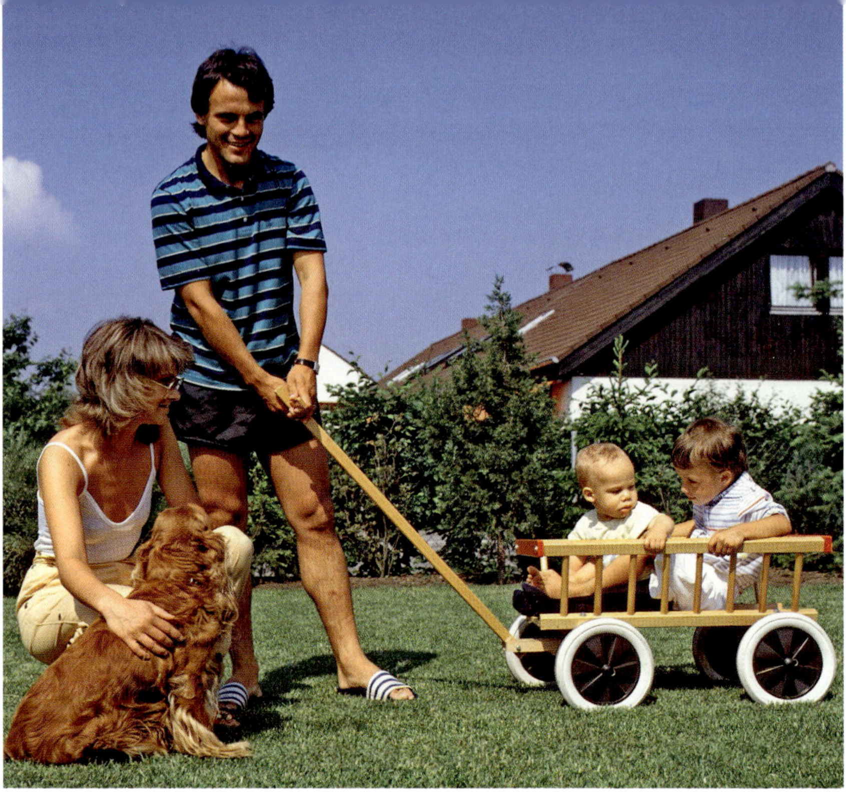

Private Idylle im Garten: Wolfgang Frank Anfang der 1980er mit seiner ersten Frau Brigitte, den Söhnen Benjamin und Sebastian sowie dem Familienhund.

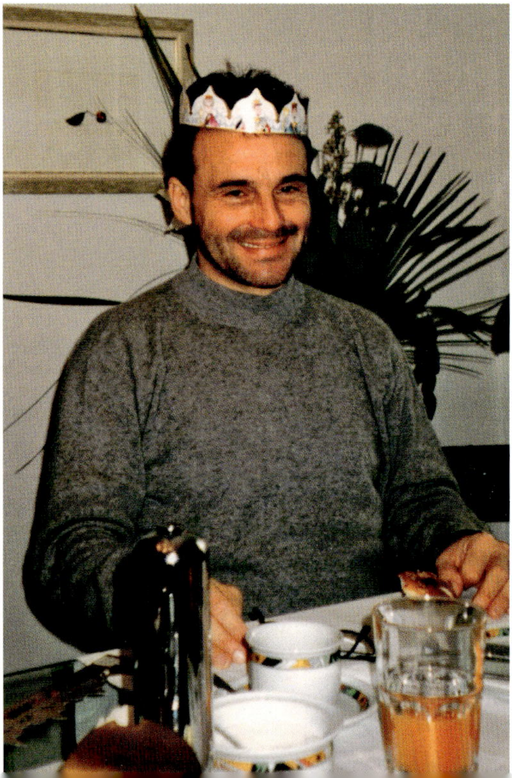

Im privaten Umfeld war Frank für seinen Humor bekannt. Wenn er sich wohlfühlte und guter Stimmung war, konnte er auch richtig albern sein. Hier hat ihn seine Familie mit einer Geburtstagskrone ausgestattet.

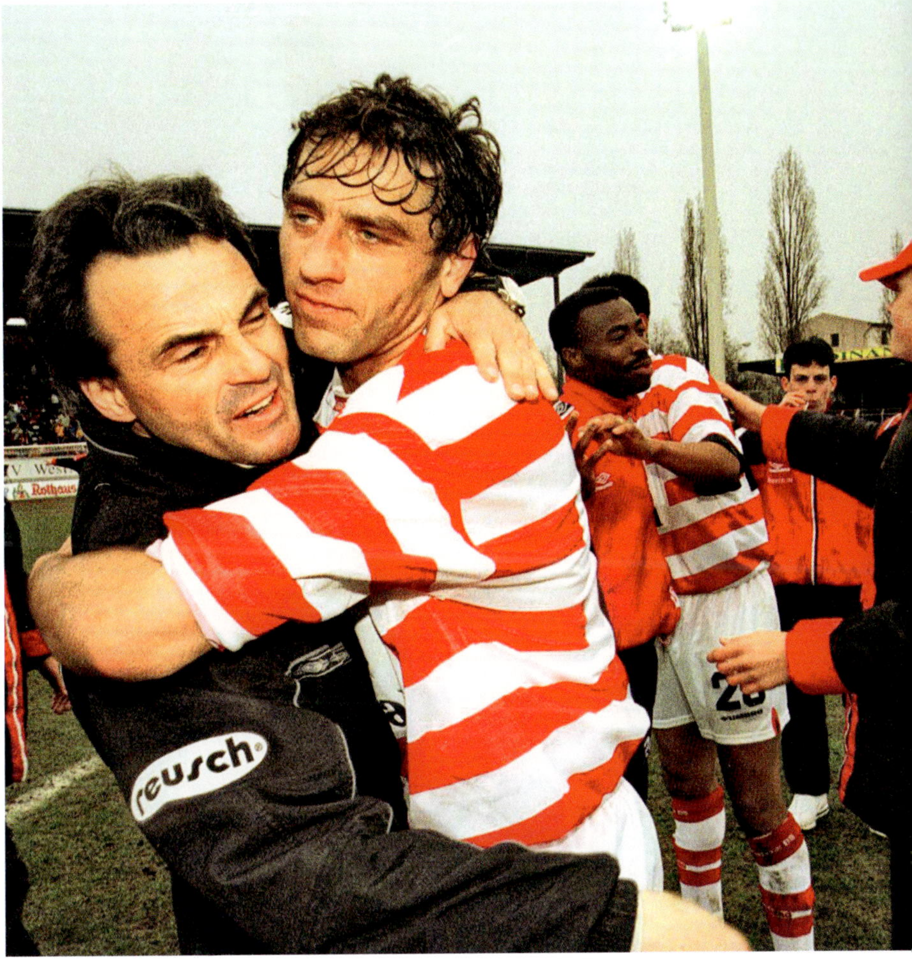

Da war die Welt am Bruchweg gerade in Ordnung: Frank feiert mit Spieler Adrian Spyrka beim 1. FSV Mainz 05. Spyrka war zuvor bereits in Essen sein Spieler.

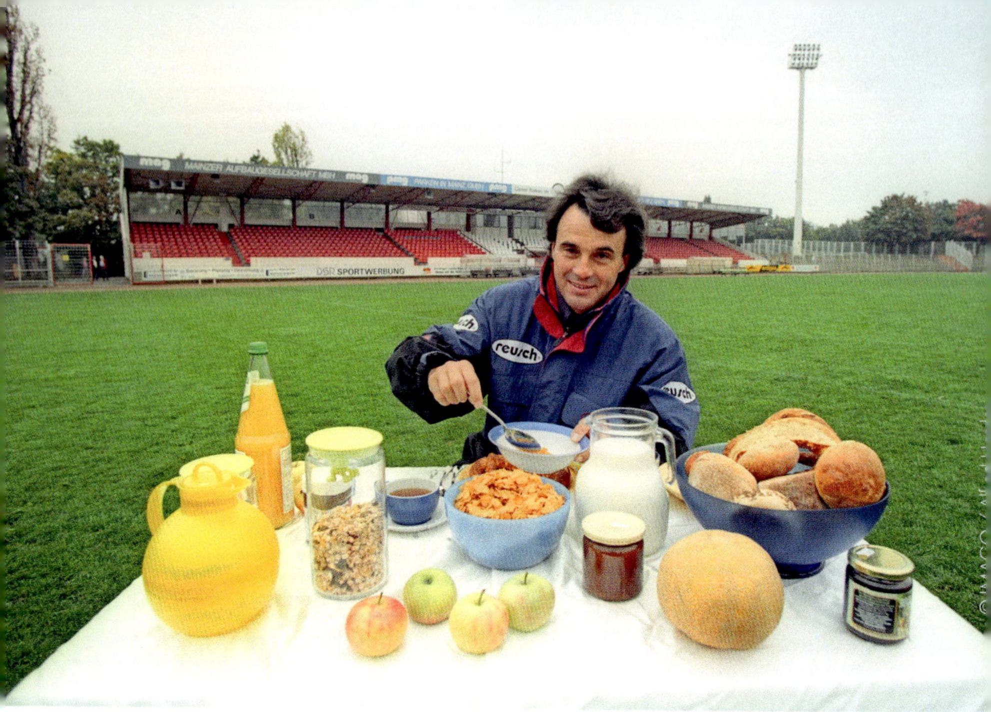

Bei einen Medientermin lässt Frank sich am extra aufgebauten Frühstückstisch auf dem heiligen Rasen des Bruchwegs ablichten. Für solche Späße war er durchaus zu haben.

Maßarbeit beim OFC: Wolfgang Frank hat am liebsten alle Fäden selbst in der Hand – oder, wie hier, alle Stangen. Wiederholungen im Training sind dem Coach sehr wichtig.

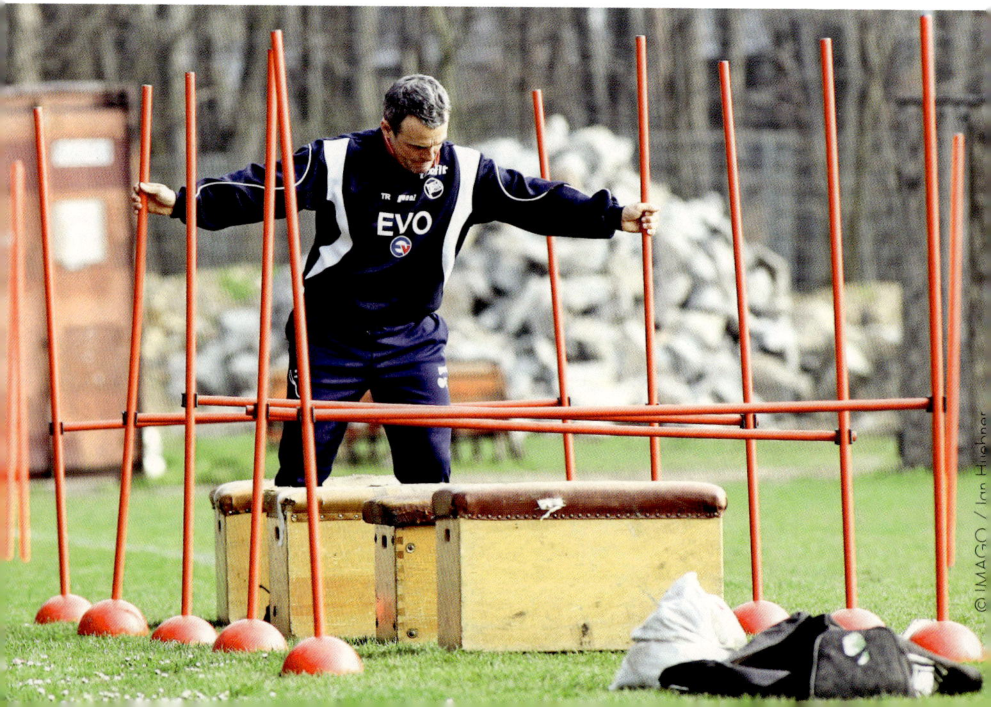

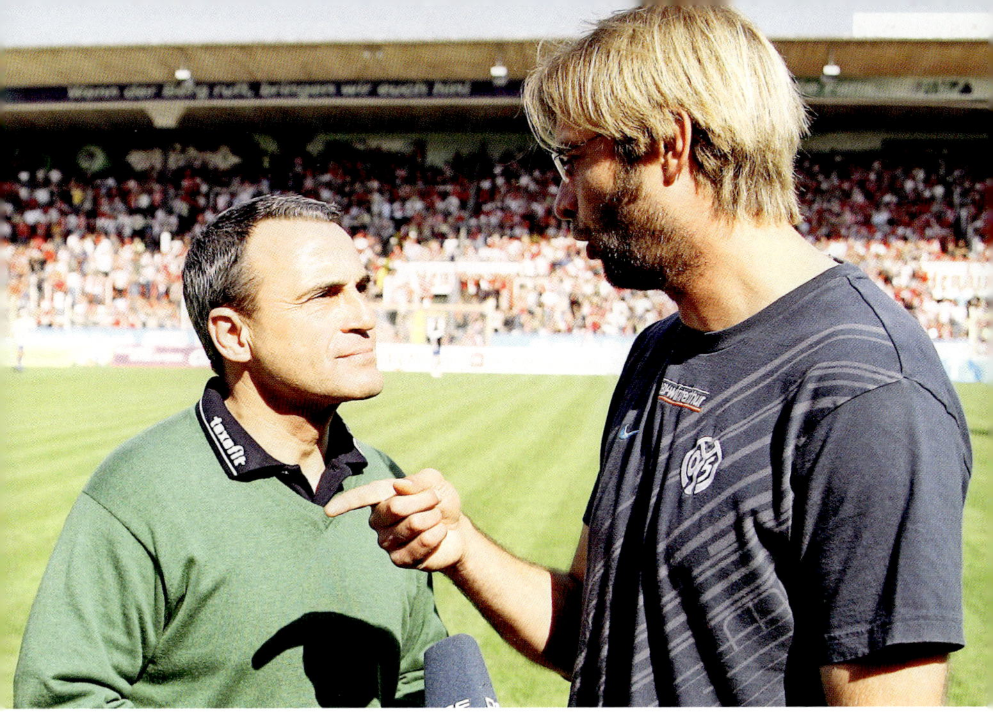

Der Vordenker und sein Meisterschüler. Wolfgang Frank, als Trainer in den Diensten der Offenbacher Kickers, im Herbst 2007 mit Jürgen Klopp, der mittlerweile Mainz 05 trainiert.

Klassenerhalt geschafft! Die OFC-Spieler jubeln mit Wolfgang Frank, der mit ihnen das sportliche Wunder in Offenbach erreicht hat.

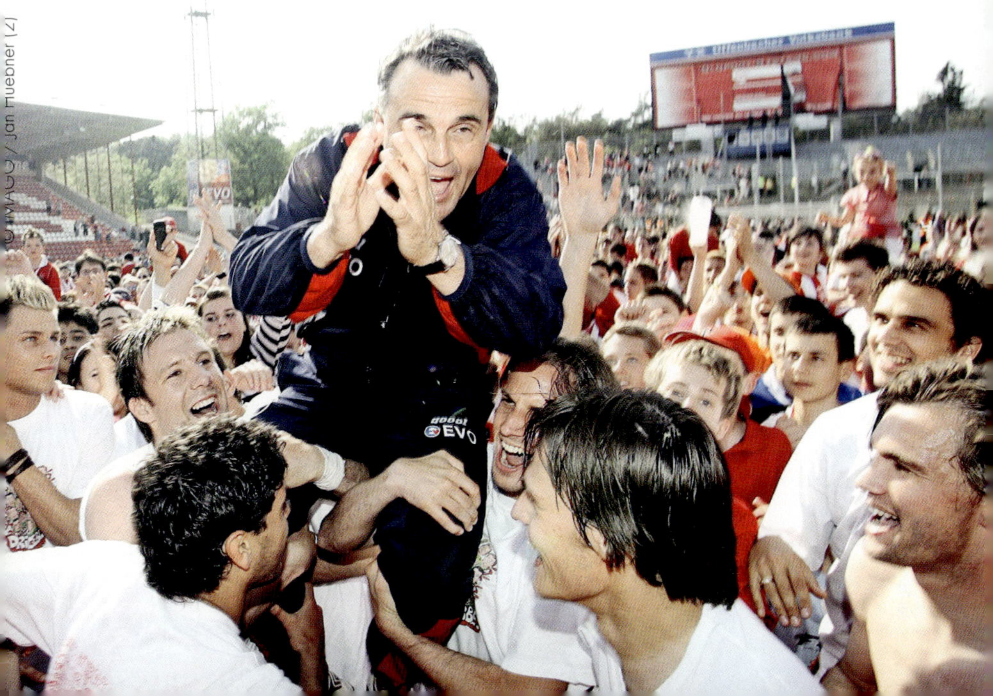

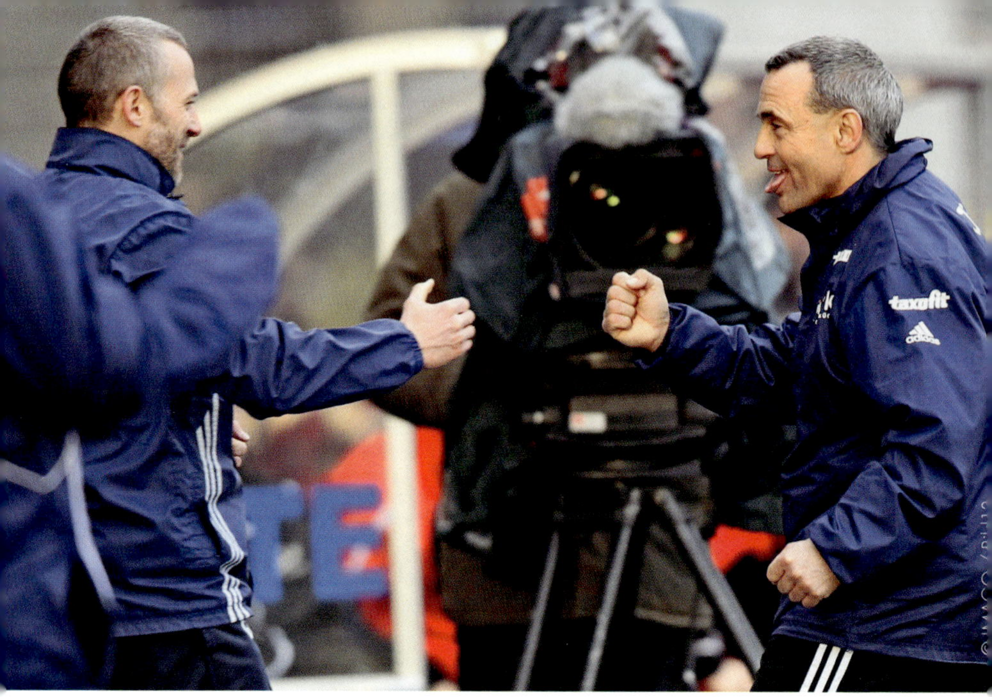

Nur sechs Monate, von Oktober 2010 bis April 2011, wirkt Frank als Trainer in Jena. Für seinen Co Mark Zimmermann ist die gemeinsame Zeit dennoch sehr prägend.

Strahlende Gesichter bei Wolfgang Frank und seiner zweiten Frau Maristella 2013 anlässlich einer Veranstaltung im Frankfurter Römer. Nur kurze Zeit später erfährt der Schwabe von seiner schweren Krankheit.

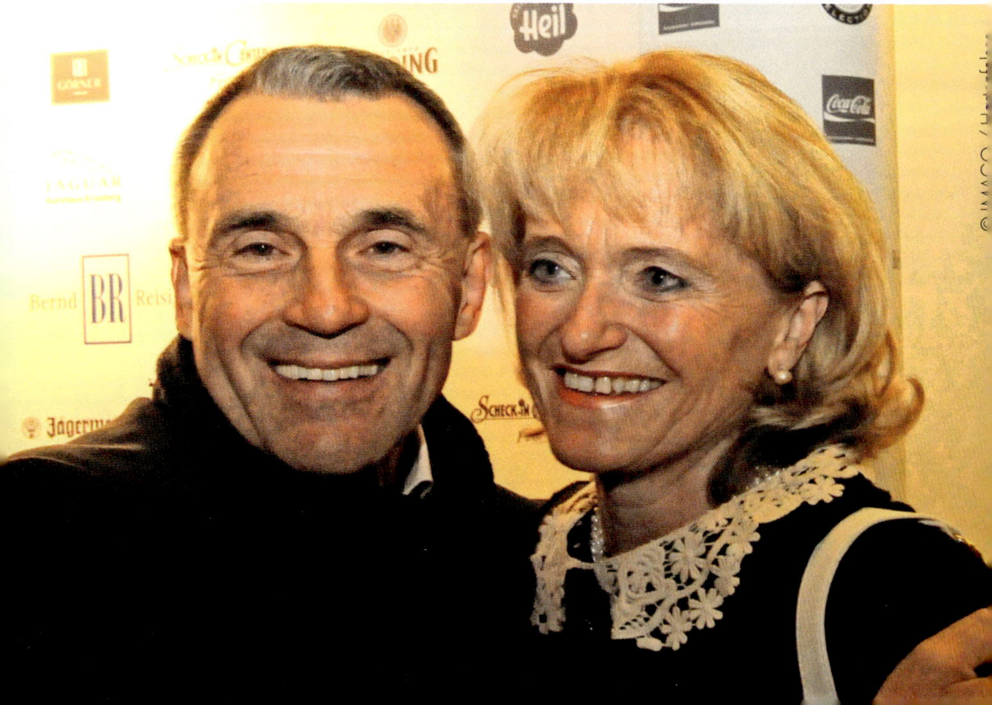

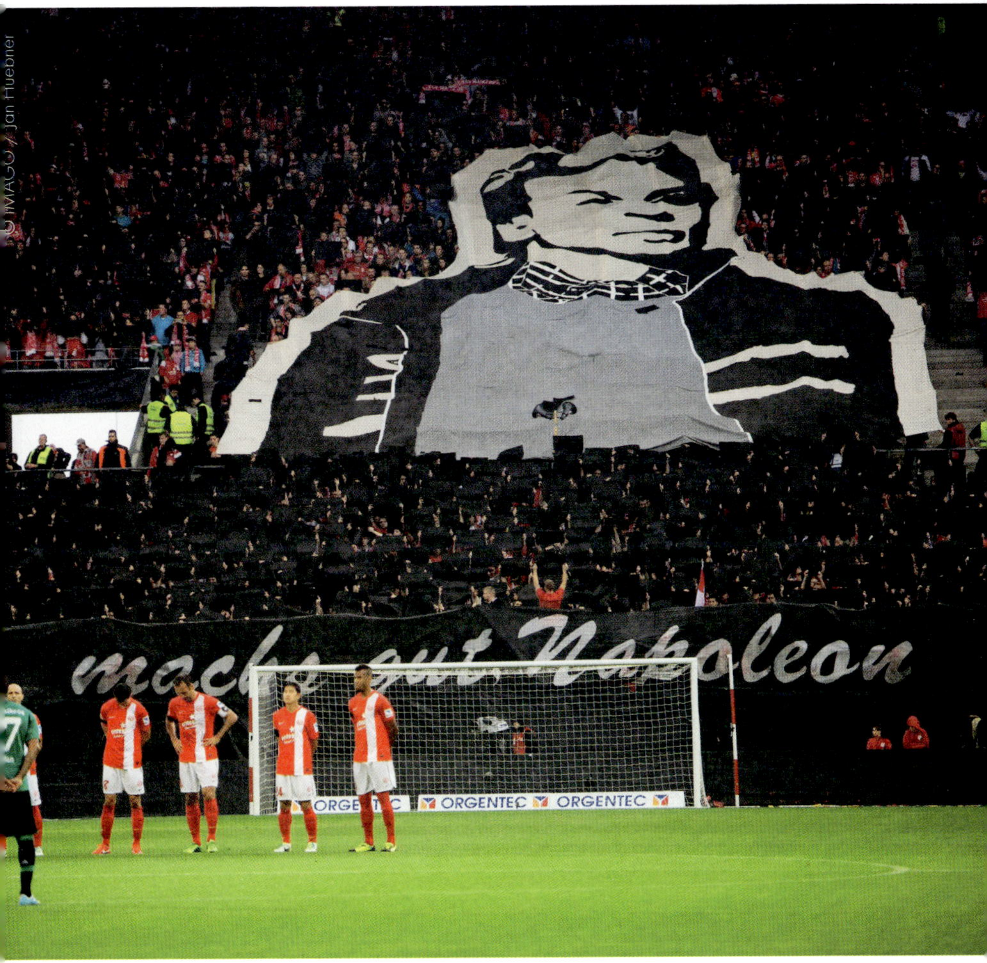

Bei einem Heimspiel im September 2013 gedenken die Fans von Mainz 05 wenige Tage nach dem Tod Franks dem großen Innovator, der den Klub geprägt und in vielen Herzen Spuren hinterlassen hat.

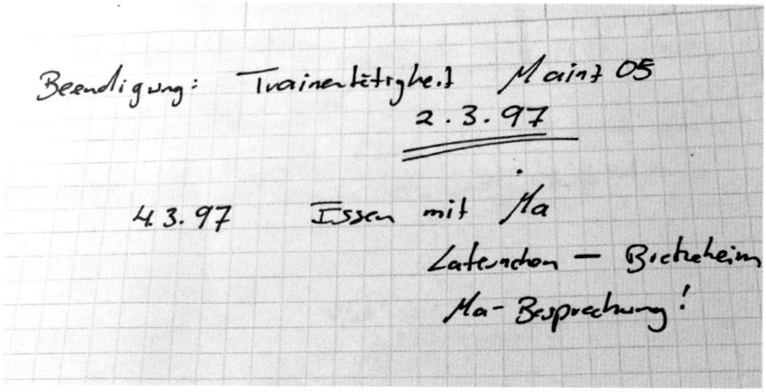

Im März 1997 tritt Frank enttäuscht von seinem Amt als Trainer des 1. FSV Mainz 05 zurück. Zwei Tage später trifft er sich auf deren Wunsch noch einmal mit der Mannschaft, doch umstimmen lässt er sich nicht mehr. Das zeigen auch seine Aufzeichnungen.

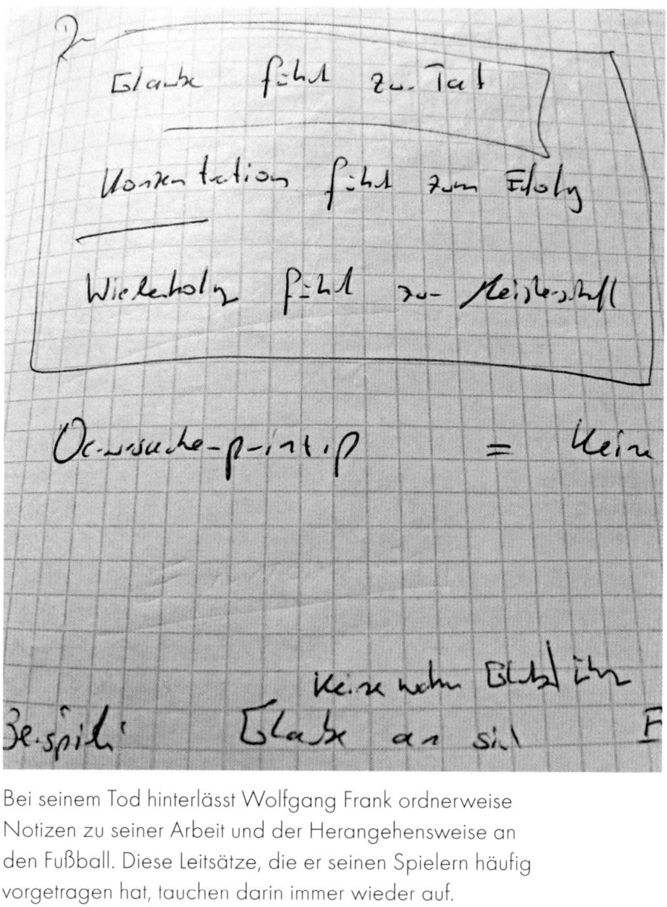

Bei seinem Tod hinterlässt Wolfgang Frank ordnerweise Notizen zu seiner Arbeit und der Herangehensweise an den Fußball. Diese Leitsätze, die er seinen Spielern häufig vorgetragen hat, tauchen darin immer wieder auf.

Sport

Hamburger Abendblatt - Nr. 204 - Seite 13

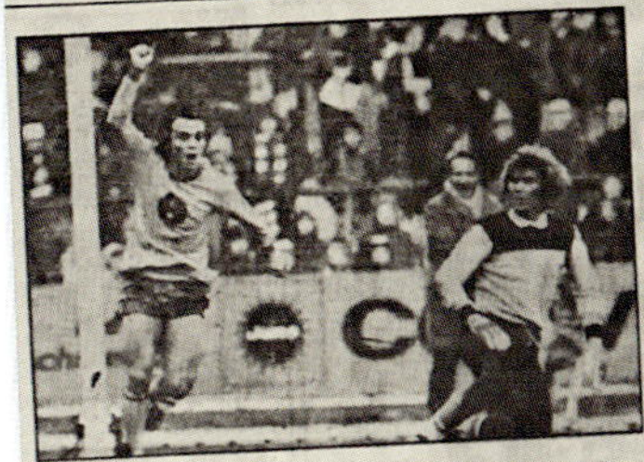

Wolfgang Frank, geboren am 21. Februar 1951, 1,72 m groß, 66 kg schwer, spielt seit 1974 für Eintracht Braunschweig. Er gehört zu den torgefährlichsten Spielern der Bundesliga. Früher spielte der Schwabe für den TSV Schlierbach, den VfL Kirchheim, den VfB Stuttgart und vor seinem Wechsel nach Braunschweig beim AZ Alkmaar.

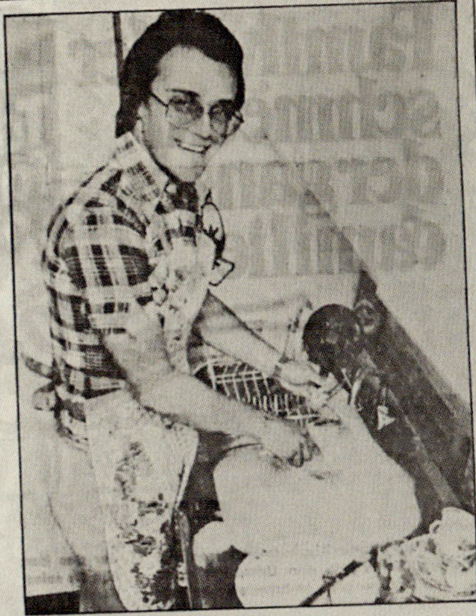

Bundesliga-Torjäger Wolfgang Frank:

Im Stadion ein Kobold – privat ein Träumer

Die neuen Stars der BUNDESLIGA

Zwischen einem schemenhaften Irrwisch und einem kuscheligen Plüschhasen können die Gegensätze kaum größer sein, als es die Widersprüche sind zwischen Wolfgang Frank, dem Torjäger von Eintracht Braunschweig, und Wolfgang Frank, dem schwäbischen Träumer. So wie ein Monteur seinen ölverschmierten Overall nach Feierabend abstreift, so scheint diese Nippesfigur eines Kopfball-Spezialisten als Privatmann in eine völlig andere Haut zu schlüpfen.

„Ich bin träge — ein Träumer", bekennt das Schreckgespenst gegnerischer Torhüter und verkriecht sich dabei im-

Von BURKHARD LUPKE
und FRITZ RUST (Fotos)

mer noch tiefer in die Kissen der Stilmöbelcouch. Seine braunen Augen blikken dabei so traurig in die melancholischen Lichter des Cockerspaniels „Jimmy", als suche er in ihm einen ebenfalls phlegmatischen Bundesgenossen.

„Jimmy" gähnt stillschweigende Übereinstimmung. Dabei gebührt dem faulenzenden Besitzer keinerlei Verdienst an diesem Komplizen. Denn den Hund brachte Ehefrau Brigitte ins Haus. Auf den Namen „Gitti" reagieren Hund und Herr gleichsam elektrisiert. Dieses Zauberwort bedeutet Leben in der Bude. Wenn sie um halb eins aus der Kosmetikschule heimkommt, muß die Wohnung aufger[...] und der Mittagstisch gedeckt sei[...] be Vormittag sch[...]

Doch schon beim Spülen der Frühstücksgedecke wandern die Gedanken bereits wieder hinaus aufs flache Land. Dorthin, wo irgendwo ein kleines einsames Bauernhäuschen stehen könnte, daß man günstig erwerben und dann ganz geruhsam zu einem individuellen Dornröschen-Schloß umbauen kann.

Nun gut, Brigitte wird auch dorthin Uhren und Bilder, Vasen und Spiegel schleppen und alles, was sonst noch von altertümlicher Schönheit ist. Doch ihre heilsame Unruhe stört den Träumer nicht. Im Gegenteil — Wolfgang Frank bewundert seine Brigitte. So wie er ihr staunende Anerkennung für die Leidenschaft zollt, mit der sie ihn verteidigt, und wie ihr hartnäckiges Lernen ihm neidvolle Achtung abverlangt. „Ich hoffe, daß ich dann später mal nicht zu arbeiten brauche", kommentiert der Müßiggänger das Streben seiner Frau nach [...]

Brigitte Frank weiß also, wie es nach dem Fußball weitergeht. Wolfgang dagegen kann sich das bisher nur recht vage vorstellen. Sein mit den Fächern Theologie und Sport begonnenes Lehrerstudium mag er nicht fortsetzen. Das war ohnehin nur eine Verlegenheitslösung, weil er nach dem Abitur einfach nicht wußte, was er machen sollte.

Der Fußball erlöste ihn aus der bangen Ungewißheit um die berufliche Zukunft. „Ich habe schon manchmal an Betriebswirtschaft gedacht, aber als ich dann in alten Schulbüchern schmökerte, habe ich mich doch erschreckt, was man so alles nicht weiß!" Mag sein, daß ihm der Fußball auch diesmal die Entscheidung abnimmt. Seit er auf ein Inserat hin die Trainerstelle bei einem Bezirksliga-Klub — SV Siegfried Braunschweig — angetreten hat, kann er sich vorstellen, sein Brot auch später mit dem Fußball zu verdienen. Angerufen bei dem Vereinsvorstand hat — wie sollte es anders sein — seine Frau Brigitte

Das liegt halt am Phlegma. Man möchte fast glauben, daß dieser Wolfgang Frank sogar zu bequem ist, launisch zu sein, obwohl ihm sein Sternzeichen Fische derlei Aktivitäten geradezu vorschreibt. Schon in der Schule, so erinnert er sich, tat er immer nur so viel, daß es zum „Durchrutschen" reichte, sogar beim Abitur.

Im „Geschäft", wie Wolfgang Frank die Bundesliga nur nennt, hat er sich durchgesetzt. Privat darf der Fußball-Kobold deshalb ruhig sein, wie er will — notfalls sogar ein verträumter, gemütlicher Gartenzwerg.

Wolfgang Frank über...

Religion: „Man muß im Leben etwas haben, an das man sich klammert, wenn man sich mies fühlt. Aber um gläubig zu sein, braucht man nicht unbedingt ständig zur Kirche zu laufen."

Mode: „Was heute so als Mode gilt, ist nichts weiter als die Manipulation des einzelnen. Mode sollte das sein, was einem selbst gefällt."

Fußball-Fans: „Ich bewundere die Leute, die sonnabends ins Stadion gehen. Ich weiß nicht, ob ich jedesmal dafür 30 Mark ausgeben würde."

Wahlkampf 76: „Das ist doch Schwachsinn, daß die meisten Leute aus Tradition, aus ihrer sozialen Stellung oder aus anderen eingefahrenen Gleisen heraus immer die gleiche Partei wählen."

Homestory: In den 1970er-Jahren öffnen die Stars der Bundesliga bereitwillig ihr Heim für Reporter. Frank lässt sich sogar gut gelaunt beim Spülen ablichten.

Wolfgang Frank neuer Trainer von Mainz 05

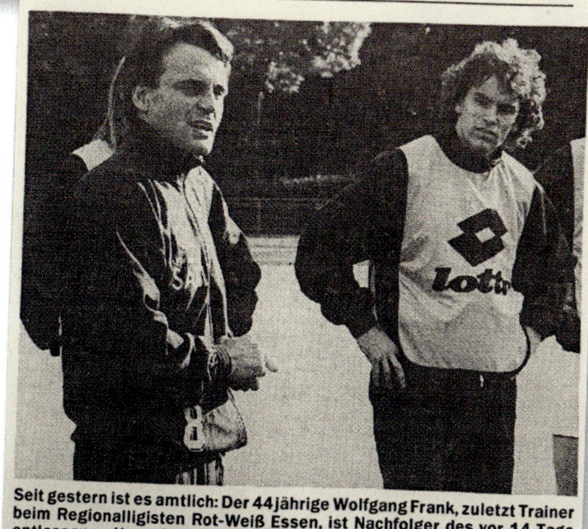

Seit gestern ist es amtlich: Der 44jährige Wolfgang Frank, zuletzt Trainer beim Regionalligisten Rot-Weiß Essen, ist Nachfolger des vor 14 Tage entlassenen Horst Franz beim Fußball-Zweitligisten Mainz 05. Erstmals im Training dabei auch der Ex-Karlsruher Mittelfeldspieler Lars Schmidt (rechts).

Sport / Bild: Klaus Benz

Mit Wolfgang Frank hat man in Mainz im September 1995 nicht so wirklich gerechnet. Und noch ahnt hier niemand, welche Revolution dem Verein bevorsteht.

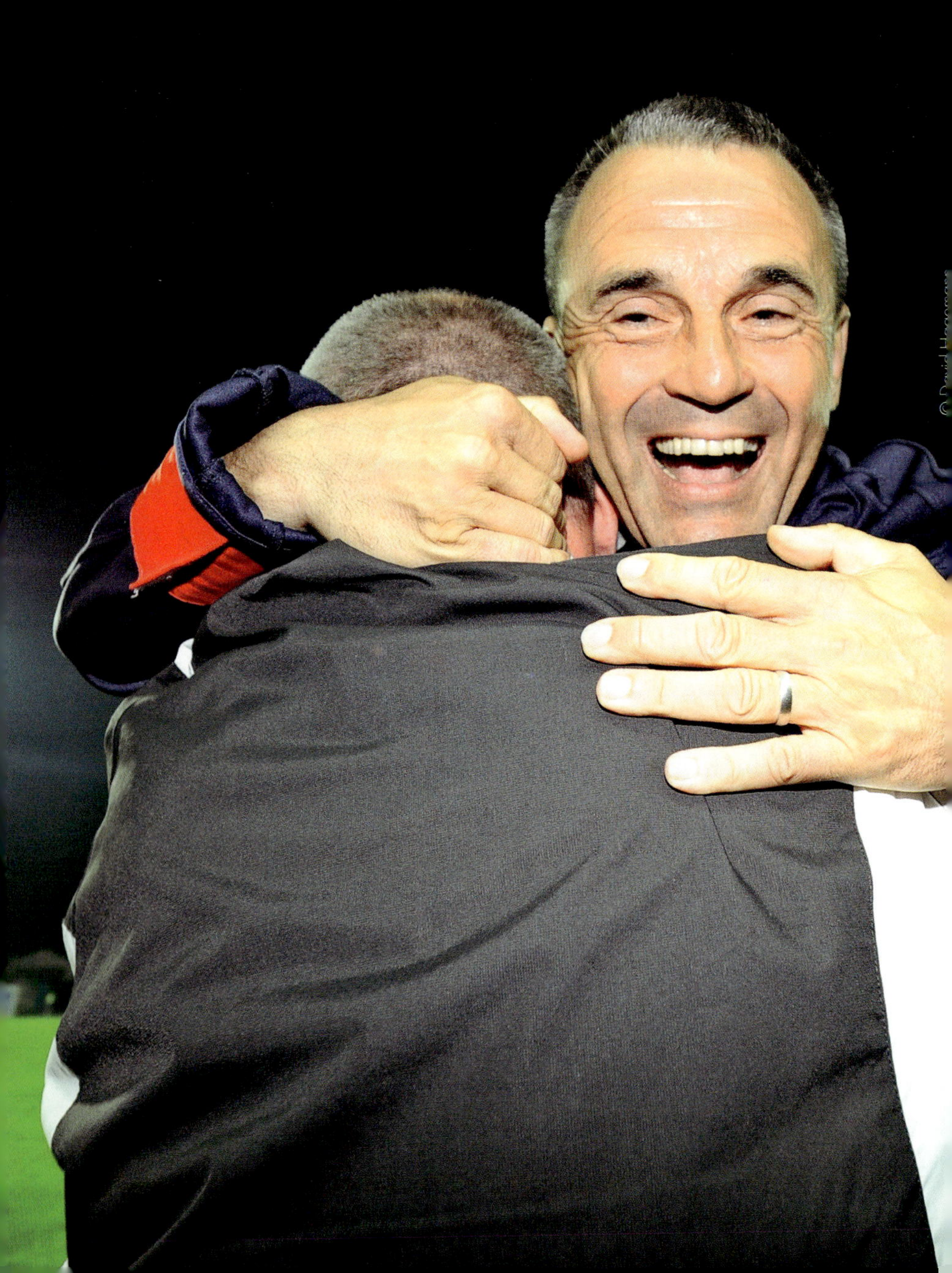

Ein Schnappschuss, der zeigt, wie sehr Frank in seinem Job aufgegangen ist, gelingt hier dem Teamfotografen der AS Eupen. Die Freude des Trainers überstrahlt sogar das Flutlicht.

Revolution auf Zypern

„Im Winter gab's ein interessantes Gespräch", sagt Heidel schmunzelnd. Diese Geschichte hat der Mainz-Sportvorstand vermutlich häufiger erzählt als jede andere. „Da kam er zu mir und hat gesagt, also, er hat eine Idee, wir schaffen den Libero ab." Heidel, der nie höherklassig gespielt hat, war selbst Libero. Franks Vorschlag löst bei ihm keine Begeisterung aus. Der Trainer offenbart ihm, er wolle in Mainz mit Viererkette spielen und dafür das Trainingslager auf Zypern verlängern. „Hier wusste überhaupt noch niemand, was das ist. Er hat mir dann so Kassetten gezeigt mit Spielen von Arrigo Sacchi und das erklärt, verschieben und so. Ich dachte: Wunderbar, wir gehen unter, das funktioniert überhaupt nicht, ohne Libero zu spielen." Letztlich treibt ihn der Mut der Verzweiflung. „Wir waren eh schon weg. Alle haben geschrieben: Abstiegswahrscheinlichkeit hundert Prozent. Es war im Grunde egal, also habe ich gesagt: Mach!"

„Mein erstes richtig einschneidendes Erlebnis war eigentlich das Spiel gegen Saarbrücken in Fraulautern", sagt Klopp. Im Bus auf dem Weg zu diesem Testspiel im Januar eröffnet Frank seiner Mannschaft, er werde sie im 4-4-2 auflaufen lassen. „Und dann hat er in der Kabine eine Sitzung gemacht und eben die Aufstellung." Zur Halbzeit führt Mainz 6:0. „Die kamen gar nicht vor unser Tor", erzählt Heidel, noch heute erstaunt. „Wir waren immer einer mehr. Die wussten gar nicht, was sie machen sollen. Für mich war das wie eine Fata Morgana." Klopp vermutet, es sei von Anfang an Franks Plan gewesen, sich mit der Mannschaft in die Winterpause zu retten und dann das System zu verändern. Möglicherweise haben nach einem kurzzeitigen Fokus auf die Offensive auch die ausbleibenden Erfolge zu einer Rückbesinnung auf jene Taktik geführt, mit der er schon in der Schweiz erfolgreich war. Mit dem Spiel gegen Saarbrücken jedenfalls ändert sich alles.

„Von dem Tag an haben wir mehr Sitzungen gehabt als Trainingseinheiten – und das waren schon eine ganze Menge." Jürgen Klopp grinst breit. Sacchis Ansatz beruht auch auf intensiven Wiederholungen, die Frank nun in Mainz einführt. „Wir haben uns mit ganz anderen Dingen des Fußballs beschäftigt und aus dem Stand einen ganz anderen Zugang gekriegt. Das war ein echter Eye-opener." Der Trainer öffnet sein Videoarchiv mit Spielen von Sacchi, dem Schweizer Nationaltrainer Roy Hodgson und Uli Stielike, der im Nachbarland neben der eidgenössischen Nati auch Neuchâtel Xamax trainiert hat. „Aber die meisten von Sacchi. Und alle in unglaublich schlechter Qualität, also: Bildqualität." Wieder lacht Jürgen Klopp. „Da könntest du heute keine Spielergeneration mehr auch nur ansatzweise davorstellen und sagen: ‚Das schauen wir uns an.' Die würden alle sagen: ‚Stell mal das Bild scharf.' Aber wir haben es angeschaut. Immer und immer wieder." Klopps eigene Motivation lautet damals: „Wenn Paolo Maldini das so durchzieht, kann ich das auch." Erst neulich hat der Liverpool-Manager Klopp den ehemaligen italienischen Defensivkünstler zum ersten Mal live getroffen und ihm dabei gesagt, „was für eine wichtige Rolle er für meine fußballerische Entwicklung gespielt hat".

„Der Ansatz für Veränderungen hätte besser nicht sein können", erinnert der heute als Manager in Kiel tätige Uwe Stöver an die missliche Ausgangslage. „Wir waren nicht erfolgreich. Das zweite, was sicher eine Rolle gespielt hat, dass wir als Mannschaft bereit waren für etwas Neues und offen." „Es war nicht so, dass wir die Filme geguckt haben und Wolfgang bestimmt hat: ‚Wir machen das jetzt so'", erklärt Dimo Wache. „Die Mannschaft hat sich extrem viel damit beschäftigt, weil es für uns etwas völlig Neues war." Allen sind die stundenlangen Videositzungen im Kopf geblieben – und Franks Kämpfe mit dem VHS-Player. „Es war extrem lang und intensiv. Teilweise bist du eingeschlafen, und wenn du nach einer Stunde zu dir gekommen bist, lief immer noch Sacchi", grinst Wache. „Die Sitzungen waren schon gut", sagt Sven Demandt. „Es hat ewig gedauert und das war manchmal ermüdend, aber es war inhaltlich nie langweilig."

Die theoretische Arbeit mit den alten VHS-Bändern ist das eine, die Trainingsarbeit auf dem Platz das andere. Auch hier gilt künftig das Prinzip der Wiederholung, auch hier steht das Team nun vor völlig neuen Herausforderungen. Zeit genug, um Franks Ideen einzustudieren, bietet nach den witterungsbedingten Absagen mehrerer Testspiele das Trainingslager in Ayia Napa auf Zypern im Februar. Es ist auf Franks Wunsch hin von zehn Tagen auf zwei Wochen ausgedehnt worden. Die ersten Überraschungen gibt es bereits bei der Zuteilung im „Hotel Olympic". „Er hat mich mit Torsten [Lieberknecht, Anm. d. A.] in ein Zimmer gesteckt", erzählt Schorsch Müller schmunzelnd. Nach dem Disput der beiden in der Kabine, als Frank ohne ein Wort gegangen ist, hat der Trainer das Thema nie wieder angesprochen – dies ist sein Weg, ihnen zu bedeuten: Kriegt es irgendwie hin. Zuvor hat Frank bereits einige Entscheidungen in Sachen Kader getroffen. Mit Guido Schäfer und Hendrik Weiß plant er für diese

Saison nicht mehr, als Verstärkung soll der Stürmer Jürgen „Kobra" Wegmann von Rot-Weiss Essen kommen, Marco Weißhaupt ist auf Leihbasis schon da. Wegmann wird nie einen Pflichtspieleinsatz für die 05er absolvieren, er verletzt sich nach seiner Verpflichtung in einem Testspiel schwer, der Vertrag wird schließlich aufgelöst.

„Was Training und Trainingsinhalte betrifft, hat Wolfgang Frank seine Neuerungen von A bis Z an uns herangetragen" erinnert sich Uwe Stöver. „Wir haben am Anfang nur Trockenübungen gemacht, ohne Ball. Er hat im Grunde genommen den Ball simuliert im Trockenlauf und wir mussten auf ihn reagieren, sprich, für die Viererkette: ballorientierte Raumdeckung, die Räume größer werden lassen im Ballbesitz und verdichten, wenn wir gegen den Ball spielen. Und das haben wir bis zum Exzess, anfangs ohne Ball, dann sukzessive aufbauend mit Ball, dann mit Gegner, trainiert." Frank lässt seine Spieler in Gruppen üben: eins gegen eins – zwei gegen eins – drei gegen zwei – vier gegen drei – fünf gegen vier – sechs gegen vier, um die Viererkette derart zu schulen, dass sie selbst bei Überzahl des Gegners durch gutes Verschieben an Sicherheit gewinnt. „Du musst ja lernen, wie du dich bewegst, dass du nicht zu früh rausrückst. Das war schon intensiv", erzählt Schorsch Müller. „Es hat sich für uns schon alles absolut revolutionär angefühlt", sagt Thomas Ziemer, unter dessen Stiefvater Fritz Popp Frank einst in Nürnberg gespielt hat. „Wir kannten das ja nicht, auch die ganze Trainingsmethodik. Aber wenn du erfolgreich bist, läufst du ihm hinterher – und das haben wir gemacht. Wenn er gesagt hat, biegt links ab, sind wir links abgebogen, das war einfach so."

Im Trainingslager schlägt Franks Elf Budapesti VSC, damals Tabellenführer der ungarischen Liga. Zufrieden stellt das den Trainer nicht. „Einiges ist nicht so gelaufen, wie ich es mir vorstelle", erklärt er den Reportern. Trainiert wird auf Zypern bis zu dreimal am Tag, dazu kommen die Videositzungen. „Es hat eigentlich niemand gemeutert, weil wir sehr schnell gesehen haben, dass es funktioniert", sagt Demandt. Schwerer tun sich die Profis mit dem für sie ungewohnten Speiseplan auf der Mittelmeerinsel: Frank hat sportgerechte Ernährung für das Team gefordert und unter anderem das Schweinefleisch gestrichen. Und dann gibt es da noch eine terminliche Problematik, die vor allem den „echten Meenzern" in diesen zwei Wochen fern der Heimat das Herz bricht.

„Wir sind echt über Fastnacht weg, es war so schlimm, das können sich viele gar nicht vorstellen", erzählt Müller, noch heute mit leichter Blässe über diese Grausamkeit im Gesicht. Dem Schwaben Frank ist die Fastnacht herzlich egal, doch Manager Heidel hat Erbarmen. „Er kam ins Hotel und hat mir eine Videokassette von der Fernsehsitzung mitgebracht. Das vergesse ich ihm nie." An Franks 45. Geburtstag, an Aschermittwoch, ist die Truppe noch in Ayia Napa, wo sie neben den taktischen Schulungen ein völlig neues Fitnesslevel erreicht. „Auch wenn er gesagt hat, dass wir physisch fit sind, hat er uns gekillt", erinnert sich Jürgen Klopp. „Er hat, und auch das war innovativ, viel auf Stabi-Arbeit geachtet: Rumpf, Oberkörper, was wir vorher nie gemacht hatten, bei keinem Trainer." „Vor allem sind wir unglaublich viel gelaufen", lacht Torsten Lieberknecht. „Eine reine Willensschulung war das." „Wir waren fitter als alle anderen, in den Beinen und im Kopf", pflichtet Sven Demandt bei.

Als Frank eines Abends mit Spielern, die noch eine Extrarunde gedreht haben, zurück zum Hotel kommt, steht Schorsch Müller mit Torsten Lieberknecht auf dem Balkon ihres Zimmers. „Streber!", flachsen die beiden in die Dämmerung und lachen sich kaputt. Kurz darauf raschelt es vom Flur her und ein Zettel erscheint im Schlitz unter ihrer Zimmertür. „Er hat uns darauf aufmerksam gemacht, dass er das nicht gut fand, ohne uns aber zu konfrontieren", sagt Müller. Mit solchen Methoden beeindruckt der Trainer seine Spieler. „Er war wie ein strenger, sehr liebevoller Vater", sagt Jürgen Klopp. „Wir hatten alle Respekt vor ihm ohne Ende." Franks Betonung des Themas Teambuilding hat den Welttrainer der Jahr 2019 und 2020 für die eigene Arbeit nachhaltig geprägt. „Dabei ging es darum, dass wir verstehen, warum es so viel Sinn macht, sich mit seiner ganzen Person auf eine Sache, ein Team einzulassen. Es ging nicht darum, dass sich 25 Spieler persönlich zur Decke strecken, sondern: Wie können wir so eine Mannschaft bilden?" Klopp hält inne. „Du konntest mit ihm überragend gut reden. Ich hatte ein ganz tolles Verhältnis zu ihm."

Fußball als Wissenschaft

Die Arbeit mit der Mannschaft ist für Frank nur ein Aspekt seiner Aufgaben. Der Trainer, der ohne einen Co arbeitet, möchte, dass der Mannschaftsarzt drei- bis viermal die Woche beim Training anwesend ist, was zur Folge hat, dass Stefan Rimoldi aus dieser Rolle ausscheidet: Seine Facharztausbildung und der Dienstplan im Krankenhaus lassen das nicht zu.

Die Aufgabe übernimmt Dr. Wolfgang Enders, der das Team schon internistisch betreut hat und Ende der 1970er sowie Anfang der 1980er auch zweimal Präsident der 05er gewesen ist. Orthopädisch betreut weiterhin Dr. Jakob Grevenstein die Spieler.

Und noch etwas Einschneidendes passiert in dieser Winterpause, die bis in den März dauert: Auf der Regionalsitzung des Bundes Deutscher Fußball-Lehrer (BDFL) in Frankfurt lernt Frank Professor Dieter Augustin kennen, seinerzeit Dekan am Institut für Sportwissenschaft der Johannes Gutenberg-Universität Mainz. Augustin, als Inhaber der A-Lizenz seit 1978 im BDFL, hat bei der WM 1990 eine großangelegte Untersuchung durchgeführt. „Das Thema war letztlich: Wie spielen wir den weltbesten Fußball?", sagt Augustin. Dafür hat er sich von quantitativen Erhebungen gelöst und mit seiner Forschungsgruppe alle Spiele betrachtet, um qualitative Aussagen zu treffen. Aus den Beobachtungen entwickelt das Team eine Theorie und nennt sie „Positionsangriff – Fußball zeitgemäß offensiv".

Frank und Augustin tauschen sich in mehreren Gesprächen aus und für beide resultiert eine positive Aufgeregtheit daraus. Während der Trainer, den stets auch die theoretische Seite des Fußballs interessiert hat, eine echte Chance sieht, das Spiel seiner Mannschaft durch eine Zusammenarbeit mit Augustin zu verbessern, bietet sich dem Wissenschaftler die seltene Chance, seine Theorie in einem hochklassigen sportlichen Bereich anzuwenden. „Das war für mich natürlich eine tolle Sache", erinnert sich der Professor. Beide einigen sich als Basis ihrer Kooperation auf eine gemeinsame Spielstrategie, deren Grundpfeiler lauten: Dominanz von Positionsangriffen, Variabilität und Risikominimierung. Aufgeschlüsselt geht es um sechs Prinzipien des Spiels: 1. Variabilität, 2. Sicherheit und Risikominimierung, 3. Geradlinigkeit und Schnelligkeit, 4. Gegnerbeschäftigung, 5. Raumausnutzung in Breite und Tiefe sowie durch Verlagerung und schließlich 6. eigene Aktivität mit und ohne Ball. Die Einhaltung dieser Prinzipien überprüft Augustin mittels video- und computergestützter Analysen, deren Ergebnisse er Frank wiederum in kurzen Clips für seine Besprechungen mit dem Team zur Verfügung stellt. „Weil ich ja selbst Trainer bin und weiß, wie komplex dessen Aufgaben sind, habe ich meine Beobachtungen konkret danach ausgerichtet", erklärt Augustin. Inhaltlich ist wichtig, dass es bei der Analyse nicht um das Aufzeigen individueller Fehler geht, sondern um Fehler, die systemisch sind, also immer wieder unterlaufen. „Ein Beispiel wäre, dass der Ball immer wieder nach vorne gedroschen wird, ohne dass es dort aber einen Abnehmer dafür gibt", verdeutlicht Augustin. „Da stimmt das System nicht."

„Auch das war ein neuer Ansatz, das muss man ganz klar sagen", schaut der damalige Mainzer Spieler Jürgen Klopp auf die frühen Spielanalysen zurück. „Bis dahin war es in den Neunzigern ja so, dass ich auf total verrückten Positionen gespielt habe. Und nur deshalb, weil in der anderen Mannschaft gespiegelt jemand auf der Position gespielt hat, der quasi meinem Profil entsprochen hat, gleiche Kante, gleiche Größe." Augustins Analysen machen die Mainzer nach und nach immer unabhängiger vom Gegner, dessen Besetzung und Spielsystem. „Und dann habe ich mir ‚Pit' geschnappt", lacht Klopp herzlich. „Offensichtlich habe ich aus der Zeit echt am meisten mitgenommen." Peter „Pit" Krawietz, heute Co-Trainer Klopps in Liverpool, ist einer von Augustins Studierenden, die mit ihm im 05-Team arbeiten. „Diese absolute Offenheit für Input durch Spezialisten, das war herausragend bei Wolfgang. Auch das habe ich wahrscheinlich von ihm", sinniert Klopp. „Ich habe ja heute mehr Spezialisten um mich als sonst was. Das ist einfach eine wichtige Geschichte."

Im ersten Spiel nach der Winterpause am 9. März 1996 verdienen sich unablässig schuftende 05er ein Unentschieden gegen den Tabellenfünften VfB Leipzig. Frank spricht anschließend von einem Punkt für die Moral und betont den neuen Geist der Truppe. Das erste Heimspiel des Jahres gewinnt die Mannschaft durch ein Tor von Thomas Ziemer mit 1:0 gegen den FSV Zwickau und verlässt den letzten Tabellenplatz. Frank, der für den Fall des Klassenerhalts keine Prämie ausgehandelt hat, weil er sich nicht über seine Spieler stellen will, versprüht zarten Optimismus. Doch es folgen eine Niederlage in Meppen und ein Unentschieden gegen die Hertha. Das Spiel hat ein derart schlechtes Niveau, dass Gästetrainer Jürgen Röber äußert, es sei schlimm, dass die Fans dafür Eintritt gezahlt haben. „Aber dann, muss man sagen, ging richtig die Post ab", erinnert sich Jürgen Klopp.

Nach und nach greifen die neuen Mechanismen beim Team. „Ich war verwundert, wie schnell Frank die Dinge mit der Mannschaft umgesetzt hat", sagt Augustin, dem das oft in den Sinn kommt, wenn Trainer sich noch nach Monaten darauf berufen, neu im Verein zu sein. „Er hat das Spiel in kürzester Zeit umstrukturiert, die Erfolge waren enorm." Einige der Änderungen bleiben auch regelmäßigeren Beobachter*innen nicht lange verborgen. „Für uns war natürlich auffällig, wie vollkommen anders das Training plötzlich strukturiert war, die taktische Herangehensweise", erzählt Rehberg. Doch Frank möchte nicht, dass die Journalist*innen über ihre Beobachtungen schreiben. „Er hat gesagt: ‚Lassen Sie das, Herr Rehberg!'" Dieser schmunzelt bei der Erinnerung. „Wir mussten uns irgendwie dazu verhalten. Nach einer Weile haben wir natürlich schon darüber geschrieben, das Anlaufen gegen Stangen, die zig Wiederholungen. Da war er sauer."

Stangenlauf und Auferstehung

Nicht nur die Spieler auf dem Platz lernen täglich etwas dazu, sondern auch die Medienschaffenden. „Er war schon ein Erwecker dafür, wie wir Fußball gesehen haben. Vor allem, weil es halt so schnell funktioniert hat. Es hat uns angesteckt, wir hätten am liebsten mitgemacht. Er lief wie Napoleon an der Linie rum und hat Befehle gedonnert. Der kleine Kerl hatte eine Stimme! Es war wie auf dem Exerzierplatz!", erzählt Rehberg. „Das mit dem Gegen-den-Ball-Arbeiten hat er ja strapaziert bis zum Erbrechen", sagt Klopp. „Wir haben zwei Stunden Video-Sitzung gehabt und sind dann zwei Stunden von Stange zu Stange gelaufen." Zehn gegen null im Defensivverbund: Frank stellt die Spieler im 4-4-2 auf – Viererkette mit flachem Mittelfeld inklusive zwei 6ern, davor die Stürmer – und positioniert auf der anderen Seite des Feldes Stangen, die er in verschiedenen Farben markiert. Dann gibt er Kommandos: „Hinten blau!" „Hinten rot!" und seine Spieler müssen im Mannschaftsverbund verschieben. Stundenlang. „Ich glaube wirklich, dass es zu der Zeit in Deutschland gegen den Ball keine bessere Mannschaft gab", sagt Sven Demandt überzeugt.

„Es gab schon mal Phasen, wenn du in der 38. Minute zum 34. Mal eine Stange angelaufen bist, dass du dachtest: ‚Ja, leck mich am Arsch'", sagt Sandro Schwarz lachend. Er ist damals Jugendspieler im Verein und erlebt Frank unter anderem bei den Nachwuchsrunden, wenn die Toptalente der Jugendmannschaften unter Anleitung des 05-Cheftrainers gegeneinander antreten. Frank ist wichtig, dass alle im Verein nach denselben Prinzipien spielen. Im Frühjahr nennt er dem Vorstand einige Jugendspieler, für die er sich zur neuen Saison Profiverträge wünscht. Schwarz, der bald regelmäßig mit den Profis trainiert, erinnert sich: „Dass du mal das Gefühl hattest, die Mannschaft zieht nicht mit – das gab es einfach nicht."

„Er hat von uns sechs, sieben Stunden verlangt am Tag, und das war sicher zu viel. Aber der Ansatz war natürlich absolut richtig: Wenn wir es machen, dann sind wir zu 100 Prozent da", sagt Klopp. „Das ist etwas, worauf ich bis heute unglaublichen Wert lege, was ich von ihm mitgenommen habe. Nur mache ich es natürlich viel kürzer." Wieder stößt eine Erinnerung eine andere an: „Am Bruchweg in unserem Sitzungsräumchen standen so eine Art Campingstühle. Wenn wir aufgestanden sind, hatten wir noch Tage später die Rillen im Kreuz. Das war der Hammer." Klopp lacht schallend. „Er war vielleicht ein Zausel in manchen Bereichen, weil er so verpeilt war. Aber sonst würde ja niemand was Schlechtes sagen über den Wolfgang. Und darum geht es doch eigentlich."

Die Auferstehung vom Bruchweg ist Langstrecke und Endspurt gleichermaßen. Sie beginnt ausgerechnet am Osterwochenende – mit einem Sieg des Willens in Nürnberg. Nach Roten Karten gegen Lieberknecht und Wache erkämpfen neun wackere Mainzer gegen am Ende ebenfalls dezimierte Nürnberger mit Uwe Stöver im Tor ein 2:1. „Wir haben eine solche Überzeugung aus dem System heraus entwickelt, eine solche Qualität – für diese Liga, wohlgemerkt –, dass es fast egal war, mit welchen Mitteln der Gegner gearbeitet hat", sagt der Aushilfstorhüter. „Nach dem Spiel in Nürnberg wussten wir alle: Wir schaffen das", sagt Demandt. Auch Müller erinnert sich: „In Nürnberg, das war der Wendepunkt." Es folgt im April ein Sieg gegen Fortuna Köln, nachdem die Verantwortlichen schon mal den Vertrag mit ihrem Coach um zwei Jahre verlängern wollen – ligaunabhängig. Doch eine Niederlage in Wattenscheid bringt, unbemerkt von der Öffentlichkeit, alles ins Wanken. Frank ist nach dem Spiel so frustriert, dass er in der Kabine sogar seine dort anwesende Frau anschreit. Die Busfahrt nach Mainz verläuft in eisiger Stille. Nur mit Mühe kann der Trainer von einem sofortigen Rücktritt abgehalten werden, legt sich aber fest, den Verein nach der Saison verlassen zu wollen. „Wie oft der bei mir zurückgetreten ist!" Christian Heidel stehen bei der Erinnerung daran auch noch viele Jahre später die Haare zu Berge, er schüttelt ungläubig den Kopf.

Gegen Wolfsburg erkämpft Mainz sich anschließend ein Unentschieden, im Mai müssen sich defensiv disziplinierte, aber offensiv harmlose 05er auch in Unterhaching mit einem 0:0 zufriedengeben, bevor die Mannschaft gegen Jena, in Chemnitz sowie gegen Bielefeld gewinnt und ein Unentschieden in Mannheim erzielt. Zum SV Waldhof werden die 05er von rund 3.000 Fans begleitet, in der Stadt herrscht eine selten dagewesene Begeisterung für den Verein. Die Auswärtstour in Bussen der Stadtwerke hat Heidel organisiert, der seinem Trainer zeigen will, dass die Fans hinter ihrem Verein stehen. Vor dem Spiel notiert Frank:

„Siegeswillen! Zuerst die kleinen Siege auf dem Spielfeld anstreben: Laufduell, Kopfballduell, Balleroberung. Fußball ist fließend – die Vergangenheit zählt nicht mehr. Totale Konsequenz!"

Doch nach dem 32. Spieltag steht Mainz noch immer auf einem Abstiegsplatz. In den letzten beiden Spielen warten Aufstiegs-Aspirant Duisburg und die bereits als Aufsteiger feststehenden Bochumer. Die 05er setzen vor den beiden noch ausstehenden Partien ein Kurztrainingslager an. Dort verhandelt Heidel an der Hotelbar die ganze Nacht mit seinem Trainer, um ihn zum Verbleib zu bewegen. Frank schlägt schließlich nach Mitternacht ein: Sofern man die Partie beim MSV vor mindestens 2.000 mitgereisten Fans gewinnt, will er bleiben. Das Selbstbewusstsein seiner Spieler ist nun unerschütterlich. „Vor dem Spiel war gar keine Frage mehr, dass wir gewinnen, nur: wie hoch", erinnert sich Mike Janz. Der Trainer erklärt vor der Partie in der *AZ* ungewohnt kühn: „Wenn wir dieses Spiel gewinnen, siegen wir auch gegen Bochum." Die Fans reisen im vom Verein organisierten Sonderzug an und sehen ein 3:0 ihrer Mannschaft, die damit am 33. Geburtstag von Manager Christian Heidel die Abstiegsränge verlässt, aber noch nicht gerettet ist. „Dieser Sieg war überlebensnotwendig", sagt Frank, der im *kicker* als „Mann des Tages" gefeiert wird. Reporter Christian Biechele schreibt: „Viel Mut gehörte sicherlich auch dazu, mitten im Abstiegskampf die Abwehr auf eine Viererkette umzustellen."

Doch der Sieg hat einen hohen Preis: Klopp wird das letzte Spiel der Saison verpassen, auch Sven Demandt hat sich in Duisburg verletzt. Vorm Saisonfinale gegen Bochum, das vor ausverkauftem Stadion stattfinden könnte, zieht sich die Mannschaft in ein Kurztrainingslager ins Sporthotel Erbismühle im Taunus zurück. „Der Physio hat ständig gesagt: ‚Ich kriege das hin! Ich kriege das hin!' Ich habe nicht trainiert, ich konnte nicht. Wolfgang hat nicht einmal gefragt, und ich habe auch nichts gesagt", erzählt Demandt kopfschüttelnd. Vor dem Abschlusstraining fordert der Physiotherapeut ihn auf: „Probier mal!" Demandt zögert. „Ich konnte eigentlich nicht mal laufen. Aber ich wollte spielen. Und er hat mich aufgestellt. Ich habe für 60 Minuten gespielt, obwohl ich eigentlich nicht laufen konnte.“ Der Stürmer lacht leise in sich hinein.

„Es waren gefühlte 40 Grad“, erinnert sich Torsten Lieberknecht. „Siebte Minute, Marco Weißhaupt“, ergänzt Wache. Die beiden grinsen sich an. Vor rund 12.000 Fans kämpft die Mannschaft noch einmal geschlossen, Wache pariert mehrfach glänzend. Mit einem 1:0 rettet Mainz 05 die Klasse, mit 32 Punkten ist das schlechteste Team der Hinrunde zudem Rückrundenerster der 2. Liga. „Es war ein tolles Spiel, eine Riesensache, die Mannschaft hat trotz der Hitze sehr aggressiv gespielt“, analysiert ihr Trainer, dem 05-Präsident Harald Strutz überschwänglich im Namen des gesamten Vereins dankt. „Ein Mensch, der den Sport nicht macht, kann sich das nicht vorstellen, diese körperliche und psychische Belastung“, sagt Schorsch Müller und schüttelt den Kopf. „Es ist unglaublich, was da von dir abfällt.“ „Wir haben uns gemeinschaftlich sehr gefreut und die Tage danach genossen und entsprechend gefeiert, weil es herausragend war“, erzählt Uwe Stöver. „Wir standen enorm unter Druck und wir haben dem nicht nur standgehalten, sondern etwas vollbracht.“

„In der damaligen Zeit in der 2. Liga haben viele Vereine auf die gleiche Art Fußball gespielt. Hinten ein paar, die gegen den Mann gespielt haben, vorne hat man gehofft, dass gute Spieler da sind, die individuelle Dinge machen“, blickt Joachim Löw zurück. „Es war, muss man ehrlich sagen, Zufallsfußball. Dann ist Mainz strukturiert und organisiert aufgetreten, davon war man überrascht. Und deswegen war der Verein dann insgesamt so stabil und konnte sich entwickeln, Spieler haben sich gut entwickelt und Mainz war plötzlich sehr schwer zu schlagen. Die waren präsent in der Defensive, in allen Räumen. Das war man nicht gewohnt. So kam dieser Erfolg zustande.“

Der junge Dimo Wache verhandelt direkt nach Abpfiff in der Eisdiele hinter dem Stadion mit einem griechischen Erstligisten. „Das habe ich Wolfgang auch gesagt und er meinte: ‚Bist du nicht ganz dicht, oder was? Du bleibst schön hier.‘ Wache sagt den Griechen tatsächlich ab und bleibt in Mainz. Die Mannschaft und sämtliche Vereinsverantwortliche feiern ihr persönliches Wunder an jenem Abend im Favorite Parkhotel Mainz. Trainer Frank, der von seiner Familie begleitet wird, hat auch Professor Augustin und dessen Ehefrau Karin eingeladen. Dieser erinnert sich, dass Frank sofort die nächste Saison planen wollte. „Seine Zielgerichtetheit, das war enorm. Man konnte da wirklich von ihm lernen. Aber es fiel ihm auch schwer, mal loszulassen. Er hätte am liebsten gleich dort Einzelgespräche mit den Spielern geführt, daran war natürlich nicht zu denken." Schon bei den Interviews direkt nach Abpfiff fällt auf, wie die Glückwünsche scheinbar durch Frank hindurchrauschen, der lieber den Blick bereits auf die Herausforderungen der kommenden Saison richten möchte.

„Ich glaube, er konnte sich schon freuen", vermutet Spyrka. „Er hat es aber nicht so gezeigt. Das war nicht seine Art." „Mein Vater war absolut besessen, was seinen Job anging", sagt der ältere der Frank-Söhne, Sebastian. „Erfolg konnte er nicht gut genießen. Er war dann einfach fertig, weil er sich so da reingesteigert hatte." Schüler Klopp beschreibt: „Er war ein sehr intensiver Mensch, der Dinge nicht einfach so im Vorbeigehen gemacht hat." Und das kostet Körner. Franks Art, die Themen zu betrachten und anzugehen, hat einen großen Anteil an seiner Leistung – doch just, wenn die belohnt wird, scheint seine Distanz zu anderen besonders groß. Die Spieler allerdings begehen den verdienten Feiertag ausgelassen. Augustin regt sanft an, der Trainer möge den Augenblick des Erfolges genießen – seines Erfolges. „Denn trotz aller Unterstützung und allem Einsatz, der Klassenerhalt war nur dank Wolfgang möglich. Er ist allein sein Verdienst."

Motivation und Selbstzweifel

In der Saison 2021/22 springt der SV Darmstadt 98 am 14. Spieltag mit einem 4:0-Sieg gegen Tabellenführer St. Pauli in der 2. Liga von Rang vier auf Rang zwei. Alle Tore fallen in der ersten Hälfte. Nach dem Spiel sagt Darmstadts Coach, der Frank-Schüler Lieberknecht: „Es ist entscheidend, dass sie wirklich ein gutes Team sind." Er lobt die Wissbegier seiner Spieler und erzählt, wie gern diese Zeit miteinander verbringen. Nach dem Essen, so Lieberknecht, säßen sie meist noch lange zusammen. Ein Sonderlob spricht der Trainer seiner Mannschaft dafür aus, mit welch enormer Seriosität sie trotz der deutlichen Führung im Rücken die zweite Hälfte angegangen sind. Wenige Wochen zuvor beim Gespräch in der „Lilienschänke" am Stadion am Böllenfalltor sagt Dimo Wache: „Das eine ist, was auf dem Platz passiert, das andere, was außerhalb vom Platz ist. Die Ansprache. Sich zu interessieren für Sachen, die nicht unbedingt mit Fußball zu tun haben.

Da war Wolfgang extrem stark." Der ehemalige 05-Torhüter Wache und erste Ehrenspielführer des Vereins nach dem Zweiten Weltkrieg ist da seit wenigen Monaten zurück in seinem Job als Torwarttrainer. Nach schier unglaublichen 35 Operationen hat Wache das Laufen quasi neu lernen müssen. Doch er wollte unbedingt wieder auf den Platz. Nun arbeitet er mit seinem alten 05-Teamkameraden Torsten Lieberknecht. „Ich erlebe es hier bei meinem wirklichen Freund wieder, wie er mit den Jungs spricht. Ich weiß, wie ‚Kloppo' mit den Jungs redet, wie Sandro mit den Jungs umgeht. Das ist schon darauf zurückzuführen, wie Wolfgang das mit uns angegangen ist."

„Wir waren beide sehr jung und haben das von A bis Z mitgekriegt", stimmt Lieberknecht zu. „Es vergeht eigentlich kein Tag, ohne dass einer von uns am Schreibtisch sitzt und anfängt zu lachen, weil ihm wieder eine Geschichte eingefallen ist. Wir sprechen natürlich auch viel über Wolfgang." Die beiden erzählen, wie Frank sich auf alles Material gestürzt hat, was es zu kriegen gab. „Die Informationen, die er sich geholt hat, waren aus dem *kicker*-Sonderheft. Das hat er erst mal aufgeschlagen und die Größen der gegnerischen Spieler für uns notiert", erzählt Lieberknecht. Wache lacht. „Das mache ich heute noch so."

Franks Aufzeichnungen sind extrem detailliert. Vor dem Training notiert er geplante Tagesabläufe, teilnehmende Spieler und angedachte Übungen mit dem Kuli. Am Kopf dieser Übersichten stehen durchnummeriert die Tage der Saison und die bislang absolvierten Trainingseinheiten. Aktuelle Änderungen ergänzt er mit dem Bleistift, ebenso wie Eindrücke von der Fitness und Leistungsbereitschaft seiner Spieler. Auch sein Schwerpunkt auf die mentale Arbeit, sei es mit den Spielern oder sich selbst, wird deutlich. Vor dem Heimspiel gegen Frankfurt im Herbst der Saison 1996/97 schreibt Frank:

„Wer die größte Leidenschaft bringt, wird gewinnen. Das müssen wir sein. Grundsätzlich gilt, es ist immer alles möglich."

Oder:

„Entschlossenheit / Siegeswille. Jeder muss mehr tun als bisher! Verantwortung für alles! im Kollektiv übernehmen. Wenn wir die wirklich übernehmen, kann uns nichts passieren!"

Frank beschäftigt sich mit der Arbeit des Persönlichkeitstrainers Nikolaus B. Enkelmann, der in Königstein das „Institut für Rhetorik – Persönlichkeitsbildung – Zukunftsgestaltung“ gegründet hat. Enkelmanns Buch „Die Macht der Motivation“ bestätigt den Trainer in vielen seiner Ansätze. Bereits während seiner Stationen in der Schweiz hat Wolfgang Frank sich mit Autosuggestion beschäftigt, mittlerweile praktiziert er sie täglich. Im Magazin *Der Erfolgreiche Weg* des Instituts wird er in einem fünfseitigen Porträt mit dem Satz zitiert: „Ich hätte mir nur gewünscht, früher damit begonnen zu haben.“ Auf langen Busfahrten verschwindet Frank immer öfter unter Kopfhörern und lauscht Enkelmanns Motivationskassetten. Als nach einem durchwachsenen August und einem erfolgreichen September die Arbeit mit seinen Spielern im Oktober nicht die erhofften Früchte trägt, verfrachtet Frank sie kurzerhand nach Königstein zu Enkelmann. „Mit ihm bin ich nicht so richtig warm geworden“, lacht Klopp. „Es war aber ein interessanter Ansatz. Nur, ich habe immer gesagt, bei uns sitzen Spieler im Bus, die lesen Bücher, deren Titel sie nicht verstehen. Wolfgang hat immer gesagt, zehn Prozent unseres Gehalts müssen wir in Weiterbildung investieren. Damit meinte er Bücher. Ich habe ihn mal gefragt: ‚Trainer, hast du eigentlich eine Ahnung, was wir verdienen? Zehn Prozent sind die Miete.‘ Aber er fand, das sei das Mindeste. Großartig.“

Nicht alle Spieler wollen dem Coach auch auf diesem Teil seines Weges folgen. Uwe Stöver etwa erzählt, bei dem Thema nicht mit Frank auf einer Wellenlänge gelegen zu haben. „Ich glaube, wenn ich Qualitäten hatte, waren das Einsatzbereitschaft, Leistung und Wille.“ Als Frank in Stövers längerer Verletzungsphase zu Beginn der gemeinsamen Arbeit wiederholt sagt, dieser müsse nur gesund werden wollen, frustriert das den Spieler. Dennoch lässt er sich letztlich auf einen Termin bei Mohamed Khalifa ein, der sich in dieser Zeit damit einen Namen gemacht hat, Verletzungen nur mit seinen Händen zu heilen. „Also habe ich tausend Mark gezahlt, mich auf die Pritsche gelegt und am Ende waren Wolfgang und ich beide frustriert, weil es nicht funktioniert hat.“ Ein klärendes Gespräch zwischen Spieler und Trainer in Gegenwart von Präsident Strutz und Manager Heidel stellt den Frieden wieder her. „Es hat dazu geführt, dass wir dann ein ganz anderes Verhältnis entwickelt haben. Auch das war Wolfgang.“ Bei den späteren Fahrten zu Enkelmann bleibt Stöver zuhause. „Das hat er dann akzeptiert.“ „Der Grad ist extrem schmal“, findet Dimo Wache. „Einerseits weiß man heute, wie wichtig Psychologie im Sport, im Fußball ist. Andererseits kannst du es auch schnell übertreiben. Und er hat es schon teilweise übertrieben."

Auch in der Saison 1996/97 besteht weiter Kontakt mit dem Team von Professor Augustin an der Uni Mainz, das bereits in der Spielzeit zuvor Analysen für den Trainer gemacht hat. Nun beobachtet es für den 05-Trainer die kommenden Gegner der Mainzer. Wer ist der wichtigste Spieler? Was sind individuelle Stärken und Schwächen? Wie spielt die Mannschaft? Worauf gilt es in der Vorbereitung zu achten? Ihre Gedanken zu Taktik, Spielern und Partien schicken die Studierenden häufig per Fax an den Bruchweg. Frank hegt eine innige Beziehung zu Faxgeräten, auch in seiner Privatwohnung steht eine solche Maschine, und regelmäßig schickt er darüber Briefe, Gedanken und Notizen an die Söhne, die mit seiner Frau weiter in der Schweiz leben.

In der Trainingswoche nach einem 2:2-Unentschieden in Mannheim notiert Frank im Oktober in seinen Unterlagen zu den Einheiten:

„Kein Leben. Keine Freude. Kein Feuer."

Für die Spieler fertigt er Einzelkritiken zu der Partie an, aus denen seine Unzufriedenheit spricht, aber auch ein wenig Ratlosigkeit. Diese befällt ihn stets, wenn seine Maxime sich nicht erfüllt, wonach Leistung belohnt wird. Für die nächste Partie gegen Frankfurt notiert Frank:

„Ziel erreichbar durch einen unbändigen Glauben! Im Herzen heiß sein! Im Kopf eiskalt!"

Wieder spielt sein Team 2:2 und das abermalige Unentschieden nagt an ihm, obwohl die Vereinsverantwortlichen nach der Partie viel Lob für den tapfer erkämpften Punkt, ihren Trainer und die Spieler äußern. Frank aber sieht sein Team am Scheideweg und schreibt:

„Jetzt stehen wir an einer Kreuzung. => Weg zum richtigen Erfolg, d. h. Spitze, oder Rückfall ins Mittelmaß."

Auch über seine Rolle macht er sich Gedanken:

> *„Eindruck W. F.: allg. und spez. Unzufriedenheit mit der Situation. Schlechte od. keine gute Laune. Folge: wenig Begeisterung – wenig gezeigte Freude. Leidenschaft nicht da. Passivität."*

Und daneben in einem Extrakästchen:

> *„Auch ich möchte mich von der Begeisterung anderer anstecken lassen!"*

Das nächste Spiel in Meppen verliert Mainz trotz intensiver Vorbereitung mit 4:5. Der Trainer ist außer sich.

> *„Man kann ein Spiel verlieren – aber nicht so! Wer nicht lernfähig ist, muss die Konsequenzen tragen! Vorbildfunktion: Wo war sie? Mittelmaß – niemals auf Dauer Erfolg! => Wichtig: Ich mache keine halben Sachen mehr – damit dies klar ist!!! Letzter Fingerzeig Meppen!!"*

Was in seinen Aufzeichnungen keinerlei Erwähnung findet: Der Fast-Absteiger aus der Vorsaison steht nach elf Spieltagen mit 17 Punkten auf Rang fünf, nur einen Punkt hinter dem Tabellenzweiten. Im September war Franks Team zwischenzeitlich sogar Spitzenreiter, auch jetzt trennen sie vom ersten Platz nur vier Zähler. „An manchen Punkten hätten wir uns schon gewünscht, dass er mal etwas Intensität rausnimmt", sagt Sven Demandt. „Das ist wie mit einer Schraube, die irgendwann durchdreht, und die Gefahr haben wir schon erkannt. Aber ‚zu viel' gab es für ihn nicht." Die Mannschaft trainiert weiter hart und macht dem eigenen Gefühl nach alles mit, was der Trainer fordert. Entsprechend nehmen die Spieler auch keine Veränderung an ihrem Coach wahr. „Wir hatten eine ganz enge Verbindung mit ihm ", erzählt Klopp. „Man muss sich das ja vorstellen, wir werden Rückrundenerster und spielen so eine überragende Vorrunde, das heißt, in dem Jahr waren wir vermutlich die beste Zweitligamannschaft. Rückblickend würde ich sagen, es war alles vollkommen okay. Dass es schon die Gespräche mit dem Verein gab über Infrastruktur und so, dass ihm da Dinge nicht schnell genug gingen und er unzufrieden war, das habe ich erst hinterher mitbekommen."

Unerfüllte Hoffnungen

Tatsächlich ist Franks Unzufriedenheit mit den 05-Verantwortlichen in den Medien zum Dauerthema geworden. „Ich dachte anfangs, so jemand tut dem Verein mal gut", sagt Journalist Reinhard Rehberg. „Er ist erfrischend deutlich geworden: ‚Wollt ihr ewig so weiter rummachen – oder wollt ihr auch mal in die Bundesliga?' Aber man hat dann schnell gemerkt, dass er sie damit doch genervt hat, weil er keine Geduld hatte." Bereits in der Sommerpause macht Frank seiner Unzufriedenheit über den zu dünnen Kader mehrfach vor Reportern Luft, die das gerne aufgreifen. Nach Niederlagen beordert er seine Mannschaft in mehrtägige Trainingslager. In guten Phasen warnt er vor Selbstzufriedenheit und führt Einzelgespräche darüber, wie seine Spieler mit Erfolg umgehen sollen. In diesem Bereich sieht er große Defizite und die Gefahr von Selbstzufriedenheit. Am 2. November meldet die *AZ*, Frank habe den Klub nach eigenen Aussagen letztmals aufgefordert, konkurrenzfähige Arbeitsbedingungen am Bruchweg zu schaffen. Dem Wunsch des Trainers nach einem Entmüdungsbecken ist man inzwischen nachgekommen, doch Frank will Veränderungen im Kabinen- und Pflegetrakt und mittelfristig die Zusage für einen Stadionneubau. „Die Spieler müssen sehen, dass sie in einem Verein spielen, mit dem man aufsteigen kann", erklärt er.

„Es gab schon Situationen, wo wir das Gefühl hatten, der Trainer schmeißt vielleicht hin", erinnert sich Uwe Stöver. „Es war etwas, was Wolfgang brutal ausgezeichnet hat, dass er fokussiert war, dass er im Tunnel war, dass er Dinge anstoßen wollte. Aber es war etwas, was ihm auch manchmal im Weg stand, weil er nicht die nötige Geduld hatte. Und ein Verein wie Mainz 05 braucht sicherlich in seiner Entwicklung auch ein bisschen Zeit, weil Veränderungen auch etwas mit wirtschaftlichen Voraussetzungen zu tun haben."

Nach sechs Spielen ohne Sieg und dem Abrutschen ins Mittelfeld ruft der Trainer im November auch die sportliche Krise aus. In seinen Unterlagen, die immer umfänglicher werden, hält er fest:

„Was ist für uns wichtig? Ruhe, Geduld => im richtigen Maß! Glück wollen! Zwingend agieren! Wille zeigen! Konsequenz! Motto: Nur gemeinsam sind wir stark! Das muss wirklich total zum Ausdruck kommen! Ohne Wenn und Aber!"

Einige der Schlagwörter sind erst mit dem Kuli festgehalten, dann farblich nachgezeichnet und wiederum in einer dritten Farbe unterstrichen. Es wirkt, als wäre Frank die eigenen Notizen mehrmals durchgegangen, als suche er Halt und Struktur in seinen Gedanken. Weiter schreibt er:

> *„Nur dieses Spiel zählt! Nicht an die kommende Chance denken! Nur die heutige!"*

Und siehe da, nach dem Gewitter setzt tatsächlich klärender Regen ein: Die 05er gewinnen drei Partien am Stück. Im letzten Spiel vor der Winterpause begegnen sie als Tabellenzweiter dem Drittplatzierten VfL Wolfsburg – es sind die beiden Vereine, die im Jahr 1996 bislang die meisten Punkte in der 2. Liga geholt haben. In seinen Notizen bezeichnet Frank die Partie als „Spiel der Spiele" und hält fest:

> *„Fußball ist wie ein Dschungel. Es lauern Gefahren."*

Mit dem 0:0 gegen defensivstarke Wolfsburger ist er hinterher allerdings zufrieden und lobt:

> *„Hut ab vor dieser Truppe."*

Die Weihnachtsfeier des Vereins am Tag darauf steigt in gelöster Stimmung. „Anzug!!!", hat Frank unter die Gedanken zum Freitagsspiel gegen Wolfsburg als Erinnerung für den festlichen Anlass festgehalten. An Spieler, Verantwortliche und Vereinsmitarbeiter verfasst er ein Dankesschreiben für die gemeinsamen Anstrengungen im zu Ende gehenden Jahr. Sonntags trifft sich die Mannschaft zu einem lockeren Trainingsspiel und den obligatorischen Fitnesstests, dann nehmen die Spieler Übungspläne entgegen, die ihr immer noch gut aufgelegter Chefcoach für jeden individuell angefertigt hat. Am Ende eines intensiven Jahres warten satte fünf Wochen Urlaub, bevor im Januar erneut ein Trainingslager auf Zypern ansteht.

Ihr Eigentraining in den Urlaubswochen müssen die Spieler für Frank in von ihm angefertigten Listen täglich dokumentieren. Vom 8. Dezember 1996 bis zum Trainingsauftakt am 13. Januar 1997 werden Trainingsform/Belastung, Umfang/Zeit, Wiederholung und Pflegemaßnahmen abgefragt. Adrian Spyrka, von Frank nach Mainz geholt, notiert seine Aktivitäten quer über alle Felder hinweg, Miroslav Tanjga gönnt sich regelmäßig freie Tage, Stephan Kuhnert sauniert nach dem Skifahren. Gustav Policella pflegt sich beim Tennis, Torsten Lieberknecht hält täglich sein Gewicht fest, Lars Schmidt notiert „Infusion und Magnetfeld" zum Punkt Pflegemaßnahmen. Hendrik Weiß macht im Urlaub Strandläufe, Steffen Herberger und Uwe Stöver fahren Ski, Jürgen Klopp liegt mit der Grippe flach, macht dann Dauerläufe, notiert „Solarium" als Pflege und schiebt regelmäßig freie Tage ein, Sven Demandt badet gerne. Von 27 Spielern geben 13 beim Trainingsauftakt ihre Protokolle beim Trainer ab, neun liefern sie nach, fünf bleiben sie schuldig. Ausgeruht und gut gelaunt startet die Truppe ins Trainingslager, das erneut für zwei Wochen angesetzt ist.

„Irgendwann hat nur noch das Lithiumblau vom Ziffernblatt seiner Uhr in die Nacht geleuchtet", erzählt Lieberknecht. Die Mannschaft ist nach 15 Monaten unter Frank in Sachen Auslastung einiges gewohnt, das Trainingslager auf Zypern, wo der Karlsruher SC sich parallel vorbereitet, setzt trotzdem neue Maßstäbe. „Ich kann mich erinnern, wie wir um 15 Uhr auf dem Platz standen, um 16 Uhr kam der KSC, um 17.30 Uhr sind sie wieder gefahren und wir haben immer noch unsere Runden gedreht", erinnert sich Stöver. „Du hast ihn nicht mehr gesehen", sagt Wache, kopfschüttelnd. „Du hast ihn nur noch gehört", ergänzt Lieberknecht. Das Wetter auf der Mittelmeerinsel ist anfangs schlechter als erhofft. Frank, mit einem Handtuch unter der Trainingsjacke um den Hals gelegt, steht am Spielfeldrand und gibt Kommandos, während seine Spieler durch die Dunkelheit stolpern.

Als aus Deutschland die Nachricht kommt, Fußballplätze seien aufgrund der schlechten Witterung nicht durchgängig bespielbar, verkündet Frank seinem Vorstand, er wolle die Zeit auf Zypern ausdehnen: auf 24 Tage. „Die haben dann erst mal in Sachen Kosten die Krise gekriegt", erinnert sich Spyrka. Sei es, weil den Verantwortlichen eine gute Vorbereitung wichtig ist, sei es, weil sie ihren dauerunzufriedenen Trainer glücklich machen wollen, Frank jedenfalls setzt sich durch. Die Mannschaft wechselt das Hotel und bleibt tatsächlich drei Wochen und drei Tage. „Dass da keine Eskalation stattgefunden hat, wundert mich heute noch", sagt Stöver. „Es zeigt aber auch, dass wir unter Frank zu einer Truppe geworden waren." „Wir haben die Zeit wirklich klaglos zusammen verbracht und standen uns auch nicht auf den Füßen", bestätigt Lieberknecht. „Ich kann mich an keinen Bruch in dieser Zeit erinnern", sagt Klopp kopfschüttelnd.

Ein Anzeichen auf die nahende Schockwelle gibt es nach der Rückkehr von Zypern am 10. Februar im *kicker*. Zwar lobt Frank die perfekten Bedingungen der letzten Wochen, äußert aber Unmut darüber, dass der Mainzer Stadtrat in Sachen Stadion nicht für einen sofortigen Neubau, sondern für den Ausbau des Bruchwegs mit Stahlrohrtribünen votiert hat. Dem Verein wirft er vor, die Gunst der Stunde nicht genutzt zu haben. Zwei Tage später veröffentlicht der *kicker* ein Interview mit dem Erfolgstrainer, in dem er auf die Frage, ob sich das Verhalten des 05-Umfeldes mit seinem professionellen Anspruch decke, sagt: „Eine ganz schwierige Frage. Es ist einfach so, dass mir immer gesagt wurde, wir wollen aufsteigen. Und da muß man einfach erwarten, daß man da die eine oder andere Idee einbringt und das ganze professionell angeht. Das heißt, ich muß Tag und Nacht daran denken und arbeiten. Sonst haben wir keine Chance. Sportlich werden wir alles tun, und ich gehe davon aus, daß auch im Umfeld dieser Gedanke Einzug hält."

Die erste Trainingseinheit zurück in Mainz absolviert die Mannschaft am 13. Februar, zwei Wochen vor Rückrundenauftakt. Frank macht sich in seinen Aufzeichnungen Gedanken über die Formation und schreibt:

„Enkelmann: Teilnahme!"

Im Trainingsplan für die Zeit vom 15. Februar bis 2. März 1997 nennt er die anstehenden Begegnungen in der Liga nicht mehr „Meisterschaftsspiele", sondern „Endspiele", das gegen Hertha BSC am 18. Spieltag ist das „1. Endspiel", die Begegnung in Leipzig in der Woche darauf das „2. Endspiel". Zunächst absolviert sein Team aber ein Vorbereitungsspiel gegen den SV Wehen Taunusstein. Neben die Aufzeichnungen zum Spiel schreibt Frank:

„Magen/Darmgrippe, Infekt: verdorbene Speisen".

Im Wochentrainingsplan stehen Ausdauer- und Balleroberungseinheiten. Am Fuß der Seite hält Frank fest:

„Einzelgespräche – Teamspirit – Begeisterung – Leidenschaft – totale Kampfkraft."

Am Montag, 17. Februar, fährt die Truppe noch einmal zu Enkelmann nach Königstein.

Ein unbemerkter Bruch

Die Bedeutung des ersten Rückrundenspiels wächst in der Wahrnehmung des Perfektionisten immer weiter an. Mittwochs notiert er seine Gedanken auf drei Seiten ausführlich.

> *„Sacchi“*
> *„Statistiken“*
> *„Fazit gute Vorbereitung: Was muß noch ganz entscheidendes hinzukommen?“*

Neben der Notiz „Enkelmann!“ steht dort:

> *„Absolute Wahrheit: manche lächeln, die werden es nie schaffen. Wer ganz Großes erreichen will => muß dies mit ganzem Herzen/Seele, größter Überzeugung und totalem Glauben erreichen wollen. Leben im Vertrauen – Negatives wird weggesteckt – Wir können alles erreichen.“*

Seine Gedanken zum Spiel lauten:

> *„a). totale Vorbereitung b). gemeinsame Kampfbereitschaft c). Umsetzung des Konzepts auf dem Platz. Einhalten der Grundregeln: Distanzen – Laufwege – kurze Distanz, geballte Faust, geöffnete Faust, alle hinter den Ball, Ballbesitz – nicht Ball halten, Überzahl am Ball, Aussenzonenspiel, Unterzahl, Überzahl. Zweikampfverhalten, Konzentration auf 90 Minuten, keine Ablenkung zulassen.“*

„Wir hatten das übliche Gefühl nach dem Trainingslager, dass erst mal die Spritzigkeit fehlt“, erinnert sich Adrian Spyrka. „Normalerweise kommt die dann wieder, aber diesmal ist das nicht passiert.“ Der Abwehrspieler führt das allerdings nicht auf das intensive Trainingslager zurück, sondern darauf, dass einige Spieler in der Zeit auf Zypern Nahrungsergänzungsmittel genommen haben. „Ich bin der Meinung, es war das Kreatin.“ Manche hätten an die fünf Kilo zugenommen in den zwei Wochen. „Wir dachten erst, im Hotel ist die Waage kaputt, aber zuhause war es genau dasselbe.“

Ein weiteres Vorbereitungsspiel absolviert die Mannschaft bei RWO Alzey, doch Frank ist nicht zufrieden mit dem Auftritt. Weiterhin sind einige Spieler von einem Virus geplagt, der Trainer sieht einen Kampf des Teams um seine Form, Probleme mit der Spielpraxis und eine gewisse Müdigkeit von Kopf und Körper. Journalist Rehberg erinnert sich an ein Gespräch, in dem er Frank sagte, der laufe Gefahr, sein Team in die Lähmung zu trainieren. „Aber dass man auch zu viel trainieren kann, kam in seiner Denke nicht vor." Fünf Tage vor der Partie gegen Berlin steht trotz aller Einheiten, Überlegungen und dem langen Trainingslager in Franks Unterlagen:

> *„schlechte Vorbereitung!"*

Die Heimpartie gegen Hertha BSC ist ein Montagabendspiel. Franks Notizen sind teilweise vom Regen verwischt und zeigen seine intensive Bemühung, vor der Partie alle Kräfte zu bündeln, auch bei sich.

> *„Wir haben uns das Recht auf Erfolg erarbeitet! Heute gilt es, dieses Recht einzufordern! Besprochenes umsetzen => gemeinsam agieren!!! Einfachheit mit höchster <u>Konzentration</u> und wirklicher Entschlossenheit im Zweikampfverhalten. W. F. möchte ein Team: Größe | Klasse | Stil | Niveau, Temperament Engagement, Leidenschaft, Charakter! gegenseitig! Mit Herz + Leib und Seele alles geben. Wenn es nicht mehr geht – einen nachlegen!"*

Die 05er verlieren das Spiel gegen den Tabellenzweiten 0:1. „Die größte Niederlage für ihn war nicht, dass sie verloren haben", mutmaßt Rehberg. „Sondern dass sich seine Maxime nicht bewahrheitet hat: Wer viel macht, wird Erfolg haben." Frank ist nach der Partie am Boden zerstört und geht sofort in die Analyse. In seinen Unterlagen heftet der Coach zudem einen Ausdruck ab, auf dem er folgende Zeilen einkreist:

> *„Wenn wir im Leben Erfolg haben wollen, wenn wir das erreichen wollen, was wir zutiefst ersehnen, dann müssen wir uns diesem Wunsch ganz hingeben. Mit anderen Worten: Was du auch immer tust, tue es ganz. Wer aber im Leben etwas zurückhält, dem wird auch das Leben stets etwas zurückhalten."*

Klopp denkt noch heute mit Unbehagen an das Spiel zurück: „Gegen Berlin müssen wir gewinnen, wenn ich den Ball reinköpfe." Er schüttelt sich leicht. „Ich konnte jetzt nicht so viel, aber köpfen konnte ich ganz gut. Da kam eine überragende Ecke, ich habe alles gesehen und richtig eingeschätzt – und im letzten Moment mache ich ihn doch nicht."

Am nächsten Tag trifft sich die Truppe um 9.45 Uhr zur Mannschaftssitzung. Die Niederlage, notiert Frank, sei ihm beim Aufwachen wie ein schlechter Traum vorgekommen. Bis zum Spiel in Leipzig bleibt wenig Zeit, bereits am Freitag muss Mainz 05 dort antreten. Als Schwerpunkt für den Tag setzt der Trainer Regeneration an, neben inhaltliche Gedanken zum Spiel schreibt er:

„Probleme/Vorbereitung, zu großer Druck."

Außerdem führt Frank wieder Einzelgespräche, aus denen er mitnimmt, dass bei den Spielern eine gewisse Leere im Kopf herrscht – und Unzufriedenheit über die Situation. Das Spiel, so resümiert er, sei an ihnen vorbeigelaufen, das Glück müsse manchmal auch erzwungen werden.

„Verstand für kurze Zeit ausschalten und so dafür sorgen, dass die Gefühle wieder passen."

Am 27. Februar, einem Donnerstag, macht sich der 05-Tross auf nach Leipzig, wo zwei Tage später das Spiel stattfinden wird. Spieler und Betreuer schlafen allesamt in Einzelzimmern. Neben den Mahlzeiten, Mannschaftsbesprechungen und den Trainingseinheiten stehen am Freitag und Samstag vor der Partie gemeinsame Spaziergänge auf dem Programm. Noch einmal setzt Frank sich auch an seine Notizen:

„Ordnung in mir selbst! Ich muss den Erfolg verursachen! Planung! Lernen! Glaube an sich! Einstellung – aktive Arbeit an sich selbst! Ja zum Job!! Ohne Wenn und Aber."

Das Spiel beginnt um 15 Uhr, der Platz im Bruno-Plache Stadion ist schlammig vom Regen. Der VfB Leipzig gewinnt mit 3:0, alle Tore erzielt Steffen Heidrich. In der 66. Minute muss Lars Schmidt mit Gelb-Rot vom Platz, neun Minuten später sieht Sven Demandt die einzige Rote Karte seiner 05-Karriere. Nach der Partie geht es mit dem Bus zurück nach Mainz, der Vorstand folgt tags darauf mit dem Flugzeug.

„Er hat von Leipzig bis Mainz keinen einzigen Ton zu uns gesagt", erinnert sich Torsten Lieberknecht. „Da muss schon etwas in ihm gearbeitet haben. Dann ist er wortlos ausgestiegen, und weg war er." „Es gab eigentlich gar keinen Grund, das Spiel zu verlieren", meint Dimo Wache und nimmt ein Gegentor auf seine Kappe. „Es war ein hartes Spiel", stimmt Lieberknecht zu, spricht von sieben Kilo Sand an den Füßen aufgrund der Platzverhältnisse – und einer aufgeheizten Stimmung im Stadion. „Solche Spiele passieren einfach", sagt Adrian Spyrka. „Ich glaube schon, dass er mit sich selbst genauso hart ins Gericht gegangen ist wie mit der Mannschaft", sagt Demandt. Journalist Stefan Keber weiß noch, wie Frank im Interview die Niederlage auf sich nimmt und sein Team aus der Schusslinie hält. „Trotzdem hat er keinen Zweifel daran gelassen, dass sie nicht das gespielt haben, was er von ihnen wollte." Franks Spielanalyse der Partie gegen Leipzig ist in Bleistift mit den Worten „Abschied von Mainz" überschrieben. Ein entscheidender Punkt scheint dieser zu sein:

„Warum konnte man den Mitspielern nicht helfen?"

In beiden Spielen nach der Winterpause konnte der Trainer den Teamgeist nicht spüren, auf den er so viel Wert legt, dafür macht er sich verantwortlich. Am unteren Rand des Blattes steht in einem Kästchen:

„Mit dem heutigen Tag Beendigung meiner Tätigkeit. Wir sind Profis! Es gibt Entscheidungen, die schwer sind, die evtl. auch schwer zu verstehen sind. Entscheid. (vielfältige Gründe) => die auch nicht mehr diskutiert werden."

Der Coach fährt an den Bruchweg, wo Sven Demandt versucht, in der Trainerkabine mit ihm zu reden. „Ich wollte mich für die Rote Karte entschuldigen, da war er schon so komisch." Frank leitet bei regnerischer Witterung wie gewohnt das Training seiner Mannschaft. Noch hat er mit niemandem vom Vorstand gesprochen. Nach den Übungen ruft er die Spieler im Kreis zusammen und eröffnet ihnen, dass er nun nicht mehr ihr Trainer sei. Auf ihre verwirrten Rückfragen antwortet er: „Es gibt Dinge, die kann man nicht verstehen", und: „Jungs, es tut mir leid." Dann verschwindet er in seiner Kabine und schließt sich ein.

„In dem Moment war es der größte Schock überhaupt, weil es für uns aus dem Nichts kam", erzählt Jürgen Klopp. „Ich habe mich verantwortlich gefühlt, weil ich den Ball gegen Berlin nicht reingemacht habe. Daran kann ich mich wirklich erinnern." Demandt grübelt über seine Rote Karte. Die Spieler sind komplett ratlos. Schließlich gehen sie zur Kabine, klopfen. „Wir wollten mit ihm sprechen oder dass er zumindest mal rauskommt. Aber er hat nur durch die Tür gerufen, es gibt nichts mehr zu besprechen." Klopp ist das Entsetzen all die Jahre danach noch anzumerken. „Wir waren extrem geschockt, dass er das gemacht hat. Aber wir haben uns auch alle extrem verantwortlich gefühlt."

Die Spieler gehen zurück auf den Platz, stehen ratlos im Kreis, fragen sich, was zu tun sei. Unterdessen ist Reinhard Rehberg am Bruchweg angekommen. Als er die Situation erfasst, klopft auch der Journalist an die Trainerkabine. „Er hat mich echt zu sich reingelassen", wundert Rehberg sich nachträglich. „Da hatte er seinen Spind schon ausgeräumt." Frank sitzt in Unterhosen da und wirkt vollkommen ruhig. „Ich weiß noch, wie ich auf ihn eingeredet habe, dass er das nicht machen kann. Völlig unjournalistisch. Er hat bloß gesagt: ‚Nein, da bin ich konsequent, da kennen Sie mich nicht.'" „Er dachte damals, Mainz 05 ist das Schlimmste, was ihm passiert ist", sagt Christian Heidel. „Weil er nicht realistisch war. Dabei war es das Beste. Aber er hatte keine Geduld."

Am Morgen nach seiner Entscheidung sitzt Wolfgang Frank im „Haasekessel", der Gaststätte am Bruchwegstadion, damals betrieben von Milan Stojanov, bei dem Frank viele seiner Mahlzeiten einnimmt. „Damit hat er unserer Hoffnung Nahrung gegeben, dass er doch wieder zurückkommt", sagt Lieberknecht. Die Spieler, die alles tun wollen, um ihren Trainer zu halten, organisieren für den nächsten Tag im „Laternchen" in Mainz-Bretzenheim einen Mannschaftsabend. Frank willigt ein zu kommen. „Er hatte so eine Trachtenjacke an", sagt Wache. „Das vergesse ich nie." Stöver erzählt: „Alle waren einhellig der Meinung, dass wir versuchen müssen, ihn zum Bleiben zu bewegen, weil wir sicher waren, dass es mit ihm wieder besser wird." Schnell wird dem Team klar: Frank ist nicht gekommen, um mit ihnen zu sprechen, sondern um sich zu verabschieden. „Da war nie etwas zu machen", glaubt Demandt rückblickend. Stöver erzählt ergänzend: „Er hat das positiv zur Kenntnis genommen, aber er hatte für sich entschieden, er war nicht mehr der Richtige. Wir als Mannschaft haben das völlig anders gesehen."

Zwei Tage später veröffentlicht der *kicker* ein Interview mit Frank, in dem er seinen Entschluss bekräftigt und abermals die mangelnde Professionalität im Verein kritisiert. Auf die Frage, ob sein Rücktritt dem Team nicht einen Knacks geben könnte, antwortet er: „Ich muß zugeben, daß ich die Reaktion der Spieler ein bißchen unterschätzt habe. Es war ein ergreifender Anblick, als ich die Jungs habe fast heulen sehen. Aber jetzt müssen sie Farbe bekennen, zur Persönlichkeit werden, Verantwortung übernehmen, daß es ihnen, so blöd das klingen mag, einen Schritt weiterhilft."

Nachfolger Reinhard Saftig hat es schwer mit einer Mannschaft, die von den Prinzipien aus der Zeit mit Frank nicht abrücken will. „Es konnte uns danach aber auch keiner recht machen", bekennt Sven Demandt. Adrian Spyrka sagt: „Wir haben einfach weiter unser Ding gemacht, nur die Aufstellung konnten wir leider nicht selbst machen." Die Mannschaft rauft sich zusammen und spielt bis zum letzten Spieltag in Wolfsburg mit um den Aufstieg. Dort unterliegt sie im „Endspiel" 4:5 und sieht den VfL an sich vorbei in die 1. Liga ziehen. „Das ist jetzt leicht gesagt und schwer zu beweisen", weiß Klopp. „Aber mit Wolfgang wären wir aufgestiegen. Das ist so sicher wie das Amen in der Kirche."

KAPITEL 14

Eine kurze, heftige Liebe

„Er kam damals als Ferrari auf eine Kartstrecke, und das geht nicht gut."

MICHAEL KRAETSCHMER, BINNEN-ADMINISTRATOR AUSTRIA WIEN

Der 1. April 1997 ist ein wichtiger Tag für die Familie Frank: Sie werden in der Schweiz, weiterhin ihr Lebensmittelpunkt und für Vater Wolfgang Rückzugsort zwischen den Trainerstationen, eingebürgert: „Die Kantonsgemeinde Glarus hat in geheimer Abstimmung vom 16. März 1997 beschlossen, die Eheleute Frank-Kohl sowie die beiden minderjährigen Kinder Sebastian und Benjamin ins Bürgerrecht der Gemeinde Glarus aufzunehmen." Mit diesem Beschluss wird den vieren das Kantonsbürgerrecht verliehen und Glarus, von allen ohnehin als Zuhause empfunden, nun auch ganz offiziell ein Stück Heimat.

Eine Heimat allerdings, die Vater Wolfgang Frank schon bald wieder verlässt, diesmal in Richtung Wien. Dort erzählt man sich in jenem April flüsternd, er habe beim 1. FSV Mainz 05 alles stehen und liegen lassen, als er vom Interesse des FK Austria Memphis hörte. So ist das auch in einem umfassenden Onlinearchiv zur Austria festgehalten. Ganz richtig ist diese euphorische Behauptung nicht, doch aus ihr spricht die große Begeisterung der Klubverantwortlichen, Frank seinerzeit für die Austria gewinnen zu können. Umgekehrt ist der traditionsreiche Verein eine Adresse, mit der der Trainer – wieder einmal – große Hoffnungen verbindet. In Mainz ist die Irritation darüber, wie rasch Frank anderswo weiterarbeitet, groß, die Verwunderung über den Wechsel nach Österreich noch größer.

Der Trainer ist kein begeisterter Autofahrer, an all seinen Stationen gibt es Menschen, die Geschichten darüber erzählen können, wie sie ihn regelmäßig von A nach B gefahren haben, beispielsweise zu Gegnerbeobachtungen. Die Fahrt nach Wien macht Sohn Sebastian mit dem Vater, der unterdessen die Namen und Geburtstage der Austria-Spieler und ihrer Frauen memoriert. „Er war der festen Überzeugung, Spieler können nur gute Leistung bringen, wenn auch ihre Familien glücklich und zufrieden sind", erinnert sich Sebastian. Die Frauen sollen deswegen an ihrem Geburtstag vom Trainer und seiner Familie Blumen und Geschenke bekommen. „So ein Mensch war mein Vater."

Frank ist fasziniert von der Arbeit im geschichtsträchtigen Verein, in dem der Fußballvisionär und langjährige österreichische Verbandspräsident Hugo Meisl sowie der englische Fußballpionier Jimmy Hogan Anfang der 1910er-Jahre die große Wiener Fußballgeschichte mitbegründet haben. Zwar ist die Austria Mitte der 1990er vom Glanz auch der jüngeren Vergangenheit weit entfernt, Frank sieht dadurch aber die Möglichkeit, den Verein entsprechend seiner Vorstellungen zu entwickeln. Darauf einigt er sich mit den Verantwortlichen.

Nach dem 29. Spieltag der Saison 1996/97 steht die Austria auf Tabellenplatz acht. Von Juni 1996 bis in den April 1997 hat Walter „Schani" Skocik die Profis betreut, seinerseits als Nachfolger des glücklosen Horst Hrubesch, Coach in der Saison 1995/96. „Austria war damals bekannt als Trainerfriedhof", erzählt Markus Kraetschmer, bis 2021 im Vorstand des Vereins. Im November 1997 kommt er vom privaten Geldinstitut Schoellerbank zur Austria. Als Binnen-Administrator, eine Art Geschäftsstellenleiter, soll Kraetschmer bei dem Fußballklub die wirtschaftlichen Belange regeln, das Budget übersehen und sich um Spielerverträge kümmern.

Als Sportdirektor sieht der 25-jährige Kraetschmer, selbst von Kindesbeinen an begeisterter Fan der „Veilchen", sich nicht, diese Aufgabe belässt er ganz in Franks Händen: „Ich habe immer gesagt, ich möchte die finanziellen und die organisatorischen Rahmenbedingungen für das Team schaffen und maße es mir nicht an, irgendwelche Sportvorgaben zu machen." Und so passen sie gut zusammen, der junge Manager und sein ambitionierter Coach, der ja ohnehin am liebsten alle Zügel selbst in der Hand halten will.

„Frank war eine überraschende Personalie und auch eine revolutionäre", sagt Kraetschmer über die Verpflichtung des Trainers, der explizit aufgrund seiner taktischen Arbeit mit der Viererkette nach Wien geholt wird. Die beiden sitzen viel in Kraetschmers Büro zusammen und diskutieren über die Ausrichtung und Möglichkeiten des Vereins. Dieser hat früh die Vorteile des Sponsorings für sich entdeckt und bereits seit 1977 eine entsprechende Kooperation mit der Austria Tabak. In deren Mittelpunkt steht die damals besonders populäre Zigarettenmarke „Memphis", daher auch FK Austria Memphis. Doch seit 1989 gilt in der gesamten EU ein Werbeverbot für Tabak im Fernsehen, viele Länder sind deutlich früher dagegen vorgegangen, weitreichendere Verbote nur eine Frage der Zeit. „Das hat an der Existenzgrundlage des Klubs schon ordentlich geschüttelt", erklärt Kraetschmer, der vermutet: „Das wird man wohl dem Wolfgang vor seiner Verpflichtung eher nicht in der Deutlichkeit gesagt haben." Doch die Entwicklung setzt Austria finanzielle Grenzen.

„Der Wolfgang stand ja vom Zugang her schon für ein ganz anderes Level an Professionalität", sagt Kraetschmer, den aber genau dieses andere Level fasziniert. Was innerhalb der wirtschaftlichen Rahmenbedingungen machbar ist, ermöglicht man dem deutschen Trainer. Für die Spieler ist damals vieles neu, plötzlich sollen sie am Vorabend eines Spieles ihre Sachen zusammenpacken, um in einem Hotel zu übernachten und nebenher auch an ihrer Gemeinschaft zu arbeiten. „Er hat uns alle mit seiner Positivität mitgenommen", erinnert sich Wolfgang Knaller, der von 1996 bis 2002 das Tor der „Veilchen" hütet. „Sein taktischer Zugang, die Viererkette und das intensive Training im körperlichen Bereich waren neu für uns, aber wir sind das voll mitgegangen."

Für einen Verein, der vorne mitspielen will, ist allerdings die Mannschaft nicht gut genug besetzt. „Wir waren nicht auf allen Positionen konkurrenzfähig", so Knaller. Frank versucht, den Spielern zu vermitteln, dass sie ihre Leistungsgrenzen noch nicht erreicht haben, dass mehr in ihnen steckt, als sie glauben. Nicht nur die Hotelübernachtungen vor Punktspielen sind neu, sondern auch gemeinsame Trainingslager und Rituale. Zu denen gehört, dass sich das Team bereits um acht zum Frühstück trifft. „Er hat eine ganz neue Professionalität reingebracht", erzählt Knaller. „Auch mit den vielen Besprechungen, die ihm wichtig waren. Wir sollten den Fußball leben wie einen Vollzeitjob. So hat er das gemacht und so wollte er das auch von uns Spielern." Anfangs funktioniert das sehr gut, auch an den Ergebnissen ist die gemeinsame Arbeit bald ablesbar. Austria erzielt im ersten Punktspiel unter Frank ein torloses Unentschieden gegen den Wiener Lokalrivalen SK Rapid und verliert anschließend zwar mit 2:3 gegen den SK Sturm Graz, am 32. Spieltag aber holt die Mannschaft den ersten Sieg: Austria Wien schlägt den FC Admira Wacker Mödling zuhause mit 2:1. Bis Saisonende verliert Franks Truppe kein weiteres Spiel mehr, spielt gegen den FC Blau-Weiß Linz sowie den Grazer Athletiksport-Klub (GAK) unentschieden und besiegt vor heimischem Publikum den damaligen FC Tirol Milch Innsbruck sowie den SV Austria Salzburg. Die Saison beenden die „Veilchen" auf Rang acht, einen Punkt hinter dem GAK.

Wolfgang Knaller erzählt, wie sehr sich das Training unter Frank verändert in dieser Zeit. „Erst mal immer anderthalb Stunden ohne Ball, nur verschieben in der Kette, dann noch mal anderthalb Stunden mit Ball.“ Er lacht. „Für uns war das völliges Neuland.“ Die Stimmung zwischen dem Trainer und seinem Team ist aber sehr positiv, ohnehin wirkt Frank in dieser Phase wie befreit. „Er hat sich auch in Wien sehr wohlgefühlt, die Menschen, die Kaffeehauskultur, das hat ihm sehr gepasst und auch seiner Frau, die häufig hier war“, erinnert sich Kraetschmer. Brigitte Frank hat schon länger immer wieder gesundheitlich zu kämpfen, ein Thema, das ihren Mann intensiv beschäftigt. Bei ihren Besuchen in Wien, einer Stadt, deren Rhythmus ihnen entgegenkommt, finden die beiden ein wenig zur Ruhe.

Schon in Mainz hat Franks Frau regelmäßige Treffen für die Partnerinnen der Spieler organisiert, um ein Gemeinschaftsgefühl zu erzeugen, in Wien setzt sie das fort. Knaller erzählt von Trainingslagern mit den Frauen und Geschenken für die Familien der Spieler bei der Weihnachtsfeier. „Wir waren total perplex, dass jemand so etwas gemacht hat, das war vorher und nachher nie der Fall. Sie haben alles gemacht, um den Teamgeist zu fördern.“ Die Überzeugung, dass der Verein auch eine Form der erweiterten Familie ist, ist vor allem an Franks Verhalten neben dem Platz abzulesen. „Er hat ein sehr gutes Auge gehabt und sofort gemerkt, wenn bei jemandem etwas schief war“, erzählt Knaller. Frank holt die teilweise noch sehr jungen Spieler nach den Trainingseinheiten zu sich in die Kabine und erkundigt sich danach, wie es ihnen beruflich und privat geht. Schnell haben die das Gefühl, dem Trainer alles anvertrauen zu können, was sie bewegt, und wachsen als Gemeinschaft eng zusammen. „Ihm war sehr wichtig, dass wir auch abseits des Platzes Zeit miteinander verbringen und Wertschätzung für einander entwickeln“, sagt Wolfgang Knaller.

Begehrt wie nie

Zwei Tage nach dem letzten Spieltag der österreichischen Bundesliga-Saison 1996/97 titelt der *kicker* zuhause in Deutschland: „Austria gewinnt Rennen um Frank“. Im Artikel geht es um einen möglichen Wechsel Franks zum deutschen Erstligisten FC Hansa Rostock. Zwar ist Franks Vertrag auf zwei Jahre festgelegt, enthält aber eine Ausstiegsklausel für die Bundesliga. Um Frank an die deutsche Ostseeküste zu locken, sind die Hansa-Verantwortlichen zum letzten Rundenspieltag sogar nach Wien gekommen. Als die ersten Nachrichtenagenturen bereits die Verpflichtung Franks melden, sagt der Trainer den Rostockern ab und nennt als Grund dafür, wie sehr die Austria um ihn gekämpft hat. Manager Kraetschmer erinnert sich, dass bei aller Begeisterung für den Trainer dessen offensichtliches Liebäugeln mit dem deutschen Profifußball phasenweise zu einer Belastung wurde: „Es ist hier nicht immer zum Besten angekommen, wie eng seine Verbindungen waren. Er wusste alles, was in der 1. und 2. Liga passiert, und du hattest immer das Gefühl, er ist zwar hier bei uns, aber dort liegt eigentlich sein Interessensmittelpunkt."

Die Verantwortlichen in Wien tun so einiges, um ihren ambitionierten Coach zu halten. Dazu gehören auch Trainingslager, unter anderem auf Zypern, wo Frank bereits mit den Mainzern war. „Er hat sich bei allem etwas gedacht", erzählt Kraetschmer. Von der Art des Essens bis zu den Uhrzeiten sowie der Sitzordnung bei den Mahlzeiten bringt Frank sich überall ein. „Ich erinnere mich sehr gut, wie er einmal im Trainingslager spätabends eine Videoanalyse gezeigt hat." Kraetschmer lacht. „Die Spieler waren überfordert, das nach dem harten Training noch aufzunehmen, aber er hatte feste Vorstellungen. Ich glaube, das war ein bisschen die Kluft, dass er sich zu viel erwartet hat – oder mehr reinpacken wollte, als mit diesen Spielern möglich war. Er war wahrscheinlich ein anderes Level gewohnt von deutschen Klubs. Es war ein sehr respektvoller Umgang zwischen uns, aber ich musste ihn leider oftmals enttäuschen und ihm klarmachen: ‚Das können wir uns nicht leisten.'"

Mit großer Akribie bereitet Frank seine Spieler im Sommer auf die neue Runde vor. Dazu gehören neben ausführlichen Trainingseinheiten, Taktikschulungen und Videoanalysen auch Einzelgespräche. Knaller erinnert sich, wie er einmal zu einem solchen zur Kabine des Trainers kommt, dann aber davor wartet in der Annahme, dieser spreche gerade noch mit einem Teamkameraden. „Ich habe von drinnen Stimmen gehört", erinnert er sich. Nach einer Weile wird ihm bewusst, es ist nur eine Stimme, noch einen Moment später realisiert er: Da zählt jemand! Er öffnet klopfend die Tür und sieht Frank vor sich, der laut und klangvoll bis 200 zählt. Auf Nachfrage erklärt der, er schule seine Stimme. Die 200 bekommt für die Spieler bald eine Bedeutung: Im Training müssen sie Liegestützen, Kniebeugen und mehr machen, immer vier Sätze à 50, der Coach zählt dabei: bis 200. „Es hat mich total fasziniert", sagt Knaller.

Die neue Saison beginnt mit einem Heimsieg für FK Austria, von dem auch in der Heimat Notiz genommen wird. Im *kicker* heißt es im Juli: „Der ehemalige Trainer von Mainz 05, Wolfgang Frank, nahm den souveränen 3:0-Erfolg seines Klubs Austria Wien über den neuen Fusionsverein LASK Linz wesentlich gelassener zur Kenntnis. Aber Experten sehen in den von Frank rundum erneuerten ‚Violetten' bereits einen ernstzunehmenden Hoffnungsträger im Kampf um den diesjährigen Meistertitel." Neben Frank arbeiten in der Saison mit Klaus Augenthaler beim GAK und Edmund Stöhr beim Aufsteiger SC Austria Lustenau zwei weitere deutsche Trainer in Österreichs 1. Liga.

Nach einer 1:5-Pleite gegen die Augenthaler-Truppe rutscht Frank mit seinem Team erstmals auf Rang fünf ab. Bei Mainz 05 wird derweil sein Nachfolger Reinhard Saftig entlassen. Als in der Folgewoche erneut Gerüchte die Runde machen, Frank sei ein Kandidat im deutschen Fußball, geht es allerdings nicht um seine alte Liebe: Angeblich ist Werder Bremen nach Absagen von Ottmar Hitzfeld und Christian Gross an einer Zusammenarbeit interessiert. Auch mit dem in der Schweiz entlassenen Nationaltrainer Rolf Fringer sollen die Bremer Verantwortlichen, die einen Nachfolger für Otto Rehhagel suchen, gesprochen haben.

Frank ist in dieser Phase unzufrieden mit seinem Verein. Mehrere Spieler, die er gern im Kader gesehen hätte, sind wirtschaftlich nicht darstellbar, darunter der schwedische Nationalstürmer Dan Sahlin. „Es war schon ein bisschen das Thema, dass er schneller auf ein bestimmtes Level wollte, als es die damalige Austria mitgehen konnte", erinnert sich Kraetschmer. Wieder einmal muss er seinen Trainer also enttäuschen. „Er war schon auf seine Art ein Visionär und das langsame Tempo, noch in Verbindung mit dem sehr Wienerischen ‚Wir machen des schoo noh, geh, schau mer mol!', hat für ihn nicht funktioniert." Frank, so fasst es Kraetschmer zusammen, sei seiner Zeit vorausgewesen – das, kombiniert mit seiner brennenden Ungeduld, habe es manchmal nicht ganz einfach gemacht. Zumal in Phasen, in denen die Verantwortlichen sich nicht sicher sein können, ob ihr Trainer überhaupt an Bord bleibt. An einer Arbeit in Bremen ist Frank durchaus interessiert, letztlich kommt sie aber nicht zustande. Die Aussagen über die Gründe gehen auseinander, wie in solchen Situationen fast üblich. Die Bremer empören sich, der Coach habe ihnen ein zeitliches Ultimatum gestellt. Frank beharrt, er habe entschieden, seinen „Veilchen" treu zu sein. So oder so, der Deutsche bleibt in Wien und bekräftigt nach einem kolportierten Interesse von Fortuna Düsseldorf zur Erleichterung der Austria-Führung, den Vertrag bis Saisonende zu erfüllen.

Torwart Wolfgang Knaller erinnert sich an die von all diesem Tumult nahezu unbeeindruckt gute Atmosphäre im Team, die der Mannschaftsführung des Trainers zu verdanken gewesen sei. „In der Art und Weise, wie er mit uns Spielern kommuniziert hat, war es, als ob man einen Kumpel vor sich hatte, der aber trotzdem der Chef war, der Vorgesetzte, der für alles verantwortlich ist." Der Umgang Franks ist, besonders für diese Zeit, außergewöhnlich und die Spieler spüren das. „Es war das erste Mal, dass ich in einer Mannschaft gemerkt habe, niemand ist böse mit dem Trainer. Klar ist nicht jeder immer zufrieden in so einem Kader. Aber böse? Nein. Das habe ich vorher noch nie erlebt. Das lag wirklich an ihm und seiner Menschenführung."

Der Kumpel-Chef

Eine Episode ist Knaller besonders in Erinnerung geblieben. „Wir waren nicht nur brav damals", erzählt er lachend. Einige der Austria-Spieler machen hin und wieder die Nacht zum Tag, so auch Knaller und Teamkamerad Manfred Schmid. Einmal so ausführlich, dass sie ein Taxi nehmen müssen, um an einem Sonntag rechtzeitig um acht Uhr am Treffpunkt zu sein. Mit schweren Köpfen stürzen sie in die Kabine, um ihre Trainingskleider anzuziehen. Knaller ist der Erste, der mit ein paar Minuten Verspätung in den Besprechungsraum stolpert, wo alle Augen auf ihn gerichtet sind. Einer spontanen Idee folgend behauptet er, er habe in der Nacht die Zeitumstellung vergessen. Frank sieht ihn ruhig an und sagt dann: „Wolfgang, wenn du vergessen hast, deine Uhr umzustellen, müsstest du schon seit einer Stunde da sein."

Knaller kichert amüsiert, als er die Episode erzählt. „Das war ein sogenanntes Eigentor." Schmid schlurft einige Minuten später in den Raum, den Pulli trägt er verkehrtherum, so dass die kleine Rückennummer am Bund unter seinem Kinn prangt. Der Trainer weist ihn an, neben Teamkamerad Knaller Platz zu nehmen. Beiden gibt er zu verstehen, er wolle in der Mittagspause mit ihnen sprechen. Die Unterhaltung gerät dann zur Überraschung der Übeltäter völlig unaufgeregt. Frank erklärt seinen Spielern, ein solches Verhalten dürfe nicht einreißen, aber: Solange die beiden auch auf dem Platz vorangehen und die Eskapaden nicht aus dem Ruder laufen, sei für ihn alles okay. „Er hat gesagt, dass er diese Art Spieler mag und selbst auch immer ein Typ war." Nur wenn ihre Leistung nicht mehr stimmt, könne er die Spieler nicht schützen, sagt der Coach in ruhigem Ton. „Das war wirklich außergewöhnlich und es hat dazu geführt, dass wir so was dann seinlassen haben, einfach ihm zuliebe."

Gegenseitige Wertschätzung spielt für Wolfgang Frank eine große Rolle. Doch was im Austausch mit den Spielern in Wien funktioniert, ist im Gesamtverein schwierig. „Es war für ihn wirklich sehr wichtig, dass er diese Wertschätzung, fast schon Liebe erfährt", sagt Kraetschmer. „Dafür waren die handelnden Personen vielleicht zu nüchtern. Mit Wien, das hat schon gepasst, alles nett, lieb, herzlich – und dazu die Kaffeehauskultur. Aber dass ihm jeden Tag einer gesagt hätte: ‚Wolfgang, du bist der Beste, wie toll, dass du hier bist', das hat es nicht gegeben. Vielleicht hätte er das mehr gebraucht."

Die Ergebnisse auf dem Platz stimmen im September und Oktober 1997 bis auf wenige Ausnahmen. Die Arbeit des Trainers und sein Bekenntnis zum Verein scheinen sich für alle Beteiligten bezahlt zu machen. Von besonderer Bedeutung für die „Veilchen" ist der 1:0-Auswärtssieg am 4. Oktober gegen die SV Ried, wo die Austria noch nie zuvor gewinnen konnte. Damit klettert die von Frank betreute Mannschaft zurück auf den dritten Tabellenplatz. Gegen den SK Sturm Graz erkämpft Austria sich im darauffolgenden Spiel ein 1:1-Unentschieden. Doch der Winter wird ungemütlich. Erst fliegen die Wiener aus dem ÖFB-Cup, dann knallt es zwischen Frank und den Austria-Verantwortlichen, weil die entnervt sind von den ständigen Forderungen des Trainers. „Es war insgesamt nicht so strukturiert und organisiert im Verein, wie er sich das sicher gewünscht hätte", sagt Kraetschmer, nach all der Zeit noch immer fast entschuldigend. „Deswegen ist es dann recht früh in die Richtung gegangen, dass man sich nach der Runde womöglich trennen wird." Am Bekenntnis, die Saison gemeinsam zu Ende zu bringen, möchte aber keine Seite rütteln.

Als im November auch die Ergebnisse ausbleiben, lastet das aber auf allen im Verein. Ein Tiefpunkt ist die 1:3-Niederlage gegen den SC Austria Lustenau am 29. November, bei der Franks Truppe das Spiel nach zwei Platzverweisen mit nur acht Feldspielern beendet. Damit rutscht die Austria im letzten Spiel des Jahres erneut auf Platz sechs und bleibt so hinter den eigenen, vor allem aber den Ambitionen ihres ehrgeizigen Trainers zurück. Ebenfalls ärgerlich ist, dass der Linzer ASK, wo der norwegische Trainer Per Brogeland inzwischen auch mit der Viererkette arbeitet, an der Austria vorbei auf Rang vier geklettert ist.

Als die Runde im Februar weitergeht, bleiben die Ergebnisse fast vollständig aus. „Er hat die Mannschaft dann phasenweise auch überfordert", erinnert sich Kraetschmer. Solange Frank damit erfolgreich ist, ziehen die Spieler mit, im Frühling aber wird die Situation zunehmend schwierig. „Ich bin überzeugt, wenn die sportlichen Entscheidungsträger den Weg konsequent mitgegangen wären, hätten wir mit Wolfgang Frank etwas Großes erreichen können", sagt sein Spieler Wolfgang Knaller bedauernd. „Aber der Verein war noch sehr weit weg von dem, was Frank sich unter Professionalität vorgestellt hat – und am Ende auch nicht weit genug für seinen taktischen Zugang." Es wird Ende März, bis Frank mit seiner Mannschaft das erste Spiel des Jahres 1998 gewinnt. Und eine Woche später steht plötzlich Christian Heidel am Trainingsgelände, fest entschlossen, den Abtrünnigen wieder nach Mainz zu holen.

„Als Mainz kam und gesagt hat: ‚Wir brauchen dich wieder!', da war er Feuer und Flamme", erinnert sich Kraetschmer an die Begeisterung Franks. „Die Chance, die konnte man ihm nicht verbauen, das haben die Verantwortlichen letztlich auch eingesehen." Für die Mannschaft kommt der Abgang ihres Trainers absolut überraschend, trotz der zuletzt schwierigen sportlichen Phase. „Uns hat das sehr leidgetan, weil es menschlich einfach super war", sagt Knaller. „Aber in Mainz konnte er seine Philosophie umsetzen, für Austria war er zu früh. Was schade ist, denn wir wären alle für ihn durchs Feuer gegangen." Er überlegt einen Moment. „Ich komme aus einer Familie mit acht Kindern. Wir sind von den Eltern zur Bescheidenheit erzogen worden, zu Grundtugenden: ehrlich sein, geradlinig, hilfsbereit. Und einem anderen Menschen zu helfen macht glücklich. Deshalb hat es mich wohl so fasziniert an Wolfgang Frank, dass er uns genau diese Themen auch im Fußball vorgelebt hat. Ich habe da sehr viel von ihm mitgenommen."

KAPITEL 15

Glückloser Wiederholungsversuch

„Schüler haben die Angewohnheit, irgendwann besser zu sein als ihre Meister."
BRIAN GLANVILLE, AUTOR & JOURNALIST

„Als Wolfgang zurückkam, war ich für ein paar Tage der glücklichste Mensch der Welt", erzählt Jürgen Klopp. „Ich dachte, okay, jetzt wird alles, alles, alles wieder gut. Jetzt können wir das alles wieder gemeinsam angehen." Journalist Stefan Keber erinnert sich, wie Klopp in der Pressekonferenz mit Heimkehrer Frank verkündet, er habe schon seine Tasche gepackt und fahre mit ihm auf Wunsch sofort ins Trainingslager, ganz egal wie lange. „Wir waren alle sehr froh, als er wiedergekommen ist", sagt Sven Demandt. „Wir wussten, wir sind wieder viel unterwegs, wir werden viel Video gucken, werden lange Sitzungen haben. Aber wir wussten: Mit ihm schaffen wir es."

Mainz 05 geht mit Trainer Reinhard Saftig in die Saison 1997/98. Der hat bei der Mannschaft einen schweren Stand, auch weil diese ihm vorwirft, mit einer falschen Aufstellung im letzten Spiel der vergangenen Saison den möglichen Erstligaaufstieg verspielt zu haben. Dazu kommt, dass Saftig sich die Namen der Spieler nicht merkt und auch öfter mal vom 1. FC Mainz 05 spricht. Nach nur vier Spieltagen in der neuen Saison ist für Saftig Schluss in Mainz und die erste Trainerentlassung der Serie in der 2. Liga perfekt. Zwei Spiele wird das Team wieder von Manfred Lorenz betreut, der erst mal auf Viererkette umstellt. Auf ihn folgt im September Dietmar „Didi" Constantini – ein Österreicher in Mainz, während der so sehr vermisste Coach in Österreich wirkt. „Constantini ist ein guter Trainer. Aber die Mannschaft hat auf nichts mehr richtig reagiert, sie wirkte ein bisschen tot", erinnert sich Reinhard Rehberg. Mainz steckt bald im Abstiegskampf. Christian Heidel wird klar, dass es nur eine Lösung gibt, um die Truppe in der Liga zu halten: Wolfgang Frank. Der 05-Manager setzt sich in den Flieger nach Wien.

„Ich habe mich einfach an den Trainingsplatz gestellt“, erzählt Heidel lachend. „Er hat mich gefragt: ‚Was machst’n du hier?‘ Und ich habe gesagt, ich hole ihn ab. ‚Du hast uns im Stich gelassen, jetzt sind wir am Arsch und ich hole dich zurück.‘“ Rehberg erinnert sich an Heidels Anruf. „Er hat gesagt: ‚Wir zünden morgen eine Bombe!‘“ An Gründonnerstag kehrt Frank nach Mainz zurück. „Aber es war wie Palmsonntag“, sagt Heidel. „Kloppo kam raus und hat ihn umarmt, das war wie: Der Messias kehrt zurück.“

Frank sagt den staunenden Mainzer Journalisten zwar, er sei kein Wunderheiler, doch als er an Ostersonntag mit einem 2:1 auswärts bei den Stuttgarter Kickers gleich den ersten Sieg der Rückrunde einfährt, wirkt das schon ein wenig wie Handauflegen. Im *kicker* wird er zum „Mann des Tages“ gekürt, Andreas Single kommentiert dazu: „Das ‚dumme Geschwätz von gestern‘ interessiert heute keinen mehr. Als Frank vor 13 Monaten beim damaligen Aufstiegsaspiranten FSV das Handtuch warf, weil ihm vieles nicht professionell genug war, wollte er ‚nie mehr zurückkehren‘. In Mainz galt er seitdem als ‚Fahnenflüchtiger‘, Präsident Strutz nannte ihn damals ‚verantwortungslos‘. Die Reaktionen zum Beginn der zweiten Amtszeit des charismatischen, arbeitswütigen und geradezu vom Fußball besessenen Mannes verdeutlichten noch einmal, welch langen Schatten Wolfgang Frank in seiner ersten, eineinhalbjährigen Ära geworfen hatte. Von ihm wurde bisweilen gesprochen wie von einem Guru. Daß das Team offenbar einen solchen Typen braucht, stimmt nachdenklich.“

„Man hatte das Gefühl, da kommt etwas wieder zusammen, was zusammengehört“, erinnert sich Journalist Keber. „Sie haben sofort wieder umgestellt auf Viererkette, und es hat funktioniert.“ „Der Systemwechsel, das war für diese Mannschaft wie ein Glaubensbekenntnis“, bekräftigt Rehberg. Franks Idealvorstellung vom Fußball war dabei gar nicht so defensiv, wie es die Spielweise seiner Teams häufig vermuten ließ. An seinen frühen Stationen, speziell während seines ersten Engagements in Mainz, war sein Wunsch eigentlich der nach einem kompletten Spieler, oder besser: elf kompletten Spielern, die alle sämtliche Offensiv- und Defensivaufgaben mit übernehmen. „Er hat sich ja intensiv auf Sacchi bezogen. Aber der war Offensivverfechter, einer, der mit seinen Mannschaften Ballbesitz wollte und schönen, schnellen Fußball“, erklärt Sportjournalist Jörg Schneider. Wenn sogar Helenio Herrera über den von ihm berühmt gemachten Catenaccio sagte, seine Nachahmer hätten es versäumt, dessen offensive Elemente mit zu übernehmen – ist es dann vielleicht so, dass der Schüler zwar seinen Meister überflügelt, aber derjenige, der sich aus der Ferne inspirieren lässt, nicht den nötigen Mut hat für das Original einer Idee? Die von Frank als persönliches Scheitern empfundene Entwicklung vor dem Abschied aus Mainz jedenfalls lässt den Trainer eher zögerlicher werden in der Interpretation des Spiels, zumal in einer sportlich schwierigen Situation. Es geht zurück zu den Grundtugenden.

„Wenn es dir fußballerisch nicht gut geht, ist es erst mal wichtig, dass du die Basics perfektionierst", analysiert Sandro Schwarz, ab Oktober 2020 Trainer beim FK Dynamo Moskau, nüchtern. „Sein Credo war schon erst mal: Defensive, Organisation. Und aus einem Gefühl der Sicherheit entwickelt sich dann das Offensivspiel." Auch für Schwarz, der Frank in der ersten Mainzer Zeit schon als Nachwuchskicker kennenlernen durfte, ist dessen Rückkehr eine große Sache. „Er hat mich als junger Spieler stark beeinflusst, auch außerhalb des Platzes, was Wertevermittlung angeht. Das war schon prägend für mich. Ich habe ihn als einen akribischen Arbeiter kennengelernt, der von morgens bis abends in der kleinen Trainerkabine saß. Du wusstest, egal, wann du da klopfst, er ist da und arbeitet daran, wie er uns verbessern kann."

Nach dem Sieg an Ostern 1998 in Stuttgart ist die Stimmung am Bruchweg prima. „Es war für einen Moment wieder alles wie vor seinem Abgang", sagt Reinhard Rehberg. Im *kicker*-Interview erklärt ein ungewohnt gelassener Frank, die Situation sei nicht so dramatisch – und gibt auf die Frage, ob er bei seinem Weggang zu ungeduldig gewesen sei, eine ganz bemerkenswerte Antwort: „In Wien war ich ähnlich ungeduldig wie in Mainz. Den Wienern ist es gelungen, mir eine ungeheure Geduld aufzuerlegen." Werden das diesmal auch die Mainzer schaffen?

Im Saisonendspurt setzt Frank die Trainingsintensität wieder hoch. Zwei, drei Einheiten täglich auf dem Platz sind keine Seltenheit, dazu kommen Sitzungen und Videoschulungen. „Im Videoraum haben wir Feldbetten aufgestellt, wenn wir den ganzen Tag am Bruchweg waren", erinnert sich Adrian Spyrka. „Da haben wir uns nach dem Vormittagstraining und nach dem Essen hingelegt." Sven Demandt erinnert sich lachend: „Es war aber nur Platz für fünf oder sechs Ligen in dem Raum, da musste man schnell sein." Wann immer es geht, zieht Frank sich mit seiner Truppe aus der Stadt zurück. „Er war ein großer Freund von Kurztrainingslagern", sagt Jürgen Klopp. „Das habe ich auch von ihm übernommen."

In einem solchen Trainingslager kommt es zu einem Zusammenstoß zwischen Trainer und Schüler, den Klopp nie vergessen hat und den er als prägend für seine spätere Arbeit als Trainer bezeichnet. Die Mannschaft hat an diesem Tag bereits mehrere intensive Einheiten in den Knochen und ist erschöpft, als der Coach eine Sitzung ankündigt. Die zieht sich über zwei Stunden: Video, Taktik, Videowiederholungen – und noch mehr Taktik. Den Spielern werden die Köpfe immer schwerer. Als Frank die Zusammenkunft schließlich für beendet erklärt, schleichen alle erschöpft aus dem Zimmer, doch Klopp bleibt sitzen. „Was ist los?", möchte Frank von ihm wissen. „Trainer, du versuchst, ein Glas Wasser mit einem Eimer zu füllen." „Was meinst du damit?" „Hast du mal auf die Uhr geguckt? Wir haben heute Morgen zwei Stunden trainiert, wir haben mittags zwei Stunden trainiert, die Sitzung ist eben zwei Stunden gegangen. Vor einer Stunde war meine Konzentration auf minus fünfzig. Und wenn ich aufmerksamkeitsmäßig nicht mehr da bin, hast du die anderen fünf Minuten nach Beginn der Sitzung verloren. Oder sogar früher." Klopp redet sich in Rage. „Es macht keinen Sinn so. Entweder, wir müssen eine Trainingseinheit ausfallen lassen – oder keine Sitzung machen. Ich bin erschlagen von Informationen."

Bei der Erinnerung an die Begebenheit schüttelt Klopp ein wenig ungläubig den Kopf und lacht leise. „Es ist ja so: Ich bin kein Streber, aber wahrscheinlich war ich in der Gruppe ein bisschen der Streber. Ich war hoch interessiert an dem, was wir machen. Irgendwie habe ich gerochen, das hier könnte mein Leben verändern, wenn ich aufpasse." An jenem Tag aber ist es sogar dem Musterschüler zu viel und bald gibt ein Wort das andere. „Wir haben uns gestritten, als wären wir auf einem Niveau. Und das waren wir natürlich nicht. Gar nicht! Ich bin ja komplett emotional, wie wir alle wissen. Ich bin einfach übers Ziel hinausgeschossen und habe komplett die Rollen vergessen." Nach der Auseinandersetzung stürmt Klopp auf sein Zimmer, wo ihm mit der Zeit dämmert, was er sich gerade geleistet hat. Es folgt eine unruhige Nacht, in der sich der Spieler darauf einstellt, sein Trainer würde ihm die Koffer vor die Tür stellen. „Ich dachte wirklich, ich kriege einen Anruf und bin entlassen." Doch alles bleibt ruhig. Als Klopp am Morgen in den Frühstücksraum kommt, sitzt Frank schon am Tisch. Er begrüßt seinen Spieler mit den Worten: „Und, biste wieder klar?" Dazu grinst er, es wirkt vergnügt.

„Die Last, die von mir abgefallen ist, war so groß, dass ich Mühe hatte, mich auf den Beinen zu halten“, sagt Klopp rückblickend und zählt an den Fingern ab: „Ich musste mich nicht entschuldigen, er hat sich nicht entschuldigt, nix, es war alles gut. Ich weiß leider nicht mehr, ob wir danach weniger Training oder Sitzungen gemacht haben, aber wahrscheinlich nicht.“ Klopp lacht. „Das war halt auch er.“ Die Lektion, die der heutige Welttrainer mitgenommen hat: „Hinter verschlossenen Türen können Spieler mit mir über alles reden und in nahezu jeder Tonalität. Ist ein Dritter dabei, geht es nicht. Vor der Mannschaft? Keine Chance. Aber hinter verschlossener Tür, kein Problem. Das war eine wichtige Lektion für mich und auf jeden Fall ein spezieller Moment für uns.“

In den Spielen bis Saisonende rettet sich Mainz 05 nicht nur, sondern klettert sogar noch bis auf Tabellenplatz zehn. Am 31. Spieltag siegt das Team zuhause gegen Carl Zeiss Jena, Trainer dort ist Franks Mitspieler aus Braunschweiger Zeiten, Reiner Hollmann. „Ich erinnere mich wirklich bis heute daran, wie angenehm diese Begegnung war, wie herzlich er mich begrüßt hat“, erzählt Hollmann. Frank ist in diesen Monaten von einer ungewohnten Leichtigkeit beseelt. „Ich muss im Nachgang sagen, dass es wirklich die entspannteste Zeit mit ihm war“, erzählt Sven Demandt. „Ich weiß noch, dass wir immer in so einem Doppeldeckerbus unterwegs waren, da haben wir oft Schlager gehört. Es waren einfach beide Seiten so froh, wieder zusammen zu sein.“

Nach dem Klassenerhalt im Juni 1998 findet der *kicker* lobende Worte für den Zurückgekehrten: „Zum zweiten Mal nach 1995/96 ist Wolfgang Frank zum ‚Retter am Bruchweg‘ geworden. Der 48jährige Coach hat eine Mannschaft, die im Begriff war auseinanderzufallen, nach seiner Amtsübernahme neun Spieltage vor Schluß wieder zusammengeschweißt. In Trainingslagern vor Spielen zwang er [sie, Anm. d. A.], sich wieder mehr miteinander zu beschäftigen und erzeugte so einen neuen Zusammenhalt und neues Selbstvertrauen. Dennoch rutschte Mainz 05 unter seiner Leitung zunächst weiter ab. ‚Aber ich habe immer an unsere Chance geglaubt‘, sagt Frank, der wohl in dieser Woche seinen Vertrag verlängern wird.“ Das tut Frank nach intensiven Gesprächen mit seiner Mannschaft schließlich auch. Die Hoffnungen für die kommende Saison wachsen in Mainz in diesem Frühsommer bereits in den Himmel.

Saison der unerfüllten Erwartungen

Die Spielzeit 1998/99 wird die einzige in Mainz, die Wolfgang Frank von der ersten bis zur letzten Partie betreut. Die 05er beenden sie auf dem 7. Rang, und auch wenn man vorab lediglich das Ziel Klassenerhalt ausgegeben hat, ist diese Schlussplatzierung eine Enttäuschung der kühnen Träume, die Franks Rückkehr ausgelöst hatten. In der *kicker*-Saisonvorschau steht zu Mainz 05: „Keine Frage, am Bruchweg ist Trainer Wolfgang Frank der Star. Der 05-Coach ist ein ‚Rund-um-die-Uhr-Malocher', ein Fußballverrückter, ein hervorragender Psychologe und Motivationskünstler. Frank legt großen Wert auf taktische Disziplin und ist ein Verfechter der Viererkette, die er in Mainz fast bis zur Perfektion entwickelte. In Mainz ist alles drin." „Wir waren in der Defensive richtig gut, aber haben uns in der Offensive selten belohnt", sagt Adrian Spyrka. „Das wäre der nächste Schritt gewesen, und der kam letztlich erst unter Klopp." Doch der Start in die Saison gelingt. Die Mannschaft ist glücklich und der Trainer zufrieden – sogar mit den Trainingsbedingungen, die er in dieser Amtszeit verbessert vorfindet. „Es war echt eine Freude, wieder mit ihm zu arbeiten", sagt Sandro Schwarz. Die Spieler erleben endlich wieder die klare Struktur, die sie zwischenzeitlich so vermisst haben – im Training und im Spiel.

„Du hattest das Gefühl, du kannst in jeden Zweikampf 100 Prozent reingehen und selbst, wenn du ihn verlierst, ist aus dieser Verschiebebewegung immer der nächste da, der die Möglichkeit hat, ihn zu gewinnen." Nach Gegentoren lenkt Frank den Blick seiner Spieler auf die Analyse ihres Anlaufverhaltens: Wo hätten sie Räume besser schließen und wo Pässe verhindern können? „Es ging immer um den Mannschaftsverbund. Er hat uns schon früh vermittelt, wenn wir Tore kassieren, ist es meistens ein mannschaftstaktischer Fehler." Es ist die spezielle Art der Zusammenarbeit, mit der Frank seine Schützlinge so intensiv prägt. „Wir waren erfolgreich mit dieser Denkweise, diesem Spiel und nicht, weil wir besonders gut waren. Es war Trainerarbeit. Das ist der Punkt", sagt Schwarz. „Die Entwicklungsschritte konnten wir gehen, weil er uns etwas an die Hand gegeben hat. Wir haben es nicht nur gelernt, wir haben es gefühlt. Dann ist der Drang noch stärker, das selbst umzusetzen als Trainer. Wenn du damit dann erfolgreich bist, ist es wie eine Sucht."

Weiterhin verfolgt Frank auch strukturelle Veränderungen im Verein. „Es war ganz konkret sein Standpunkt, alles drumherum muss passen", sagt

Dimo Wache. „Nur dann kann ein Spieler 100 Prozent Leistung und mehr bringen. Das war seine feste Überzeugung." Weil die Verletztenmisere im Verein – mit unter anderem zwölf Kreuzbandrissen in sechs Jahren – dem Trainer Sorge macht, sollen die Mannschaftsärzte Dr. Wolfgang Enders und Dr. Klaus Reue mit Physiotherapeut Thomas Nichtern ein besseres Konzept zur medizinischen Betreuung entwickeln. Uwe Stöver, seit der Vorsaison nach eben einem Kreuzbandriss außer Gefecht, übernimmt derweil nach einem Kurzcomeback im Herbst die U19 und zur neuen Saison den Bereich Marketing im Verein. Während der Winterpause, in die sich die 05er auf Platz acht verabschieden, gehen die Vereinsverantwortlichen nicht nur in Vertragsgespräche mit einigen Leistungsträgern der Mannschaft, sondern auch mit Frank, den sie gern über die Saison hinaus an den Verein binden möchten.

Im Januar fährt der 05-Trupp zu einem Rückrunden-Vorbereitungsspiel nach Duisburg, wo man eine Nacht im Hotel verbringt. „Auf einmal ruft mich die Rezeption an, ich müsste mich mal kümmern, einer unserer Spieler würde die ganze Zeit rumschreien", erinnert sich Christian Heidel. Der Manager läuft durch die Flure, um zu eruieren, aus welchem der Zimmer die Geräusche kommen: Es ist das seines Trainers, der vor dem Spiegel steht und Sprachübungen macht. „Dabei ging's natürlich um seine Ansprache", erklärt Klopp, der sich ebenfalls daran erinnert, wie Franks Stimme über die Flure des Hotels schallte. Besonders das „R" soll kräftig rollen, wenn der Trainer zu der Mannschaft spricht. „Klar denkst du dir bei manchen Sachen erst mal: ‚Trainer, ist alles in Ordnung?' Aber wir haben nie den Respekt vor ihm verloren. Das ist absolut verrückt. Nicht eine Sekunde. Und wir waren jetzt keine dumme Mannschaft, keine Lemminge, die einfach jedem hinterhergelaufen sind. Aber wir haben uns immer gedacht: Er wird schon gute Gründe haben für das, was er macht. Das war einfach so."

Franks Arbeitsnotizen aus dieser Zeit sind mit Bleistift verfasst, sie wirken strukturiert und unaufgeregt. Meist bringt er taktische Schwerpunkte und konkrete Übungseinheiten für das Training zu Papier. Hin und wieder macht er auch Anmerkungen zu seiner psychologischen Arbeit mit den Spielern, doch das nur in kurzen Stichworten. Oft fasst er die Aspekte seiner Arbeit in kurzen Schlussbemerkungen zusammen:

„Brutale Arbeit mental und physisch und wir können noch viel erreichen."

Einmal notiert er nach einem Testspiel:

„Fehler der anderen akzeptieren, ohne zu jammern oder zu klagen."

„Diese Zerrissenheit, die hat für mich mit ‚Stella' nachgelassen", sagt Journalist Schneider. „Das hat ihm gutgetan." Maristella „Stella" Covre betreibt das italienische Restaurant, in dem die 05er häufig ihre Mittagspause verbringen. Seinerzeit ist sie mit 05-Spieler Michael Schuhmacher liiert. Zwischen ihr und Wolfgang Frank entwickelt sich zunächst eine tiefe Freundschaft. „Nudeln mit Filetspitzen und 14 Espresso dazu", beschreibt Wache breit grinsend das Menü des Trainers. Covre, seit 2010 Covre-Frank, lacht mit großer Zärtlichkeit. Wolfgang wollte immer Spaghetti Bolognese oder Napoli, kleine Portion. Ich habe ihm aber irgendwann einfach andere Sachen hingestellt." Spieler und Vereinsverantwortliche verbringen viel Zeit in dem Restaurant unweit des Bruchwegs, ohnehin ist Frank nicht der Typ, der sich in seiner Wohnung an den Herd stellt. „Der Kühlschrank war eigentlich immer leer", erinnert sich Sebastian Frank, der in dieser Zeit aus der Schweiz zu seinem Vater nach Mainz zieht. „Unser Daddy hatte es nicht so mit Haushaltsdingen und hat da auch nicht wirklich eine Ahnung gehabt." Seinen morgendlichen Kaffee holt sich der Coach auf dem Weg zum Training an der Tankstelle, Mahlzeiten nimmt er außer in der Pizzeria auch häufig bei Milan im „Haasekessel" ein. „Der war sein Versorger", erinnert sich Christian Heidel: „Wenn ich den Wolfgang gesucht habe, war er eigentlich immer beim Milan."

Gestört wird die relativ ruhig verlaufende Saison im Februar, als das Gerücht aufkommt, Frank denke über einen erneuten Rücktritt nach. Der Coach dementiert und Manager Heidel erklärt im *kicker* genervt, er könne das Gerede nicht mehr hören, der Verein sei unprofessionell, immerhin habe man in den letzten elf Monaten insgesamt 62 Tage in verschiedenen Trainingslagern verbracht. Hintergrund der Spekulationen dürfte die Ankündigung Ralf Rangnicks gewesen sein, sein Traineramt beim SSV Ulm zum Ende der Saison niederzulegen, was bei den Ulmern wiederum die Suche nach einem Übungsleiter in Gang gesetzt hat, der jenes 4-4-2 weiterführt, das auch Rangnick mittlerweile spielen lässt. Bei einer Pressekonferenz im März überrumpelt Frank seinen Vorstand, als er unabgesprochen vor den versammelten Medienvertretern verkündet, er werde seinen Vertrag in Mainz nicht über die Saison hinaus verlängern.

Daraufhin schießen die Vermutungen weiter ins Kraut. Als Franks Team danach geradezu trotzig zur Tagesordnung übergeht und im nächsten Spiel noch Spitzenreiter Bielefeld bezwingt, setzt der Trainer sich ebenso überraschend doch noch einmal mit dem Vorstand zusammen – am Ende steht seine Vertragsverlängerung. Die neue Saison stellen die Verantwortlichen unter das Motto: „Die Zukunft hat begonnen." Frank ergänzt sein persönliches Credo: „Erfolg ist planbar."

Long Hello, Short Goodbye

„Mich hat er dann zum Kapitän gemacht", erzählt Dimo Wache, dem damals ein Angebot von Celtic Glasgow vorliegt. Er schlägt es aus und übernimmt die Binde. „Ich habe zum Kloppo gesagt: ‚Ich kann das nicht allein, du musst mir helfen.' Und Kloppo sagt: ‚Das machen wir schon.' Aber Wolfgang hat in mir etwas gesehen und wollte da mehr draus machen. Das hat mir viel bedeutet. Er hatte ein Gespür dafür, wie er die Leute anpacken muss." Stürmer Gustav Policella erklärt, erst unter Frank habe er verstanden, was es heißt, Fußball wirklich als einen Beruf zu begreifen. „Er hat das hier absolut professionell vorgelebt, sich 24/7 mit dem Thema zu beschäftigen. Das haben wir uns von ihm abgeschaut." Journalist Rehberg erinnert sich: „Was es heißt, Profi zu sein, das haben die Spieler in Mainz erst von Wolfgang Frank gelernt. Dass die Spieler von ihm auch inspiriert waren, hat man wirklich gemerkt. Zu der Zeit war er ein absoluter Glücksfall für alle. Aber dann hat er sich verrannt."

Sebastian Frank erinnert sich gerne an die Zeit, in der er mit dem Vater in Mainz gelebt hat. Für ihn ist die ungewöhnliche Männer-WG eine Chance, verlorene Zeit nachzuholen, schließlich wohnen Mutter und Söhne da schon länger nur zu dritt in der Schweiz. Der Sohn besucht in der Region die Schule, der Vater verbringt die Tage am Bruchweg, dennoch haben sie ihre Rituale miteinander. „Wir haben abends immer die Harald-Schmidt-Show geguckt", erzählt Sebastian, seit einigen Jahren im Scouting für Profiklubs tätig. „Er war total humorvoll und konnte sehr sarkastisch und ironisch sein. Das wussten Leute manchmal nicht richtig einzuschätzen bei ihm. Wir haben da ähnlich getickt." Die Söhne sprechen sehr liebevoll über ihren Vater, ohne dabei unkritisch zu sein, wenn es um eigene Verletzungen durch sein Handeln oder Verhaltensweisen geht, die sie nicht nachvollziehen konnten. „Klar mussten wir Abstriche machen", sagt Benjamin Frank. „Es ist nicht von der Hand zu weisen, dass du keinen normalen Alltag hast, wenn dein Vater in diesem Beruf ist." Zu ihrem Papa fallen beiden unabhängig voneinander fast dieselben Dinge ein. Der Humor. Seine zugewandten Faxe, die er ihnen von überall schickt. Wie sehr er sich berufliche Misserfolge zu Herzen nahm. Eine Unselbstständigkeit im Alltag.

„Wenn du ihn gefragt hast, was kostet ein Liter Milch, konnte er das nicht sagen", erzählt Benjamin. Fußball zieht sich auch durch die gemeinsame Zeit Franks mit den Söhnen, die aber nie das Gefühl haben, in diesem Bereich eine Erwartung erfüllen zu müssen. „So streng er in gewissen Dingen auch war, er hat uns immer das Gefühl vermittelt: Wenn du etwas mit Liebe machst, egal was, wirst du erfolgreich sein." Sebastian erinnert sich: „Die Art und Weise, wie wir bestärkt wurden, natürlich auch von unserer Mutter, aber schon speziell vom Daddy, war wirklich überragend, muss man sagen."

„Er hat uns immer vermittelt: Es gibt für uns keine Grenze", erzählt Sandro Schwarz. Das verdeutlicht Frank seinen Spielern zunehmend auch über feste Glaubenssätze, die er ihnen vorspricht oder auf Zetteln zusteckt. Schwarz kann sie bis heute aus dem Gedächtnis wiederholen: „Glaube führt zur Tat. Konzentration führt zum Erfolg. Wiederholung führt zur Meisterschaft." In Franks Unterlagen finden sich solche Sätze ebenfalls immer wieder. Doch in seiner letzten Saison in Mainz stößt der Coach bei seinem Team bisweilen an Grenzen, was den Wunsch nach mentaler Arbeit angeht. Das liegt auch an einem Hauptamtlichen, auf dessen Einstellung Frank besteht: Volker Sautter. Der hat an dem – seit Tod des Gründers 2019 geschlossenen – Werner-Höferlin-Institut für Berufliche Weiterbildung ein Fernstudium in autogenem Training und Mentalcoaching absolviert und berät den Coach in dieser Phase. Er bespricht den Spielern Kassetten, die diese zur Motivation hören sollen. „Im Trainingslager kam er aufs Zimmer und hat vorgelesen", erinnert sich Sven Demandt. „Du bist stark! Morgen bist du aggressiv!" Er schüttelt leicht den Kopf. „Irgendwann war er vor Spielen auch in der Kabine. Das war schon … sehr speziell." Jürgen Klopp erklärt: „Ich kenne das mittlerweile wirklich aus eigener Erfahrung. Man muss Dinge probieren, um am Ende mit den richtigen Leuten zusammenzuarbeiten. Das ist einfach ein Prozess, da holt man sich auch mal blutige Knie." Doch es gibt auch Spieler, die gerne mit Sautter arbeiten. „Ich muss sagen, dass es mich entspannt hat", erzählt Gustav Policella. „Wenn er seine Sachen vorgelesen hat, ich konnte damit was anfangen." In den kurzen Leitsätzen spielt häufig der Energiefluss eine Rolle, so heißt es etwa: „Energie folgt der Aufmerksamkeit." Christian Heidel erinnert sich an Partien, vor denen die Verantwortlichen und Spieler einander an den Händen hielten und ihr inneres Feuer beschwörten. „Da gab es schon Momente, wo ich dachte: Heidel, das kannst du keinem erzählen."

Zum ersten Mal arbeitet Frank in der Saison 1999/2000 in Mainz mit einem Co-Trainer: Dirk Karkuth, den er aus der gemeinsamen Zeit in Essen kennt. Nicht mehr zu seinem Team gehört Stephan Kuhnert, der nach der Zeit als aktiver Torhüter das Training der Gruppe geführt hat. Kuhnert bleibt aber im Verein, dem er bis heute die Treue hält, und das seit über 20 Jahren als Torwarttrainer. Die Saison verläuft wechselhaft für die 05er, nach der Hinserie steht die Mannschaft nur auf einem enttäuschenden elften Platz. Zu wenig für ihren ehrgeizigen Trainer, auch wenn der Rückstand auf Rang drei gerade mal fünf Punkte beträgt. Zwei Tage vor Weihnachten scheidet Mainz mit einem 0:3 gegen Bayern München im Viertelfinale des DFB-Pokals aus. „Was ja wohl für Mainz 05 eine ziemlich normale Geschichte ist", sagt Heidel. Doch sein Trainer erklärt ihm nach dem Spiel: Das war es für ihn. Am nächsten Tag räumt Frank mit Sohn Sebastian sein Büro aus, anschließend lässt er über die freien Tage nichts von sich hören. Am 7. und 8. Januar nimmt Mainz 05 am Hallenturnier in Hamburg teil, ohne Wolfgang Frank. „Das war meine einzige Trainerstation", erzählt Heidel kopfschüttelnd. „Wir sind Dritter geworden."

Die Mannschaft stellt keine Fragen. Erst als der 05-Tross sich aufmacht nach Stuttgart zum DFB-Hallenpokal, erkundigen sich die Spieler nach dem Verbleib des Coaches. „Ich habe gesagt, der kommt schon noch." Und die Behauptung erweist sich als unerwartet prophetisch: In Stuttgart sitzt Frank am Flughafen. „Als wäre nichts gewesen", erinnert sich Heidel bleich. Doch er hat erstmals genug von den Sprüngen seines Trainers und sagt ihm das auch sehr deutlich. Zurück in Mainz einigen sich beide auf ein Ende der gemeinsamen Arbeit. Als Christian Heidel am nächsten Morgen früh an den Bruchweg kommt, um die Mannschaft zu informieren, sieht er, dass Frank seine Kisten im Trainerbüro wieder ausgepackt hat. Und damit nicht genug: Er steht mit der Mannschaft auf dem Platz und trainiert, als wäre nichts gewesen. „Was, wenn ich nachts einen neuen Trainer verpflichtet hätte?“ Der Horror in Heidels Stimme hat sich über die Jahre gehalten. „Die hätten mich umgebracht in Mainz.“

Die gemeinsame Zeit geht also weiter, aber es ist ein letztes Aufbäumen. Vor dem Auswärtsspiel beim 1. FC Köln im April, Mainz ist zwischenzeitlich in den Abstiegskampf gerutscht, erhält Heidel einen Anruf von Franks Anwalt. Der informiert den Manager, dass der Trainer nach der Saison zum MSV Duisburg wechsle, der in der 1. Liga mit wenig Resthoffnung um den Klassenerhalt kämpft. Die Niederlage am 27. Spieltag wird Franks letztes Spiel als 05-Coach. Christian Heidel, empört nicht nur über den möglichen Abgang des Trainers, sondern vor allem wegen der Kommunikation via Anwalt, stellt Wolfgang Frank vor die Wahl: Entweder, er bleibt auch über die Saison hinaus. Oder er geht sofort. „Ich habe gesagt, wir können ihn ja nicht festbinden“, erzählt Heidel frustriert vom damaligen Gespräch mit Wolfgang Frank. Der reagiert verletzt und packt noch am Abend des 16. April ein letztes Mal in Mainz seine Sachen zusammen.

„Mit dieser Entscheidung, und da kriege ich jetzt noch Gänsehaut, hat er uns eine Grenze gesetzt“, sagt Sandro Schwarz. „Das hat eigentlich wehgetan. Er hat uns immer in dem Glauben gelassen, es gibt für uns keine Grenzen. Das war die größte Enttäuschung. Alles, was er uns an Werten vermittelt hat, war für einen kurzen Moment wie weggeblasen, weil du das Gefühl hattest: Du erzählst uns hier, wir schaffen alles gemeinsam – und dann gehst du. Das war richtig schlimm.“ Sven Demandt verdeutlicht: „Ich hatte sicher 20, 25 Trainer. Aber nur einen, der mir den großen Plan vom Fußball erklärt hat. Und wie wichtig mannschaftliche Geschlossenheit dafür ist.“ Jürgen Klopp denkt mit Bedauern an das, was gemeinsam möglich gewesen wäre: „Stell dir das mal vor als Langzeitgeschichte, mit ein bisschen mehr Geduld. So einen Verein komplett über Jahre auf links zu drehen. In Mainz hätte er das machen können. Aber die Geduld hat ihm gefehlt, zu all seinen großartigen Fähigkeiten. Ja, er war ein Einzelgänger, er war ein Zausel. Aber er war ein herausragender Mensch. Ich mochte ihn wirklich gern. Bloß geduldig war er nicht. Das hat einen größeren Status verhindert.“

In Mainz bringt Dirk Karkuth die Saison mit dem Klassenerhalt zu Ende, bevor sich René Vandereycken und Eckhard Krautzun an der Mannschaft probieren, die sich nicht mehr auf einen anderen einlassen mag. „Wenn dich jemand so prägt, nicht nur als Trainer, sondern als Mensch, wie Wolfgang es gemacht hat, ist es logisch, dass du Vergleiche ziehst“, sagt

Schwarz. „Und das ist nie gut für den, der danach kommt. Das ist das große Problem für alle Trainer gewesen, die hinterher zu uns gekommen sind.“ Zehn Monate nach Franks Abgang tut Heidel das, was im Rückblick nur folgerichtig scheint – und macht einen aus der Truppe zum neuen Trainer. Der Rest ist Geschichte.

„Ich habe mir nie was aufgeschrieben“, sagt Klopp. „Ich glaube an das Prinzip, zumindest im Fußball, dass ich mir die wichtigen Sachen schon merke. Und er hat mal diese Sitzung gemacht, da ging es um die letzten fünf Prozent. Warum sollen wir gewinnen gegen eine Mannschaft, die auch alles für den Sieg tut? Der Unterschied sind die letzten fünf Prozent. Alle sind bereit, auch im Alltag, 95 Prozent zu geben. Im Fußball geht es aber um die letzten fünf Prozent, die müssen wir aktivieren. Und die Information, die da drinsteckt, ist ja: Du musst nur fünf Prozent mehr machen. Ja, kein Ding! Das ist hier ein bisschen mehr flanken, dort ein bisschen besser schießen. Das fand ich genial und ich habe es nie wieder vergessen. In meiner ersten Sitzung als Trainer habe ich genau das erzählt.“ Er macht eine kurze Pause und ergänzt dann, grinsend: „Das Gute bei Fußballern ist ja, dass sie die meisten Sitzungen wieder vergessen. Ich hatte ein paar Spieler, die damals bei Wolfgang schon dabei waren. Aber ich habe darauf vertraut, dass sie es vergessen hatten. Und ich glaube, so war's.“ Ihr erstes Ligaspiel unter Jürgen Klopp gewinnen die 05er am 28. Februar 2001, Aschermittwoch, in einer Nachholpartie gegen den MSV Duisburg mit 1:0.

KAPITEL 16

Kling-Klong-Klangschalen

„Wir haben ihm gesagt, er soll den Mentalitätsquatsch lassen, das verstehen die Spieler nicht."

WOLFRAM WEBER, AUFSICHTSRATSVORSITZENDER MSV DUISBURG

Der erneute Abschied aus Mainz beschäftigt Frank. Die Art und Weise, wie man auseinandergegangen ist, die Wucht der Diskussion, der Eindruck, ein Kapitel nicht zu einem selbst gewählten Zeitpunkt beendet zu haben, all das geht ihm lange nach. Dazu kommt das ungute Gefühl, seine Spieler diesmal tatsächlich im Stich gelassen zu haben. In seinen Unterlagen aus jenem April finden sich immer wieder Aufzeichnungen, in denen er sich mit dem Thema Wertschätzung beschäftigt und der Frage, woher Menschen diese im Leben beziehen. Das Bedürfnis eben nach Wertschätzung stellt Frank bei sich selbst ausgeprägt fest. In seinen Überlegungen geht es viel darum, sich unabhängig zu machen davon, diese von außen zu bekommen. Später beginnt er auch immer wieder Briefe an Mainzer Verantwortliche, in denen er anregt, die jüngere Vergangenheit ruhen zu lassen und sich in der Erinnerung auf die positiven gemeinsamen Erlebnisse zu konzentrieren. Die Entwürfe, mit Bleistift auf kariertem Papier, überarbeitet er ein ums andere Mal und hebt verschiedene Versionen der Schreiben in einem Ordner auf.

In den letzten Jahren seines Lebens wird Wolfgang Frank häufig sein Bedauern über diesen zweiten Abgang bei den 05ern ausdrücken, ihn auch einen Fehler nennen – und seiner eigenen Ungeduld zuschreiben. Was ihn für alle Zeit mit dem Verein verbindet, sind die Spieler, die dort zu seinen Schülern geworden sind und die er inspirieren konnte. „Er hat ihnen immer gesagt: Erzählt mir von euren Heldentaten", erinnert sich Benjamin Frank. Der Vater sammelt Artikel über die Erfolge seiner Schützlinge, und wenn sie ihn in Interviews als Einfluss nennen oder Anekdoten über die Zeit unter ihm erzählen, streicht er seinen Namen in den Ausdrucken bunt an und versieht bestimmte Zitate mit kleinen Ausrufezeichen. Das Thema Wertschätzung bleibt ihm erhalten.

Trotz dieser emotionalen Last geht Wolfgang Frank seine neue Aufgabe beim MSV Duisburg mit großer Entschlossenheit und bald auch Freude an. Am Tag nach seinem Abschied aus Mainz verkündet der neue Klub die künftige Zusammenarbeit mit Frank, der den entlassenen Friedhelm Funkel zur neuen Saison beerben soll. Bis dahin arbeitet Funkels Co-Trainer Seppo Eichkorn mit der Mannschaft. In Duisburg ist Frank nicht die erste Wahl – Stefan Kuntz und Peter Neururer haben zuvor schon abgesagt. Eichkorn hatte sich anschließend dem Vernehmen nach selbst Hoffnungen gemacht, als dauerhafte Lösung für den Chefposten in Betracht gezogen zu werden. Nun weiß er, er muss in der nächsten Saison zurück ins zweite Glied.

Offiziell als Trainer für diese neue Saison vorgestellt wird Frank am 19. April. Bereits zum 1. Mai steigt er in beratender Funktion beim MSV ein. Am Tag nach der Verkündung seiner Verpflichtung veröffentlicht der *kicker* ein Interview, in dem Frank mit der Aussage konfrontiert wird, der Vorstand in Duisburg erwarte Offensivfußball. Seine Antwort lautet: „Ich habe vor vier Jahren in Mainz revolutionäre Dinge gemacht mit der Einführung des 4-4-2-Systems. Unser Spiel war immer von Aggressivität geprägt, um sich Chancen herauszuspielen, gerade in den Heimspielen. (…) Ein starkes Kollektiv ist das Maß aller Dinge. Setzt man das gut um, kommen auch spektakuläre Dinge zustande." Die verbleibende Zeit in der noch laufenden Saison wolle man nutzen, um im Verein, der in den zurückliegenden Monaten mehrfach durch interne Querelen auf sich aufmerksam gemacht hat, eine gemeinsame Linie zu finden.

Rückblickend wirkt es, als hätten diese Gespräche besser stattfinden sollen, ehe sich beide Seiten zu einer Zusammenarbeit bekennen. Die Station in Duisburg wird jedenfalls die kürzeste in Franks bisheriger Karriere und für den Fußballlehrer eine große Enttäuschung. Wolfram Weber, seinerzeit Aufsichtsratsvorsitzender beim MSV, erinnert sich: „Meines Erachtens kam er hier völlig falsch rüber." Frank, tief geprägt von der zurückliegenden Arbeit mit Enkelmann und Sautter in Mainz, setzt die psychologische Arbeit mit den Spielern ganz weit hoch auf seiner Agenda. „Er wollte das unbedingt fortführen", sagt Weber. „Wir haben gesagt, er solle den Mentalquatsch lassen, das verstehen die Spieler nicht." Das klingt in dem Ton, in dem Weber seine Erinnerung vorträgt, nicht mal so negativ, wie die nackten Worte es vermuten lassen, sondern vor allem nach zwei Puzzlestücken, die nicht zusammenpassten. „Wissen Sie, es ist hier das Ruhrgebiet", schiebt das heutige MSV-Ehrenratsmitglied lachend hinterher, als sei damit alles gesagt – und womöglich ist es das auch. „Ich fand den Wolfgang Frank persönlich eigentlich okay. Aber der ist hier nicht angekommen."

Nach einem 1:3 auswärts in Rostock am 31. Spieltag steht der Abstieg aus der 1. Liga endgültig fest, ohnehin hätte nur noch ein Wunder den MSV retten können. Viele der Spieler werden den Klub nach der Saison verlassen. Als gutes Zeichen wertet Frank den Verbleib von Kapitän Torsten Wohlert. Der sagt nach der Pleite gegen Hansa: „Wir waren in der Vergangenheit stark, wenn wir alle an einem Strang gezogen haben. Wenn zwei, drei Spieler sich aus der Verantwortung stehlen, in Gedanken vielleicht schon bei einem anderen Verein sind, sind die Rückschläge unausweichlich." Ein idealer Ansatzpunkt für Franks Arbeit.

Zunächst ist der jedoch gemeinsam mit MSV-Manager Bernd Cullmann darum bemüht, einen konkurrenzfähigen Kader für den geplanten Wiederaufstieg zusammenzustellen. Dafür fliegt Frank selbst durch die Welt, um sich Spieler anzuschauen. Außerdem ist es kein Geheimnis, dass der Trainer gerne Stürmer Gustav Policella aus Mainz holen würde, an dem der MSV bereits in der Winterpause interessiert war. „Er hat mich persönlich angerufen", erzählt Policella. „Das war schon so, als er damals in Wien war, da hat es aber leider nicht geklappt. Es hat mich beeindruckt, zu merken: Er sieht etwas in mir." Pikant: Steigt Mainz 05, die weiter um den Klassenerhalt kämpfen, noch ab, wäre Policella sogar günstiger zu haben. Entsprechend sauer reagiert Heidel auf die Avancen seines Ex-Trainers, zumal der damit Transferregeln bricht, weil Policella noch länger als sechs Monate Vertrag in Mainz hat.

Vor Beginn der Saison 2000/01 verdeutlicht Frank im *kicker* abermals sein Vorhaben, in Duisburg mit Viererkette spielen zu wollen. Der Trainer sieht sogar einen direkten Zusammenhang zwischen dem System und einem verbesserten Mannschaftsgeist, denn: „Es erfordert noch mehr permanente Konzentration über die gesamte Spieldauer als die Spielweise mit Libero. Dadurch wird nicht nur sportlich dazugewonnen, sondern auch der Teamgeist gesteigert, die Gesamtorganisation im Team erhöht." Im Trainingslager in der Sportschule Grünwald bei München macht der neue Coach die Spieler mit seinen Methoden und Vorstellungen bekannt. Er erarbeitet Essenspläne und -zeiten, intensiviert das Training und arbeitet, wie zuletzt schon in Mainz, mit einem Mentaltrainer, seinem Vertrauten Frank Mühlbeyer, den er im Verein installiert. Der Österreicher macht mit den MSV-Spielern Atemübungen und arbeitet an ihrer Einstellung. „Die Fußballtrainer wollen irgendwie alle immer etwas Neues machen, das ist das Verrückte", sagt Wolfram Weber und lacht. „Dabei gibt es zwei ganz einfache Wahrheiten: Erstens, es zählt auf dem Platz – und zweitens, der Rest kommt von ganz alleine." Einen Moment hängt der MSV-Funktionär seinen Gedanken nach, bevor er ergänzt. „Ich kann mich nach all der Zeit nun auch nicht mehr an alles erinnern, aber er war ja nun schon etwas wunderlich, so viel weiß ich noch."

Schwierige Kommunikation

Policella, der in der laufenden Saison noch von Mainz nach Duisburg wechselt, erzählt: „Was Wolfgang Frank gefordert hat, war schon extrem. Aber das hat nicht nur den Fußball betroffen, da hat man Dinge fürs Leben mitgenommen. Er hat in dem Wechsel nach Duisburg eine Chance gesehen, aber die Spieler dort haben nicht so mitgezogen, wie er das aus Mainz kannte." Einige lachen schon bald sogar hinter dem Rücken des Trainers über dessen Ansätze abseits des Platzes. „Er erreichte die Mannschaft nicht und umgekehrt sind die Spieler nicht zu ihm durchgedrungen", erzählt Weber. „Die Kommunikation war von Anfang an mit Hindernissen ausgestattet." Hindernisse, für die Frank keine Lösungen findet, womöglich auch, weil er nicht damit umgehen kann, dass Probleme nicht offen angesprochen werden. „Er war immer total ehrlich", berichtet Policella. „Das erlebt man im Fußball nicht so oft. Und er konnte dann mit Unehrlichkeit eben auch nicht gut umgehen."

Der MSV startet am 14. August 2000 mit einer 0:1-Heimniederlage gegen Mitabsteiger SSV Ulm in die neue Saison. Vorm Spiel schneidet Mentalcoach Mühlbauer den bass erstaunten Spielern Ingwerscheiben ab, die ihnen Kraft verleihen sollen. Auf der gegnerischen Bank sitzt Franks ehemaliger Wettingen-Spieler Martin Andermatt, jetzt Cheftrainer in Ulm. Am zweiten Spieltag folgt auswärts in Oberhausen die nächste 0:1-Pleite, nach der die mitgereisten Fans ihren MSV gnadenlos auspfeifen. Reporter Gustav Wentz schreibt im *kicker*: „Die Gründe, warum es nicht läuft, liegen sicherlich nicht in der neu formierten Viererkette-Abwehrkette, sondern vorn. Im Sturm herrscht derzeit Flaute, von Durchschlagskraft keine Spur." Lobend erwähnt wird das Kurzpassspiel.

Zwei Themen, die Frank gleich zu Beginn der Zeit in Duisburg angesprochen hat, beschäftigen den Verein also vom Fleck weg intensiv: Kaderqualität und die Tatsache, dass ein echter Umbruch immer eine gewisse Zeit braucht – zumal viele Leistungsträger den Klub verlassen haben. Frank selbst mag sich deswegen von den schlechten Ergebnissen gar nicht erschüttern lassen, er will den eingeschlagenen Weg entschlossen weitergehen. Und der heißt: harte Arbeit und absolutes Engagement. „Er hat das auch immer vorgelebt", sagt Policella. „Fußball 24/7. Ich habe ihn mal gefragt: ‚Trainer, wieso hast du mich eigentlich geholt?' Er hat gesagt: ‚Weil du hart arbeitest, Gustav.' Das war einfach sein Anspruch, so wollte er es haben." Doch nicht allen Spielern erschließt sich, warum ein gemeinsames Frühstück oder die zusätzlichen Trainingseinheiten notwendig sein sollen für Erfolg.

In der ersten Runde des DFB-Pokals setzt sich der MSV Duisburg glanzlos gegen den baden-württembergischen Oberliga-Aufsteiger FC Teningen durch. Im Vorfeld der Partie ist die Stimmung unter den Fans nach zwei Auftaktniederlagen bereits so schlecht, dass kein Fanbus für die Auswärtsfahrt eingesetzt wird – aus mangelndem Interesse. Und am 3. Spieltag muss Frank mit seinem Team im heimischen Wedaustadion ausgerechnet gegen Mainz 05 antreten. Für den Trainer ist das kein einfaches Wiedersehen, weder emotional noch sportlich. Schließlich weiß niemand besser als seine Ex-Mannschaft, wie er spielen lässt. Das Dienstagabendspiel zwischen Franks altem und neuen Arbeitgeber endet torlos. Die Fans in Duisburg stimmt der erste Punkt der Saison jedoch kein bisschen positiv, sie pfeifen ihre Mannschaft und den Trainer gnadenlos aus. „Fußball ist ein sehr einfaches Geschäft", sagt Wolfram Weber, ein Achselzucken in der Stimme. „Man wird am Erfolg gemessen. Bleibt der aus, müssen Störfelder abgeschafft werden."

Wo liegen die Störfelder in Duisburg? Ist es der neue Trainer mit seinen eher ungewohnten Methoden? Sind es jene Spieler, die ihm nicht folgen? Ist es die Beziehung zwischen Chef- und Co-Trainer? „Seppo Eichkorn hat mit der Kritik auch nicht gerade hinterm Berg gehalten", erinnert sich Weber. Die Stimmung ist gerade drei Spieltage in die Saison hinein bereits katastrophal. Dazu tragen auch die MSV-Fans ihren Teil bei, die bei der folgenden 0:1-Auswärtsniederlage in Aachen wüste Beschimpfungen abfeuern, als Trainer und Team nach Abpfiff mit dem Vorhaben in die Kurve kommen, sich beim Anhang zu entschuldigen. Dieses Erlebnis hinterlässt bei Wolfgang Frank Spuren. Die Ergebnisse rütteln zudem an seiner inneren Überzeugung: Wer hart arbeitet, wird Erfolg haben. Er arbeitet jeden Tag hart mit dem Team. Wieso bleibt der Erfolg aus?

Nach dem Montagabendspiel in Aachen bleibt wenig Zeit, bereits am Freitag muss Duisburg zuhause gegen St. Pauli antreten. Dennoch besteht Frank neben der sportlichen Vorbereitung auf klärende Sitzungen mit seinem Team. In einer anderen Angelegenheit wird er ebenfalls noch einmal tätig: Immer noch möchte er Gustav Policella zum MSV locken. Doch auch ohne den Wunschstürmer trifft seine Mannschaft, der zuvor überhaupt nur ein einziges Liga-Tor gelungen ist, beim FC St. Pauli gleich viermal. Die Erleichterung nach dem deutlichen 4:1-Sieg ist allen Beteiligten deutlich anzumerken. Die Verantwortlichen beschwören die ersehnte Wende, Frank selbst mahnt zur Vorsicht. Und tatsächlich ist das Spiel gegen die „Kiezkicker" nur ein kleines Zwischenhoch. Anschließend verliert Duisburg 1:3 in Nürnberg und kommt zuhause gegen den LR Ahlen nicht über ein 3:3-Unentschieden hinaus. Ratlosigkeit und Verunsicherung sind groß.

Immerhin kommt nun endlich Franks Wunschspieler nach Duisburg. Und bis zur nächsten Partie gegen Waldhof Mannheim bleiben zwei Wochen Zeit, um das Team vorzubereiten und intensiv miteinander zu arbeiten. „Die Stimmung da war schon komisch", beschreibt Policella seine Ankunft in Duisburg. Einige der Spieler lassen ihn zudem spüren, dass er als Vertrauter des Trainers bei ihnen einen schweren Stand haben wird. „Letztlich muss man ganz klar sagen, da wurde über vieles geschmunzelt. Sie haben nicht verstanden, wie er tickt." Policella erinnert sich, wie Frank bei einer Trainingseinheit im Kraftraum Nana Mouskouris „Guten Morgen Sonnenschein" auflegt, damit seine Mannschaft beschwingt in den Tag startet. „Das kam aber mal gar nicht an." Er schüttelt nachdenklich den Kopf. „Ich weiß nicht, so was kann man doch einfach mal mitnehmen. Aber die wollten das alles nicht. Es hat nicht gepasst."

Als der MSV Duisburg bei Waldhof Mannheim mit 0:1 verliert, ziehen die Verantwortlichen nach acht Spielen mit einer Ausbeute von lediglich fünf Punkten die Reißleine und trennen sich von Wolfgang Frank. „Wir mussten handeln", sagt Wolfram Weber. Der Klub sieht keine Anzeichen dafür, die Situation in dieser Konstellation zu verbessern. Zu offensichtlich sind die Unstimmigkeiten zwischen Mannschaft und Trainer, zu besorgniserregend, wie sehr sich die Fans bereits von ihrem Team abwenden.

Policellas erstes Spiel in Duisburg ist zugleich sein letztes unter Wolfgang Frank, der sich das natürlich anders vorgestellt hat. „Klingt vielleicht komisch, aber für mich war er wie ein Vater. Wenn er mit mir gesprochen hat, habe ich mich gefühlt, als ob ich sein Sohn wäre." Policella verstummt für einen kurzen Moment, bevor er sagt. „Aber so ist Fußball, da geht's immer weiter. Und was mir persönlich von Wolfgang Frank geblieben ist, das reicht weit über den Fußball hinaus."

IV AUSPROBIERT

Der ewig Suchende

KAPITEL 17

Erfolgserlebnis und Umsturz

„Die Art und Weise, wie er mit mir umgegangen ist als Spieler, das versuche ich, auch in meine Arbeit einfließen zu lassen."

STEFAN LEITL, SPIELER SPVGG UNTERHACHING

Fünf Jahre ist es her, seit Wolfgang Frank im Frühsommer 1995 zuletzt länger in der Schweiz gelebt hat. Nach dem glücklosen Intermezzo in Duisburg kehrt er im April 2000 zurück in seine Wahlheimat, in die geliebten Berge. Die Söhne Sebastian und Benjamin sind mittlerweile 21 und 18 Jahre alt. Sebastian ist im Anschluss an die gemeinsame Zeit mit dem Vater in Mainz geblieben, spielt zunächst für die 05-Amateure und dann bei Hassia Bingen in der Oberliga. Benjamin, der zur U21 des FC Aarau gehört, lebt noch zuhause und erinnert sich: „Papa hat damals viel Sport getrieben, ich war öfter mit ihm joggen. Es war schön, mal mehr Zeit mit ihm zu verbringen, ohne Druck." Zumal die letzte Station sehr an Wolfgang Frank gezehrt hat. „Ich war kurz vor dem Ende mal bei einem Spiel", erinnert sich Benjamin, „da haben die Fans ihn am Zaun mit Bierbechern beworfen und bespuckt. Das war schon eine schlimme Erfahrung für den Vater." Frank und seine Ehefrau unternehmen Reisen und der Fußballlehrer kommt nach den zurückliegenden sechs Jahren mit vier Vereinen und fünf Stationen ein wenig zur Ruhe. In der Sommerpause ist auch Sebastian zu Besuch bei den Eltern. „Wir waren mit unserem Daddy oft zu dritt laufen. Die Leute haben immer gesagt: ‚Schau mal, da kommen die Franks.'" Er lächelt bei der Erinnerung.

Wolfgang Frank nutzt die Zeit, um das Vergangene zu reflektieren. Was hat ihm in diesen Jahren Freude bereitet? Was hat ihm Ärger gebracht? Wo kann er noch wachsen? Wie kann er sich verbessern? Er ist überzeugt davon, dass man an Vergangenem nicht festhalten darf, sondern es nur nutzen soll, um daraus Rückschlüsse für die Zukunft zu ziehen. Natürlich beschäftigt ihn auch die Frage, wann es weitergehen wird, welche Möglichkeiten er am Markt hat, welcher Verein zu ihm passen könnte. Weiter setzt er sich intensiv mit dem Spiel an sich auseinander, mit Taktik und Systemen und wie diese anderswo gelehrt und gespielt werden. Fußball ist für ihn viel mehr als nur ein Job, es ist seine große Aufgabe. Er möchte mehr tun, sich weiterbilden, entwickeln.

In Italien schickt sich damals Chievo Verona an, zum ersten Mal seit der Vereinsgründung von 1929 in die Serie A aufzusteigen. Trainer im Klub ist seit Saisonbeginn Luigi Delneri, der als Spieler vor allem im Amateurbereich sowie in Italiens höchster Spielkasse für Udinese Calcio, Sampdoria Genua, Vicenza Calcio und die AC Siena in aufgelaufen ist. Tatsächlich führt Delneri Chievo am Ende der Spielzeit 2000/01 auf Platz drei und damit für die Folgesaison in die Serie A. Frank, begierig darauf, sich in dieser Phase zwischen den Trainerstationen weiterzubilden, stellt Kontakt zu Chievo Verona her. Im Spätsommer und Frühherbst 2001 absolviert er in der Saisonvorbereitung eine Hospitation bei Delneri, anschließend kehrt der Coach in die Schweiz zurück. Inzwischen ist mehr als ein Jahr vergangen seit der Entlassung in Duisburg, und Frank wird zunehmend rastlos. Er möchte wieder arbeiten! Am liebsten in Deutschland, aber auch mit anderen europäischen Ligen beschäftigt er sich. Und noch etwas wagt Frank nach all der Zeit, in der er auch viel über die Abschiede von seinen verschiedenen Vereinen und ihr Zustandekommen nachgedacht hat: Er meldet sich bei Christian Heidel. „Ich war im Auto unterwegs", erinnert sich der 05-Manager. „Nach seinem Aus in Mainz hatten wir wirklich lange kein Wort miteinander gesprochen – und plötzlich meldet er sich: ‚Ja, Christian, hier ist der Wolfi!' Als wäre nie was gewesen." Heidel gelingt, was ihm unmittelbar nach der Trennung von Frank als Trainer nicht möglich war, er lässt seinen Groll los. Anfang 2002 treffen sich beide nach fast zwei Jahren in Mainz in einer Kneipe gegenüber dem Stadion und sprechen sich aus. „Es hat gutgetan, ihn wiederzusehen", sagt Heidel mit belegter Stimme.

Und mittelbar hat dieses Treffen auch einen Einfluss darauf, wie es für Frank in diesem Jahr weitergeht. Als sein Managerkollege aus Unterhaching Christian Heidel im Sommer erzählt, er brauche einen neuen Trainer, empfiehlt der Wolfgang Frank. „Ich habe ihm gesagt, er ist ein bisschen verrückt, aber er ist auch der Beste." Die Spielvereinigung hat da gerade turbulente Jahre hinter sich. In der Saison 1998/99 ist der Klub erstmals in die Bundesliga aufgestiegen. Nach nur zwei Spielzeiten muss Unterhaching sich bereits wieder verabschieden und ist in der Saison 2001/02 Zweitligist. Der Mannschaft und dem Verein gelingt es nicht, sich das Auf und Ab der zurückliegenden Jahre aus den Knochen zu schütteln. Am Ende steht der erneute Abstieg, diesmal in die Regionalliga.

„Dass wir es nicht geschafft haben, die Klasse zu halten, war natürlich schon eine Enttäuschung", verdeutlicht Stefan Leitl, der in der Winterpause jener Saison vom 1. FC Nürnberg zur Spielvereinigung gewechselt ist. Auch Matthias Lust stößt im Januar 2002 zur Mannschaft, allerdings als Heimkehrer: Lust hat bereits von 1995 bis 1999 in Unterhaching gespielt und war zwischenzeitlich an den VfL Bochum ausgeliehen. Im Team stehen Leitl, heute Chefcoach bei der SpVgg Greuther Fürth, und Lust, Co-Trainer bei Eintracht Braunschweig, für zwei unterschiedliche Lager: die Arrivierten und den Nachwuchs. Trainer zu Beginn der Hachinger Zweitligasaison ist Lorenz-Günther Köstner, der allerdings nach nur fünf Spieltagen gehen muss. Auf ihn folgt zunächst Rainer Adrion, bevor für die letzten fünf Saisonspiele noch Schatzmeister Anton Schrobenhauser übernimmt.

Zu Beginn seiner Amtszeit sorgt Wolfgang Frank für eine Überraschung, als er Francisco Copado zum Kapitän der Mannschaft macht. Der Stürmer, wie sein Trainer von kleiner, schmaler Statur, war unter Köstner suspendiert worden, weil er mehr Interesse an wilden Partynächten als an regelmäßigen Trainings hatte. Legendär geworden ist Köstners Satz: „Er geht immer in die Disko und dann hat er am nächsten Tag Durchfall." Zehn Monate darf Copado nicht mal mit der Mannschaft trainieren, erst als Adrion den Trainerposten übernimmt, wird „Paco" begnadigt. Frank sieht etwas in dem Spieler, dessen Talent unbestritten ist. In langen Einzelgesprächen erklärt er Copado, welche Rolle er für ihn vor Augen hat. Frank will ihn dazu bringen, seine spielerische Genialität mannschaftsdienlich einzusetzen, und liest ihm dafür ein Interview mit Raúl vor. Der ist drei Jahre jünger als Copado, Schlüsselspieler bei Real Madrid – und erzählt, wie er seine Mitspieler unterstützt und für das Team arbeitet. Copado ist beeindruckt. Ob er auch geläutert ist, muss die Saison zeigen.

Frank unterschreibt am Sportpark zunächst einen Einjahresvertrag. „Er wurde vorgestellt, und danach hatten wir gleich eine Sitzung", erzählt Leitl. „Er hat uns erklärt, was seine Vorstellung von Fußball ist. Diese Sitzung werde ich nie vergessen. Sie dauerte zweieinhalb Stunden, aber gefühlt war es bloß eine halbe. Mit welcher Energie er das vermittelt hat, untermalt mit Videos, wie akribisch er war, das hatte ich in der Form noch nicht erlebt." Frank gelingt in seiner Anfangszeit das vielleicht wichtigste Unterfangen von allen: Er pustet seinem Team die beiden Abstiege aus den Köpfen. Außerdem stoßen einige neue Spieler zur Truppe. Die Stimmung im Münchener Vorort ist positiv. „Bei Wolfgang hat die menschliche Komponente total rausgestochen", erinnert sich Markus Sieger, damals Presseverantwortlicher im Verein. „Er hat sich nicht nur für die Fußballer interessiert, sondern für uns alle, und das hat die Verbindung persönlich und die Zusammenarbeit so angenehm gemacht." Frank schätzt die Nähe und die überschaubaren Strukturen, er führt viele Gespräche und lässt sich auf den Klub und seine Menschen ein.

„Der Eindruck vom ersten Tag hat sich in jedem Training widergespiegelt. Jede Einheit war voller Energie. Er hat immer alles reingegeben. Das war sehr, sehr prägend für mich." Wie auch an seinen bisherigen Stationen stellt Frank das Team auf Viererkette um. In der findet sich auch Matthias Lust wieder. „Ich als erfahrener Spieler habe mich noch mal komplett neu kalibrieren müssen, weil er viele Dinge umgeschmissen hat und ganz neue Wege gegangen ist", sagt Lust heute. „Aber ich fand, es war ein spannender Weg." Der ehemalige Hachinger beschreibt die Mannschaft jener Tage als sehr eingefahren, sowohl im System als auch in ihrer Trainingsarbeit. Darin liegt für Frank eine Chance: Weil es nach zwei Abstiegen in Folge nur besser werden kann, steht das Team sämtlichen Neuerungen des Trainers positiv gegenüber.

Frank setzt auf Wiederholung. Das bedeutet, dass sich Abläufe und deren anekdotische Wiedergabe von Klub zu Klub ähneln. Es bedeutet aber auch, dass seine Spieler die immer gleichen Dinge jeden Tag aufs Neue im Training leisten müssen. „Er hat seine Vorstellung vom Fußball mit einer unheimlichen Akribie und unterlegt mit Videosequenzen vorgetragen", erinnert sich Lust. „Wir haben immer sehr, sehr lange trainiert, teilweise waren wir drei Stunden auf dem Platz", erzählt Leitl von der ungewohnten Intensität unter dem neuen Coach. Zum Training gehören Videoanalysen, taktische Elemente wie Anlaufen und spielerische Formationen ebenso wie Torabschlussübungen für die Offensive. „Er war ja als Spieler selbst Stürmer – und hat sich entsprechend um uns gekümmert", sagt Leitl. Das Verhältnis Defensive zu Offensive und die Frage nach einem regelmäßigen Torerfolg interessieren Frank mehr als bisher. Das Team soll sicher stehen, aber es soll auch Tore erzielen, schließlich geht es diesmal nicht um Abstiegskampf, sondern darum, in die 2. Liga aufzusteigen.

Die Spielvereinigung startet mit einem glanzlosen 2:2-Unentschieden gegen die TSG Hoffenheim in die Regionalligasaison 2002/03. Beide Tore fallen durch Elfmeter, wobei der zweite umstritten ist. Das Auswärtsspiel beim SSV Jahn Regensburg verliert die Mannschaft in der Folgewoche mit 0:2 und am Sportpark macht sich ob der Pläne für den direkten Wiederaufstieg bereits Ernüchterung breit. Doch anschließend gewinnt die Spielvereinigung in der Liga acht Partien am Stück und schlägt zudem den Zweitligisten Mainz 05 in der ersten Runde des DFB-Pokals mit 4:2 nach Elfmeterschießen. Dabei kommt es auch zum Wiedersehen zwischen Frank und seinem ehemaligen Musterschüler Jürgen Klopp, der bei den 05ern mittlerweile zum Cheftrainer aufgestiegen ist. Leitl sitzt während des Pokalfights 120 Minuten auf der Bank, seine Lieblingsposition im Angriff hat der Offensivspieler an Kapitän Copado verloren, er selbst kommt in der Regel über die Seite. „Ich habe es zu Beginn nicht verstanden, die Vorbereitung lief überragend für mich", gesteht Leitl rückblickend. Was ihm in dieser Phase hilft, sind die intensiven, regelmäßigen Gespräche mit dem Trainer.

Erfolg hat immer recht

„Er hat mir deutlich dargelegt, was er von mir erwartet", erinnert sich der Stürmer. „Copado war ein ähnlicher Spieler und kam überragend rein in die Saison. Wolfgang Frank hat mir das sehr vernünftig erklärt und ich habe verstanden, ich muss das Beste daraus machen, auch wenn ich für mein Empfinden auf dieser Position meine Stärken nicht optimal ausspielen kann." Leitl wird in dieser Saison schließlich zum Stammspieler. „Diese Gespräche waren immer positiv. Ich bin da rausgegangen und dachte, ich bin der beste Spieler in Unterhaching." Er lacht herzlich. „Dann schaust du hin und siehst, du spielst gar nicht jedes Spiel von Anfang an! Aber er hat mir trotzdem immer das Gefühl gegeben, dass ich sehr wichtig bin für die Mannschaft und er an mich glaubt. Er war schon eine Vaterfigur für mich. Er wollte mich besser machen."

An den intensiven Austausch mit dem Coach erinnert sich auch Matthias Lust genau. „Ich glaube, er war der erste Trainer, der einmal im Monat mit mir ein Einzelgespräch geführt hat", erzählt Lust lachend. „Da war er sehr interessiert, nicht nur, was sportliche Themen angeht, sondern an uns als Menschen. Das war sicherlich ungewöhnlich damals, dass ein Trainer sich so viel Zeit nimmt für jeden Einzelnen." Franks Ansatz, im mentalen Bereich mit der Mannschaft zu arbeiten, ist für die meisten Spieler vollkommen neu. „Er hat das viel durch sein eigenes Verhalten gemacht", erzählt Lust. Eines von Franks Ritualen vor Auswärtsspielen ist der Stopp am jeweiligen Stadion. Er lässt den Mannschaftsbus auf der Fahrt zum Hotel dort anhalten und scheucht sämtliche Spieler raus zur Platzbegehung. „Manche fanden das gut, andere haben es belächelt", erinnert sich Lust. Insgesamt geht Frank mit dem Thema Mentalitätsarbeit nach seiner Bruchlandung in Duisburg gegenüber den Spielern jedoch defensiver um. „Du hast gemerkt, dass es ihm persönlich wichtig ist", sagt Lust. Der Trainer findet Ruhe durch Autosuggestionstraining oder beim bevorzugt in der Sauna ausgeübten Yoga. Dabei stört es ihn nicht, wenn Spieler zugegen sind. „Er hat das für sich gebraucht zur Entspannung."

Hans Henne arbeitet in dieser Zeit in Grünwald, mit dem Auto nur eine gute Viertelstunde von Unterhaching entfernt. Der alte Schulkamerad meldet sich bei Frank und die beiden verabreden sich im Vereinsheim, wo sie zusammen Pizza essen und lange miteinander reden. „Damals hat er erzählt, dass es mit seinem Vater früher nicht einfach war, weil der eine andere Vorstellung von Fußball hatte als Wolfgang. Und er hat immer genau das Gegenteil von dem gesagt, was sein Vater wollte." Henne lacht bei der Erinnerung. „Früher hatte ich von diesen Konflikten nichts mitbekommen, aber jetzt tat es mir wirklich leid, weil es ihn so beschäftigt hat." Das Wiedersehen hat er in warmer Erinnerung behalten. „Das ging alles ganz ohne Lücke. Wir haben uns gleich wiedererkannt und es war ein sehr nettes Gespräch." Frank lädt ihn ein, zu einem Pokalspiel zu kommen, das Henne mit einem Kollegen besucht.

Schon in den Jahren zuvor hat der Klassenkamerad immer mal versucht, über Franks Vater Gerhard Kontakt aufzunehmen, wenn Klassentreffen anstanden, die er organisiert. „Der Vater war da immer sehr abweisend." Nun bleiben Henne und Frank in Verbindung. „Aber letztlich ist Wolfgang leider nie zu einem der Treffen gekommen."

Die Saison verläuft sehr positiv für die Spielvereinigung, die sich früh in Richtung Aufstiegsplätze orientiert. „Wir waren eigentlich viel zu gut für die Regionalliga", sagt Matthias Lust. Nach dem Erstrundensieg im DFB-Pokal gegen Mainz setzt sich die Spielvereinigung in der zweiten Runde mit einem dominanten, aber lange torlosen Auftritt dank des 1:0 durch Stefan Leitl gegen den Zweitligisten Union Berlin durch – und steht im Achtelfinale. Dort wartet mit Hansa Rostock diesmal ein Team aus der 1. Liga, gegen das Unterhaching mit 3:2 gewinnt. Nach drei Siegen gegen höherklassige Gegner zieht die Mannschaft ins Viertelfinale ein. „Für uns ist das eine riesige Geschichte", freut sich Frank anschließend gegenüber den Medienvertreter*innen. „Wir haben uns extrem seriös vorbereitet und die Jungs sind belohnt worden. Man hat gesehen, dass wir auch spielerisch mit solchen Mannschaften mithalten können." Die Stimmung am Sportpark entspricht in diesen Tagen den sportlichen Ergebnissen: Sie ist sehr gut.

„Wolfgang Frank war ja seit der Zeit in Mainz kein Unbekannter", erzählt Lust. Einige Spieler hatten in der Vergangenheit in anderen Teams bereits gegen Franks damalige Mainzer gespielt. „Und das war unangenehm. Weil es neu war und auch ein bisschen unorthodox, damit hat man sich schwergetan. Plötzlich waren wir auf der anderen Seite und konnten unseren Gegnern Probleme bereiten." Zunächst ist die Mannschaft bereit, den hohen Einsatz zu bringen, den Frank fordert. „Als Spieler ist man aber natürlich auch bequem und da hat er nicht lockergelassen mit seiner Akribie und den Wiederholungen. Diesen intensiven Einsatz zu fordern, wie er es getan hat, geht eigentlich nur im Erfolg gut." Der bleibt Unterhachings fleißigen Fußballarbeitern erhalten. Zwar ist im DFB-Pokal-Viertelfinale gegen Bayer Leverkusen Schluss, aber die Spieler können nach einer intensiven Partie, in der sie dem Favoriten erst im Elfmeterschießen unterliegen – Leverkusens Torwart Butt hält und verwandelt je einen Elfer – mit erhobenen Köpfen vom Platz gehen. Und in der Regionalliga steht bereits drei Spieltage vor Schluss der direkte Wiederaufstieg fest. Für den ist Stürmer Copado, mit 24 Treffern auch Torschützenkönig der Liga, ein wichtiger Baustein. Franks Mut in seiner Kapitänsentscheidung ist belohnt worden.

Die Spieler feiern die Rückkehr in die 2. Liga ausgelassen auf dem Platz. Der Trainer wird dabei von Sekt- und Bierduschen nicht verschont. „Seine Macke war, er hatte immer diesen hellgrauen Pulli an, oder vielleicht war der auch beige", erzählt Stefan Leitl lachend. „Darunter so ein weißes Polo. Als wir aufgestiegen sind, habe ich ihn natürlich mit Bier übergossen. Da war er richtig sauer, weil der Pulli sein Glücksbringer war." Unterhachings Präsident Engelbert Kupka jubiliert, der Trainer, mit dem man auch in die kommende Zweitligaspielzeit gehen will, sei – ob mit oder ohne den Pulli – ein Glücksfall für den Klub. Alle klopfen einander zufrieden auf die Schultern.

Einen Aufreger hält die Saison allerdings noch bereit, weil einige Spieler zwei Tage auf Ibiza im Anwesen von Schatzmeister Anton Schrobenhauser feiern – offenbar eine Idee von Copado, der nun mit dessen Tochter liiert ist. Das Rauschen im Blätterwald ist heftig: Verantwortliche jener Vereine, die noch um ihre Saisonziele bangen, werten den Ibiza-Trip als Beleg dafür, dass die Spielvereinigung im Liga-Endspurt nachlassen werde. Der äußerst originellen Begründung der Hachinger Vereinsverantwortlichen, der Ausflug fördere den Teamgeist, schließt sich ein ungewohnt entspannter Wolfgang Frank öffentlich gutmütig an. Es gibt in diesen Tagen nichts, was die gute Laune am Sportpark verderben kann.

Ein Gefühl des Verrats

Alles andere als unkompliziert ist in dieser Phase Franks private Situation. Die Beziehung mit Maristella Covre, die im Laufe der Jahre über den Austausch in vielen Briefen intensiver geworden ist, scheint am Scheidepunkt. Möchte er sich noch einmal auf eine neue Liebe einlassen? Noch ist er mit der Mutter seiner Söhne verheiratet, die ihn auch in Unterhaching besucht. Frank, dem Loyalität so wichtig ist, zerreißt es bei dem Thema immer wieder. Das führt auch zu Konflikten mit seinen Söhnen. „Er hat das nicht so sauber hingekriegt", erinnert sich Sebastian, der auch die Worte des Vaters nicht vergessen hat: „Du wirst später selbst merken, wie die Dinge laufen. Es gibt nicht nur Schwarz und Weiß." Die Trennung der Eheleute Frank ist ein schleichender Prozess, geschieden wird das Paar erst 2010.

Fußballerisch aber scheint für den Trainer im Sommer vor der Saison 2003/04 die Sonne, Frank ist voller Vorfreude auch auf seine persönliche Rückkehr in die 2. Liga. Zwar wird ein direkter Aufstieg ins Oberhaus vom Verein nicht als Ziel ausgerufen, spielt in den Überlegungen des Trainers aber durchaus eine Rolle, wie auch ein Interview mit *Spiegel Online* im Juli verdeutlicht. Darin bemerkt er, die Bundesliga könne durchaus einen dritten Münchener Verein vertragen. Über seinen Kapitän Copado sagt er: „Es deutet vieles darauf hin, dass er die Rolle eines Spielgestalters übernehmen kann. Trotzdem: Sobald Francisco auf dem Platz steht, ist er unberechenbar. Das muss man bei einem Spieler seines Kalibers einfach in Kauf nehmen. Aber wenn er weiter konsequent an sich arbeitet, stehen ihm alle Möglichkeiten offen."

Angesprochen darauf, dass er bei seinem 4-4-2-System nicht mehr auf den Überraschungseffekt setzen könne, zeigt Frank sich nicht beunruhigt. „Nein, vermutlich nicht. Aber wir haben im DFB-Pokal in der gesamten vergangenen Saison gezeigt, dass wir eine starke Mannschaft haben und ansprechenden Fußball spielen können. Außerdem ist die Liga in der kommenden Saison so ausgeglichen, da kann vieles passieren." Wie die bisherigen Vereinswechsel ihn geprägt haben, lässt sich daran ablesen, dass er den nächsten Schritt am liebsten mit Unterhaching gehen will, der Klub soll also kein Sprungbrett für ihn sein. „Mit einer solchen Einstellung sollte man grundsätzlich nicht an eine Aufgabe herangehen. Das zeigt mir die Erfahrung aus den letzten Jahren. Wer immer nur nach hinten oder nach vorne schaut, hat keine Energie mehr, um sich auf die Gegenwart zu konzentrieren." Wolfgang Frank ist etwas gelungen, worum er lange gerungen hat: Er ist im Moment angekommen. In den Faxen an seinen Sohn Benjamin schreibt er in dieser Phase, das Wichtigste sei die Freude am Leben und dass er nun erkannt habe, es zähle nur der Augenblick. Franks Glarener Freund Pierre Grossrieder erzählt von seinen Besuchen in Unterhaching. „Da hatte ich einen wirklich guten Eindruck von ihm, dass er seine Ruhe gefunden hat. Leider ist es aber dabei nicht geblieben."

Der Start in die Saison gerät fulminant. Unterhaching schlägt in den ersten vier Saisonspielen Aufstiegsfavorit Greuther Fürth, den MSV Duisburg, den VfB Lübeck und Arminia Bielefeld, erreicht im DFB-Pokal die nächste Runde und spielt unentschieden gegen Mitaufsteiger Regensburg. Gegen die stets dichtgestaffelte Abwehr der Spielvereinigung finden die Gegner kein Mittel, vorne avanciert Copado wiederholt zum Matchwinner. Stefan Leitl spielt in den Überlegungen seines Trainers eine weniger konstante Rolle als in der Saison zuvor. „Ich habe ihm vertraut in dem, wie er mich angepackt hat", erinnert sich der Spieler zurück. „Ich hatte eine sehr enge Bindung zu ihm, auch wenn ich mal nicht gespielt habe. Er hat viel in mir gesehen und wollte mich da manchmal, glaube ich, auch reizen." Für den jungen Leitl funktioniert dieser Umgang, er hängt sich noch mehr rein. Andere Spieler sind mit Franks Methoden weniger einverstanden. „Grüppchen im Team gab es schon in der Aufstiegssaison, aber da hat uns der Erfolg zusammengehalten", erzählt Lust. „Das war wie so ein Kleber. Als es dann sportlich schwierig wurde, kamen die ganzen Befindlichkeiten hoch."

Unterhaching steht nach einem glänzenden Start in die Saison sogar auf dem ersten Tabellenplatz, doch der Niedergang folgt unmittelbar – und schnell. In den folgenden fünf Partien spielt Franks Mannschaft zweimal unentschieden und verliert drei Spiele, dazu kommt das Aus in Runde zwei des DFB-Pokals gegen den Hamburger SV. Die Stimmung beginnt zu kippen. Platz sechs in der Tabelle nach zehn Spieltagen hätte wohl im Sommer jeder unterschrieben, nach dem beeindruckenden Saisonstart sieht das natürlich völlig anders aus. Hinzu kommt Ärger mit Kapitän Copado, der abermals mit nächtlichen Eskapaden statt mit Toren auf sich aufmerksam macht. In der Ära Frank hat es das bislang nicht gegeben. Doch der Trainer stützt seinen Spieler auch in dieser komplizierten Phase, Copado ist in der Hinrunde gesetzt. Auf die sportlichen Misserfolge reagiert Frank, wie er es immer getan hat: mehr und intensivere Arbeit für alle. „Heute bin ich selbst Trainer und würde sagen, man lässt Spieler vielleicht auch mal in Ruhe in solchen Phasen, er hat es eher noch steigern wollen", erzählt Lust. Die Toleranz gegenüber Copado, die hohen Anforderungen an die Trainingsintensität seines Kaders und die nicht abreißende Niederlagenserie ergeben schnell eine toxische Mischung. Frank verliert Teile des Teams, ohne es zunächst zu merken.

„In der Rückrunde hast du dann gemerkt, dass es bricht", sagt Leitl. „Man hat gespürt, dass diese Intensität, das permanente Einfordern, dem einen oder anderen zu viel wird." Er selbst muss nach sportlichen Durchhängern nun teils mit der zweiten Mannschaft in der Bayernliga spielen. „Seine Art, um mir zu zeigen, dass was nicht in Ordnung ist, war Distanz. Aber immer noch Distanz mit einem guten Verhältnis." Leitl lächelt. Einfach ist diese Zeit dennoch nicht für ihn, zumal die intensiven Einzelgespräche mit dem Trainer wegfallen. „Das war für mich definitiv ein Liebesentzug. Aber ich kann es jetzt nachvollziehen, weil du als Trainer auch mal Grenzen erreichst, wo du einfach …" Er hält einen Moment inne, gestikuliert. „Ja, neue Wege finden musst, um einen Spieler in die Spur zu kriegen. Er wusste, dass ich vieles hinterfragt habe und mit der Art und Weise einverstanden bin, wie er arbeitet und trainiert. Er wollte mich halt locken, es hat auch funktioniert." Leitl muss grinsen, wird dann wieder ernst und ergänzt: „Und er war nie unfair." In der Bayernliga schießt Leitl wieder Tore, und das führt ihn schneller als gedacht zurück zur Zweitligamannschaft. „Da war sofort wieder alles wie vorher auch. Es ist nichts zurückgeblieben zwischen uns." Frank, sagt Leitl, sei für ihn nicht prägend gewesen, um selbst den Trainerberuf zu ergreifen. „Aber er war prägend für mich, mein Verhalten als Fußballer deutlich zu ändern, für meine Einstellung, mehr zu investieren, gerade auf mentaler Ebene. Die Art und Weise, wie er mit mir umgegangen ist als Spieler, das versuche ich, in meine Arbeit einfließen zu lassen. Die vielen Gespräche mit den Jungs, diese Offenheit.

Ich konnte mit jedem Problem zu ihm kommen, auch über den Fußball hinaus. Wenn ich meiner Frau gesagt habe, ich treffe mich mit dem Trainer, hat sie gefragt: ‚Was gibt's denn jetzt schon wieder zum Erzählen?'" Er lacht, auf eine Art zärtlich berührt. „Ich glaube, was Wolfgang Frank damals bei uns vorgelebt hat, ist heute die Basis, um erfolgreich zu sein und mit Spielern umzugehen. Offene Kommunikation ist ein Wert, den er vermittelt hat und den ich weitervermitteln will."

In Unterhaching aber stößt Frank in dieser Saison letztlich an Grenzen. Was heutzutage an seiner Arbeitsweise positiv bewertet wird, lädt damals Einzelne dazu ein, ihre Rolle im Team auszunutzen. „Das war es, worüber er letztlich vielleicht gestolpert ist", formuliert Lust zurückhaltend. „Er hatte dann nicht mehr die komplette Mannschaft hinter sich." Die Saison der Spielvereinigung verläuft nicht überragend, für einen Aufsteiger aber letztlich auch nicht dramatisch. Doch die fulminanten ersten Spiele haben die Erwartung nach oben korrigiert, zudem verfestigt sich bei den Verantwortlichen der Eindruck, eine Reaktion auf die zunehmenden internen Spannungen zeigen zu müssen. Nach einem miesen Auftritt bei der 0:1-Niederlage in Regensburg am 29. Februar zielt die Kritik der Vereinsführung zunächst noch in Richtung der Mannschaft. „Fußball ist ein Laufsport, das haben wohl einige Spieler vergessen. Mit diesem Angsthasenfußball kommen wir nicht weiter", erklärt Präsident Engelbert Kupka im *kicker*. Und als die Spielvereinigung im März anschließend mit drei Unentschieden und einer Niederlage lediglich drei Punkte sammelt, mahnt Manager Norbert Hartmann einen kühlen Kopf an. Frank erklärt derweil im *Merkur*, um seinen Arbeitsplatz mache er sich keine Sorgen: „Ich habe keine Angst und aufgeben kommt für mich nicht in Frage." Zwei Tage später wird er entlassen. Seine Mannschaft ist da Tabellendreizehnter mit je zwei Punkten Abstand zu Platz 16 und 9.

„Wir waren traurig, als wir es erfahren haben", erinnert sich Matthias Lust. „Ich fand es sehr schade, weil ich sehr viel von ihm gelernt und auch für meine Trainertätigkeit mitgenommen habe. Die Grundprinzipien der Viererkette, die lehre ich heute noch, das habe ich von Wolfgang Frank mitgenommen. Gut, es muss dann sicher irgendwann der nächste Schritt kommen. Aber er hat damit ganz Fußballdeutschland geprägt, das muss man echt so sagen." Als Lust 2021 die Möglichkeit hat, in Braunschweig zu arbeiten, zieht er für sich sofort die Verbindung zu Frank, der dort seine erfolgreichste Zeit als Spieler hatte. Die Erinnerung an den ehemaligen

Trainer ist nach wie vor lebendig. „Es war um den Menschen und Trainer sehr schade damals, ich hätte ihm da mehr Erfolg gewünscht. Er hat einfach viele völlig neue Dinge eingebracht. Und er hat sich wirklich um alle gekümmert und war an jedem Spieler interessiert."

Stefan Leitl wird von der Entwicklung komplett überrumpelt. „Für mich war es eine Katastrophe, muss ich sagen, weil ich auch meinen Bezugspunkt verloren habe." Als Konsequenz verlässt der Spieler ebenfalls den Verein. Die Zeit unter Frank betrachtet er rückblickend als zu kurz, geprägt hat sie ihn dennoch. „Er hat die Stärken jedes Einzelnen erkannt und daraus ein Kollektiv geformt, das mehr Qualität hatte als die Summe der Einzelspieler. Außerdem hatte er eine klare Philosophie und eine Linie in der Führung. Für mich war Wolfgang Frank ein kompletter Trainer. Er hat bei mir definitiv Spuren hinterlassen."

KAPITEL 18

Ruhepol im Chaos

„Ich muss heute noch den Hut ziehen vorm Wolfgang, wie er das alles gemacht hat."
HANS LEITZKE, CO-TRAINER FC SACHSEN LEIPZIG

Nach seiner Zeit in Unterhaching kehrt Wolfgang Frank nicht in die Schweiz zurück. Er lebt nun mit Maristella Covre zusammen in Mainz, wo er sich Gedanken macht, wie es beruflich weitergehen soll. Auf keinen Fall möchte er wieder so lange ohne einen Trainerjob sein wie nach der letzten Entlassung in Duisburg. Zunächst klopft kein Verein bei ihm an. Am 21. Mai 2004 meldet der *kicker*, Frank sei Wunschkandidat für den Cheftrainerposten beim Viertligisten FC Sachsen Leipzig. Der hat, wie viele ehemalige DDR-Vereine, komplizierte Jahre hinter sich. In der Neuorganisationsphase des Sports in Ostdeutschland nach der Wende wurde die BSG Chemie Leipzig umbenannt in FC Grün-Weiß 1990 Leipzig. Der Klub fusionierte mit dem SV Chemie Böhlen, seinerseits hervorgegangen aus der BSG Chemie Böhlen, und nimmt – unter dem neuen Vereinsnamen FC Sachsen Leipzig – dessen Aufstiegsrecht in die Oberliga des NOFV wahr. In der Saison 1990/91 ist diese als Nachfolgerin der DDR-Oberliga die höchste Spielklasse in Ostdeutschland. Der angepeilte Aufstieg gelingt Sachsen Leipzig jedoch nicht. Ab 1991/92 startet der Verein, von den Fans zumeist weiter „Chemie" genannt, in der Staffel Süd der Oberliga Nordost, damals die dritthöchste Spielklasse, ab 1994 spielt er in der neuen Regionalliga.

In den Folgejahren qualifiziert sich Sachsen Leipzig erst für die wiederum neugegründete zweigleisige Regionalliga, muss dann aber aus wirtschaftlichen Gründen einen Zwangsabstieg hinnehmen und schließlich in der viertklassigen Oberliga Nordost ganz neu anfangen. „Wir haben wirklich alles mitgemacht", erinnert sich Hans Leitzke mit einer Spur Nostalgie in der Stimme. Leitzke, der in den 1980er-Jahren für die BSG Chemie Leipzig und den 1. FC Lokomotive Leipzig in der DDR-Oberliga stürmt, spielt bis zum Ende der Saison 1996/96 bei Sachsen Leipzig und kehrt 2000 als Trainer der zweiten Mannschaft zu dem Klub zurück. Die Profis steigen derweil am Ende der Saison 2002/03 zum ersten Mal seit 1985 aus eigener Kraft auf und treten 2003/04 in der Regionalliga an. Dort gelingt der erstrebte Klassenerhalt mit einer zu schwach besetzten Mannschaft nicht, nach einer Saison mit vier Trainerwechseln folgt der direkte Abstieg. Die Oberliga ist zu wenig für ein ambitioniertes Umfeld wie das des FC Sachsen Leipzig, zumal der Verein im März das neue, 44.345 Zuschauer*innen fassende Zentralstadion eingeweiht hat, das für die WM 2006 gebaut worden ist. Der Verein wird hier künftig seine Heimspiele austragen.

Es gibt für einen Trainer vermutlich einfachere Aufgaben als diese – andererseits hat Wolfgang Frank die Herausforderung nie gescheut. In Leipzig reizt ihn zudem die Idee, etwas völlig Neues aufbauen zu können. Mittelfristig wollen Verantwortliche und Umfeld mit dem Verein in die 1. Liga aufsteigen. „Ich glaube, man hat dem Wolfgang hier doch einiges versprochen", vermutet Leitzke. Frank unterschreibt zunächst für zwei Jahre, von Aufstieg wird vor der ersten gemeinsamen Saison offiziell nicht gesprochen, doch Eberhard Schmiedel schreibt am 24. Juni 2004 im *kicker*: „Leipzigs beste Männermannschaft spielt in der vierten Liga – eine Schreckensvision für das verwöhnte Publikum, das vor zehn Jahren noch Bundesliga beim VfB Leipzig erlebte." Der VfB, 1991 aus Lok Leipzig hervorgegangen, ist insolvent, die Hoffnungen der Stadtoberen ruhen nun auf Sachsen Leipzig. Oberbürgermeister Wolfgang Tiefensee hat das „Projekt Bundesliga" sogar zur Chefsache erklärt, die Rückkehr Leipzigs in den bezahlten Fußball soll spätestens bis zum Jahr 2008 erfolgen.

Beim Erreichen der sportlichen Ziele soll den FC Sachsen Leipzig nach Willen von Präsident Christian Rocca und Manager Uwe Thomas ein neuer Sportdirektor unterstützen, Ex-Profi René Deffke. „Es gab schon eine gewisse Aufbruchsstimmung, aber die hatte keine Substanz, das war mehr übergestülpt" erzählt Leitzke. „Ich habe die als Leipziger nicht gespürt." Während Deffke & Co. die neue Mannschaft zusammenstellen, soll Frank einen Co-Trainer wählen. Er führt mehrere Gespräche im Verein und entscheidet sich schließlich für Leitzke. „Bei unserem Treffen habe ich ihm erklärt, wie ich ticke, und zwei, drei Tage später kam das Signal vom Verein", entsinnt der sich heute. „Ich durfte dann wirklich einen Freund kennenlernen. Ein ganz ehrlicher, aufrichtiger Mensch. Und sehr liebenswert."

Wie an seinen bisherigen Stationen möchte Wolfgang Frank auch in Leipzig die Viererkette implementieren. Das hat in der Anfangsphase die eine oder andere unpopuläre Personalentscheidung zur Folge, wie die Freistellung von Libero David Bergner, der sich daraufhin einen Anwalt nimmt und sämtliche Wechselangebote ablehnt. Die Mannschaft der Vorsaison soll punktuell mit Talenten, unter anderem aus der abgestiegenen Bundesliga-Juniorenelf des VfB Leipzig, verstärkt werden. Frank streckt zudem die Fühler nach Spielern aus, die er bereits von bisherigen Stationen kennt. „Vielleicht hat er gedacht, ich suche mir meinen Haufen zusammen, die wissen, wie ich arbeite, und das spart mir Zeit", sagt Robert Ratkowski lachend. Er hat unter Frank schon bei Rot-Weiss Essen in der Regionalliga sowie beim 1. FSV Mainz 05 gespielt und folgt dem Ruf des Trainers erneut. „Ich bin damals von Essen zu Waldhof und als er da angerufen hat, um zu sagen, er möchte mich in Mainz gern wieder bei sich haben, dachte ich: Ja, unter diesem Trainer bin ich großgeworden, er hat mich zu dem gemacht, was ich bin. Nach Leipzig zu gehen war wiederum eine gute Möglichkeit in einer Phase, in der ich keine anderen hatte. Und dann hat es auch gepasst."

Nach der Saisonvorbereitung gibt Frank Anfang August ein Interview im *kicker*. Darin erklärt er: „Die Jungs haben gut mitgezogen. Wir müssen ja eine fast komplett neue Mannschaft zum Spielen bringen. Bisher jedenfalls bin ich zufrieden. Natürlich gibt es noch einiges zu verbessern. Wir müssen die kleinen Schritte machen und auch die nötige Geduld haben." Die Konturen des 4-4-2 seien schon deutlich zu erkennen, freut sich der Coach. „Für diese Spieler war das ein völlig neuer Fußball", erzählt Hans Leitzke von der Phase der Umstellung. „Sie kannten das noch nicht, und jetzt ist Wolfgang natürlich sehr akribisch gewesen und hat jeden Tag sehr intensiv mit uns gearbeitet. Ich sage ‚uns', weil ich da intensiv zugehört habe, mich hat das sehr interessiert." Leitzke erlebt unter Frank eine für ihn komplett neue Kultur. „Der Umgang mit Spielern, ich kannte das ja aus DDR-Zeiten unter ‚Ede' Geyer und so weiter, mit Beleidigungen und allem. Das hätte eine Mannschaft natürlich schon nicht mehr mitgemacht damals. Aber wie Wolfgang das gemacht hat, muss ich ganz ehrlich sagen: Hut ab. Da habe ich einiges für mich mitgenommen, es war ein toller Führungsstil, das hat mir sehr gefallen."

Auch die Trainingsarbeit von Wolfgang Frank unterscheidet sich von dem, was die Spieler bislang kennen. „Wir waren es als DDR-Fußballer gewohnt, immer zu rennen: rennen, rennen, rennen, bis zum Umfallen. Wolfgang hat mit den Jungs viel taktisch gearbeitet, um sein System zu installieren, viele Analysen, Auswertung, Gespräche. Das war völliges Neuland." Ratkowski erinnert sich, dass gewohnte Elemente der Arbeit mit Wolfgang Frank ihm wie alte Freunde wiederbegegneten. „Man wusste sportlich ja, was einen erwartet", sagt er lachend. „Die Wiederholungen, die Detailverliebtheit. In Essen war es noch nicht so der Fall, aber aus Mainz kannte ich das alles." Auch mental arbeitet Frank mit den Spielern. „Mich hat das nicht überrascht. Ich wusste ja, wie er tickt." Ratkowski lacht erneut. Hans Leitzke erinnert sich: „Bei dem Thema war er richtungsweisend. Es gab Spieler, die das richtig aufgesogen haben und die heute noch davon reden. Aber die Problematik war, dass der direkte Erfolg daraus nicht ersichtlich war. Da hat er einige dann schnell verloren."

Auftakt, Rücktritt, Rückschritt

Sachsen Leipzig startet mit einer 0:2-Heimniederlage gegen den 1. FC Magdeburg in die neue Saison, schlägt den VfB 09 Pößneck auswärts mit 4:0 und kassiert zuhause ein 0:1 gegen den SV 1919 Grimma. Beobachter unken, der Verein könne im Zentralstadion nicht gewinnen; eine Mär, mit der Wolfgang Frank herzlich wenig anfangen kann. Und siehe da, am fünften Spieltag fährt die Mannschaft, die in der Vorwoche 1:4 in Jena verloren hat, endlich den ersehnten ersten Sieg im neuen Stadion ein. Es ist zugleich der Auftakt einer Serie von vier gewonnenen Partien am Stück bis in den Oktober. Mitten in diese Serie hinein jedoch kippt abrupt die Stimmung im Verein: Am 28. September tritt das komplette Präsidium um Präsident Christian Rocca zurück. Das Vertrauensverhältnis zwischen den Gremien ist gestört, Rocca beschuldigt den Aufsichtsrat, schon länger hinter seinem Rücken nach einem möglichen Nachfolger zu suchen. Bei der Hauptversammlung Ende Oktober folgt ihm Rolf Heller in diesem Amt.

„Es war ein ordentliches Durcheinander und ich muss heute noch den Hut ziehen vorm Wolfgang, wie er das alles gemacht hat", sagt Leitzke bewegt. Frank bleibt durch all das Chaos hinweg ruhig. „Ich durfte mal mit zu einer Präsidiumssitzung im Herbst, und was da für Fragen kamen! Er hat alles freundlich beantwortet und hinterher zu mir gesagt: ‚Lass sie reden.'" Mag Frank sich seinen neuen Job auch etwas weniger hürdenreich vorgestellt haben, es geht ihm gut in diesem Herbst. Er genießt die Zeit mit Maristella, beide pendeln zwischen Leipzig und Mainz hin und her. „Der

Wolfgang war richtig verknallt, wenn ich das so sagen darf", so Leitzke warmherzig. „Die zwei waren wirklich Weltklasse. Er hat die Maristella von ganzem Herzen geliebt und sich immer richtig vorbereitet, wenn sie nach Leipzig kam. Einmal hat er in der Wohnung mit Kerzen ein Herz aufgestellt. Aber ich weiß gar nicht, ob ich das erzählen darf", unterbricht er sich leicht schuldbewusst. Auf die Geschichte angesprochen, lacht Maristella Covre-Frank herzlich. „Aber ja doch, das Herz aus Teelichtern. Er hat damit ein Loch in den Boden gebrannt." Sie lächelt, rührt gedankenverloren ihren Tee. „Wir hatten nur eine kurze Zeit. Aber es war eine sehr schöne Zeit. Wir haben die Beziehung gelebt. Es gab keine Langeweile." Einen Moment hält sie inne. „Wolfgang hat immer gesagt, ein Trainer ist wie ein Künstler. Er muss die Genialität der Spieler zusammenbringen. Und er war so ein Künstler. Fußball hatte für ihn etwas fast Spirituelles. Eine Religion. Dafür hat er gelebt."

In Leipzig muss Frank seine Kunst inmitten von extrem widrigen Umständen zur Entfaltung bringen. Mit den Unruhen im Verein bleiben plötzlich auch die sportlichen Ergebnisse aus, von Mitte Oktober bis Anfang November holt die Mannschaft aus vier Spielen lediglich drei Unentschieden, eine Niederlage – und keinen Sieg. „Uns hat einfach die Zeit gefehlt", sagt Leitzke. „Das ist ein generelles Problem des Vereins gewesen. Und wenn der Erfolg ausbleibt, ist das so ein Prozess, dass immer mehr Spieler Themen vom Trainer nicht mehr akzeptieren." Ratkowski erinnert sich an erste Unruhen im Team. „Man darf dabei auch die Liga nicht vergessen, auch wenn wir natürlich Profis waren. Wenn ich zurückschaue, glaube ich, wenn er bereit gewesen wäre für ein bisschen Veränderung, hätte sich das positiv auf das Verhältnis mit vielen Spielern ausgewirkt. Aber er ist sich da treu geblieben: die stundenlangen Sitzungen, das intensive Training, Videoanalysen und die mentale Arbeit. Das war für viele nicht nachvollziehbar, die sind ihm dann nicht mehr gefolgt."

Die Mannschaft spielt keine schlechte, aber letztlich auch keine überragende Saison, während der Verein von immer wieder neuen Problemen geschüttelt wird. Als zum Jahreswechsel Gerüchte über die missliche finanzielle Lage und einen drohenden Ausverkauf der Mannschaft die Runde machen, erklärt Frank im *kicker*: „Ich will einfach wissen, woran wir hier sind. Alles schien wichtiger zu sein, nur die sportlichen Dinge und die Mannschaft nicht." Präsident Heller offenbart ein Minus von 700.000 Euro und sagt, man müsse erhebliche Einsparungen vornehmen, um die Insolvenz abzuwenden. Für positive Nachrichten sorgt der Landespokal. Nach einem Sieg gegen den NFV Gelb-Weiß Görlitz 09 stehen die Leipziger im Halbfinale.

Ins neue Jahr startet Sachsen Leipzig mit einem Unentschieden, bevor das Team eine kleine Serie startet und bis Mitte März vier Siege und ein weiteres Unentschieden einfährt. Auch der Einzug ins Finale des Landespokals gelingt, womit die Qualifikation für den DFB-Pokal weiter möglich ist. Der restliche Verlauf der Saison entwickelt sich jedoch durchwachsen. Bevor das Team im Mai noch mal drei Spiele am Stück gewinnt, kassiert es diverse Niederlagen und spielt häufig unentschieden. „Der Druck wurde dann größer", sagt Ratkowski. „Fußball ist eben abhängig vom Ergebnis, aber so hat er nicht gedacht. Er war da in seiner Welt. Was nicht negativ ist, es war seine Art, seine Vorstellung, seine Vision und er wollte mit aller Macht, dass die Spieler mitziehen. Aber das ist halt schwierig, weil jeder eine andere Persönlichkeit hat. So was kann eigentlich nur funktionieren, wenn du Erfolg hast."

Ist es Überzeugung? Ist es Sturheit? Oder eine Mischung aus beidem? Frank ändert nichts an seiner Arbeitsweise, von der er vollkommen durchdrungen ist. Doch in der sportlich schwierigeren Phase mehren sich die unzufriedenen Stimmen über Maßnahmen wie das gemeinsame morgendliche Frühstück und die langen Videositzungen. Auch die Trainingsintensität halten einige Spieler für übertrieben, nach wie vor sind nicht alle überzeugt von Franks System. „Es ist einfach schwierig, wenn du merkst, es ist sehr viel Unruhe da und eher wenig Geduld", bedauert Leitzke. „Wir kennen das ja aus dem eigenen Leben, wenn der Erfolg ausbleibt, verliert man den Glauben. Obwohl Wolfgang mit den Möglichkeiten, die wir hatten, viel versucht hat." Einen Höhepunkt hält die Saison dennoch bereit: Am 4. Mai gewinnt die Mannschaft das Finale des Sachsenpokals. In der Liga wird man am Ende Dritter und obwohl das Wort „Aufstieg" zu Saisonbeginn vermieden worden ist, spüren alle Enttäuschung.

Vor der Saison 2005/06 steht erst kurzfristig fest, dass Sachsen Leipzig weiter im Zentralstadion spielt. Nach zwei Auftaktsiegen empfängt Franks Truppe dort am 21. August vor rund 30.000 Fans im DFB-Pokal den sächsischen Rivalen SG Dynamo Dresden. Trotz einer 3:5-Niederlage im Elfmeterschießen gegen den Zweitligisten bleiben das Spiel und die Kulisse den Akteuren in Erinnerung: Für einen Moment schien der 1:1-Ausgleich durch den eingewechselten Tino Semmer in der Nachspielzeit ein glückliches Trainerhändchen und die Erfüllung eines Traums zu bedeuten.

Im Ligaalltag schwanken die Ergebnisse, Siege und Niederlagen wechseln sich fast wöchentlich ab. Das passt nicht zu den Ambitionen der Verantwortlichen in Verein und Stadt – und gleichzeitig passt das Pensum nicht zu den Spielern, nehmen sie die hohen Anforderungen immer weniger hin und belächeln die mentale Arbeit. „Wolfgang Frank war ein Workaholic. Er war 24/7 mit dem Kopf bei der Arbeit. Morgens vor allen anderen da, abends nach allen. Das habe ich definitiv für mich mitgenommen. Aber für Leipzig war es zu viel damals. Es fehlte eine Zwischenkomponente, für ihn gab es nur Schwarz und Weiß", erzählt Ratkowski. „Und was Fußball manchmal ausmacht, ist einfach nicht denken, nur rausgehen und kicken." Hans Leitzke wird emotional, wenn er sich an jenen Herbst zurückerinnert. „Ich kriege da heute noch Gänsehaut", setzt er an. Das Präsidium hat den Co-Trainer zum Gespräch gebeten und der erzählt seinem Chefcoach davon. „Da sagt er: ‚Pass auf, Hans, wenn sie dir sagen, du sollst übernehmen, dann mach es bitte.' Wortwörtlich." Leitzke schweigt, tief in seinen Erinnerungen. „Ich sag, Wolfgang, was quatschst denn du da! Und er sagt: ‚Pass auf, ich kenne das.' Und dann fängt er an zu packen." Erneut hält Leitzke inne, spürbar bewegt. Als der Co-Trainer vom Gespräch mit dem Vereinsverantwortlichen zurückkommt, hat er das Bedürfnis, sich zu erklären, vielleicht sogar zu entschuldigen. Frank winkt ab, er hat bereits alle seine Sachen verstaut. „Er hat nur gesagt: ‚Ich wünsche dir wirklich alles Gute, Hans.' Das war für mich ein Moment, wo ich dachte, das gibt's doch gar nicht. Da habe ich echt zu kämpfen gehabt. Er war einfach ein top Mensch und ein top Trainer."

Ratkowski bedauert den Abschied von seinem Coach, obschon er bereits eine Ahnung hatte, es würde mit Frank in Leipzig nicht mehr allzu lange gutgehen. „Es waren noch alle Chancen da, aber der Verein hat die Spieler befragt und ich glaube, dass er nicht mehr allzu viele Fürsprecher hatte." Für ihn selbst endet damit die dritte und letzte Station unter dem Trainer Wolfgang Frank. „Er war für mich ein ganz wichtiger Mensch. Er war natürlich sportlich prägend, als Visionär der Viererkette und in seiner ganzen Arbeitsweise. Aber ich meine auch zwischenmenschlich. Ich orientiere mich bis heute bei Dingen an ihm, wo ich sage: Das ist mir in meinem Leben wichtig. Darauf kommt es mir an. Was das betrifft, habe ich viel von ihm mitgenommen."

KAPITEL 19

Höhenflüge und Bauchlandung

„Er hat mir gezeigt, dass du in diesem Geschäft auch erfolgreich sein kannst, wenn du eine empathische Ader hast und versuchst, für deine Spieler da zu sein."

DINO TOPPMÖLLER, SPIELER OFFENBACHER KICKERS

Der Offenbacher Fußball Club Kickers 1901 (OFC) belegt als Zweitligaaufsteiger nach der Hinrunde 2005/06 schon wieder einen Abstiegsplatz. Trainer Hans-Jürgen Boysen, bereits von 1997 bis 1999 am Bieberer Berg tätig und erneut seit 2004, steht in der Kritik. Höhepunkte bieten lediglich die Auftritte seiner Mannschaft im DFB-Pokal: Nach Siegen über Erstligist Köln sowie die Ligakonkurrenten aus Karlsruhe und Rostock hat der OFC das Viertelfinale erreicht. Im Trainingslager im spanischen Marbella, wo das Team sich auf die Rückrunde vorbereitet, ist die Stimmung angespannt. Jene Anspannung nennen die OFC-Verantwortlichen schließlich auch als Grund, als sie Boysen nach der 1:3-Heimniederlage gegen Rostock beim Auftakt in die zweite Halbserie am 23. Januar 2006 von seinen Aufgaben entbinden. Für ihn übernimmt interimsmäßig Steffen Menze, Coach der zweiten Mannschaft in der Landesliga. Unterstützt wird er von den bisherigen Co-Trainern Manfred Binz und René Keffel.

Als Menze das Team zwei Tage später im Pokal-Viertelfinale gegen Bielefeld coacht, das Offenbach im Elfmeterschießen verliert, sitzt Wolfgang Frank bereits auf der Tribüne und die Tinte seiner Signatur unter dem Vertrag bei den Hessen, gültig nur für die derzeitige Liga, ist getrocknet. „Ich freue mich sehr auf die Aufgabe, die lösbar ist", wird der Coach bei seiner Rückkehr in die 2. Liga im *kicker* zitiert. Ende des vergangenen Jahres war Frank noch kurz davor, beim rumänischen Erstligisten FC Farul Constanța zu unterschreiben. Er hat Verein und Liga vor Ort intensiv beobachtet und mit den Verantwortlichen gesprochen, davon zeugen Aufzeichnungen. Letztlich überwiegt aber der Wunsch, in der Wahlheimat Mainz zu bleiben, statt erneut seine Koffer zu packen, und er beschließt, auf ein passendes

Angebot in Deutschland zu warten. Über die Offerte der OFC-Verantwortlichen muss er deshalb nicht lange nachdenken.

Seine Amtszeit bei den Kickers beginnt mit zwei Niederlagen gegen Greuther Fürth und den SC Freiburg sowie einem Unentschieden bei 1860 München. Die Niederlage in Freiburg ist auch das erste Spiel von Heiner Backhaus im Dress des OFC, der in diesem Winter von Bielefeld nach Hessen gewechselt ist, hier aber über die Rolle eines Ergänzungsspielers nicht hinauskommt. Backhaus, ein Kind des Ruhrgebiets, hat sich im Vorfeld bei Spielern aus Duisburg zu Frank erkundigt und erwartet halb, dieser würde ihn auf einer Ingwerwurzel kauend empfangen. „Die meinten alle, er sei total esoterisch", erinnert er sich lachend. Stattdessen trifft er auf einen Menschen, dessen totaler Fokus ihn tief beeindruckt. „Er hat mir das Gefühl gegeben, es geht überhaupt nicht um mich als Spieler, sondern um Dinge, über die ich mir noch nie Gedanken gemacht habe." Am Ende der Unterredung fragt Frank: „Bist du bereit, dich mir komplett anzuvertrauen?" Backhaus unterschreibt am selben Tag einen Vertrag bei den Kickers. Vor seinem Debüt in Freiburg geht Frank mit seinem Spieler spazieren. „Er hat gesagt, er weiß, ich werde auch Fehler machen, aber er vertraut mir und ich werde direkt spielen", erzählt Backhaus, noch heute beeindruckt.

Nach dem Spiel fährt die Mannschaft nicht zurück nach Offenbach, sondern zum Feldberg im Schwarzwald. Frank arbeitet nun mit der Firma Laganda zusammen, die Trainerbetreuung und Teamarbeit im Sport anbieten und die Mannschaft bei dem Ausflug betreuen. „Wir sollten dann Iglus bauen", erzählt Backhaus kopfschüttelnd. „Wir hatten am Tag zuvor in der Liga gespielt und waren echt stehend k. o. – und geklappt hat es auch nicht, der Schnee hat nicht gehalten." Im Interview mit dem *kicker* erklärt Frank: „Es war eine Maßnahme, die dazu führen sollte, dass die Mannschaft enger zusammenrückt, dass die Spieler mehr aus sich rausgehen, um den Kollegen zu helfen." Backhaus erzählt mit einem Grinsen: „Danach war ich erst mal krank. Die Mannschaft startet eine Serie – und ich bin raus. Aber er hat uns immer das Gefühl gegeben, dass wir alle wichtig sind für den Erfolg, auch den Einwechselspielern." Um dem Team diesen Zusammenhalt beizubringen und sie von ungewollten Ablenkungen im Alltag fernzuhalten, fordert der Coach erneut regelmäßige Kurztrainingslager ein.

Frank, der mit dem Team in Offenbach wie gewohnt auf Viererkette setzt und den Spielern in langen Trainingseinheiten und Videoschulungen Verschieben und Verhalten im Raum eintrichtert, wechselt den Torwart: Für den jungen Sead Ramović spielt unter ihm der deutlich erfahrenere César Thier. Gegen den VfL Bochum und Eintracht Braunschweig fährt der OFC im vierten und fünften Spiel unter Frank die ersten Siege ein. Der Trainer äußert gegenüber den Medien frohgemut, er spüre, dass die Mannschaft langsam ein wenig für ihn spiele. „Wir hatten dann eine wirklich unglaubliche Phase“, erzählt sein Offenbacher Co-Trainer Manfred Binz. „Es ist manchmal so, dass es einfach passt, und in dieser Zeit hat alles gepasst.“ Die Mannschaft verliert bis zum Ende der Saison nur noch zwei Partien, zudem kassiert die stabile Defensive lediglich beim 2:4 gegen Alemannia Aachen, wo Ramović den von einem Hexenschuss niedergestreckten Thier vertritt, mehr als ein Gegentor. Frank lobt besonders die Ruhe, die Thier ausstrahlt. Mitte März schreibt Mounir Zitouni im *kicker*: „Scheinbar hat man in Offenbach alles richtig gemacht. Während Ex-Trainer Boysen aus seinen letzten sechs Spielen nur drei Punkte holte, fährt das Team unter Nachfolger Wolfgang Frank bei gleicher Anzahl von Spielen acht Punkte ein. (…) Ein Grund ist die intensive taktische Arbeit des neuen Coachs. (…) Dazu ist eine neue Aufbruchstimmung entstanden. Das liegt auch an einem Mentaltrainer, der mit den Spielern Gespräche führt, Rollenspiele initiiert und eng mit Frank zusammenarbeitet.“

Binz erinnert sich an die auch für ihn völlig neue Trainingsarbeit. „Wolfgang hat viele Plakate gemalt, um den Spielern das zu veranschaulichen. Man hat bei den Trockenübungen ohne Ball gesehen, dass die erst mal keine Ahnung hatten, wo sie hinlaufen sollen.“ Und ein wenig beschämt erzählt er: „Wir hatten zwischen den Trainingseinheiten diese langen Videoschulungen. Oft direkt nach dem Mittagessen, wenn der Bauch schön voll war.“ Einmal nickt der Co-Trainer mit dem Kopf in der Hand weg. „Das hat mir so leidgetan. Es hat mich ja interessiert! Ich habe gehofft, dass es niemand mitgekriegt hat, aber einer der Spieler hat dann mit den Fingern angedeutet: ‚Ich habe dich gesehen.‘“ Frank setzt stark auf das Gemeinschaftsgefühl. Vor und nach den Spielen versammelt der Trainer seine Spieler in der Kabine um sich. „Er hat immer gesagt: ‚Wir müssen das regeln‘“, sagt Backhaus. „Wir haben kapiert, wir müssen für den Erfolg über eine bestimmte Schwelle gehen – und wir haben ihm geglaubt, dass wir das können. Und Glaube versetzt nun mal Berge.“

Am 23. und 24. Spieltag der Saison 2005/06 steht der OFC kurz über dem Strich, danach rutschen die Hessen allerdings wieder bis auf den vorletzten Tabellenrang ab. Mit einem 2:1-Heimsieg gegen Aue gelingt am

29. Spieltag der ersehnte Sprung auf Rang 14, seinerzeit der erste Nichtabstiegsplatz. Mittelfeldspieler Thomas Wörle, Assistgeber bei beiden Treffern, sagt nach dem Spiel im *kicker*: „Wir haben keine Angst mehr." Und furchtlos sind auch die Auftritte der Mannschaft auf dem Platz. Nach einem Unentschieden gegen den Aufstiegskandidaten Karlsruher SC schlagen die Offenbacher Franks ehemaligen Verein Unterhaching mit 4:1, was den Coach nicht nur freut, weil die Spielvereinigung Mitkonkurrent im Tabellenkeller ist. Vor dem Abstiegsgipfel in Saarbrücken wird Frank in einem *Spiegel-Online*-Beitrag als „wieder aufgetauchter Modernisierer" gefeiert. Torhüter Thier nennt den Trainer darin einen großen Motivator und Autor Klaus Teichmann schreibt: „Innerhalb von wenigen Wochen hat Frank aus einem desolaten Aufsteiger, dem lange Zeit Attribute wie Rennen, Kämpfen, ‚Kick und Rush' eingeschrieben waren, ein funktionierendes Team gebastelt."

Mal wieder gilt Frank den Verantwortlichen eines Vereins als Glücksgriff, sogar über eine Vertragsverlängerung im Abstiegsfall denkt man nach. Doch dazu muss es nicht kommen: Nach Siegen gegen Saarbrücken und Cottbus halten die Kickers vorzeitig die Klasse. In der *Frankfurter Allgemeinen Zeitung* (*FAZ*) schreibt Uwe Marx in jenem Mai unter der Überschrift „Die Rückkehr des Taktikers": „Nicht nur der OFC erlebte eine wundersame Wiederkehr und die frühzeitige Rettung vor dem Abstieg. ‚Auch ich bin wieder da', sagt [der Trainer, Anm. d. A.]. ‚Ein schönes Gefühl.' (...) In seinen ersten Wochen beim OFC betonte Frank immer wieder, daß er nicht mehr der sei, der er in Mainz gewesen ist. Es war, als machte er Werbung für den neuen Wolfgang Frank: einen inzwischen entspannteren, nicht mehr so verbissenen und schwierigen Menschen." Ja, Frank fordert viel von Spielern und dem jeweiligen Vereinsumfeld. Aber noch mehr fordert er von sich selbst – und seine Bereitschaft, eigenes Verhalten selbstkritisch zu reflektieren, ist enorm hoch. Er ist ein ewiger Zweifler, der andere zu Gläubigen macht, ein Skeptiker, der anderen ihre Ängste nimmt.

Saison der Extreme

Wolfgang Franks Ordner mit den Saisonunterlagen sind zum Bersten gefüllt und dokumentieren seine akribische Arbeit und die Liebe des Trainers zum Detail. Sie bekunden aber auch, wie er seine Arbeit verstand, was ihm gerade im Umgang mit seinen Spielern wichtig war – und in schlechten sportlichen Phasen sind die Unterlagen ein Abbild seiner inneren Kämpfe. Nach dem Klassenerhalt mit dem OFC genehmigt Frank sich und dem Team Momente der Entspannung und schreibt in den Notizen für seine Ansprache beim Grillabend zur Feier ihres gemeinsamen Erfolges:

Glückwunsch u Dank: nur gemeinsam möglich. Spieler – Vorstand – alle – durchaus erlaubt, kurz zu reflektieren – tolle Sache.

Mit Ramon Berndroth, in der Vergangenheit bereits Cheftrainer des OFC, ist inzwischen ein alter Bekannter Franks zurück im Verein. Ihre gemeinsame Trainerausbildung liegt mittlerweile über 20 Jahre zurück. Berndroth lässt sich von Frank intensiv in der Gegnerbeobachtung einsetzen und fertigt ihm umfängliche Notizen zum Zustand der jeweiligen Gegner, ihren Stärken und Schwächen sowie den Eigenheiten der Spieler an. Diese lässt Frank wiederum in seine Vorbereitung auf die Ligapartien einfließen.

In der Vorbereitung auf die Saison 2006/07 muss der Klub in Sachen Transfers kleinere Brötchen backen, als den Beteiligten lieb ist. Doch das Geld ist knapp, nicht zuletzt, weil der beurlaubte Ex-Trainer Boysen noch bis Juli 2007 Gehalt bezieht. Mit vier Neuverpflichtungen und einem weitestgehend zusammengehaltenen Kader soll es für den OFC in die neue Runde gehen. Die Verantwortlichen warnen, aufgrund der tollen Punktausbeute in der Rückrunde abzuheben, Ziel sei erneut, die Liga zu halten. Darauf angesprochen erklärt der Trainer Anfang Juli im *kicker*: „Da ist die Meinungsbildung noch nicht abgeschlossen. Wir werden im Trainingslager mit der Truppe noch mal darauf eingehen und das dann festlegen." Während der Vorbereitung im fränkischen Elfershausen wird kontrovers diskutiert. Am Ende steht das Saisonziel Klassenerhalt, einige Spieler hätten nichts dagegen gehabt, einen Aufstieg anzupeilen. Auch Frank sieht durchaus seine Chance, als Trainer endlich erstmals in die 1. Liga vorzustoßen.

Das 2:2 gegen den FC Carl Zeiss Jena beim Heimauftakt in die neue Saison passt so gar nicht zu Franks selbstgestecktem Ziel. Tags darauf wird der OFC-Kader durch Dino Toppmöller noch einmal verstärkt, Frank hatte sich einen weiteren Stürmer gewünscht. „Er hat einem das Gefühl gegeben, dass man sich bei ihm in der Gruppe wohlfühlen kann", erinnert sich Toppmöller an die erste Begegnung mit Frank noch vor seinem

Wechsel. „Klar, wir sind in einer Leistungsgesellschaft als Profifußballer, aber trotzdem ist es ja so, dass da auch menschliche Dinge wichtig sind." Anlass, an den Mannschaftsgeist der Truppe zu appellieren und sie auf die Kraft einzuschwören, die ein intaktes Team entwickeln kann, hat Frank bald mehr, als ihm lieb ist. Die Ergebnisse sind im August und September verheerend, abgesehen vom 2:0-Erfolg bei der SpVgg Bayreuth in der ersten Pokalrunde kann die Mannschaft keinen Sieg erringen.

Frank führt viele Einzelgespräche mit seinen Spielern, um herauszufinden warum das, was in der Rückrunde so erfolgreich war, nun nicht mehr funktioniert. In seinen Trainingsunterlagen tauchen vor allem zwei Worte immer wieder auf: bedingungsloser Einsatz. Dafür setzt er mehr Trainingseinheiten an als ohnehin schon üblich. „Es gab in meiner Karriere als Spieler ganz wenige Trainer, wo ich sage: Okay, da war eine Idee dahinter", sagt Toppmöller. „Und bei ihm gab es die definitiv in unserer taktischen Disziplin. Wir wussten sehr genau, was wir machen müssen. Jetzt kann man natürlich sagen, wir hätten mehr Wert legen müssen auf offensive Abläufe, aber wir waren jetzt nicht die begnadetste Mannschaft. Diese sehr gute defensive Ordnung war für uns ein wichtiger Halt. Für diese Zeit war das in meinen Augen sehr gut." Heiner Backhaus stellt bei sich in dieser zweiten Saison gewisse Abnutzungserscheinungen in Bezug auf Franks Methoden fest. „Ich glaube, er wollte immer mehr machen, weil er Angst vor Niederlagen hatte. Aber manchmal ist weniger mehr. Und du musst einfach auch Lösungen mit dem Ball haben", findet er. „Man hatte bei ihm immer ein schlechtes Gewissen, weil er alles getan hat. Wir haben auch mal Bier getrunken oder Pommes gegessen. Ich wäre nie bereit gewesen, so zu leben wie er. Andere Spieler schon. Er wollte auch, dass ich mir die Haare schneide! Aber menschlich habe ich ihn wirklich sehr gemocht. Ich finde, er hat sich nicht geschützt. Er wollte jeden retten, nur nicht sich selbst."

Ende September titelt der *kicker*: „Der unerwartete Absturz". Als Gründe für die katastrophale Serie macht Reporter Zitouni einen zu dünnen Kader, den Verlust von Torjäger Momo Diabang im Sommer, schwache Führungsspieler und ein tatenloses Präsidium sowie Fehler des Trainers aus. Frank habe das spielerische Potenzial der Mannschaft und die Fähigkeit seiner Spieler zur Weiterentwicklung überschätzt. „Wolfgang Frank hat nie Schuldige gesucht, immer Lösungen" erinnert sich Backhaus. „Ich habe nie einen Trainer erlebt, der so viel gearbeitet hat wie er." Auf der Heimfahrt von Auswärtsspielen analysiert Frank im Bus auf seinem kleinen, portablen DVD-Player bereits die entscheidenden Spielszenen. Kommende Gegner lässt er teilweise in drei, vier Partien studieren und beobachtet sie, wenn die Zeit es zulässt, am liebsten auch einmal selbst. Und weiterhin lautet für ihn der Schlüssel zur Lösung von spielerischen Problemen: Wiederholung. Das Wort prangt wieder und wieder in großen Lettern über seinen Spielvorbereitungen. Gemeint sind damit nicht nur spielerische Abläufe, sondern auch bestimmte Glaubenssätze.

„Ich weiß noch genau, was er immer gesagt hat", erinnert sich Toppmöller und zitiert: „‚Glaube wird zur Überzeugung und Überzeugung wird zur Realität.' Und er hat vor jedem Spiel gesagt, wir haben eine reelle Chance zu gewinnen. Dieses Selbstvertrauen hat er uns immer gegeben. Wenn du auf den Platz raus bist, hattest du das Gefühl: Das Ding gewinnen wir." Gegen Rot-Weiss Essen holt der OFC am siebten Spieltag mit einem 1:0 den ersten Sieg und kann im Oktober auch gegen den FC Erzgebirge Aue (3:1) sowie im Pokal gegen den SC Pfullendorf (2:0) gewinnen, doch anschließend verliert Franks Truppe 0:2 in Fürth, erkämpft gegen Duisburg ein torloses Unentschieden und kommt in Burghausen mit 1:4 richtig unter die Räder. Obwohl das Team am 13. Spieltag auch zuhause gegen den Tabellenvierten 1. FC Kaiserslautern eine knappe 0:1-Niederlage hinnehmen muss, wird dieses Spiel zum Wendepunkt.

Der Trainer hat zuvor fast die halbe Mannschaft ausgetauscht, nun stimmt zumindest die kämpferische Leistung der Spieler. Auch nach der extremen Maßnahme weiterhin nicht im Team ist Heiner Backhaus. In der Vorrunde gehört er viermal ohne Einsatz zum Kader, in der Rückrunde sogar nur noch einmal, am Ende der Saison stehen null Spielminuten. „Trotzdem gibt es keinen Trainer, von dem ich annähernd so viel mitgenommen habe wie von ihm", sagt Backhaus, der heute selbst in dem Job arbeitet und ein Foto von sich mit Frank auf dem Sperrbildschirm seines Handys hat. „Das Vertrauen, was da in seinem Blick liegt, will ich meinen Spielern geben. Wir wussten immer, jeder ist wichtig. Auch wir als Ergänzungsspieler. Von ihm habe ich auch gelernt, mir helfen zu lassen. Das fehlt im Fußball total."

In Freiburg beginnt die große Aufholjagd. Bis Ende Januar gewinnt der OFC wettbewerbsübergreifend sieben Partien am Stück. „Es war eine unglaubliche Serie", erinnert sich Manfred Binz. „Plötzlich hat alles wieder super geklappt." Im DFB-Pokal gelingt zudem die Wiedergutmachung für die schlimme Ligapleite gegen Wacker Burghausen, mit einem 2:1-Sieg zieht Offenbach ins Viertelfinale ein. Frank, der sowohl in der Schweiz als auch in Deutschland schon im Pokalfinale stand, frohlockt. Warum soll hier nicht mal ein Titel zu machen sein? Im Januar verlängert der Trainer seinen Vertrag vorzeitig. Als der *kicker* ihn darauf zum Interview bittet und Mounir Zitouni den Trainer mit der Aussage konfrontiert, die gute Serie sei nicht ganz erklärbar, antwortet Frank: „Ich denke, im Fußball ist vieles erklärbar. Die Journalisten und Fans sehen im Allgemeinen die Arbeit im Hintergrund ja nicht. Die Frage ist eben, wann trägt das alles Früchte? Klar ist, dass bei Misserfolg vieles in Frage gestellt wird. Wir haben aber unser Konzept durchgezogen." Und auf die Frage, ob sein langfristiges Ziel mit Offenbach die 1. Liga sei, erklärt der Trainer selbstbewusst: „Wieso langfristig? Nein, ich denke da mittelfristig."

Doch der Erfolg bleibt eine Momentaufnahme. Im Januar verliert der OFC Angreifer Régis Dorn an den Ligakonkurrenten Rostock und verpflichtet drei neue Offensive. Das bringt Unruhe in die eingespielte Mannschaft, die im Februar nicht nur vier Ligaspiele am Stück verliert, sondern im Pokal ausgerechnet noch am Lokalrivalen Eintracht Frankfurt scheitert. Im Anschluss folgt auf zwei Remis eine Negativserie, in der die Kickers in fünf Spielen einmal gewinnen und viermal verlieren. „Es ist schwer festzumachen, woran der Einbruch lag", findet Co-Trainer Binz rückblickend. „Klar, man kann sagen, vielleicht nutzen sich die Sachen, die für Wolfgang so typisch waren, ab. Er war schon ein esoterischer Typ. Aber es hat sich damals nicht so angefühlt, als würde er die Spieler nicht mehr erreichen."

Das bestätigt Toppmöller, der just in dieser Krise seinen Vertrag in Offenbach verlängert. Die Spieler zweifeln nicht an ihrem Trainer und garantieren Frank letztlich mit dem einzigen Sieg in dieser Phase den Job, weil die Pokalpartie gegen Burghausen von den Verantwortlichen als Endspiel für Frank ausgerufen worden ist. Doch auf dem Kaiserslauterer Betzenberg verliert die Mannschaft – nach der Roten Karte gegen Rüdiger Rehm in der 19. Minute in Unterzahl – deutlich mit 0:4. Und bei der Niederlage gegen Freiburg vor heimischem Publikum machen die Fans ihrem Unmut lautstark Luft. „Jetzt, wo uns alle abgeschrieben haben, rücken wir noch mal enger zusammen", beteuert Frank im *kicker*. „Es ist doch so: Wille versetzt Berge", sagt Toppmöller. „Wenn du an eine Sache glaubst, ist das der erste Schritt in die Richtung, sie auch zu erreichen. Das hat er uns wirklich immer vorgelebt und das ist es auch, was ich für mich mitgenommen habe, wo ich sage: Davon bin ich zu 100 Prozent überzeugt." Im Saisonendspurt erwirkt diese Überzeugung immerhin drei Unentschieden, die reichen für Platz 14: Klassenerhalt.

Ende mit Schrecken

Für die neue Saison soll sich das Gesicht des Kaders ändern. Und natürlich steht ein intensives Trainingslager auf dem Programm. Frank scheucht die Spieler morgens um neun zur ersten neunzigminütigen Einheit aufs Gelände, nach der Mittagspause stehen Waldlauf und Taktikbesprechung an und am frühen Abend eine weitere Trainingseinheit. Der Coach will nichts dem Zufall überlassen und auf keinen Fall noch einmal so in Schwierigkeiten kommen wie in der zurückliegenden Serie. Dass im abgelegenen Sporthotel in der Rhön der Handyempfang eher mau ist, stört ihn nicht, die Spieler sollen sich lieber miteinander beschäftigen. „Teamgeist war ihm enorm wichtig", sagt Dino Toppmöller. „Das hat man bei jeder Ansprache gemerkt. Und er selbst war auch ein absoluter Teamplayer."

Der OFC startet mit einem Sieg im Pokal in die Spielzeit 2007/08 und gewinnt drei der ersten vier Ligaspiele. Die Neuen finden sich in Franks System schnell zurecht. „Wolfgang war jemand, der eine sehr gute Vermittlungskompetenz hatte" sagt Toppmöller. „Er war natürlich schon ein sehr intelligenter Mensch, der auch mal philosophisch wurde, und da konnten vielleicht nicht immer alle folgen. Aber was die taktische Komponente auf dem Platz angeht, was wir da zu tun und zu lassen haben, hat er gut vermittelt." In der Länderspielpause Anfang September reist Frank mit seinem Team in die alte Heimat, wo sie ein Testspiel gegen seinen Jugendklub VfL Kirchheim/Teck bestreiten. Dann steht ein Kurztrainingslager inklusive Bergbesteigung an. Am Vorabend besprechen die Spieler, was sie für den Aufstieg alles brauchen, ihre Rucksäcke packen sie jeweils in Zweierteams gemeinsam. „Das war für mich eine tolle Erfahrung, dabei bin ich nicht bergaffin", verrät Toppmöller. „Es war wie ein Abbild der Saison mit Höhen und Tiefen. Wie gehen wir mit Niederlagen um, wie mit Verletzten? Dann warst du zwischendurch für den anderen da. Es sind nicht alle bis nach oben, einer hatte total Höhenangst, aber selbst der ist ein gutes Stück mit, wir haben ihm immer gut zugeredet. Und als Gruppe haben wir es letztlich geschafft."

Der Spätsommer und Frühherbst verlaufen sportlich durchwachsen. Nach neun Spieltagen sind die Kickers Neunter und stehen damit in genau jenem soliden Mittelfeld, das vor der Saison als Ziel ausgegeben worden ist. Doch im und um den Verein brodelt es nach neuerlichen Niederlagen bereits wieder. Frank versucht, Unruhe von sich und dem Team fernzuhalten, reagiert aber gegenüber den Medien in dieser Phase teilweise schmallippig und fordert vom Umfeld eine bessere Stimmung. Toppmöller, der da gerade tun kann, was er will, aber einfach nicht trifft, erinnert sich an die Unterstützung des Trainers. „Er war sehr fair und loyal. Diese gute zwischenmenschliche Art, die Empathie, die er hatte, das habe ich für mich mitgenommen. Er hat mir gezeigt, dass du in diesem Geschäft auch erfolgreich sein kannst, wenn du eine empathische Ader hast und versuchst, für deine Spieler da zu sein."

Diese Loyalität erwartet Frank auch von anderen. Als die OFC-Verantwortlichen nach einer 0:6-Niederlage bei Hansa Rostock im DFB-Pokal ohne ihn ein Gespräch mit dem Team führen, um sich ein Stimmungsbild zu machen, empfindet Frank das als brutalen Vertrauensbruch. Spätabends klingelt an diesem 30. Oktober 2007 bei Maristella Covre in der Wohnung das Telefon. Am anderen Ende meldet sich Wolfgang Frank aus einem Hotel in Rostock. „Ich sitze hier an der Bar und die reden ohne mich mit meiner Mannschaft", erzählt er ihr fassungslos. „Das war sehr schlimm für ihn", erinnert sie sich an jenen Abend. Nach dem Telefonat mit seiner Frau ruft Frank auch Sohn Benjamin an. „Er hat gesagt, er tritt zurück. Ich habe versucht, ihn davon abzubringen. Aber du kannst ihn nicht wie einen dummen Schulbuben vor der Tür lassen, damit ist er nicht zurechtgekommen." Als Offenbachs Sportmanager Michael Dämgen nach der Unterredung mit der Mannschaft auch mit dem Trainer sprechen möchte, teilt dieser ihm seinen Rücktritt mit. Beim gemeinsamen Frühstück im Hotel am nächsten Morgen informiert Wolfgang Frank auch seine entsetzten Spieler. „Das war für uns alle sehr enttäuschend", erzählt Toppmöller. „Du machst dir dann natürlich auch Vorwürfe und fühlst dich verantwortlich." Die Führungsspieler versuchen noch, Frank umzustimmen. „Aber wer ihn als Persönlichkeit kennt, als klaren Charakter, der für sich gewisse Grenzen zieht, weiß, wenn die überschritten sind, gab es für ihn kein Zurück mehr." So endet Wolfgang Franks Amtszeit bei den Offenbacher Kickers mit einem Paukenschlag. „Letztlich war Offenbach schon eine Station, wo immer die Wertschätzung gefehlt hat", erinnert sich Benjamin Frank. „Als er dann weg war, hieß es plötzlich nur noch, sie hätten unter ihm so unattraktiv gespielt. Aber er hat sie halt in der Klasse gehalten, darum ging es doch." Ohne den zweifachen Retter Frank steigt Offenbach am Ende der Saison aus der 2. Liga ab.

KAPITEL 20

Clash der Systeme

„Er hat sehr ins Leben vertraut. Da hat er mir viel mitgegeben. Aber manchmal musst du auch hart sein und harte Entscheidungen treffen.

MICHAEL STUCKMANN, SPIELER WUPPERTALER SV BORUSSIA

Die Saison 2007/08 ist im Ligensystem des deutschen Fußballs mal wieder eine des Übergangs. Durch die Einführung einer eingleisigen 3. Liga zur Folgesaison wird sie die letzte Spielzeit für die zweigleisige Regionalliga als dritthöchste Spielklasse – und dient zugleich als Qualifikationsrunde. Aus der Regionalliga Staffel Nord (19 Vereine) und der Staffel Süd (18 Vereine) steigen die Meister und Vizemeister jeweils in die 2. Liga auf. Die Dritt- bis Zehntplatzierten beider Staffeln qualifizieren sich für die neue 3. Liga, die Klubs ab Rang elf verbleiben in der dann viertklassigen Regionalliga. Der Wuppertaler SV Borussia, seit dem Aufstieg 2003 drittklassig, gehört in der Staffel Nord zu jenen Vereinen, die als Saisonziel den direkten Aufstieg in die 2. Liga ausgerufen haben. Und am Ende der Hinrunde stehen die Chancen dafür nicht schlecht: Nach dem 19. Spieltag steht man zwar nur auf Rang fünf, jedoch nur einen Punkt hinter den angepeilten Plätzen eins und zwei. Die ersten beiden Partien der Rückrunde werden noch im Dezember ausgespielt und mit zwei Siegen springt Wuppertal auf Platz eins, mit drei Punkten Vorsprung vor dem ersten Nicht-Aufstiegsplatz.

Auch im DFB-Pokal begeistert die Mannschaft ihre Fans. In der ersten Runde schlägt Wuppertal den FC Erzgebirge Aue, in der zweiten wird der nach einer Roten Karte gegen Josip Šimunić dezimierte Erstligist Hertha BSC bezwungen. Das Tor zum 2:0-Endstand erzielt Tim Jerat, der damit auch seinen Vater erlöst: Wolfgang Jerat hat den Wuppertaler SV in seiner ersten Amtszeit von 1990 bis 1992 aus der Oberliga bis in die 2. Liga geführt, 1996/97 abermals trainiert und ist seit Frühling 2007 zum dritten Mal im Amt. Er steht für einen Fußball mit Hinwendung zur Offensive. „Du musstest gefühlt bei diesem sehr offensiven Spielstil immer vier, fünf Tore schießen, weil du hinten oftmals offen warst wie ein Scheunentor", erzählt Michael Stuckmann. „Das war ein Spektakel, was da teilweise abgeliefert wurde. Und wir sind in der Hinrunde natürlich irgendwann auf einer Welle geritten, gerade durch die Erfolge im DFB-Pokal." Dort ist allerdings am 29. Januar beim ausgelagerten Heimspiel in der Schalker Veltins-Arena Schluss, Bayern München ist trotz des leidenschaftlichen Aufbäumens der Wuppertaler zu groß für den Underdog. Nach der Partie schimpft Trainer Jerat aufgebracht über seine Spieler, die ihm nicht mutig genug aufgetreten sind. Auch die Fans bekommen ordentlich ihr Fett weg, weil sie in Scharen zu dem Spiel gepilgert sind, den Regionalligisten aber im heimischen Stadion am Zoo aus Jerats Sicht nicht ausreichend unterstützen.

Eine Woche nach dem 2:5 gegen die Bayern ist Jerat weg: entlassen, trotz Tabellenführung. Im Umfeld reiben sich viele erstaunt die Augen, intern kommt der Schritt allerdings sehr viel weniger überraschend. „Es schwelte schon über einen sehr, sehr langen Zeitraum", erinnert sich Stuckmann zurück. „Gerade, was das Thema Disziplin anbelangt und auch Strukturgebung seitens des Trainers. Da war zwingend ein neuer Impuls notwendig." Dass Jerat es mit der Pünktlichkeit nicht so genau nimmt und die Spieler häufig vor den Einheiten auf ihn warten müssen, ist die eine Sache. Hinzu kommt, dass der Trainer regelmäßig seinen Hund dabeihat. Wenn der sein Geschäft erledigen muss, lässt der Coach seine Mannschaft im Training alleine und dreht eine Runde im nahegelegenen Wald. Vorausgesetzt, der Hund macht frühzeitig auf sich aufmerksam und setzt seinen Haufen nicht gleich auf den Trainingsplatz. „Eine Zeit lang fanden wir das noch ganz witzig, aber hinten raus war es dann einfach nicht mehr tragbar", verdeutlicht Stuckmann.

Als Nachfolger des geschassten Jerat präsentieren die Verantwortlichen Wolfgang Frank. Der verdeutlicht Anfang Februar gegenüber dem *Sport-Informations-Dienst*: „Das Ziel für den WSV ist klar: In einer harten Liga den Aufstieg schaffen." Präsident Friedhelm Runge erklärt gegenüber dem *kicker*: „Wir haben eine ganz einfache Regelung – den Aufstieg am Saisonende. Dem hat sich jeder unterzuordnen, vom Platzwart bis hin zum Präsidenten. Wer glaubt, links und rechts ausscheren zu können, ist fehl am Platz." Das erste Treffen mit seinem neuen Team verläuft positiv. „Wir waren alle sehr neugierig, weil ihm das Thema Disziplin so ein bisschen vorauseilte, dass ihm gewisse Dinge wichtig waren. Wir waren gespannt, wie sich das bei uns entwickeln würde", erinnert sich Stuckmann. Der Trainer macht einen hochprofessionellen Eindruck auf seine Spieler. „Er hat, trotz seiner nicht vorhandenen Größe, ohne viel zu sagen unheimlich viel dargestellt. Einfach eine unglaubliche Respektsperson." Themen, die sich wie ein roter Faden durch Franks Arbeit ziehen, sind den Spielern in Wuppertal vollkommen neu. „Er war immer der Erste, der da war", erzählt Stuckmann. „Es war unfassbar zu sehen, dass er morgens so früh im Stadion gelaufen ist – um halb acht hat er seine Runden gedreht und Übungen gemacht. Daran kann ich mich sehr gut erinnern."

Frank arbeitet intensiv mit seinem neuen Team: Trockenübungen auf dem Platz, Verschieben, Räume anlaufen. Dazu Videoschulungen, inzwischen mit DVDs statt VHS-Kassetten. Die spielt er auf einem kleinen silbernen Player ab, den er außerdem nutzt, um der Mannschaft PowerPoint-Präsentationen zu zeigen. „Was er inhaltlich wollte, war gar nicht mehr neu zu dem Zeitpunkt", verdeutlicht Stuckmann. „Aber der Ansatz, den er verfolgt hat, war: alles immer und immer wieder machen. Um einfach die Wahrscheinlichkeit zu erhöhen, dass man Sachen in den entscheidenden Situationen abrufen kann und nicht mehr darüber nachdenken muss." Als Spieler ist Frank selbst stark über den Fleiß gekommen. Zwar hatte er in entscheidenden Situationen ein Gefühl dafür, wo er stehen oder den Kopf hinhalten muss, aber er war nicht im klassischen Sinne Instinktfußballer, sondern ein fleißiger Arbeiter. Diese Herangehensweise vermittelt er seinen Spielern weiter und auch das von ihm favorisierte System ist eines, das ganz intensiv auf Fleiß beruht.

Die Vorbereitung mit der Mannschaft verläuft positiv, ist aber nicht besonders lange. Zwar macht die Liga von Anfang Dezember bis Mitte Februar Pause, da Jerat aber das Pokalspiel Ende Januar noch betreut hat, bleiben Frank lediglich neun Tage, um seine Ideen zu implementieren. Er beschließt vor dem kurzen Trainingslager im Emsland deswegen, nicht alles über den Haufen zu werfen, was sein Vorgänger gemacht hat, sondern dem offensiv ausgerichteten Team ein bisschen mehr Freiheiten vor der obligatorischen Viererkette zu geben. Die erste Partie im neuen Jahr gegen Fortuna Düsseldorf ist für den WSV gleich ein Spitzenspiel. Vor knapp 15.000 Fans unterliegt Franks Elf mit 0:2. Die Abwehr bietet keinen Halt gegen den Sturmlauf der Fortunen, die sonst oft torhungrigen Wuppertaler Angreifer treffen nicht. Vor dem zweiten Spiel gegen Rot Weiss Ahlen arbeitet Frank im mentalen Bereich mit seiner Mannschaft und schwört sie auf sein gewohntes 4-4-2 ein. Mit 0:4 verliert der WSV das Heimspiel und in der engen Spitzengruppe zugleich die Tabellenführung.

Widerstand und Provokation

„Wir hatten vorher einen komplett anderen Ansatz“, erinnert Stuckmann. „Die Mannschaft war letztlich für Ballbesitzfußball zusammengestellt, mit extrem vielen Freiheiten für die Offensivspieler. Die durften beim vorherigen Trainer sprichwörtlich an der Mittellinie stehenbleiben und mussten nicht nach hinten mitarbeiten. Und dann kommt jemand, der alle Elf mit einbindet. Das war denen schwierig zu vermitteln.“ Hinzu kommt Franks Anspruch an die Professionalität der Spieler, die plötzlich Acht- oder auch mal Zehn-Stunden-Tage haben. „Plötzlich bist du nicht nur anderthalb Stunden zum Training und dann wieder heim. Das war für mich, der so erzogen worden ist, und auch für einige andere ein Segen – aber eben nicht für alle.“ Wenn Frank bislang in der laufenden Saison Vereine übernommen hat, waren diese in Schwierigkeiten, oftmals in akuter Abstiegsgefahr. Die große Offenheit von Spielern in einer solchen Situation hat ihm in der Vergangenheit geholfen, seine Arbeits- und Spielweise schnell zu implementieren. Beim WSV aber trifft er auf ein Team, das eine überaus erfolgreiche Hinrunde absolviert und dabei unter dem bisherigen Trainer spielerisch und disziplinarisch große Freiheiten genossen hat. In dieser Konstellation fällt es Frank ungleich schwerer, seine Vorstellung umzusetzen. Zumal, da die Ergebnisse nicht stimmen: Die nächsten beiden Spiele enden unentschieden. Nach vier Partien hat die Mannschaft unter dem neuen Trainer nur zwei Punkte geholt, dabei ein Tor geschossen und ist nun Sechster.

„Wir hätten in Summe jemanden gebraucht, der Strukturen legt, was Disziplin und Defensive anbelangt, aber uns die Kreativität nicht nehmen will“, findet Stuckmann. „Für mich als Defensivspieler war es ein Geschenk, jemanden zu haben, der alle Elf mit ins Boot nimmt und nicht nur die Hälfte der Spieler, und grundsätzlich waren wir alle dankbar für Strukturen. Aber es war nicht seine Mannschaft. Das hat man gemerkt.“ Der harte Wechsel von Jerats teilweise wildem Offensivspiel hin zu Frank, dessen Prunkstück die Defensive ist, geht schief. Zu viele Spieler ziehen nicht mit, einige gehen sogar auf Konfrontation mit dem Trainer.

„Ich kann mich an eine Situation erinnern mit einem Spieler, der explizit nur im Mittelfeld spielen wollte.“ Der Argentinier Victor Hugo Lorenzon hat das in der Hinrunde bereits Jerat klar vermittelt mit der Ansage, er habe auch kein Problem damit, im Zweifel nicht zum Kader zu gehören.

Nun herrscht in der Defensive Not am Mann und Frank möchte Lorenzon neben Stuckmann in die Viererkette integrieren. „Wir haben im Training elf gegen null simuliert und er hat absichtlich jeden Diagonalball ins Aus gespielt, um dem Trainer zu dokumentieren: ‚Pass auf, ich will hier nicht spielen und was ich hier mache, richtet sich komplett gegen dich.'“ Frank bleibt stoisch. „Er hat von draußen immer wieder reingerufen: ‚Nächster Ball!' Und der Spieler hat ihn wieder absichtlich über 40 Meter ins Aus geschossen.“

Nach der Einheit gehen Stuckmann und einige Teamkollegen zu Frank ins Trainerbüro, um mit ihm über die Situation zu sprechen. Der ist völlig ruhig. „Er hat gesagt: ‚Es kommt eine Zeit, wenn wir handeln können, und dann werden wir handeln, aber sie ist eben nicht jetzt. Man muss zum gewissen Teil die Menschen benutzen' – so hat er das formuliert, aber es war nicht negativ behaftet –, ‚bis man Veränderungen herbeiführen kann.' Das habe ich nie vergessen. Aber im Fußball hast du diese Zeit oft nicht.“

Vor dem Auswärtsspiel bei der zweiten Mannschaft des VfL Wolfsburg gibt Frank ein Interview im *kicker*. Auf die Frage, was ihn optimistisch stimme, antwortet er: „Meine Mannschaft ist lernwillig, besitzt einen guten Charakter. Wir werden sowohl in der Defensive als auch in der Offensive stabiler. Manch einer hat sich vielleicht durch die Pokalerfolge blenden lassen. Das Achtelfinale gegen Bayern muss aus den Köpfen raus.“ Tatsächlich holt der WSV am 26. Spieltag gegen dezimierte Wolfsburger den ersten Sieg unter Frank. In Überzahl werden die Wuppertaler allerdings zittrig, und das knappe 1:2 scheint sogar noch einmal in Gefahr. Anschließend wird die Mannschaft durch die witterungsbedingte Absage ihres Heimspiels gegen Eintracht Braunschweig aus dem Pflichtspielrhythmus gebracht: Der Rasen im Stadion am Zoo steht unter Wasser.

Die Verantwortlichen stärken derweil dem Coach den Rücken. Manager Georg Kreß sagt in der *Westdeutschen Zeitung*: „Es ist die Stärke unseres Trainers, dass er die Konzentration voll auf das nächste Spiel lenken kann. Wer das Rennen um den Aufstieg machen will, der muss vor allem die Ruhe bewahren.“ Frank selbst sagt vor der Partie gegen den SV Babelsberg 03 in den *Potsdamer Neuesten Nachrichten*: „Über den Aufstieg führe ich gar keine Diskussion. In dieser Liga liegen die meisten Mannschaften sehr eng zusammen. Und so kann man nur in ganz kleinen Schritten denken. Für uns gilt immer die volle Konzentration auf das nächste Spiel.“ Das verliert der WSV im Karl-Liebknecht-Stadion mit 0:1. Anschließend kann das Team im April mit dem 3:0 gegen Rot-Weiß Erfurt den ersten Heimsieg des Jahres 2008 feiern und spielt dann im weiteren Verlauf des Monats dreimal unentschieden.

„Ich glaube, er war über einen sehr langen Zeitraum ein wirklicher Visionär, da hat sein Ansatz eben immer funktioniert. Aber das Thema Viererkette und das Spiel gegen den Ball hatten inzwischen viele Mannschaften übernommen. Das Thema ist dann letztlich Spielentwicklung, und da ist er nicht mehr so mit der Zeit gegangen", resümiert Stuckmann. Letztlich ist Franks Spielsystem eines, das auf einem intensiven Sicherheitsgedanken beruht. Die Sicherheit, die er seinen Spielern dadurch vermittelt, schöpft er auch selbst daraus. Die Abläufe, auf die er sich festgelegt hat, perfektioniert der Trainer immer weiter, fügt aber keine neuen und vor allem keine offensiven Elemente hinzu. Sein System holt, wie Stuckmann sagt, alle ins Boot, aber primär hinsichtlich der Aufgaben in der Verteidigung. Die Überraschungselemente, die das Spiel des Trainers früher für die Gegner hatte, bleiben an seinen späten Stationen vollkommen aus. Frank ist aber intelligent genug, um das zu sehen, zumal ihn die Weiterentwicklung des Fußballs immer interessiert hat. Es ist also eine Entscheidung, bei diesem Ansatz zu bleiben, weil er weiter auf dessen Erfolg vertraut. Dafür spricht auch eine Aussage des Trainers aus einem Interview mit der *Neuen Zürcher Zeitung* im Spätsommer 2008, bereits nach seiner Zeit beim WSV. Darin antwortet er auf die Frage, wie viele Systeme ein Team beherrschen sollte: „Es gibt Leute, die sagen, man müsse drei, vier Systeme spielen können. Ich denke, wenn man eines richtig beherrscht, dann reicht das. Aber man muss es wirklich können."

Michael Stuckmann sagt über den Umgang des Trainers mit der zunehmend schwierigen Situation in Wuppertal: „Er hat sehr ins Leben vertraut. Da hat er mir viel mitgegeben. Aber manchmal musst du auch hart sein und harte Entscheidungen treffen. Du kannst nicht darauf vertrauen, dass sie durchs Leben getroffen werden, sondern musst den Leuten sagen: So nicht! Und ich glaube, das konnte er nicht. Dafür war er vielleicht zu gut, als Mensch. Da ist er lieber weitergezogen zur nächsten Station."

Anfang Mai unterliegt der WSV gegen Bremen II und schlägt anschließend den FC Energie Cottbus eindrucksvoll mit 4:3. Trainer und Verantwortliche setzen sich für Gespräche zur möglichen Zusammenarbeit über die Saison hinaus zusammen. Frank fährt mit seiner Mannschaft zum Auswärtsspiel beim HSV II. In der Halbzeit liegt Wuppertal mit 0:2

zurück. Der Trainer ist außer sich. So hat ihn das Team in all der Zeit noch nie erlebt. „Es war wirklich nicht gut von uns, gerade was die Mentalität angeht", gesteht Stuckmann. In der Halbzeit lässt Frank die Spieler erst warten, stürmt dann verspätet in die Kabine und sagt: „Ihr könnt mich mal! Ihr könnt euren Scheiß alleine machen, das macht ihr auf dem Platz ja auch." Stuckmann lacht glucksend bei der Erinnerung. „Da hat bei uns so ein Prozess eingesetzt, dass wir dachten: Alter, er hat recht! Wir sind grottenschlecht. Wir haben uns wirklich schuldig gefühlt, weil er uns so viel gegeben hat, und wir haben es in den ersten 45 Minuten nicht mal versucht. Dann sind wir raus und haben das Ding noch 3:2 für ihn gewonnen."

Im nächsten Spiel qualifiziert sich der WSV mit einem Unentschieden gegen Dresden endgültig für die 3. Liga, doch der direkte Aufstieg in die 2. Liga ist nicht mehr zu schaffen. Abermals führen Frank und die Verantwortlichen da Gespräche – mit dem Ergebnis, die Zusammenarbeit nicht fortzusetzen, weil die jeweiligen Vorstellungen nicht vereinbar sind. Präsident Friedhelm Runge sagt anschließend: „Wir danken Wolfgang Frank für die geleistete Arbeit. Ich habe gesehen, wie professionell sich ein Trainer verhalten kann und mit welchen professionellen Methoden er arbeitet. Das hat meinen größten Respekt." Frank, der selbst nicht überzeugt war davon, in Wuppertal zu bleiben, ist gleichwohl verletzt. Der WSV schließt die Saison auf Rang sechs ab, acht Punkte hinter den Aufstiegsplätzen.

Für Michael Stuckmann bleibt die Arbeit mit Frank prägend. „Als meine Frau gehört hat, dass ich von ihm erzählen will, hat sie gesagt: ‚Wie schön, du sprichst so oft von ihm.' Und das ist wirklich so. Mir sind sehr viele Sachen im Kopf geblieben, die mich auf meinem Weg begleiten. Dass Fußball ein Querschnitt der Gesellschaft ist, das Leben fair und Fußball ein Teil des Lebens, also am Ende auch fair. Dass du handeln musst, weil du sonst immer nur *be*handelt wirst." Er hält für einen Moment inne, überlegt. „Ich vergleiche das manchmal mit Lucien Favre. Weil das zwei Trainer sind, die immer die uneingeschränkte Liebe der Verantwortlichen wollen." Stuckmann lächelt. „Ich habe den Mann nur ein halbes Jahr gehabt, aber er hat mir mehr beigebracht als alle Trainer vorher. Da kriege ich wirklich Gänsehaut. Viele erzählen immer, was gemacht werden muss. Aber er hat es vorgelebt. Bei all den Dingen, die er eingefordert hat, ist er immer selbst vorangegangen. Und das tun eben die wenigsten. Aber er, er hat das gemacht."

KAPITEL 21

Meister und Schüler

„Er hat schon eine ganz besondere Rolle in meinem Leben, eingenommen, die weit über die als Trainer hinausging."
SANDRO SCHWARZ, KAPITÄN SV WEHEN WIESBADEN

So, wie es kein Zufall ist, dass viele von Franks ehemaligen Spielern selbst den Trainerberuf ergreifen, folgt es auch einer inneren Logik, dass sich Ehemalige Franks häufig bei anderen Vereinen wiederbegegnen. Ein Beispiel sind Dimo Wache und Torsten Lieberknecht ab 2021 beim SV Darmstadt 98, ein anderes Sven Demandt und Uwe Stöver ebenfalls ab 2021 bei Holstein Kiel. Demandt hat zuvor schon als Trainer der U23 von Borussia Mönchengladbach mit dem alten Mannschaftskameraden Adrian Spyrka zusammengearbeitet. In ihrem Team hat wiederum Michael Stuckmann die Spielerkarriere ausklingen lassen. „Wer mit ihm zu tun hatte und sich darauf eingelassen hat, der hat ein ganz bestimmtes Wertesystem übernommen", sagt Stuckmann. „Und wer einmal so gearbeitet hat, ergreift jede Chance, die sich bietet, es wieder zu tun."

Als der SV Wehen Wiesbaden im Winter 2008 tief im Tabellenkeller der 2. Liga steckt, tragen dort ebenfalls zwei ehemalige Frank-Schüler Verantwortung: Uwe Stöver als Sportlicher Leiter und Christian Hock als Teammanager, der gerade parallel den Trainerschein macht. Beide haben in Mainz gemeinsam unter Frank gespielt. Ihr Klub muss gerade die leidvolle Erfahrung machen, wonach die zweite Saison in einer neuen Liga immer die schwierigste ist. Nach einem tollen Platz acht zum Ende der Vorsaison steht der SVWW nach der Hinrunde 2008/09 auf Rang 17. Stöver tut sich lange sehr schwer mit der Entscheidung, beschließt aber letztlich doch die Trennung von seinem alten Weggefährten Hock. Als dessen Nachfolger wird Wolfgang Frank verpflichtet. „Ich war der Überzeugung, dass er genau der richtige Trainer ist, einer, der Leute in der Situation mitnehmen kann", erinnert sich Stöver. Kapitän des SVWW ist zudem ein Spieler, den Frank aus Mainz bestens kennt: Sandro Schwarz. „Für mich war es eine tolle Sache, ich habe mich natürlich sehr gefreut", erzählt der lächelnd von jenem Winter.

Frank unterschreibt einen Vertrag bis Saisonende, der sich bei Nichtabstieg um ein Jahr verlängert. Bei seiner Vorstellung rechnet der Neue vor, dass 21 Punkte nötig seien, um die Klasse zu halten. In seiner Aufgabe in Wiesbaden sieht er auch eine persönliche Chance und betont, dass er große Pläne mit dem Verein hat: Nach dem Klassenerhalt möchte er noch mal ans Tor zur 1. Liga klopfen, um es endlich aufzustoßen. Frank ist mittlerweile 57 Jahre alt. Andere Trainer seiner Generation, denen er früher um Längen voraus war, haben zwischenzeitlich den Sprung ins Oberhaus geschafft. Die Klubverantwortlichen können sich mit derlei Ambitionen anfreunden, erst mal geht es aber um den Klassenerhalt. „Ich glaube, dass dieses Streben nach der 1. Liga nie sein Hauptantrieb war", sinniert Stöver. „Ich habe ihn als jemanden eingeschätzt, für den es unheimlich viel um Inhalt geht: Kann ich Vorstellungen, die ich habe, hier umsetzen? Kann ich eine Entwicklung anstoßen? Das waren die Dinge, die Wolfgang in meiner Wahrnehmung sehr zufriedengestellt haben."

Bis zum ersten Pflichtspiel, dem DFB-Pokal-Achtelfinale beim Karlsruher SC, hat Frank einen Monat Zeit. Den will er in gewohnter Weise nutzen, um die Spieler kennenzulernen, Teambuilding-Maßnahmen durchzuführen und mit der Mannschaft Spielabläufe zu trainieren. Eine Umstellung ist sein System für die indes nicht, auch Christian Hock hat sie im 4-4-2 auflaufen lassen. Unter Frank müssen die Spieler sich erst mal an lange Arbeitstage gewöhnen, die morgens um halb neun anfangen und bis in den Abend hinein andauern. In den Stadionräumlichkeiten wird ein Matratzenlager eingerichtet, für Ruhepausen zwischen den Einheiten oder für Spieler, die eine lange Anreise zum Trainingsgelände haben. Bei einigen im Team lösen diese Veränderungen heftiges Stirnrunzeln aus. „Du musst natürlich sehr offen sein für seine Ideen, gerade was Teambuilding angeht", sagt Schwarz. „Die Mannschaft, als Gruppe, wir haben nicht so funktioniert, dass wir einen gemeinsamen Weg gefunden haben. Es war aber nicht das Problem von Wolfgang Frank, sondern das dieses Teams. Ich hätte mir mehr Offenheit gewünscht. Aber so war es nicht."

Doch die Saisonvorbereitung verläuft zunächst positiv, bei einem intensiven Kurztrip im Schwarzwald rückt das Team enger zusammen. Derweil verstärkt Stöver den Kader, leiht Marcel Ziemer vom Ligakonkurrenten Kaiserslautern aus und verpflichtet Fabian Schönheim, ebenfalls vom FCK. Ihr Trainingslager absolviert die Mannschaft im türkischen Belek. Der SVWW arbeitet in dieser Saison mit einem Anbieter für Sportdaten, der Zahlen für die enttäuschende Hinrunde liefert: Niemand hat weniger als die zwei Wiesbadener Heimsiege, das Team hat große Probleme bei

Standards, kassiert viele Kopfballgegentore, trifft seltener als alle anderen Zweitligisten aus dem Spiel heraus und hat die wenigsten Torschützen. Das ergibt eine lange Liste mit Arbeitsaufträgen für den Trainer, der in Belek Einzelgespräche, Videoschulung, Taktikeinheiten und Trainings zur Vertiefung seines Systems ansetzt. Schwarz genießt es, sich so eng mit dem Coach auszutauschen. „Wir haben auch in den Jahren seit Mainz immer Kontakt gepflegt", verrät der heutige Trainer von Dynamo Moskau. „Er war ein Ratgeber für mich und ich konnte ihn auch in den Verletzungsphasen immer ansprechen. Dass ich nach den OPs so stark im Kopf zurückgekommen bin, ist ein großer Verdienst von Wolfgang Frank." Als sein Kapitän möchte Schwarz deswegen nun im Jahr 2009 ganz besonders Verantwortung übernehmen.

Zurück aus dem Trainingslager steht der Coach dem *kicker*-Redakteur Carsten Dietel Rede und Antwort. Im Interview erklärt Frank, er spüre bei seiner Mannschaft eine hohe Bereitschaft und große Motivation bei der Arbeit. Auf die Frage, ob eine Aufgabenverteilung im Trainerstab für Erfolge stehe, sagt er: „Im Wort Erfolge steckt das Wort Folge. Erfolg ist für mich die Folge zielgerichteten und konsequenten Arbeitens. Aber um Erfolg zu haben, braucht man auch Zeit." Vielleicht ist das ein Teil seines Dilemmas: In den Situationen, in denen er Klubs übernimmt, hat er nie die notwendige Zeit zur Verfügung.

„Es hat sehr gut begonnen, muss man sagen", erinnert sich Stöver an den Start in die Rückrunde. Der SVWW schlägt zunächst im Pokal den Karlsruher SC mit 1:0 und steht damit im Viertelfinale, was neben dem sportlichen Erfolg auch wirtschaftlich eine Entlastung bedeutet. Das erste Heimspiel des Jahres gewinnt Wiesbaden gegen Alemannia Aachen, die in der Spitzengruppe der 2. Liga stehen, mit 1:0 durch ein Tor von Neuzugang Ziemer. Im Stadionheft *SVWW-Express* hat Frank vor diesem Spiel über seine Philosophie als Trainer gesagt: „Erfolgreiche Mannschaften leben von der guten Organisation in der Defensive. Dort entscheidet die Kompaktheit der Mannschaft als ganzes Team. Vorne ist es dann die individuelle Klasse, die für die entscheidenden Akzente sorgt. Dribblings, Durchsetzungskraft, Kopfball, Kreativität." Ein weiterer Neuzugang des Klubs wird im Stadionheft ebenfalls vorgestellt: Adrian Spyrka, in Essen und Mainz Spieler unter Frank, ist nun Trainer der zweiten Mannschaft. „In dieses Umfeld im Verein zu kommen, zu diesen Leuten, das war schon eine richtig gute Sache", erinnert er sich heute.

Die Stimmung im Verein ist in diesen Februar-Tagen grandios. Im Wiesbadener Kurier kommentiert Henning Kunz den erfolgreichen Start ins Jahr 2009: „Zu verdanken ist das der Mannschaft, die in Windeseile die Handschrift von Trainer Wolfgang Frank übernommen hat. Sie ist gut organisiert und hat – was in der Vorrunde selten der Fall war – einen Plan. Der ging bislang perfekt auf und kann im Abstiegskampf der Wegweiser aus dem Ligakeller sein. Dank Frank.“ Doch das Hoch ist nur von kurzer Dauer. „Man kam dann in eine Situation, in der viele Spiele unglücklich verloren gingen“, erzählt Stöver. Zunächst unterliegt der SVWW in Duisburg trotz großem Kampf mit 0:1. In dem Spiel kassiert Marko Kopilas, in der Wunschaufstellung des Trainers in der Viererkette gesetzt, kurz vor Schluss die fünfte Gelbe Karte und Frank muss umstellen. Im Kellerduell gegen TuS Koblenz unterliegen die überforderten Wiesbadener mit 1:3. Frank hat für die Partie der Mittelfeldkette ein wenig mehr Freiheit gewährt und korrigiert das anschließend im Testspiel unter der Woche sofort zurück.

Am Tag nach dem 58. Geburtstag des Trainers treten seine Schützlinge in Nürnberg an. Auf der Homepage des Club wird Frank als einstiger Spieler vorab in einem Kurzinterview vorgestellt. Auf die Frage, ob er sich noch an besondere Anekdoten oder Momente in Nürnberg erinnere, entgegnet er: „Ja, Bratwürste und die vielen lieben Menschen hier.“ Franks Arbeit stützt sich in jener Phase sehr stark auf alles, was mittlerweile an Statistiken verfügbar ist. In seinen Unterlagen finden sich stapelweise Daten zu Spielern, Standardsituationen und den gegnerischen Klubs. Alles sammelt und katalogisiert er, um Rückschlüsse für künftige Partien daraus abzuleiten. Je mehr an Information zur Verfügung steht, umso tiefer gräbt er sich hinein – es ist eine Arbeit, die ihm Freude macht. „Insgesamt habe ich ihn in dieser Phase entspannter erlebt“, erzählt Sandro Schwarz. „Er war schon weiterhin sehr überzeugend, aber außerhalb des Platzes, was das Leben an sich angeht, konnte er mal ein Auge zudrücken.“

Und nie genug Zeit …

Der Alltag im Verein indes wird zunehmend grauer. Wiesbaden verliert das Auswärtsspiel in Nürnberg extrem unglücklich 0:1 durch ein klares Abseitstor. Der Trainer lobt hinterher den Einsatz des enttäuschten Teams, das wieder ohne Punkte dasteht. Kapitän Schwarz erlebt das Spiel von der Bank aus und kommt auch in der folgenden Partie gegen Freiburg nur durch die frühe Verletzung von Benjamin Siegert als Einwechselspieler zum Zug. Das Spiel beenden zehn Wiesbadener (Rot für Verteidiger Kristjan Glibo) gegen elf Breisgauer. Franks Team unterliegt mit 0:1.

„Ich glaube, unser größtes Problem damals war, dass es nicht diese totale Offenheit und Bereitschaft gab, mehr zu machen als das gewohnte Training“, sagt Stöver im Rückblick. Diese ablehnende Haltung ist Frank von den Spielern eines kriselnden Vereins so nicht gewohnt und findet dagegen offenbar kein Mittel. „Wenn du unten stehst, musst du die Bereitschaft haben, mehr zu machen als bisher, und die war größtenteils nicht gegeben. Eher war es so, dass Wolfgang Frank distanziert betrachtet wurde und man bei seinen Ideen gesagt hat: ‚Brauchen wir das wirklich?‘“ Und so beginnt das Scheitern.

Anfang März steht für den hessischen Zweitligisten mit dem Viertelfinale im DFB-Pokal beim Hamburger SV ein absoluter Höhepunkt an: Noch nie ist der Verein so weit gekommen. Franks große Begeisterung für diesen Wettbewerb ist bekannt und so schwört er seine Spieler auf die einmalige Chance ein, ins Halbfinale einzuziehen. Doch in Hamburg ist Wiesbaden chancenlos und unterliegt mit 1:2, wobei der Anschlusstreffer nur möglich wird, weil die „Rothosen“ gegen Ende die Zügel ein wenig schleifen lassen. Das Ausscheiden ist trotz der klaren tabellarischen Verhältnisse eine Enttäuschung. Nun gilt es, sich schnell zu berappeln und die Kräfte für den Abstiegskampf zu bündeln. In einem Interview mit den *Westfälischen Nachrichten* vor der nächsten Partie in Ahlen erklärt Frank: „Wir müssen die Ruhe bewahren, dürfen auf keinen Fall die Nerven verlieren. Wer zuerst die Nerven verliert, steigt definitiv ab.“ Doch im Verein macht sich inzwischen eine gewisse Unruhe bemerkbar. Zwar stärkt Manager Uwe Stöver seinem Trainer demonstrativ den Rücken, das Präsidium um Präsident Heinz Hankammer wirkt aber zunehmend unzufrieden. Stöver erinnert sich: „Ich habe das Problem seinerzeit nicht beim Trainer gesehen, sondern bei der Mannschaft. Das ist mir letztlich zum Verhängnis geworden.“

Der SVWW verliert auch in Ahlen und Frank greift zu drastischen Maßnahmen. Er mustert vier Spieler aus, die künftig bei Spyrka in der U23 mittrainieren – und setzt Schwarz als Kapitän ab. In einer Presseinformation erklärt der Trainer, die Mitspieler hätten sich hinter ihrem Kapitän versteckt. „Für Sandro Schwarz war die Entscheidung natürlich nicht leicht, ich habe sie allerdings gefällt, um ihn einerseits zu schützen und andererseits durch den Wegfall der Kapitänsbürde seine Leistungen zu verbessern. Wir brauchen den bestmöglichen Schwarz, um den Klassenverbleib zu schaffen." Tatsächlich zeigt der abberufene Kapitän im nächsten Spiel eine seiner besten Leistungen, wie auch die gesamte Mannschaft stark verbessert auftritt. Doch wieder kann sie nicht gewinnen. Für Frank ist es eine besondere Konstellation, denn der Gegner in Wiesbaden heißt an diesem Tag Mainz 05. Die Rheinhessen peilen in der ersten Saison nach der Ära Klopp unter Trainer Jørn Andersen die Rückkehr in die 1. Liga an. Dimo Wache, der in der 20. Minute einen Elfmeter des SVWW pariert, hat Frank zu Mainzer Zeiten noch trainiert, ebenfalls im Team: Niko Bungert, der unter ihm beim OFC das Verschieben in der Kette gelernt hat. Was mag wohl beim 0:2 an diesem Tag auf der Bank in Frank vorgegangen sein, der bereits in der Pressekonferenz vor dem Spiel viel gesprochen und dabei emotional gewirkt hat?

Es wird seine letzte Partie als Trainer in Wiesbaden. Das Präsidium begründet die Trennung auch damit, er habe die Spieler nicht mehr erreicht, was Frank extrem kränkt. Schwarz ist dennoch überzeugt, der Trainer habe in der Zeit in Wiesbaden gespürt, dass er mit seinen intensiven Methoden zu diesem Team nicht durchdringt. „Wolfgang ist so intelligent gewesen, dass er es wusste. Ich glaube aber, dass er für sich als Mensch keine richtige Lösung gefunden hat, auch mal eine Lockerheit zuzulassen, eine Entspanntheit. Für viele Situationen hat er einen Schlüssel in der Hand gehabt, aber für seine eigene nicht." Auch Stöver wird beurlaubt, weil er die Trennung von Frank nicht mitträgt. „Meine Prämisse war immer, ich kann nicht Köpfe rollen lassen, um meinen zu retten." Den erwünschten Erfolg nicht gemeinsam zu erreichen, trifft ihn. „Ich habe durch Wolfgang Frank gelernt, es ist möglich, von Vorbehalten über Austausch und Kommunikation Dinge ins hochgradig Positive zu verändern", erinnert er sich emotional an den holprigen Beginn ihrer Beziehung in Mainz. „Es war für mich menschlich und sportlich sehr wertvoll, ihn kennengelernt zu haben."

Einen neuen Coach stellt das Präsidium des SVWW auch vor: Sandro Schwarz. Der muss lachen bei der Erinnerung an jene Tage. „Es war schon wild, als sie mich gefragt haben." Dann wird er wieder ernst. „Ich kannte Wolfgang Frank gut genug, dass er genau wusste, ich habe mit seiner Entlassung nichts zu tun. Und dennoch war es für mich eine unangenehme

Situation, weil ich damit nie gerechnet habe.“ Einige Tage später treffen sich die beiden beim Italiener in Mainz, um offen zu reden. „Wir haben uns gesehen und kaputtgelacht“, sagt Schwarz und aus seiner Stimme spricht die große Zuneigung, die er für Frank empfindet. „Er konnte das zum Glück sehr gut einschätzen. Da hat nie etwas zwischen uns gestanden.“ Vor dem Abstieg kann Schwarz die Wiesbadener nicht mehr retten. In den noch ausstehenden zehn Spielen holt das Team nur noch zwei Siege und beendet die Saison auf dem letzten Tabellenplatz.

KAPITEL 22

Eine unmögliche Aufgabe

„Wolfgang hat dieses italienische Körperpuder benutzt. Borotalco. In der Trainerkabine roch es immer danach. Der Duft erinnert mich bis heute an ihn."

MARK ZIMMERMANN, CO-TRAINER

„Warum Jena?" Diese Frage notiert Wolfgang Frank am 6. Oktober 2010 in seinen Unterlagen. Sie sind der Einstieg in eine tiefere Beschäftigung mit dem Drittligisten, der an jenem Mittwoch nach nur zwei Siegen in den ersten elf Saisonspielen Trainer Jürgen Raab entlassen hat. Frank setzt sich mit dem Verlauf der bisherigen Runde auseinander, sucht Daten zu den Spielern und beschriftet ein Mannschaftsfoto mit deren Namen. Menschen schnell richtig ansprechen zu können, das ist ihm wichtig.

In den Monaten seit seiner Entlassung beim SVWW hat er sich so intensiv um einen Job bemüht wie vielleicht nie zuvor. Im Sommer 2009, kurz nach dem Aus in Wiesbaden, heißt es in einem Artikel über den Coach in der *Frankfurter Rundschau:* „An Wolfgang Frank rotiert das Trainerkarussell in der Spielpause vorbei. Sich selbst zählt er zu den unbequemeren Trainern. Zu denen, die auch mal etwas fordern. Vielleicht liegt es daran." Der Coach ist überzeugt, dass ihm die Aussage der SVWW-Verantwortlichen geschadet hat, wonach er sein Team nicht mehr erreicht habe. Im Herbst nimmt er an der Trainertagung des Bundes Deutscher Fußball-Lehrer teil. Er hospitiert beim FC Metz in der französischen Ligue 2 und beschäftigt sich mit ausländischen Vereinen, unter anderem Wisła Krakau.

Im Begleitfax zu einer Bewerbung schreibt Frank: „Leider läuft im Leben nicht immer alles nach Plan – oder Gott sei Dank?! Suche nun wieder einen Klub, um mich in meinem Geschäft noch einmal zu beweisen." Wenn der Moment kommt, möchte der akribische Arbeiter darauf gut vorbereitet sein. Deshalb entwirft er Modelle für die Arbeit in einem Verein der oberen vier Ligen mit Dienstantritt während der laufenden Saison. Welchen Status quo findet man in der Situation in der Regel vor? Auf welche Probleme sollte man eingestellt sein? Und wie kann er diesen als Trainer begegnen? Kernthema: Ein Verein, der in dieser Situation den Übungsleiter wechselt, ist unzufrieden mit dem Ist-Zustand, die Mannschaft vermutlich verunsichert. Hier muss direkt angesetzt werden. Dazu fertigt Frank detaillierte Ausführungen an. Nicht in seinem Job arbeiten zu können, das ist sehr offensichtlich, ist hart für ihn.

Im März 2010 wird die Ehe von Wolfgang und Brigitte Frank geschieden. Im Sommer heiraten er und Maristella und feiern in der Schweiz am Zürichsee. „Es war so ein schönes Fest." In Covre-Franks Augen glitzern Tränen. Viele Freunde aus den unterschiedlichen Phasen von Franks Karriere sind da, Koni Gabriel aus Glarus, Hans Leitzke aus Leipzig, ehemalige Spieler, langjährige Vertraute. Bei strahlendem Sonnenschein feiern sie alle diesen Tag.

Dann also der Kontakt nach Jena, die Chance, wieder zu arbeiten. Frank sagt zu. Am 12. Oktober 2010 berichtet *Sportbuzzer* von seiner Verpflichtung und stellt fest: „Es ist bereits der zehnte Trainer-Wechsel der Jenaer seit dem 10. April 2007." Mark Zimmermann erinnert sich: „Ich war drei Jahre Co in Jena und hatte in dieser Zeit sechs Trainer. Die Fluktuation war sehr hoch." In den 1990ern hat der gebürtige Thüringer auch für den Klub gespielt. Frank ist er 2004 in Leipzig begegnet, am gefühlten Tiefpunkt der eigenen Karriere: Dort gehörte Zimmermann zur Abstiegsmannschaft: „Es war so, dass ich deswegen gemischte Gefühle hatte, als er kam." Leipzig bietet ihm damals nach dem Gespräch mit Frank und den Verantwortlichen um Präsident Christian Rocca keinen neuen Vertrag an. Bei seinem Wiedersehen mit dem Trainer spricht dieser ihn sofort auf die Situation seinerzeit an. „Da war mit einem Schlag alles gut, und es war erstaunlich, wie er das alles noch wusste", erzählt Zimmerman und lächelt warm.

Die Nachfolge von Jürgen Raab tritt Wolfgang Frank nicht zum ersten Mal an, just in Leipzig war der ebenfalls sein Vorgänger. In Jena ist für Raab nach vier Monaten schon Schluss. Frank unterschreibt einen Vertrag bis Saisonende. Vor der ersten Einheit mit der Mannschaft notiert er einige Schwerpunkte:

– Interesse an Weiterentwicklung – mit Freude erfolgreich sein – Sicherheit durch gemeinsames Handeln – wer nicht handelt => wird behandelt!

Leben im Hier und Jetzt – Ist-Zustand akzeptieren => dieser verändert sich dann – nicht hadern

Glück – gelingen

„Ein Ansatz von ihm war, mit positiven Bildern zu arbeiten", erzählt Alexander Voigt, damals seit wenigen Monaten im Verein. „Ich war ja Abwehrspieler und trotzdem hat er mir in den Gesprächen immer wieder gesagt, ich solle mir mal vorstellen, wie schön es wäre, ein Tor zu schießen." Voigt lacht. „Und ich habe mir das dann wirklich vorgestellt." Am 30. Spieltag erzielt Voigt gegen Rostock ein Kopfballtor. „Und wir haben echt nicht oft getroffen in der Saison."

Im Interview mit *JenaTV* sagt Frank bei seinem Dienstantritt: „Die Mannschaft ist nicht in einer blendenden Laune, dass sie jetzt Bäume ausreißt. Die warten einfach auch auf die Situation des Trainers. Ich denke, das werden wir schon in den Griff kriegen, weil ich glaube, dass man nur dann erfolgreich sein kann, wenn man eine gewisse Freude an der Geschichte hat." Dabei rollt er das R in „Freude" so, wie er das für die Ansprache seiner Mannschaften übt. „Man muss sich einfach mal ein bisschen wohlfühlen in der Gruppe. Ich glaube, das ist ein ganz wichtiges Kriterium, dass die Spieler untereinander sich pushen. Da ist jeder gefordert." Viel Zeit bleibt dem Trainer nicht, das erste Spiel steht zwei Tage nach seinem Dienstantritt an. Jena verliert die Partie in Koblenz mit 0:1, aber Frank will sich mit diesem Ergebnis nicht lange aufhalten, sondern am Teamgeist arbeiten. Dafür hat er am Vorabend des Spiels die Belegung der Hotelzimmer neu gelost, um andere Pärchen als üblich zusammenzustellen.

In der Folgewoche, der ersten, die sie komplett gemeinsam verbringen, lernen die Spieler in Jena seine Arbeitsphilosophie kennen. Die Aufzeichnungen sind eindeutig: 24 Tagesstunden unterteilt er in acht Stunden Schlaf, acht Stunden Training und acht Stunden Freizeit. „Diese Haltung, das ist unser Job und da ist es mit anderthalb Stunden Training am Tag nicht getan, war für viele neu", erinnert sich Voigt. „Er hatte natürlich nicht viel Zeit für Ergebnisse", sagt Zimmermann. „Trotzdem war völlig klar, er muss gewisse Dinge erst mal implementieren – und zwar in der Theorie. Seine Philosophie war klar, im Spiel und im Training." Körperlich sind die Spieler in keiner guten Verfassung. Nach Theorie, Trockenübungen und Training müssen sie deshalb noch Läufe machen. „Wir wussten, uns tut jemand gut, der eine klare Vorstellung hat", sagt Voigt. „Und die hatte er. Da passte relativ wenig, auch innerhalb der Mannschaft. Wolfgang Frank hat viele Gespräche geführt und mental mit uns gearbeitet. Er hat definitiv unsere Köpfe freigekriegt."

Im Interview mit der *Ostthüringer Zeitung* wird Frank gefragt, ob er in Jena schon einen Baum ausgesucht habe, den seine Spieler umarmen sollen, wie das vermeintlich an früheren Trainerstationen der Fall gewesen ist. Er entgegnet: „Bäume wurden bei mir noch nie umarmt, das war immer so ein bisschen Legende. Aber ich denke, man kann schon in vielen Bereichen etwas tun. Im Gespräch, indem man Spielern seine Wertschätzung ausdrückt. Dass man sich gegenseitig pusht, dass man aber auch mal ein härteres Wort akzeptiert. Das geht nur dann, wenn man den anderen vertraut." Die Medien interessieren sich für den wieder aufgetauchten Frank. Im Interview mit *SPOX* gewährt er in derselben Woche Einblicke in sein Innenleben. Zunächst erzählt er von seinem regelmäßigen Kontakt mit Ottmar Hitzfeld und entgegnet dann auf die Frage, was Hitzfeld bei seinem Wechsel von der Schweiz nach Deutschland anders gemacht habe als er: „In unseren Gesprächen ging es oft darum, wie man mit Niederlagen umgeht. Das war ein ganz zentraler Punkt und da habe ich in den letzten Jahren viel dazugelernt. Wenn du gewinnst, ist immer alles relativ einfach. Verlierst du aber mehrere Spiele, dann kommen die unzufriedenen Spieler, die Presse, die Fans, die Sponsoren, der Vorstand. Der Druck wird immens. Es war für mich immer ganz schwierig, das zu verarbeiten."

In den Unterlagen aus seiner Anfangszeit in Jena notiert Frank die Namen verschiedener Menschen im Verein: Masseur, Zeugwart, Arzt, Trainer der zweiten Mannschaft. Er möchte ganz und gar im Klub ankommen, nicht bloß bei der Mannschaft. Die für ihn wichtigen Themen finden sich immer wieder verschriftlicht, Beispiel: „Öffnungszeiten Sauna?!" Sein Ton in diesen frühen Niederschriften ist extrem positiv. Den Spieltag bezeichnet er als Festtag, häufig ist die Rede von Vorfreude und immer wieder betont er die positive Stimmung, die er bei seinem Team erzeugen möchte. Die eigene Freude darüber, wieder seinem Job nachgehen zu können, ist aus den Zeilen heraus spürbar.

Nach der Niederlage in Koblenz spielt Jena in den folgenden Partien dreimal unentschieden. „Es kommt darauf an, dass wir uns mit kleinen Schritten aus der Situation befreien", stellt Frank besonnen fest. „Man hat dann gemerkt, wie es plötzlich ‚Klick' macht", erinnert sich Zimmermann. „Dinge, die er in der Theorie implementiert hat und die im Training geschult wurden, haben funktioniert. Wir haben weniger Gegentore gekriegt, mal zu null gespielt. Kleine Erfolgserlebnisse. Es war ein bisschen ein Stotterstart, aber der erste Sieg auswärts gegen Burghausen, das war spannend bis zum Schluss, total emotional und ein echter Knotenlöser." Nach zwölf Spielen ohne Sieg holt Jena mit dem 3:2-Siegtreffer in der Nachspielzeit endlich einen Dreier. Frank coacht sein Team so emotional und engagiert, dass der Schiedsrichter ihn in der 54. Minute auf die Tribüne verbannt. Nach Abpfiff sind alle überglücklich.

In der Vorbereitung auf die Spiele liest Frank sich durch sämtliche Partien, die der Gegner in der Saison bereits absolviert hat. Er fertigt Informationen an zu Trainern, Spielern und dem Schiedsrichtergespann, analysiert sein Team und verschriftlicht Motivationen für sich und die Mannschaft.

– Was ich denke – fühle ich auch. Was ich fühle – strahle ich aus. Was ich ausstrahle – ziehe ich an. Angst vor Niederlage – dadurch wird die Freude verdrängt!

W. F. überlässt nichts dem Zufall!

Unsere Motivation bestimmt entscheidend unser Handeln!

Nach dem ersten gewonnenen Spiel in Burghausen folgen bis zur Winterpause in der Liga zwei weitere Siege und zwei Niederlagen. Die in Braunschweig, an Franks alter Wirkungsstätte, ist heftig, 0:6 geht sein Team unter. „Ich glaube, wir waren ehrlich gut bedient, dass es nur sechs Gegentore waren", erzählt Zimmermann. Torhüter Carsten Nulle wird nach der Partie für seine Leistung gefeiert, ohne die es wohl zweistellig geworden wäre. „Wolfgang war ja eine Legende in Braunschweig. Das Spiel war ein Schock für ihn, er hat das auch persönlich genommen. Nicht, dass er es an der Mannschaft ausgelassen hätte, aber er war tief enttäuscht. Es ging ihm echt ans Gemüt." Die Niederlage bei seinem ehemaligen Schüler Torsten Lieberknecht ist Frank unerklärlich, zumal direkt im Anschluss an Jenas Sieg gegen Spitzenreiter Offenbach. Auf der Heimfahrt im Bus schweigt Frank stundenlang verbissen. „Es war ein krasser Dämpfer", sagt Zimmermann, der sich erinnert, dass daran zunächst auch der folgende Sieg gegen Dynamo Dresden nichts ändert. „Und vielleicht, das ist jetzt spekulativ meinerseits, ist es dann so, dass Spieler denken: ‚Na, es funktioniert ja doch nicht immer, mit seinen Methoden.' Und so was bleibt dann im Kopf." Wenn es defensiv nicht funktioniert, fehlt der Mannschaft ein Lösungsansatz. „Da war dann nichts, weil wir offensive Abläufe nicht auf die Art trainiert haben. Die Kreativität kam da zu kurz und die Offensive wirkte manchmal hilflos. Es ging da mehr um die Verantwortung des Einzelnen, intuitiv zu handeln."

Das Wintertrainingslager verbringen die Jenaer in Kroatien. Die Anreise erfolgt aufgrund der wirtschaftlichen Verhältnisse mit dem Bus.

Um das Team auf den weiteren Abstiegskampf einzuschwören, arbeitet Wolfgang Frank erneut mit dem Unternehmen Laganda. Dessen Mitarbeiter schicken ihm verschiedene Vorschläge für Interventionen, darunter einen Rückblick aus der Zukunft, also sich zu einem erfolgreichen Klassenerhalt im Mai denken und beschreiben, wie der gelang. Andere Ideen sind Pokerabende oder gemeinsam „Gegen jede Regel“ mit Denzel Washington zu schauen und zu diskutieren, was man aus diesem Sportdrama für die eigene Situation mitnehmen kann. Es wird der Filmabend. In seinen Unterlagen hält Frank danach als ein Fazit fest:

Es gibt keine besonderen Teams, nur Teams, die besondere Dinge tun.

Während im Liga-Alltag der Kampf um den Klassenerhalt ansteht, spricht Frank im Interview mit Guido Schäfer für *Sportbuzzer* davon, langfristig mit Jena die 2. Liga erreichen zu wollen. Immer einen Schritt weiter zu denken, ist für ihn keine Option, sondern Notwendigkeit. Das Unentschieden gegen die U23 des VfB Stuttgart zum Auftakt der Rückrunde ist für ihn deshalb enttäuschend, doch dann legt die Mannschaft einen Schalter um, gewinnt fünf Partien am Stück, spielt dazu einmal unentschieden und schießt endlich auch mehr Tore. Am 27. Spieltag grüßt Jena mit noch einem ausstehenden Nachholspiel von Tabellenplatz elf. „Es war unfassbar“, sagt Zimmermann. „Mit diesen sechs Spielen waren wir im Grunde aller Sorgen entledigt für den Moment.“ Frank hat seinen Plan umgesetzt. Doch die Stimmung wendet sich dennoch gegen ihn. „Das habe ich halt nicht verstanden.“ Zimmermann hält inne, schüttelt den Kopf. „Trotz dieses guten Laufs waren die Spieler abgefuckt und haben gemurrt über seine Anforderungen. Ich habe mit ihnen geredet und gesagt: ‚Wir gewinnen, ihr kriegt eure Prämien, wir sind nicht in Abstiegsnöten. Für die paar Stunden am Tag kann man das doch mal mitmachen, wenn es dem Erfolg dient, der Mannschaft, dem Verein.‘ Aber da war nichts zu machen.“

Während die Medien Frank noch für die Erfolge des Teams feiern, kippt die Stimmung intern bereits langsam. Mit der Leistung im letzten Spiel der 6er-Serie aus ungeschlagenen Begegnungen, einem 3:3 gegen LR Ahlen, ist der Trainer unzufrieden. „Wir waren gerade von der ersten Halbzeit enttäuscht“, sagt er gegenüber der *Deutschen Presse-Agentur*. „Ich habe ihn als jemanden empfunden, der im Erfolg keinen Schritt weniger macht oder lockerlässt, im Gegenteil", erinnert sich Voigt. „Er hat gesagt, im Erfolg macht man die meisten Fehler, deswegen müssen wir mindestens genauso viel oder noch mehr arbeiten." Dem können und wollen nicht alle Spieler folgen. „Wir waren keine Mannschaft", resümiert Voigt. „Daran konnte auch Wolfgang Frank nichts mehr ändern. Wir haben uns für einen gewissen Zeitraum zusammenraufen können, aber das war's dann auch. Dazu kommt, dass wir als Verbund nicht die allergrößte Qualität hatten. Gute Einzelspieler, ja, aber es passte nicht wirklich zusammen. So was kannst du über System, Fitness und die Herangehensweise des Trainers eine Zeit lang ausgleichen, aber dann zeigt sich einfach, ob du Qualität hast oder nicht. Und wir hatten sie eben nicht. Entsprechend wurden die Ergebnisse." Frank notiert in dieser Phase frustriert:

Alles wird überlagert vom Resultat!

Im Anschluss an die Ungeschlagen-Serie kann Jena achtmal nicht gewinnen, fünf dieser Spiele verliert das Team. Nach einem uninspirierten Auftritt gegen die zweite Mannschaft von Werder Bremen geraten sich auch noch Spieler und Fans in die Haare. Dann kündigt Präsident Hartmut Beyer seinen Rücktritt zum Ende der Runde an, weil es zwischen den Gremien Uneinigkeit gibt über eine Verlängerung von Franks zum Saisonende auslaufenden Vertrag. Beyer will diese sofort, der Aufsichtsrat erst nach einem gelungenen Klassenerhalt diskutieren. Derweil wird das Murren aus dem Mannschaftskreis immer lauter. Nach einer 1:4-Niederlage beim direkten Konkurrenten Babelsberg scheint es, als wolle deren Coach Dietmar Demuth sich für Frank starkmachen. „So wie man mit uns Trainern umgeht, so kann man das nicht machen. Wenn die Mannschaft schlecht spielt, ist nicht immer der Trainer schuld." Doch der Appell verhallt ungehört, am Tag darauf wird Frank vom Verein freigestellt.

„Wir hätten es locker geschafft, die Klasse mit ihm zu halten", ist Voigt noch heute überzeugt. „Die Entlassung war ein Schock, so kurz vor Ende der Saison. Aber in Jena ticken die Uhren anders." Auch Co-Trainer Zimmermann trifft die Entwicklung hart. Und Frank selbst? „Er war sehr enttäuscht." Der Geschasste packt in aller Stille seine Sachen und verabschiedet sich von der Mannschaft. „Er hat gesagt, er drückt uns die Daumen, und das war auch so gemeint. Es hat sich irgendwie mies angefühlt. Ganz komisch", sagt Zimmermann. Auch Voigt geht der Abschied nah. „Er hat uns den größtmöglichen Erfolg gewünscht, und das konnte man ihm auch abnehmen. Das war das Erstaunliche. Man wusste, was er auch anspricht, er meint es ehrlich. Daran gab's nie einen Zweifel." Er schweigt einen Moment, bevor er bekennt: „Für uns war es kein Ruhmesblatt, zwei Trainerwechsel in der Saison. Daran sieht man, dass es in der Mannschaft nicht gestimmt hat." Die Zeit mit Frank ist dem gebürtigen Kölner, der heute selbst als Trainer arbeitet, noch sehr präsent. „Man versucht, sich immer zu erinnern an das, was eigene Trainer gemacht haben, wenn es nicht gut läuft. Da denke ich gerne an Wolfgang Frank und wie er die Dinge angepackt hat."

Zimmermann beschließt, nach den Monaten als Franks Co in der kommenden Saison eigenverantwortlich eine Jugendmannschaft zu betreuen, und der Klub gibt ihm die Chance. Mittlerweile ist er beim 1. FC Köln verantwortlich für die U21. „Ich habe sehr viel gelernt in dieser Zeit", betont er. „Vorher war ich eine Weile Co bei René van Eck, der vom niederländischen Fußball geprägt ist, und plakativ könnte ich sagen: er offensiv, Wolfgang defensiv und aus den beiden habe ich etwas für mich entwickelt. Aber die Zusammenarbeit mit Wolfgang hat mir geholfen, eine Philosophie zu entwickeln." Er lächelt, in Gedanken. „Ich weiß noch, als Wolfgang erst kam, dachte ich, wie das wohl wird mit dem Altersunterschied zwischen uns. Aber der war nie spürbar. Sein Geist war total jugendlich. Er hat alles hinterfragt und er konnte tolle Geschichten erzählen, aus seiner Zeit als Spieler. Es war ein gutes Miteinander. Trotz der kurzen und sehr turbulenten Zeit habe ich viel von ihm mitgenommen."

KAPITEL 23

Ein letzter Neuanfang

„Ich habe mit vielen Trainern gearbeitet, aber so einen Menschen trifft man nicht so oft."
GREGOR POGORZELCZYK, TORWARTTRAINER AS EUPEN

„Alles hat einen Sinn." „Nichts geschieht ohne Grund." „Es gibt im Leben keinen Zufall." Diese Aussagen fallen in beinahe jedem Gespräch über Wolfgang Frank. Weil er sie so häufig gesagt hat, denn für ihn waren es Glaubenssätze. Es ist kein Zufall, dass Ralf Loose im April 2011 ein Angebot von Dynamo Dresden annimmt und deswegen im Sommer nicht frei ist. Es gibt einen Grund dafür, dass Ingo Klein just in dieser Zeit als Investor beim belgischen Verein AS Eupen einsteigt und sich eine Alternative für seinen Wunschkandidaten Loose überlegen muss. Es hat einen Sinn, dass ihm bei dieser Suche gerade Frank empfohlen wird, den das Projekt sofort interessiert. Ein Rad greift ins nächste und dahinter steht ein großer Plan.

Die heutige Königliche Allgemeine Sportvereinigung Eupen, zuvor AS Eupen, ist im Mai 2011 nach nur einer Saison wieder in die 2. Division abgestiegen. Die Spielzeit in der 1. Division war die erste eines Vereins aus dem deutschsprachigen Teil Belgiens überhaupt in der höchsten Liga. Entsprechend groß ist die Enttäuschung in der Stadt 20 Kilometer südlich von Aachen, dass ihre AS den Klassenerhalt in den Play-offs verpasst hat. Der Klub trennt sich daraufhin vom italienischen Investor Antonio Imborgia, der seit 2009 an Bord war, und schließt eine Kooperation mit Ingo Klein. Klein ist Sport- und Finanzmanager, aber auch Spielerberater, gut vernetzt und möchte dem Verein inhaltlich und finanziell helfen. Mit seinem neuen Coach Frank und dessen Co-Trainer Roger Stoffels veranstaltet er im Sommer ein Casting mit rund 100 vor allem jungen Spielern. „Wir wollten eine erfahrene Mittelachse und sonst mit Talenten arbeiten", erzählt Klein, der Frank einen Systemtrainer nennt.

„Ich habe selten einen Menschen erlebt, der so viel Energie ausgestrahlt hat wie Wolfgang. Er war voller Begeisterung für diese Aufgabe." Frank sagt bei seinem Dienstantritt in den *Aachener Nachrichten*: „Als ich die Infrastruktur gesehen habe, war mir klar, dass es sich um ein Projekt mit einer großen Perspektive handelt." Ihn reizt die Vorstellung, noch einmal etwas komplett neu aufzubauen – und das ganz nach seinen Vorstellungen. Mit Klein ist er sich schnell einig, dass dabei ein Schwerpunkt auf Jugendarbeit liegen soll. Sämtliche Teams im Verein spielen künftig denselben Fußball, Stoffels ist neben seiner Tätigkeit als Franks Co auch Trainer der zweiten Mannschaft, Frank selbst hält regelmäßige Schulungen für die Nachwuchstrainer ab. Das kommt auch bei den Fans der AS gut an, die nach der Zeit mit Imborgia in Sorge waren, belgische Talente hätten im Klub weiter kaum Chancen.

Vor dem ersten Pflichtspiel schreibt Thomas Evers im Eupener *Grenzecho*: „Wenn heute Abend gegen den CS Visé die Zweitligasaison startet, herrscht in Eupen so etwas wie Aufbruchstimmung. Diese haben Trainer Wolfgang Frank und sein Team pünktlich zum Start der neuen Spielzeit entfacht." Zum Team gehört auch der ehemalige Bundesligaprofi Ioannis Masmanidis. Für ihn ist ein Gespräch mit Frank ausschlaggebend, um nach Belgien zu wechseln. „Er war ein sehr herzlicher Mensch. Er hat sich total auf andere eingelassen und oft stundenlange Gespräche geführt. Das hat mich beeindruckt", sagt Masmanidis. Frank geht auf alle im Verein offen zu und hat zudem immer ein Ohr für die Fans. „Und mit unserer Art, Fußball zu spielen, haben wir die Leute schnell gewonnen."

Torwarttrainer in dieser Saison ist Gregor Pogorzelczyk, den Frank persönlich anfragt, ob er mit ihm arbeiten möchte, weil er ihm empfohlen worden ist. „Ich war auf dem Weg nach Kroatien in den Urlaub, als er angerufen hat. Er wollte, dass ich ins Trainingslager nach Spa komme." Pogorzelczyk fährt mit seiner Frau zunächst weiter ins Hotel, dann aber zurück nach Dorsten, wo er lebt, und von dort nach Spa. Bevor er sich aufmacht, sagt seine Frau: „Im Leben gibt es keinen Zufall." Denselben Satz hört Pogorzelczyk später von Frank. „Er hat das immer wieder gesagt, aber damals war es wie ein Zeichen." Der Torwarttrainer absolviert an zwei Tagen Einheiten mit den Spielern in Spa. Irgendwann fragt er Frank, wie es nun weitergehen soll, und der antwortet: „Wenn du nicht der richtige Mann wärst, hätte ich dich schon nach Hause geschickt." Pogorzelczyk möchte wissen, ob er zunächst ein paar Tage zurück darf zu seiner Frau, immerhin hat er den Urlaub mit ihr abgebrochen. Franks Antwort? „Gregor, du kannst nach Dorsten fahren, um deine Frau abzuholen, und sie kann die nächsten Tage im Trainingslager mit dir verbringen." Der Torhüter lacht bei der Erinnerung.

Bevor Frank und Pogorzelczyk in Eupen eigene Wohnungen finden, wohnen sie zwei Monate zusammen. „Er hat mir ein ganz anderes Leben gezeigt“, sagt der ehemalige Keeper, der heute für den FC Schalke 04 arbeitet. „Morgens um sechs hat er Yoga gemacht.“ Danach treffen sie sich um halb acht zum Frühstück im Café und zahlen immer abwechselnd. „Jedes Frühstück war eine Lehrstunde.“ Pogorzelczyk hält einen Moment inne. „Er war wie ein Vater für mich.“ Auch über private Themen tauschen die beiden sich aus. Als Frank schließlich eine Wohnung findet, hilft sein Torwarttrainer ihm beim Umzug. „Er hat Unterlagen von allen Stationen aus Mainz mitgebracht, ordnerweise. Das Zeug war schwer!“ Die beiden entwickeln einen engen Draht. „Er hatte einen tollen Humor, sehr schwarz. Aus dem Verein hat er eine Familie gemacht. Ich habe mit vielen Trainern gearbeitet, aber so einen Menschen trifft man nicht so oft.“ Nach einiger Zeit nimmt Pogorzelczyk seinen Mut zusammen und erzählt Frank, dass er seine Torwartschule in Dorsten nicht aufgeben kann, weil er auf das Geld angewiesen ist. Daraufhin legt Frank das Training so, dass Pogorzelczyk regelmäßig Einheiten an seiner Schule halten kann. „Er hat gesagt, ‚Gregor, Fußball ist ein Drecksgeschäft. Du weißt nie, was morgen kommt. Aber deine Schule, die wird immer da sein.‘“ Tatsächlich existiert sie bis heute.

Auch sportlich läuft in dieser ersten Zeit in Eupen alles nach Plan. Die Verantwortlichen im Klub haben den direkten Wiederaufstieg nicht offiziell als Ziel ausgerufen, klar ist aber, mittelfristig möchte man wieder hoch in die 1. Division. In der 2. belgischen Liga spielen 18 Vereine je zweimal gegeneinander, die 34 Spieltage sind in drei Abschnitte unterteilt. Nur der Meister steigt direkt auf, die jeweils Erstplatzierten der drei Tranchen sowie der Vorletzte der 1. Division spielen einen zweiten Platz im Oberhaus in Play-offs untereinander aus. Zumindest diese, da sind Klein und Frank sich einig, will man erreichen.

Franks Co Roger Stoffels ist zugleich Dolmetscher. Ganz geheuer ist dem Cheftrainer das nicht, er hat Sorge, seine Ansprachen könnten nicht in aller Deutlichkeit übertragen werden. Masmanidis empfindet das damals nicht als Problem: „Wir waren eine gute, talentierte Truppe. Das Große und Ganze, was wir in Eupen auf die Beine gestellt haben, war überragend. Es hat wirklich jedes Rädchen ins andere gepasst, das passiert nicht oft im Fußball.“ Investor Klein sieht sich in seiner Entscheidung für Frank bestätigt. „Er war ein fleißiger Arbeiter. Ich erinnere mich, wie ich ihn einmal im Vorbeifahren auf dem Heimweg in der Pizzeria gesehen habe, da war es kurz nach zehn." Klein steigt aus, um sich mit dem Trainer noch rasch für den kommenden Tag zu besprechen. „Dann war ich um vier zuhause, weil wir stundenlang mit Salz- und Pfefferstreuern Taktik und Systeme besprochen haben." Er lächelt amüsiert. „So war Wolfgang. Ich würde aber nicht sagen, er war besessen von der Arbeit, eher beseelt."

Die AS Eupen gewinnt die erste Tranche und steht damit früh als Teilnehmer der Play-offs im Mai fest. Frank äußert sich im *AS Journal* zufrieden dazu. „Wir haben jetzt zumindest die Sicherheit, am Schluss dabei zu sein. Besser ist es natürlich, Meister zu werden und die Endrunde nicht mehr spielen zu müssen. Entscheidende Fragen werden sein, wie wir uns weiterentwickeln und was die anderen Vereine im Winter machen." Doch Ende November wird der Klub von völlig unerwarteter Seite erschüttert. Ingo Klein ist wie jeden Morgen mit seinen Hunden spazieren. Als er aus dem Wald kommt, sieht er vor seinem Haus die Polizeiautos mit flackerndem Blaulicht, mehrere Beamte kommen auf ihn zu und präsentieren ihm einen Haftbefehl. „Ich dachte nur, ach du Scheiße", erzählt Klein kopfschüttelnd. Der AS-Investor wird verhaftet, der Vorwurf lautet auf Kapitalanlagebetrug in dreistelliger Millionenhöhe. „Ich dachte, ich bin nach zwei, drei Tagen wieder draußen." Doch da irrt er: Klein verbleibt zwei Jahre und acht Monate in Untersuchungshaft.

In einer Pressemeldung des Vereins wird AS-Direktor Thorleif Schönfeld mit den Worten zitiert: „Diese den Behörden und der Öffentlichkeit seit 2005 bekannten Aktivitäten von Ingo Klein haben keinerlei Bezug zu seinem Engagement bei der K.A.S. Eupen. Und was noch wichtiger ist: Das Projekt K.A.S. Eupen ist hierdurch in keinster Weise gefährdet. Dieses ist ein völlig eigenständiges Projekt, das wir so zusammen mit unseren Partnern und Vereinsverantwortlichen in Eupen so gestalten werden, wie wir dies mit den Investoren besprochen haben." Doch die Realität sieht anders aus – schon bald ziehen sich Geldgeber zurück. „Wolfgang Frank hat alles in die Hand genommen", erzählt Pogorzelczyk. „Mit Investoren gesprochen, die Spieler beruhigt." Wenn die auf ausstehende Gehaltszahlungen hinweisen, bittet er um Geduld, sein Geld sei schließlich auch noch nicht da. „Er hat immer gesagt, anderen geht es viel schlechter als uns im Fußball, die jammern auch nicht." Der Torwarttrainer wiegt nachdenklich den Kopf hin und her. „Er hat sich wirklich um alles gekümmert. Wenn der Physiotherapeut gesagt hat, das Tape ist alle, hat der Trainer sein Geld auf den Tisch gelegt und gesagt: ‚Holen, nicht heulen.'" Auch Ioannis Masmanidis hat diese Monate noch sehr präsent. „Wir haben versucht, das Ding am Leben zu halten, einfach nur Fußball zu spielen und zu gewinnen. Aber natürlich hat es jeden von uns getroffen."

Klein war vorher bei jedem Training und Spiel dabei, nun erreicht Team und Trainer ein Schreiben von ihm, das in der Kabine vorgelesen wird – und er ist weg. Im Februar rettet eine Geldspritze von Lucien D'Onofrio, dessen Name Jahre später in den „Football Leaks"-Dokumenten auftaucht, der AS Eupen die Lizenz. Transfers im Winter sind in dieser Situation aber nicht möglich. Frank widmet sich scheinbar unbeeindruckt mit vollem Einsatz seiner Arbeit, tatsächlich aber beschäftigten ihn die Geschehnisse intensiv. „Eupen war schlimm", erinnert sich Maristella Covre. „Das hat ihm alles sehr zu schaffen gemacht." Umso mehr, weil sein Bekenntnis zu dem Klub ein aufrichtiges ist, Frank fühlt sich sehr wohl im Verein und den Menschen in der Region schnell verbunden. Im Dezember notiert er in seinen Unterlagen die Namen all jener, bei denen er sich auf der Weihnachtsfeier bedanken möchte. Auch Klein taucht in dieser Liste auf, natürlich sein Co-Trainer, die Frauen der Kollegen – und Guillaume Rox „für seine gute Laune". Rox, in den 1960ern AS-Spieler, hält dem Klub seit Jahrzehnten in verschiedenen Funktionen die Treue, das imponiert Frank.

Die Notizen des Trainers aus jener Zeit sind rein sportlicher Natur. Weder kommentiert Frank darin die Vorkommnisse im Verein, noch spiegeln sie wie früher häufig die mentale Arbeit. Nur hin und wieder verfasst er knappe Bemerkungen, wie:

> *Wann haben wir die beste Qualität auf dem Platz? Was müssen wir dafür tun? Spieler: Zielsetzung der Woche!*

Schließlich treibt Frank einen Geldgeber auf, der das Trainingslager der Mannschaft in Belek finanziert. Die Ergebnisse im Dezember und Januar sind gut und ihn beschäftigt eine Frage, die über die Jahre immer wieder bei ihm auftaucht: Wie geht man als Mannschaft am besten mit Erfolg um? Wenn das Ziel – Rang eins – erreicht ist, wie gelingt es, ihn zu halten? Und was ist die schwierigere Aufgabe, Angriff oder Verteidigung der Tabellenspitze?

„Wir haben wahrscheinlich den schönsten Fußball in dieser Liga gespielt", sagt Masmanidis rückblickend. Die Arbeit mit Frank ist anders als alles, was er als Spieler bisher erlebt hat. „Allein die Gespräche mit ihm haben mir so viel gegeben.“ Franks menschliche Art und seine Führungskultur hinterlassen Spuren. „Ich habe sehr viel gelernt, menschlich und fußballerisch. Bei jeder Facette, wie er war, wie er sich präsentiert hat, dachte ich: So möchte ich in dem Job später auch sein.“ Auch Pogorzelczyk denkt oft an die gemeinsame Zeit zurück. „Ich habe es noch vor Augen, wie er mit den Spielern, die das überhaupt nicht kannten, die Automatismen für sein 4-4-2 geübt hat.“ Er lacht, dann fällt ihm noch etwas ein. „Er hat mit seiner Frau Maristella einen Hund geholt damals: Lillyfee. Die hat er immer mitgebracht ins Büro. Es war unglaublich, wie lieb er mit ihr war, er war so stolz auf diesen Hund.“

Im Februar hält Frank Punkte in seinen Unterlagen fest, die er für den Fall eines Aufstieges klären will: Wie ist seine Vertragssituation? Wie gestaltet sich die Wohnungssituation? Soll er zusätzliche Möbel anschaffen? Streichen? Und einige Tage später notiert er:

Wann sind wir richtig erfolgreich? Wann fühlt man sich so richtig wohl? Wenn wir viel Energie haben! Woher kommt die Energie? Wenn ich etwas mit Freude/Enthusiasmus mache! Mit Freude ans Spiel denken! Denken – fühlen – ausstrahlen: zurück kommt Erfolg!

Als die Mannschaft von Ende Februar bis Mitte März vier Spiele am Stück nicht gewinnen kann, wird Frank von einer gewissen Ratlosigkeit befallen. Seine Aufzeichnungen beschäftigen sich mit der Frage, ob alle Spieler das verstehen, was er vermitteln will, auch rein sprachlich. Und hören sie in Teamsitzungen noch zu, wenn alles in zwei Sprachen vorgetragen wird?

Ende März notiert er:

Das Leben ist wunderbar, alles in meiner Welt ist vollkommen und überall und jederzeit kommt Gutes auf mich zu.

Dazu das Dostojewskij-Zitat: „Der Mensch ist unglücklich, weil er nicht weiß, dass er glücklich ist.“ Es wirkt in dieser Phase wie Selbstvergewisserung. Die beiden Sätze tauchen bald häufiger in den Spielvorbereitungen auf und die mentale Vorbereitung der Spieler nimmt künftig mehr Raum ein. Ihr Trainer möchte ihnen ein Gefühl dafür geben, wie besonders so ein Aufstieg ist. Im Frühjahr bessern sich die Ergebnisse, doch man spielt zu oft unentschieden. Eupen hat zwar auch die zweite Tranche gewonnen, steht aber am Ende der dritten auf Rang drei und muss mit Waasland-Beveren, dem KV Ostende und dem KVC Westerlo aus der 1. Division in die Qualifikationsrunde. Dort reicht Platz zwei nicht zum direkten Wiederaufstieg. „Wenn diese Geschichte mit Ingo Klein nicht passiert wäre, wir wären hundertprozentig aufgestiegen", ist sich Masmanidis noch heute sicher. Pogorzelczyk erzählt: „Als es mit dem Aufstieg im Mai nicht geklappt hat, waren wir alle sehr enttäuscht. Wir hatten dann schon so eine Ahnung, dass es für uns nicht weitergeht."

Im Juni 2012 erwirbt die „Aspire Zone Foundation" aus Katar die AS Eupen. Die Verträge des Trainerteams werden daraufhin aufgelöst, auch das Gesicht der Mannschaft verändert sich radikal. „Es war eine schöne Geschichte ohne Happy End", sagt Masmanidis. „Der Aufstieg wäre die Krönung gewesen, aber so ist das Leben. Du musst das Beste aus jeder Situation machen – das haben wir. Jeder, der damals dabei war, kann stolz auf sich sein. Ich habe in dieser Zeit viel gewonnen." Ingo Klein sieht Wolfgang Frank nie wieder, er ist bei dessen Abschied aus Eupen noch im Gefängnis. Pogorzelczyk wird nach der Zeit bei der AS zunächst Torwarttrainer im Nachwuchsleistungszentrum von Rot-Weiss Essen. „Da ist er eine Legende, sehr beliebt." Im Frühjahr 2013 besucht Frank den Kollegen dort, eine kurze, spontane Begegnung, die ihm wichtig scheint. Bei ihrem Lebewohl hält der nun 62-Jährige Pogorzelczyks Blick. „Das klingt vielleicht komisch", erinnert der sich. „Aber er hat sich von mir verabschiedet in dem Moment. Das habe ich tief in mir gespürt."

KAPITEL 24

Der Tod kommt immer zu früh

„Wolfgang war ein Bundesliga-Trainer. Er hat nur nie dort gearbeitet. Er hat für uns alles verändert. Im Namen aller Mitspieler sage ich dafür Danke."

JÜRGEN KLOPP IN SEINER TRAUERREDE

Im März 2013 erhalten Wolfgang Frank und seine Frau Maristella Besuch von einer ihrer Töchter. Ostern steht vor der Tür. „Der Wolfgang hat Italienisch gelernt", erinnert sich sein Freund aus Leipziger Tagen, Hans Leitzke. Dann muss er lachen: „Er hat immer gemeckert, dass er kein Wort versteht, wenn alle durcheinanderreden. Meine Freundin Claudia und ich haben ihn und die Maristella noch oft besucht in Mainz." An diesem Tag trainiert Frank auf dem Laufband. „An ihm war ja nie ein Gramm Fett", erinnert sich Jürgen Klopp und grinst. Covre-Frank erzählt: „Wolfgang hat nie Pause gemacht. Er war nicht gut darin, sich auch mal was zu gönnen. Wenn er vom Spiel kam, habe ich ihn oft in die Badewanne gesteckt und danach haben wir zusammen gegessen und ein Glas Wein getrunken. Aber er hat sich immer sehr angetrieben."

„Signora, es ist etwas passiert!" Mit diesen Worten stürzt ein Mitarbeiter zu Covre-Frank, die seit einigen Jahren ein Hotel mit Restaurant betreibt. Ihr Mann ist beim Training im Untergeschoss gestürzt und liegengeblieben, das Laufband hat ihm schwere Verletzungen im Gesicht zugefügt. Gemeinsam bringen sie Frank sofort im Auto in die Universitätsmedizin Mainz. Bei den Untersuchungen im Krankenhaus wird ein Glioblastom festgestellt. Frank, der als Spieler für seine Kopfballstärke berühmt war und als Trainer einen starken Fokus auf die Mentalität legte, der in die Köpfe der Spieler wollte mit seiner Arbeit, hat einen Tumor im Gehirn. „Die erste Frage war: ‚Haben Sie etwas gemerkt?'", erzählt Covre-Frank. Ihr fallen die kleinen Veränderungen der letzten Zeit ein, vergessene Verabredungen, Wasser, das im Bad läuft, nachdem ihr Mann es verlassen hat. „Diese Krankheit verändert einen Menschen", sinniert sie. „Als ich dem

Arzt gesagt habe, er vergisst manchmal Sachen, hat Wolfgang mich böse angeschaut." Sie lächelt.

Christian Heidel ist an diesem Tag mit Frank verabredet. „Ich wollte ihn bei uns ins Scouting einbinden", erinnert er sich. Als er am Hotelrestaurant von Covre-Frank ankommt, findet er dort nur schluchzende Mitarbeiter*innen vor. Er fährt direkt ins Krankenhaus, auch die Söhne sind inzwischen da, alles geht durcheinander. Eine sofortige Operation ist nicht möglich, wegen der Wunde im Gesicht. Sebastian muss ein wenig lächeln bei der Erinnerung. „Unser Daddy war extrem eitel. Immer schön gepflegt, lange im Bad. Er hat erst mal mehr über die äußere Verletzung geredet und darüber, wie er aussieht, als über den Tumor." Generell spricht Frank wenig über den Befund und was die Krankheit mit ihm macht. Doch der Krebs verändert binnen kürzester Zeit alles.

Der 62-Jährige war zuletzt in Gesprächen mit einem belgischen Zweitligisten über ein mögliches Engagement. Nun ist klar, daraus wird nichts. Er verbringt zunächst längere Zeit im Krankenhaus, wird erst am Gesicht, später am Kopf operiert. Bei einem Besuch Heidels spricht Frank seine Abgänge aus Mainz an. „Da habe ich gesagt, Wolfgang, das ist alles längst vergessen. Aber er wollte das noch mal für sich abschließen." Ihr Gespräch endet damit, dass Frank ihm sagt, er wisse nicht, ob er nach der anstehenden Operation noch derselbe sei. Heidel schüttelt gedankenverloren den Kopf. „Er hat sehr klar gesprochen. Mir wurde dann klar, das ist wie ein Abschied. Das war ganz schlimm für mich."

Frank ist geborgen in diesen Wochen. Seine beiden Söhne verbringen viel Zeit mit ihm. Seine Frau ist jeden Tag in der Klinik, während ihre Tochter im Hotel die Geschäfte führt. Ihn erreichen Nachrichten von Wegbegleiter*innen, die von der Familie über seine Krankheit informiert werden. Der Öffentlichkeit ist zunächst nichts über Franks Zustand bekannt, der nach einer Operation nicht mehr richtig sprechen kann. Regelmäßig fahren die Söhne ihn nun zur Bestrahlung nach Heidelberg, wo ihm eine spezielle Maske für sein Gesicht angefertigt wird. Manchmal übernachtet er mit seiner Frau in einem Hotel zwischen den Behandlungen. „Er hat schöne Hotels geliebt", erzählt sie mit weicher Stimme. Im Park gehen sie mit Lillyfee spazieren, wenn Frank zu schwach ist, schiebt seine Frau ihn im Rollstuhl. Sebastian und Benjamin Frank erinnern sich sehr intensiv an die häufigen Fahrten mit dem Vater. „Du wusstest nie, wie er sich fühlt, weil er ja nicht gesprochen hat", sagt Benjamin. Sebastian weiß noch genau, wie der Vater ihn nach einer Fahrt lange umarmt. „Es war seine Art, sich zu bedanken, das habe ich gespürt."

Am 25. Mai 2013 steht Jürgen Klopp als Trainer von Borussia Dortmund im Champions-League-Finale gegen Bayern München. Auch er weiß von der Krankheit seines Lehrmeisters. „Man hat ja als Fußballtrainer schon auch einsame Phasen", erzählt er. „Vor einem Spiel ist man alleine, vor einem Abendspiel besonders." Morgens ein lockeres Training, dann Mittagessen, anschließend gehen alle auf ihre Zimmer und es gilt, die Sitzung am Abend vorzubereiten und einige Stunden zu überbrücken. „Man denkt schon nach, wie ist es dazu gekommen, dass ich hier sitze und in einem Champions-League-Finale bin, was absolut verrückt ist." Klopp lächelt warm. „Für mich ist das ja einfach. Ich war ein ganz normaler Kicker. Sportstudent. Habe Fußball geliebt. Und aus dem Nichts heraus hat er mir die Augen geöffnet. Der Platz hat auf einmal ganz andere Maße gehabt." All das geht Klopp an jenem Tag durch den Kopf. Für ihn sind es zwei Menschen, die seinen Erfolg extrem beeinflusst haben: Heidel, der ihm die Chance als Trainer gegeben hat. Und Wolfgang Frank. „Nur durch ihn habe ich überhaupt die Möglichkeit gesehen, dass das etwas für mich sein könnte. Davor war so viel vom Zufall abhängig im Fußball, dass ich dachte, das macht doch gar keinen Sinn. Auf einmal hat sich das Spiel neu entfaltet. Und das war er. Das wollte ich ihm sagen." Er tippt eine SMS an seinen Mentor: „Ohne dich wäre ich nicht hier. Danke."

Ebenfalls im Mai bekommen die Medien Wind von Franks Erkrankung, die für einige Tage Schlagzeilen macht. Reiner Hollmann, sein Mitspieler aus der Zeit in Braunschweig, erzählt: „Meine Frau hatte im Januar dieselbe Diagnose bekommen. Ich habe viel an Wolfgang gedacht." Helmut Lowski und sein Zwillingsbruder schreiben einen Brief an den Mitspieler aus Jugendtagen. Schulkamerad Hans Henne wird von dem Kollegen über Franks Krankheit informiert, mit dem er beim Pokalspiel in Unterhaching war. Alexander Voigt fasst sich ein Herz und ruft den ehemaligen Trainer an, um ihm zu sagen, wie viel er ihm verdankt. Die Liste ließe sich noch ewig so fortführen. „Wolfgang war einfach ein Mensch, der alle berührt hat", sagt sein Schweizer Freund Koni Gabriel. Und alle wollen sie ihm ihre Wertschätzung noch einmal zeigen.

Im Juli fährt der BVB für eine Woche nach Bad Ragaz ins Trainingslager. Klopp lädt seinen Freund und Mentor dorthin ein. Covre-Frank klärt mit Klinik und Krankenkasse, ob eine kurze Reise möglich ist, und tatsächlich machen sie sich auf in die Schweiz. „Jeden Morgen kam der Kloppo mit großen Schritten durch den Garten auf uns zu und hat sich zu Wolfgang gesetzt", erzählt Covre-Frank mit großer Dankbarkeit in der Stimme. „Es war das Größte für Wolfgang." Die Tage in Bad Ragaz werden auch zum letzten Wiedersehen mit anderen alten Weggefährten, Koni Gabriel und Peter Lötscher machen sich auf, um Frank zu treffen. Gabriel geht es noch heute sehr nahe, wenn er an diese Begegnung denkt. Die Freude, den Freund zu sehen, ist übergroß, zugleich ist das Gefühl des Abschieds allgegenwärtig. „Wolfi hat immer für andere gekämpft. Und bei ihm selbst war es am Schluss nicht mehr da. Das habe ich gespürt." Lötscher erinnert sich: „Wir haben uns verabschiedet." Unerwartet kommen ihm die Tränen. „Ich bedaure bis heute, dass ich ihn nicht umarmt habe." Für einen Moment kämpft er mit sich, holt dann tief Luft. „Wir haben uns nur die Hände gegeben. Aber wir waren noch mal bei ihm, das vergesse ich nicht."

Bald nach den positiven Tagen in der Schweiz kommt Wolfgang Frank auf die Palliativstation. „Ich wollte ihm gerne ermöglichen, dass er zuhause stirbt, aber es ging dann nicht mehr", erzählt Covre-Frank. „Das war schon richtig schlimm, weil man ja weiß, was einen dann erwartet", erinnert sich Sebastian Frank. Eine Zeit lang sind noch kleine Spaziergänge möglich, irgendwann wird es damit zu viel. „Man hat gemerkt, er will nicht mehr. Das war eine brutale Nummer", sagt Benjamin Frank leise. „Ich war jeden Tag dort", erzählt Dimo Wache. „So lange, bis eine Schwester zu mir sagte, es wäre besser, wenn ich mich jetzt verabschiede." Auch in dieser letzten Phase spürt Frank, dem die Verbindung zu anderen so wichtig ist, wie viel er den Menschen um sich herum bedeutet. „Mein Vater war immer ein Mann, der mitten im Leben stand. Stark. Aktiv. Und plötzlich ist er komplett angewiesen auf dich. Das war ein einschneidendes Erlebnis für meinen Bruder und mich", erzählt Sebastian Frank. Der gemeinsame Glaube hilft. „Ich habe gespürt, Gott ist für ihn da in dieser schwierigen Zeit." Franks Söhne und seine Frau, die nicht immer auf einer Wellenlänge funken in all den Jahren, finden gute, respektvolle Wege miteinander in dieser letzten Zeit. Es geht nun nur noch um den Vater und Ehemann und ihre Liebe zu ihm. Als Wolfgang Frank am 7. September 2013 stirbt, sind sie alle drei bis zum letzten Atemzug an seiner Seite.

Als am selben Tag um 14 Uhr die zweite Mannschaft von Mainz 05 bei Kickers Offenbach antritt, wird Frank im Stadion mit einer Schweigeminute gedacht. Auch die AS Eupen hält bei seinem Abendspiel gegen

KFC Dessel Sport im Kehrweg-Stadion ein stummes Gedenken an den verstorbenen Trainer ab. Eine Woche später würdigen die Fans des 1. FSV Mainz 05 Wolfgang Frank beim Heimspiel gegen Schalke 04 mit einer großen Choreografie. „Mach's gut, Napoleon!" ist unterhalb von Franks Konterfei auf der Stehtribüne zu lesen, und: „Mainz bleibt Deins." Die Söhne sind auf Einladung von Christian Heidel im Stadion an diesem Tag. „Das war Gänsehaut pur und einfach das Zeichen, dass er dort zuhause war", erinnert sich Benjamin. „Wirklich überwältigend." Den unteren Teil des Banners hat er bei sich zuhause aufgehoben.

„Es vergeht kein Tag, an dem ich ihn nicht gerne anrufen würde", sagt Sebastian Frank mehr als acht Jahre nach dem Tod seines Vaters. Inzwischen hat er selbst zwei Kinder, Benjamin Frank einen Sohn. „Ich glaube, er konnte nicht alles immer umsetzen, was so sein Credo war", überlegt er. „Aber ich habe diese Dinge schon von ihm mitgenommen. Den Moment zu leben. Den Ist-Zustand zu genießen. Er hat immer gesagt, dann wirst du keine Angst haben, weil das, was uns Angst macht, oft in der Vergangenheit oder Zukunft liegt." Doch der Tod kommt immer zu früh. „Natürlich ist 62 kein Alter", sagt Sebastian Frank mit großem Bedauern. „Das andere ist, was ziehst du aus so einem Leben? Da glaube ich, er hat so viele Dinge gemacht, dass andere, die 80 werden, vielleicht nicht so viel erleben. Aber er fehlt uns sehr."

Zur Beerdigung Franks reisen Weggefährt*innen von überall her nach Mainz. Die Trauerfeier gleicht einem Staatsbegräbnis, Jürgen Klopp und Dimo Wache sprechen dabei vor den Anwesenden. Wache gesteht, er habe erst gezögert, die Bitte der Witwe dann aber erfüllt. „Dann war ich froh darüber, weil ich meine Dankbarkeit so noch mal zeigen konnte." Dankbarkeit ist neben großer Trauer bei allen das vorherrschende Gefühl. Jürgen Klopp sagt in seiner Rede: „Wolfgang war ein Bundesliga-Trainer. Er hat nur nie dort gearbeitet. Er hat für uns alles verändert. Im Namen aller Mitspieler sage ich dafür Danke."

Die Frage, ob Frank am Ende bedauert hat, die 1. Bundesliga nicht erreicht zu haben, kommt in den Gesprächen über ihn immer wieder auf. Schaut man aber auf sein Leben so, wie er selbst das Leben betrachtet hat, stellt sie sich nicht, schließlich war Frank überzeugt: Alles hat einen Sinn. Seine Art, mit allen Stärken und Schwächen, aller Leidenschaft und Ungeduld, hat dazu geführt, dass er die vielen Menschen berührt hat, die auch in diesem Buch zu Wort kommen. Anders hätte Wolfgang Frank diese zahlreichen Spuren nicht hinterlassen. Passende Worte dafür hat sein Mainzer Spieler Sandro Schwarz gefunden: „Er wollte immer besondere Momente mit seinen Mannschaften erleben und ich glaube, dass er viele davon hatte. Deswegen glaube ich nicht, dass er für sich dieses Unvollendete gespürt hat. Wolfgang war komplett in seiner Aufgabe drin – und die hat ihn mit Stolz erfüllt.“

QUELLEN

Persönliche Gespräche
Die Gespräche für das Buch wurden persönlich, über Videocall, per Telefon und in einer Handvoll Ausnahmefällen per Mail geführt. Die Funktionen, die zu den jedem Kapitel vorangestellten Zitaten angegeben sind, beziehen sich auf den im jeweiligen Kapitel geschilderten Zeitraum.

Aufzeichnungen Wolfgang Frank
Für meine Arbeit an dieser Biografie haben mir Sebastian und Benjamin Frank freundlicherweise zahlreiche Ordner mit Aufzeichnungen von Wolfgang Frank zur Verfügung gestellt, in denen er unter anderem seine Spielvorbereitungen, psychologische Überlegungen zur Mannschaftsführung und allgemeine sowie persönliche Gedanken notiert hat. Einiges davon ist im Buch zitiert.

Magazine und Zeitungen
kicker Sportmagazin
Eintracht aktuell – Stadionmagazin
SVWW Express – Stadionmagazin
Der Landbote (CH)
Allgemeine Zeitung (D)
Alkmaarsche Courant (NL)
De Telegraaf (NL)
Kick (NL)
AS Journal – Stadionmagazin

Webauftritte
https://kicker.de
https://wikipedia.org
https://teckbote.de
https://stuttgarter-zeitung.de
https://azhistorie.nl/index.html
https://braunschweiger-zeitung.de
https://fcglarus.ch
https://fcaarau.ch/
https://aargauerzeitung.ch

https://www.rot-weiss-essen.de/verein/historie/
https://allgemeine-zeitung.de
https://faz.net
https://mainz05.de
https://austria-archiv.at
https://otz.de
https://merkur.de
https://spiegel.de
https://nzz.ch
https://taz.de
https://chemieblogger.de/
http://ronnysfanpage.de
https://lvz.de
https://tagesspiegel.de
https://wz.de
https://pnn.de
https://wn.de
https://sportbuzzer.de
https://spox.de
https://www.grenzecho.net/

Bücher

Hardy Grüne: „Mit dem Ring auf der Brust. Die Geschichte des VfB Stuttgart." Verlag Die Werkstatt, 2006.
Jonathan Wilson: „Revolution auf dem Rasen. Eine Geschichte der Fußballtaktik. Erweiterte und überarbeitete Neuauflage." Verlag Die Werkstatt, 2018.

KARRIEREDATEN

Stationen als Spieler
TSV Schlierbach 1896
VfL Kirchheim/Teck
VfB Stuttgart | Juli 1968 bis Juni 1973
Alkmaar Zaanstreek | Juli 1973 bis Juni 1974
Eintracht Braunschweig | Juli 1974 bis Oktober 1977
Borussia Dortmund | Oktober 1977 bis Juni 1980
1. FC Nürnberg | Juli 1980 bis Juni 1982
FSV Bad Windsheim | 1982 bis 1983

Schweizer Intermezzo
FC Glarus | Januar 1984 bis Dezember 1988
FC Aarau | Januar 1989 bis Juni 1991
FC Wettingen | Juli 1991 bis Juni 1992
FC Winterthur | Juli 1992 bis November 1993

Stationen als Trainer
Rot-Weiss Essen | Januar 1994 bis Mai 1995
1. FSV Mainz 05 | September 1995 bis März 1997
FK Austria Wien | April 1997 bis April 1998
1. FSV Mainz 05 | April 1998 bis April 2000
MSV Duisburg | Juli 2000 bis Oktober 2000 (seit Mai beratend)
Spielvereinigung Unterhaching | Juli 2002 bis April 2004
FC Sachsen Leipzig | Juni 2004 bis Oktober 2005
Kickers Offenbach | Januar 2006 bis Oktober 2007
Wuppertaler SV Borussia | Februar 2008 bis Juni 2008
SV Wehen Wiesbaden | Dezember 2008 bis März 2009
FC Carl Zeiss Jena | Oktober 2010 bis April 2011
AS Eupen | Juli 2011 bis Juni 2012

DANKSAGUNG

Dieses Buch wäre niemals möglich gewesen ohne das Einverständnis, die Zeit und Leidenschaft von Sebastian und Benjamin Frank, und Worte können nicht treffend beschreiben, wie dankbar ich dafür bin. Dass ihr mir euer Vertrauen für dieses Projekt geschenkt habt, ist etwas, das mich tief bewegt und was ich niemals vergessen werde. Von ganzem Herzen: Danke!

Maristella Covre-Frank hat in einem langen, sehr persönlichen Austausch ihre Erinnerungen mit mir geteilt. Das werde ich immer im Herzen tragen. Danke!

Mein Dank gilt dem Team beim Verlag Die Werkstatt, die sich für meine Idee zu dem Buch begeistern lassen haben, besonders Dietrich Schulze-Marmeling, meinem famosen Lektor Thomas Lötz und Christoph Schottes.

Ein großes Dankeschön gebührt Nicole Selmer, deren Anfrage für einen Artikel über Wolfgang Frank im *ballesterer* mir erst den Mut gab, mich seinem Leben zu widmen, sowie Michael Welling, der mich anstupste, das Thema größer zu denken.

Von Anfang an war für mich klar, dass ich diese Biografie nur schreiben werde, wenn die Menschen, die Wolfgang Frank in seiner Arbeit erleben durften, Lust haben, mir davon zu berichten. Ich könnte Seiten füllen mit meinem Dank an sie alle, denn mein Herz ist voll davon. Die Gespräche waren unglaublich, die liebevollen Erzählungen, das humorvolle Erinnern und kluge Nachspüren, all die Tränen des Vermissens. Vielen, vielen Dank an: Hans Henne, Ulrich Roth, Klaus-Dieter Haller, Hans Kleitsch und Helmut Lowski für die Puzzlestücke aus Kindheit und Jugend, Dieter Schwemmle und Horst Köppel für die bewegten Zeiten beim VfB Stuttgart, Jan Visser für seine unermüdliche Hilfe in Sachen AZ Alkmaar, die mir auch die Erinnerungen von Ernst Slinger, Gerrit Vooys und Jan van Veen brachte, Sam de Jager, ohne dessen detaillierte Aufzeichnungen das Kapitel nicht möglich geworden wäre, Sigfried „Siggi" Held, Miroslav „Mirko" Votava und Otto Rehhagel für die schwarz-gelben Erinnerungen, Rudolf „Rudi" Kargus, Herbert Heidenreich und Thomas Brunner für ihre Einblicke in ein bewegtes Kapitel in Nürnberg, Heinrich Beigel und Ulrich „Uli" Pechtold für die Anekdoten aus Bad Windsheim, Hubert Neu und Ramon Berndroth für die Ausflüge in die Trainerausbildung, Konrad „Koni" Gabriel, Pierre Grossrieder, Peter Lötscher und Urs Oswald für bewegte und bewegende Erinnerungen aus der so wichtigen Zeit in Glarus, Adrian Knup, Jeff Saibene und Ernst Lämmli für Bilder und Geschichten aus Aarau, Martin Andermatt für Wettinger Episoden, Roland Klein und Joachim Löw für große Offenheit über die Zeit in Winterthur, Adrian Spyrka, Dieter Bast und Frank Kurth für die Reise in eine turbulente Zeit in Essen. Besonders viele und intensive Gespräche habe ich zu den Phasen in Mainz geführt und mein übergroßer Dank gilt hier Dieter Augustin, Christian Heidel, Sven Demandt, Reinhard Rehberg, Michael „Schorsch" Müller, Thomas Ziemer, Jörg Schneider, Stefan Keber. Ein großes Dankeschön an Dimo Wache und Torsten Lieberknecht, die sich gegenseitig anstupsten im Erinnern, Sandro Schwarz und Uwe Stöver, die auch über ihre Zeit beim SV Wehen Wiesbaden lange mit mir gesprochen haben, und ganz besonders Jürgen Klopp, der sich absurd viel Zeit für mich genommen hat. Vielen, vielen Dank!

Ich danke Markus Kraetschmer und Wolfgang Knaller für lebhaftes Erinnern an Wiener Zeiten, Gustav Policella und Wolfram Weber fürs Einordnen einer schwierigen Zeit in Duisburg, Stefan Leitl und Matthias Lust sowie Markus Sieger für intime Einblicke in die Phase in Unterhaching. Mein Herzensdank gilt Hans Leitzke und Robert Ratkowski für ihre Gedanken zu Leipzig, Dino Toppmöller, Heiner Backhaus und Manfred Binz für lebhafte Schilderungen der Zeit beim OFC, Michael Stuckmann für das Füllen der Wuppertaler Lücke, Mark Zimmermann und Alexander Voigt für ihre zugewandten Erzählungen über die Zeit in Jena sowie Ioannis Masmanidis, Gregor Pogorzelczyk und Ingo Klein für sehr emotionale Gespräche zur letzten Trainerstation in Eupen.

Wiebe Nelissen (Press officer AZ Alkmaar), Luca Podlech (Medien & Kommunikation Eintracht Braunschweig), Gerhard Gizler (Eintracht-Ausstellung), Petra Stüker (Abteilung Fanangelegenheiten beim BVB), Josef Schneck, Danielle McNally (EA to Team Manager & 1st Team Coaches, Liverpool FC) und Stefan Seitz haben mir wichtige Kontakte für das Buch vermittelt und Termine organisiert, dafür ein großes Dankeschön.

Ich umarme in Dankbarkeit Julia Kümper, Oliver Heil, Kerstin Weber, Petra Tabarelli und Eva-Lotta Bohle, die mich auf verschiedenen Wegen in meiner Arbeit an diesem Buch unterstützt haben. Herzensdank, aus übergroßen Eimern, den wunderbaren FRÜFs, deren Zuneigung & Unterstützung ein großes Geschenk für mich ist und die mich unglaublich inspirieren. Conny, Jens und Max für ihre Freundschaft.

Nichts von dem, was ich tue, wäre möglich ohne die Menschen, die ich an meiner Seite weiß und die viele Flügel meines Herzens bewohnen. Mein leuchtender Dank gilt meinen großen Geschwistern Jörg & Sabine und dem Tanten-Glücksquartett Sebi, Steffi, Jakob & Marie. Liebevollen Dank an Moni und Werner, die so viel mehr sind als Schwiegereltern, meinem Paps, der auf einer Wolke Kaffee trinkt, und meiner Mutter. Ich danke Isa & Nils mit Tilda & Oskar & Lotti, Tessy mit Elisas & Sophia sowie Migo & Sol, dafür, Teil meiner Herzensfamilie zu sein.

Meiner Steppy Kira, die ich sehr lieb habe. Meiner Schwester Nina, ohne die ich nicht die wäre, die ich bin. Der besten Prinzessin der ganzen Welt, meiner, für mehr, als Worte je fassen könnten. Unseren Fellbebis Hemingway und Luminara, für Lachen, Leichtigkeit und kuschelige Liebe. Immer und wieder meinem Mann Alex: Das größte Geschenk von allen ist es, dieses Leben mit dir zu teilen. Ich liebe dich jeden Tag ein bisschen mehr. *And I thank my lucky star.*

DIE AUTORIN

Mara Pfeiffer ist freiberufliche Journalistin und Autorin. Seit vielen Jahren begleitet sie den 1. FSV Mainz 05 mit ihrer Kolumne und dem Videoformat „Wortpiratin rot-weiß“ in der *AZ* (Mainz) sowie als Expertin in *SWR* und *Rasenfunk*. Für die *BBC* schätzt sie live in Radio und TV Themen rund um die Bundesliga ein. Im *Sport1* „Doppelpass“, dem *DLF* oder *rbb* ist sie als Expertin zu Gast.

Pfeiffer gehört zur Crew des Podcast *FRÜF – Frauen reden über Fußball*, ausgezeichnet mit dem Goldenen Blogger 2019. Im Podcast *Flutlicht an!* spricht sie mit Menschen über Fußball, die zu wenig im Rampenlicht stehen. In ihrer *WEB.de*-Kolumne schreibt sie über gesellschaftliche Schieflagen und wie diese sich im Fußball widerspiegeln. Bei der Auszeichnung „Journalist*in des Jahres“ wählte die Jury des Medium Magazins sie im Sport 2021 auf Platz 3.